"十三五"江苏省高等学校重点教材(编号:2018-1-152)

高等教育创新应用型通用教材

职 业 经 理

（第 2 版）

徐国华　王　瑛　编著

东南大学出版社
·南　京·

内容简介

职业经理是当今世界经济发展中最具复杂性和挑战性的职业之一。四十多年的改革开放,使得我国企业公司治理结构日益完善,职业经理市场迅速成长,催生了庞大的职业经理群体。随着国际政治经济形势的日益复杂,职业经理在企业获取竞争优势中的作用愈发凸显,有关职业经理的研究已引起社会广泛的重视与关注。

本书以马克思主义价值观为指导,结合当代中国企业发展实际,借鉴国内外职业经理研究的最新成果,构建了一个相对完整的职业经理教材体系。全书以职业经理及其行为为研究对象,系统地阐述了职业经理产生的社会基础,职业经理现象的理论依据,职业经理的历史演进与制度背景,职业经理应该具备的职业道德、专业基础知识和能力结构,职业经理的开发与评估,不同类型企业的职业经理及其行为等,力求将职业经理及其行为的理论和方法与我国企业管理实际、个人职业规划紧密地联系起来,以应对新的挑战。

本书可作为高等院校的选修课、通识课和双创课教材,也可作为中高级职业经理的培训教材。对即将步入职场的各类毕业生,以及各类企业经营管理人员均有极大的实用价值。

图书在版编目(CIP)数据

职业经理/徐国华,王瑛编著. —2版. —南京:东南大学出版社,2021.3(2025.1重印)
ISBN 978-7-5641-9477-2

Ⅰ.①职… Ⅱ.①徐… ②王… Ⅲ.①企业管理-研究-中国 Ⅳ.①F279.23

中国版本图书馆 CIP 数据核字(2021)第 047817 号

职业经理(第2版)　Zhiye Jingli(Di-er Ban)

出版发行	东南大学出版社
出 版 人	江建中
社　　址	江苏省南京市四牌楼2号(210096)
经　　销	全国各地新华书店
印　　刷	广东虎彩云印刷有限公司
开　　本	787mm×1092mm　1/16
印　　张	18.25
字　　数	421千字
版　　次	2021年3月第1版
印　　次	2025年1月第3次印刷
书　　号	ISBN 978-7-5641-9477-2
定　　价	58.00元

(若有印装质量问题,请与营销部联系。电话:025-83791830)

前　言

萌芽于明清、发轫于民国、成长于新中国改革开放后的中国职业经理正在经历着历史的嬗变。我国职业经理的成长过程是我国的社会文化与西方发达国家职业经理的思想与经验相融合的过程。从世界范围来看，受生产力的发展水平和制度环境状况的制约，不同时代的职业经理及其行为有着不同的价值和功能。伴随第四次产业革命的来临，由于技术进步的突飞猛进和资源稀缺性的加深，具有整合功能的职业经理更是具有特殊的价值和难以低估的作用。然而，世界金融危机的出现，在一定程度上可以说是华尔街的投行经理、银行经理等职业经理的道德缺陷和能力缺陷所致，这让我们看到了西方职业经理制度并非完美。现实生活中，我国企业界经常碰到的公司经营难以持续、企业主和经理人矛盾频出等事例也告诉我们，我国的职业经理制度亟待完善，职业经理市场亟待成熟，经理职业化之路还有一个过程。

当前，社会对职业经理的需求日益高涨，职业经理市场日益扩大，职业经理群体也日益庞大。随着职业经理制度的不断完善，职业经理群体整体素质的不断提高，我国职业经理及其行为必将对我国的经济发展、社会进步和文化建设发挥巨大的作用。顺应我国经济腾飞，企业不断创新进取的历史潮流，我国的职业经理必将在世界职业经理舞台上演奏出雄浑壮丽的乐章。

近些年来，学术界对职业经理的理论探索不断加强，研究职业经理的相关论文和论著也大量出现，亟需全面系统地探讨职业经理及其行为的理论和方法。本书正是着力解决这一问题，并力求将职业经理及其行为的理论和方法与我国企业管理实际、个人职业规划紧密地结合起来。

从 2005 年开始，南京财经大学工商管理学院开设了《职业经理》的选修课。2012年，该课程被列入全校创新创业类选修课。当前，为了加强应用型教学实践，越来越多的院校将《职业经理》作为各类专业学生的选修课。为了更好地服务于教学，满足教学需求，我们在保留原来第 1 版教材篇章结构的基础上，借鉴了教学和一些优秀论文与专著的研究成果，在内容方面做了调整、拓展和丰富，在体例方面补充了知识拓展和实训环节。

本书主要就职业经理及其行为的理论和方法，进行了深入的阐述。全书一共十二章。第一、二章概述了职业经理及其行为，介绍了职业经理的相关理论；第三章回顾了西方和中国职业经理的历史演进；第四章论述了经理职业化与职业经理制度；第五、六、七章阐述了职业经理的素质，主要包括职业道德、专业基础知识和能力；第八、九章介绍了职业经理的开发与评估；第十、十一、十二章介绍了国有企业、家族企业和跨国公司中的职业经理角色行为，并探讨了我国职业经理的发展趋势。书中每一章均附有学习目标、引导案例、知识拓展、思考案例及其讨论题、本章思考题和本章情景模拟实训。对学习目标的提示,有助于教师与学生把握该章重点。知识拓展有利于学生了解职业经理领域的经典知识和前沿观点,引导案例和思考案例都是经过精选或改编的,思考案例后的讨论题可结合实际进行课堂讨论或课后讨论。每章思考题和情景模拟实训可帮助学生进行重点、难点练习,巩固教学效果。

对于本书的教学,我们建议作如下安排:整个教学建议学时为 36～54 学时。第一、二、三章建议 8～12 学时,第四、五章建议 6～9 学时,第七章建议 2～3 学时,第八、九章建议 6～9 学时,第十、十一、十二章建议 8～12 学时;实验与复习 6～9 学时。第六章可以不讲,可作为课后阅读和实训教学知识点。学生可以通过阅读了解不同专业职业经理的专业基础知识,结合情景模拟实训教学,如可以安排不同层级、不同职能部门职业经理的综合实验(主要用于体验企业管理流程、角色、策略与方法等),让学生在情景模拟实训中领会不同类型的职业经理的知识能力等素质要求,探索式学习在不同背景下职业经理的行动策略与管理方法。

本书可作为高等院校各专业学生的通识课教材,也可作为经济管理类学生的选修课教材,还可作为中高级职业经理的培训教材。对即将步入职场的高等院校毕业生、各类企业经营管理人员均有极大的实用价值。

在本书的编著过程中,张涛、钮燕燕、王广庆、梁梅、李冬燕等同学做了大量的文献资料收集工作,南京财经大学人力资源系的各位老师,对本书的内容选择、结构安排等方面提出了很多有益的建议,在此一并表示感谢。

由于职业经理的实践和理论研究在我国还有待发展,许多实践和理论问题还未解决,加上我们的水平有限,书中的纰漏和不足在所难免,敬请各位同仁、专家和读者朋友对本书提出批评指正,使本书能够日臻完善。我们的电子信箱是 laoge90@sohu.com 或 wangying.njue@163.com。

徐国华 王 瑛

2021 年 2 月

Contents 目 录

第一章 职业经理概述 ········· 1
  【引导案例】 副总的 N 度空间 ········· 1
  第一节 职业经理的概念 ········· 3
  第二节 职业经理的类型和特征 ········· 8
  第三节 职业经理行为 ········· 11
  第四节 职业经理学的研究对象和研究方法 ········· 16
  【思考案例】 起底华为式轮值 ········· 18
  【本章情景模拟实训】 基层经理的角色定位 ········· 21

第二章 职业经理的相关理论 ········· 22
  【引导案例】 唐骏在新华都的承诺与价值 ········· 22
  第一节 职业经理相关理论的概述 ········· 23
  第二节 职业经理与委托代理理论 ········· 25
  第三节 职业经理与人力资本理论 ········· 27
  第四节 职业经理与人本理论 ········· 32
  第五节 职业经理与心理契约理论 ········· 34
  【思考案例】 由"管家"到"后妈"的嬗变 ········· 38
  【本章情景模拟实训】 中层经理的角色定位 ········· 42

第三章 职业经理的历史演进 ········· 43
  【引导案例】 江湖谁忆穆藕初 ········· 43
  第一节 西方职业经理的产生与发展 ········· 44
  第二节 中国职业经理的产生和发展 ········· 48
  【思考案例】 雷履泰——晚清时期成就卓著的"职业经理" ········· 56
  【本章情景模拟实训】 高管的角色定位 ········· 59

第四章 经理职业化与职业经理制度 ········· 62
  【引导案例】 劳动模范的经理职业化之路 ········· 62
  第一节 经理职业化 ········· 64
  第二节 经理职业化的市场系统与市场表现 ········· 66

第三节　职业经理制度……………………………………………… 69
　　【思考案例】　上海路桥(集团)公司项目经理职业化的管理实践……… 71
　　【本章情景模拟实训】　职业经理的诚信制度建设…………………… 76

第五章　职业经理的职业道德……………………………………………… 77
　　【引导案例】　由金山网络"泄密门"看安全公司的职业素养………… 77
　　第一节　职业经理职业道德的概念与特征……………………………… 78
　　第二节　职业经理职业道德的内容……………………………………… 82
　　第三节　职业经理职业道德的影响因素与建设………………………… 87
　　第四节　职业经理道德风险及其规避…………………………………… 89
　　【思考案例】　播下龙种，收获跳蚤…………………………………… 95
　　【本章情景模拟实训】　职业经理的道德底线………………………… 97

第六章　职业经理的专业基础……………………………………………… 98
　　【引导案例】　HR 的价值和话语权…………………………………… 98
　　第一节　财务职业经理的专业基础……………………………………… 100
　　第二节　人力资源职业经理专业基础…………………………………… 105
　　第三节　生产职业经理的专业基础……………………………………… 111
　　第四节　营销职业经理的专业基础……………………………………… 116
　　【思考案例】　宝钢湛江钢铁的 TPM 推进方法……………………… 122
　　【本章情景模拟实训】　如何鼓励员工参与…………………………… 124

第七章　职业经理管理能力………………………………………………… 126
　　【引导案例】　立即执行………………………………………………… 126
　　第一节　职业经理的能力模型…………………………………………… 128
　　第二节　初级职业经理的执行能力……………………………………… 132
　　第三节　中级职业经理的沟通能力……………………………………… 135
　　第四节　高级职业经理战略思维能力与领导力………………………… 138
　　第五节　职业经理的创新能力与内部创业能力………………………… 144
　　【思考案例】　杨元庆的人生三部曲…………………………………… 148
　　【本章情景模拟实训】　职业经理的沟通能力………………………… 153

第八章　职业经理的开发…………………………………………………… 154
　　【引导案例】　制度先行　有效实现"三个提升"……………………… 154
　　第一节　职业经理开发概述……………………………………………… 156
　　第二节　职业经理培训与资格认证……………………………………… 159
　　第三节　职业经理的职业发展…………………………………………… 166
　　第四节　组织发展中的职业经理开发…………………………………… 171

【思考案例】　可口可乐公司的"职业经理"生产线 …………………………… 178
　　【本章情景模拟实训】　职业经理的学习风格 ……………………………… 182

第九章　职业经理评估 ………………………………………………………… 183
　　【引导案例】　华泰又换总裁了 ……………………………………………… 183
　　第一节　职业经理评估概述 …………………………………………………… 185
　　第二节　职业经理声誉评估 …………………………………………………… 189
　　第三节　职业经理绩效评估 …………………………………………………… 192
　　第四节　职业经理的价值构成与价格决定 …………………………………… 194
　　【思考案例】　美国的CEO为何如此高薪 …………………………………… 198
　　【本章情景模拟实训】　职业经理的考核 …………………………………… 200

第十章　国有企业的职业经理 …………………………………………………… 202
　　【引导案例】　白培中"赔"大了 …………………………………………… 202
　　第一节　国有企业的制度环境与制度改革 …………………………………… 205
　　第二节　国有企业职业经理的选择 …………………………………………… 213
　　第三节　国有企业职业经理的监管 …………………………………………… 216
　　第四节　国有企业职业经理的激励 …………………………………………… 221
　　【思考案例】　黑白陈久霖 …………………………………………………… 227
　　【本章情景模拟实训】　国有企业职业经理的股权激励 …………………… 229

第十一章　家族企业的职业经理 ………………………………………………… 231
　　【引导案例】　像母亲样的保姆：一个企业老板的期盼 …………………… 231
　　第一节　家族企业的治理结构与制度变迁 …………………………………… 233
　　第二节　家族企业职业经理的引入 …………………………………………… 242
　　第三节　家族企业职业经理的激励与约束 …………………………………… 246
　　第四节　家族企业职业经理与企业主的合作与冲突 ………………………… 252
　　【思考案例】　黄光裕与陈晓之间的"爱恨情仇" ………………………… 256
　　【本章情景模拟实训】　家族企业职业经理的忠诚度 ……………………… 259

第十二章　跨国公司职业经理及我国职业经理发展趋势 ……………………… 260
　　【引导案例】　寻找跨文化融合的"心灵开关" …………………………… 260
　　第一节　跨国公司的职业经理 ………………………………………………… 262
　　第二节　我国职业经理发展趋势 ……………………………………………… 268
　　【思考案例】　你不"言传"，他不"意会" ……………………………… 276
　　【本章情景模拟实训】　跨国企业职业经理的角色 ………………………… 278

参考文献 ………………………………………………………………………… 280

第一章

职业经理概述

 学习目标

1. 理解并熟悉职业经理的定义和内涵。
2. 了解职业经理的类型与特征。
3. 描述职业经理行为的动机、本质及影响因素。
4. 了解职业经理学的研究对象和研究方法。

===== 引导案例 =====

副总的 N 度空间

要说职场上几个概念模糊又最难做的职位,副总算是一个,一些公司也把它叫做执行副总裁、COO 或者别的什么。比起营销、财务这些几乎在任何公司都可以通用的职位,"副总"究竟能做到什么份上,却总是充满着变数。简单地说,江山易打,副总难当! 因为副总的角色受制于两个方面:老板(一把手)的风格和公司的组织架构。

观察中外企业的差异,副总多可能是内企的一大特色,这个特色很可能是受到中国古代的官僚文化的影响。副职较多的传统官僚文化影响到了国有企业的组织架构,这种架构又顺势影响到了私有企业的架构。但内企往往忽视了一点,官僚机构并不是一个盈利单位,它们不需要为成本付出代价。而企业却不同,他们必须计算投入产出,否则企业就没有前途。

一般来讲,老板做大了都想当"皇帝"。老板的这种"皇帝"情结也会大大影响到组织架构的设置,似乎副总不够多他们就不够权威。十亿不到的企业"副总"漫天飞的事情,在内企随处可见。而这样的副总也多半没有实权,他们尽管分管着一些事,决定权却几乎都在老板手中,这和古往今来从来就没有"副皇帝"是一个道理。

由于老板对自己的角色定位的不同,副总的地位和角色也有所不同。假使老板是个甩手掌柜,安心做董事长,副总就一定是实权派,因为,公司肯定需要有人来管理。但中国第一代企业家现在大多还未到完全需要退休的年纪,真要他们完全地交权,恐怕不易。哪怕像是 Dell 这样的全球性公司,迈克尔·戴尔也在"荣退"了近 3 年之后,又重新"倒接班",取代了凯文·罗林斯成为了 CEO。事实上,即使是这荣退的 3 年,戴尔也一直在"全面参与公司的日常业务"。一般说来,中国的那些荣退老板也都会牢牢把握住财务和人事任命这两大权力要害而把其余的权力下放。

所谓掌权副总,再有权有势,如果不抱着如临深渊、如履薄冰的态度,终究会成为老板犯错误的替死鬼，罗林斯难道不是一例吗？20世纪90年代初期，和罗林斯一样作为顾问身份开始进入戴尔管理层的人还有莫特·托普夫，可是和罗林斯不同的是，托普夫一直很明确地定位在副手角色上。戴尔也需要这样一个在摩托罗拉工作了23年，一直做到执行副总裁的经验丰富的人来辅佐他。而且，托普夫一直没有"转正"的欲望，所以也一直功德圆满，日后甚至还成为了如何做公司二把手COO的典型案例。可是罗林斯就不同，他在做CEO的2年时间里让戴尔公司的股价下跌了四成，不仅华尔街不满意，戴尔也终于忍耐不住了。

另一种情况是老板够强势，亲自理政。在这种情况下，如果还设副总的话，多半就不会只有一个，这些副总也充其量只是一些资格老一些的部门负责人而已，如果还真要以"副总"的身份要求自己，终究会失望的。我们不是经常听到不少老板说自己的副总都没出息，不能跟上自己的步伐吗？

为什么老板总是会与副总这样的职位冲突呢？那是因为国内的公司，现在也大多开始实行了总监制。总监制与部门经理制最大的不同在于，总监制突出的是公司的运营重点。在国有体系内，几乎只要是个部门的头儿就是平等的，但在市场经济的框架下，管理后勤福利的经理根本不可能和营销总监、财务总监、人力资源总监、营运总监这样的重要职位平起平坐。总监制更突出的是系统概念，也就是以前零碎的小部门职能的集合，这样做是出于管理扁平化的需要，也更为强调管理的效率。从这个意义上看，总监制本身与部门经理制就是天然冲突的。更依赖于副总分管的部门经理制度来源于官僚体系，而总监制却是市场经济的需要。两种不同的来源鸿沟往往使得副总因为总监而与老板发生冲突。

如果副总既碰到了强势老板，又碰到了一群总监，那么，这个职位就注定是一个花瓶或是一个"捣浆糊"的角色了。副总虽然名义上也会分管总监（也有什么都不分管的），但所谓分管，并不是直管，这种工作更有监工的味道。但总监们也不是吃素的，他们自然知道，自己职位的沉浮，其实与副总没有太多关系。他们要是想保住自己的位子和薪水，那么，和自己真正的大客户——总裁或者老板加强沟通才是最主要的。去副总那里绕一个弯，至少会出现信息衰减，甚至可能被副总加油添醋地加以利用。因为，总监的表现越出色，副总的位子越不稳。

反过来说，总裁或老板也有同样的思考。老板应酬很多，自然希望有人代劳，这时候，最合适的其实不是干活的总监，而是副总。一则副总本来"分管"的活也不多，二则头衔更大，礼节性的一些应酬，他接待也更为合适。另外，当老板不得已短期内离开公司（比如出国）的时候，也只有副总适合充当"监国"的角色。当然，在工作上，老板也不会傻到真的事事去问分管的副总，他知道问了也几乎是白问，这样不仅浪费时间，也往往传达不了他的想法。副总也注定是个和稀泥的角色，他肯定不可能详细地向老板汇报情况，因为他并不会真正了解；他也肯定不会愿意向下认真传达老板的指示，因为果真如此，他就会在总监们面前变成传声筒，尽管总监们早就知道这个事实，但副总却总是会故作神秘，这是权力欲望使然。

但凡副总这样的职位坐久的人，多半会未老先衰。实权派的副总，大多是战战兢兢地勤奋工作。所以因为工作累死的大多不是老板，而是副总。而没有实权的副总，大多最终会产生太监情结。他们处在公司权力中心,但却不是决策者,阳谋不能,所导致的就必然是阴谋。历史上最黑暗的政治斗争大多产生于宫廷的宦官之乱,这和副总的处境倒颇有几分相似之处。

一些美国的管理专家在考察了众多公司之后,认为"卓越的副总"的特质是不存在的,因为这个职位太过于千变万化。一些公司正在设法取消这些职位:史蒂夫·海尔离开可口可乐之后,他的二把手职位就被分拆;加里·戴兴特离开北电网络有限公司后,CEO把他的工作给揽了。

作为幕僚,副总往往能和老板形成互补关系。毫无疑问,副总不会是台前英雄,他们如果想要起到作用,就必须默默无闻辅佐前台的老板、总裁和CEO们,做他们的影子,但聚光灯却无一例外地要照在老板们的身上。

也有副总觉悟到要想翻身做主人的,但大多以失败告终。国内一家著名公司的副总裁在任内声誉已经提高到下属为其母亲大办寿宴,高呼他"万岁"的地步,结果还是被总裁轻描淡写地用政治手腕扫地出门。另外一家公司的副总,巴望着引进风投自己能扶了正,结果,老板狠狠地说出了句"别忘了这家公司姓什么",自然,这位副总离寿终正寝的日子也不会远了。

借用一句名言——"成功是熬出来的",副总要脱离苦海,只有等到哪一天自己做了老板,否则,即便你是龙,还是卧着的好。

资料来源:俞雷《副总的N度空间》,
载于《商界(中国商业评论)》,2007年05期

引导案例显示的是一个典型的职业经理问题。副总是真正意义上的职业经理吗?不一定。他可能是公司公关时的一个"摆设",或者是一个"顾问"。如果是职业经理,他的职业经理行为该是怎样呢?又是受哪些因素影响呢?这些问题的回答,需要理解职业经理概念的内涵,了解不同类型职业经理的特点,理解职业经理行为的本质和影响因素。圆满的回答甚至需要对职业经理问题有一定的研究。本章将分别介绍职业经理的概念、职业经理的分类与特征、职业经理行为以及职业经理的研究对象和研究方法。

第一节 职业经理的概念

越来越多的人向往以经理作为自己的职业,经理工作不仅可以给人们带来较丰厚的物质财富收入,而且是满足个人社会地位需求和其他心理需求的重要方式。对企业来说,职业经理的道德修养、知识与能力、工作业绩等是影响企业绩效的重要因素,甚至会影响企业的生存与发展。对整个社会来说,职业经理阶层的努力对经济发展、社会进步和文化繁荣都有着深刻的影响。

一、职业经理的定义

职业经理(professional manager)的兴起是一个社会历史过程,是生产力发展所引起的所有权与经营权分离的必然结果。早期企业规模较小、生产要求简单,企业主具

备管理企业所有资源的能力。随着生产力的发展以及市场竞争的加剧,企业经营环境日趋复杂化与专业化,单一依靠企业所有者自身能力经营企业已不再具有经济可行性。依据效率效益原则,出资者逐渐退出企业的经营管理领域,变成纯粹的投资主体,享有财产所有权、盈利收益权与剩余索取权,而将企业的经营管理权委托给具备专业技能和系统管理知识的经营者。这些经营者逐渐构成一个新生的支薪阶层,以经营管理企业为职业,独立拥有和行使对企业的全面控制与自主经营,因而财产经营权脱离了法律意义上的终极所有权的直接制约,人们将这些经营管理者称之为职业经理。

关于职业经理的定义,目前尚未有统一的说法,始终存在两方面争议。一类是"家族成员是否是职业经理"的争议。最早进行职业化管理研究的马克斯·韦伯(1905)认为,职业经理应该是非家族成员且没有企业资产所有权,其权力来自于法理型权威,即专业技术资格和理性。美国企业史学家钱德勒(1977)认为,以管理作为其终生职业并已成为负责经营大型单位企业的人就是职业经理,他称之为"管理资本主义"。虽然钱德勒发展了马克斯·韦伯的观点,但他倾向于"非家族成员"的说法。但戴尔(1986)认为,职业化管理的"非家族成员"标准过于严格,所有者家族成员的职业化也是家族企业管理职业化的重要途径。

另一类争议来自经济学家和管理学家从不同角度对职业经理的诠释。经济学家萨缪尔森(1948)说:"谁决定公司的事务?主要决定于日益重要的职业经理阶级——即加尔布雷思所说的'技术专家体制'。过去的工业大王们,即使他们有创造性、有能力来衡量创办一家巨大企业所必须冒的风险,却往往带有一些海盗的脾气,一个公司又一个公司,最初的创建者逐渐被一个非亲属的新型经理所代替。新型经理们往往是哈佛大学商学院的毕业生,而不是由于自我奋斗而从(工人)队伍中被提拔上来的。他多半已经经过了特殊的训练,具备了经营企业的技术。新型经理擅长搞好群众关系、擅长待人接物。他必然是更加'官僚化'。对于保持现状或冒风险都同样充满兴趣。"从现有的文献来看,萨缪尔森是较早提出职业经理概念的经济学家。德鲁克(1954)认为,经理人是企业中最昂贵的资源,而且也是折旧最快、最需要经常补充的一种资源。美国哈佛大学教授约翰·科特(1996)则认为,职业经理是能够发起变革、设计变革和组织变革的人。

表1.1 国外学者对职业经理概念的代表性汇总

学者	时间	主要观点
马克斯·韦伯	1905	职业经理应该是非家族成员且没有企业资产所有权
萨缪尔森	1948	公司的事务主要决定于日益重要的职业经理阶级
德鲁克	1954	经理人是企业中最昂贵的资源,而且也是折旧最快、最需要经常补充的一种资源
钱德勒	1977	以管理作为其终生职业并已成为负责经营大型单位企业的人
戴尔	1986	正规的商业培训是职业经理与家族经理的根本区别
约翰·科特	1996	职业经理是能够发起变革、设计变革和组织变革的人

多年以来,随着我国职业经理实践和理论的不断发展,社会各界对职业经理的概念做了很多有益的探索,但机构、学者和公众媒体对职业经理定义的表述不尽相同。

宋克勤(2003)认为,职业经理是伴随现代企业的诞生而出现,独立从事企业经营管理活动,以此为职业,以之谋生,并将所经营管理企业的成功视为自己人生成功的专职管理人。孙卫敏等(2005)认为,职业经理是以企业经营管理为职业,熟悉企业经营管理之道,熟练运用企业内外各项资源,促使实现企业经营目标,以薪水为主要收入形式,并担任一定管理职务,是以异质人为资本形态出现的、受多维契约影响并能承担一定社会责任的特定管理群体。职业经理研究中心(2011)认为,职业经理是企业经营管理职业化的职位称谓。中国职业经理人协会发布的《职业经理人才职业资质社会评价工作指引(2018年)》的观点是,职业经理是具有社会职业身份的企业经理人获得的一种反映其职业化程度的"人才市场品牌"的称谓。网络上有代表性的说法是,职业经理是指在一个所有权、法人财产权和经营权分离的企业中承担法人财产的保值增值责任,全面负责企业经营管理,对法人财产拥有绝对经营权和管理权,由企业在职业经理市场(包括社会职业经理市场和企业内部职业经理市场)中聘任,而其自身以受薪、股权、期权等为获得报酬的主要方式的职业化企业经营管理专家。

通过以上各种职业经理定义观点的概述,我们可以从广义和狭义两方面定义职业经理:广义地讲,职业经理就是以经理为职业的专业管理者;狭义地讲,职业经理主要是指在现代公司制企业中,通过职业经理市场选择与评估的,对法人财产拥有经营管理权的专业企业经营管理人员。广义的定义包括了企业中以经理为职业的各层管理人员,狭义的定义则不包含基层或初级管理人员,以及家族企业和国有企业中的某些管理人员,因为他们不拥有真正的经营管理权。

> **知识拓展**:经理角色理论的主要代表人物是加拿大麦吉尔大学的亨利·明茨伯格(Henry Mintzberg),他的代表著作为《管理工作的本质》(1973)。明茨伯格对先前出现的各种领导理论进行了全面分析和批判总结,提出了经理角色理论。他所谓的经理,其实就是广义上的领导者。这些经理包括企业、事业单位的各种领导者。在对经理活动进行系统记录、分类整理和统计的基础上,亨利·明茨伯格概括了经理职务的三大类,十种角色。

二、职业经理的内涵

狭义的定义中,职业经理的内涵主要包括以下三点:职业经理形成于现代公司制企业;职业经理的出现是职业经理市场选择的结果;职业经理拥有绝对的经营管理权。

(一)职业经理形成于现代公司制企业

现代公司制度是指以完善的公司法人制度为基础,以有限责任制度为保证,以公司企业为主要形式,以产权清晰、权责明确、政企分开、管理科学为条件的新型公司制度,其主要内容包括:公司法人制度、公司自负盈亏制度、出资者有限责任制度、科学的领导体制与组织管理制度。现代公司制度最明显的特征是两权分离,两权分离是指资本所有权(表现为投资者拥有的投入资产权)和资本运作权(表现为管理者经营、运作投资者投入资产权)的分离。也就是说,所有者拥有的资产不是自己管理运作,而是委托他人完成管理运作任务。

职业化的经理离不开现代企业制度这一前提,在合伙制企业、个人独资公司等承担无限责任的企业中是难以存在真正意义上的职业经理的,同时,经营和管理现代企业,也离不开职业经理,两者是相生共存的。财富与经营能力的不对称性是职业经理形成的根本原因。所谓财富与经营能力的不对称性,是指拥有财富且愿意为取得利润收入而承担风险的人并不一定具有直接经营企业的才能,而那些具有经营才能的人却缺少经营企业所需要的资本。一个人要完全承担经营风险,必须有相应的财产保证。但对于相当一部分人来说,这个要求是难以达到的。职业经理的出现,一方面,它使第一类人得以实现财产增值的目的;另一方面,它为第二类人创造了发挥经营才能的机会。

企业组织形式和治理模式的变革,使职业经理的出现成为可能。随着经济的不断发展,西方国家的市场体系呈现出国际化、一体化的趋势,社会分工也日趋细致,各企业为赚取更多的利润通过自身不断变革来适应这种变化,从而最终形成了以"企业所有者与经营者相分离,资本治理的委托-代理机制"为特征的现代企业制度。这样就在客观上要求懂经营、会管理的职业经理来填补企业创业者及继承人离去或能力不足所带来的企业经营者、资本代理人的空白。因而从这一角度而言,职业经理是现代企业制度发展的产物。

(二)职业经理的出现是职业经理市场选择的结果

职业经理作为一种特殊的商品,是构成职业经理市场的主要因素,所谓职业经理市场是指以职业经理为交易对象而形成的人力资本细分市场,是知识经济资源配置和调控的主要方式。它的建立和运行机制以及其他方面具有市场经济的一般特征:第一是供需双方相结合而实现的一种经济活动过程;第二是来自市场主体结构对物质利益的追求;第三是由市场主体分别根据各种利益进行独立决策。职业经理的出现是市场选择的结果,其中所涉及的私人关系有限,企业通过职业经理市场公开、公平、公正地选择职业经理,相对于行政任命或家族继承是一个巨大的进步。流动是职业经理人力资本实现和增值的客观要求。通过职业经理市场,企业能够引入合适的经营者,职业经理能够找到发挥自己才能的舞台。市场的竞争是激烈的、残酷的,它可以强制无能的经理人员永远退出职业经理市场,也可以使成功的经理人员在名誉和经济收入方面得到充分回报。经理人市场的隐性激励在于刺激经营者把上一期的经营绩效当作决定下一期经营收入的一个有效变量,从而超脱短期利益偏好。只要经理人市场是充分竞争的,经理人目标与企业目标总可以达到相对均衡。

(三)职业经理拥有绝对的经营管理权

家族企业存在"家族化管理"的问题,国有企业存在"行政代市场"问题。"家族化管理"和"行政代市场"有其存在的合理性一面,但随着企业的不断发展,这两方面的问题所带来的弊端日益严重,主要表现在增加"圈内人"与"圈外人"的交易费用,决策易形成"家长"作风和"一言堂",降低决策科学性,管理模糊化和随意化使得企业规范受到限制等。经过初级阶段的粗放型发展,面对日益国际化的市场竞争,加速制度创新,提高经营管理水平,已成为家族企业和国有企业一项重要课题。选聘职业经理,正是家族企业和国有企业在管理模式上向现代企业制企业转变的重要组成部分。

家族企业和国有企业通过市场选择的经理是否是真正意义上的职业经理,取决于家族企业和国有企业的授权。如果职业经理没有完全的或至少是部分的经营管理权,那么他只能成为企业的代言人而不是代理人,就不是真正意义上的职业经理。

三、职业经理与相关概念的异同

有时职业经理个人拥有多重角色,于是常见到把职业经理(professional manager)与企业家(entrepreneur)、企业经营者(manager)、企业所有者(owner)不加区别。但严格意义上的职业经理与上面的其他概念是有区别的。

(一)职业经理与企业家的异同

企业家一词最早发源于法国,用来指领导军事远征的指挥者。后来进一步扩展到那些从事其他种类冒险活动的人,如替政府修造道路、桥梁、要塞以及其他建筑业的承包人。根据《牛津商务字典》的解释,企业家是开办或经营某项业务,特别涉及财务风险的人,而经理人则是被雇佣来控制、指导整个业务或整个组织,或部分业务活动或组织的某一部分。可见,二者之间存在明显的区别。焦斌龙(2003)分析了企业家与职业经理的关系,企业家与职业经理的联系主要表现在以下方面:二者都是企业的经营者,都与企业联系在一起,离开了企业,无论是企业家还是职业经理都失去了生存的基础;从历史发展看,先有企业家后有经理,二者是企业发展不同阶段的产物,二者之间存在着历史延续关系。在先前的企业中,只有企业家,没有经理,在现代企业中,随着所有权和经营权的分离,出现了职业经理;从现代社会企业家成长看,经理可以成为企业家,经理是企业家的基础,从职能上看,企业家与经理有较大的重合,企业家是经理的经理,企业家的决策由经理实施,才能转化为企业的竞争力和利润。毛蕴诗(2007)提出了企业家和职业经理特征识别模型,其中包括8个识别特征,比如企业家是雇佣者,而职业经理是被雇佣者;企业家要承担投资风险,职业经理则要承担退出公司的个人风险等。

职业经理在某种程度上与企业家是相似的,甚至可以说具有相同的性质与身份,站在企业所有者的角度来讲,他们都是企业所有者或者股东的资产代理人,都受到企业所有者的委托。但二者的使命不同,对其能力与素质的要求也不同。企业家要有从零开始、坚忍不拔的创业精神,有强烈的冒险精神,有危机感与竞争意识,但不一定有高水平的专业技能,特别是管理水平。而职业经理则要求有高水平的经营管理技能,但不一定有冒险精神。职业经理与企业家的交叉说明企业家的职业化,可以将这部分人称为职业企业家。

(二)职业经理与企业经营者的异同

企业经营者是指有效利用各类资源,独立、创造性地对企业运营做出决策并承担企业风险,其经营理念和独特个性能够被全体员工自觉接受,对企业发展具有控制力和影响力的企业高级管理者。职业经理与企业经营者的相同点在于都拥有企业的经营管理权,但拥有的程度是不同的。企业经营者代表着拥有更多的经营管理权。企业经营者一般为企业的高级管理者,而职业经理(狭义)包括中高级管理者,广义的职业经理甚至包括各级管理者。另外,企业经营者不一定是职业人。

（三）职业经理与企业所有者的异同

企业所有者就是企业的出资人,享有企业资产的所有权和剩余索取权,而在现代股份制企业中就是股东。企业所有者的职能是提供资本,职业经理的职能是运营资本。职业经理的出现是因为企业的发展需要更多的专业化的管理人才,而企业所有者要么因为种种原因不再适合管理职位,要么是自己难以承担所有的管理职能而聘请职业经理经营自己的企业。双方可能会发生能力、利益、道德与信念等方面的冲突。职业经理与企业所有者交叉的部分,从静态的角度可以将其解释为拥有企业股份的经理,即有些企业股东(所有者)不仅通过股权获取剩余收益,还参与企业的生产经营,从事某一领域的管理活动,通过自己的劳动领取薪水;从动态的角度来看,职业经理与企业所有者双方身份可能相互转化——企业所有者可能会通过股权转让使自己成为主要靠自己的管理能力赚钱的职业经理,职业经理也可能通过获取股票期权、MBO(管理层收购)乃至创业等形式成为企业的所有者。

第二节 职业经理的类型和特征

一、职业经理的分类

现代市场经济的发展使得各产业发展很快,企业的规模越来越大,经营的领域越来越广,市场上急需的以及现有的职业经理的数量及类型也越来越多。下面分别从不同角度对职业经理进行分类:

（一）按照企业内部岗位设置角度的分类

从企业内部岗位的角度来看,经理人较多的是按照级别、职位、部门等划分。目前已被人们普遍认可并接受的职业经理大致有以下几种类型:

1. 总经理

总经理不负责企业的日常事务,工作的重点是集团的战略设计和远程规划,以及协调企业集团内部以及集团与外部的关系,他向企业法人负责,分公司经理向他负责。

2. 直线部门经理

直线部门经理在各自的部门中居于金字塔顶端,只向公司总经理负责,不直接向董事会汇报,负有较多的经营责任,主要职责是实现具体项目的盈利目标。

3. 职能部门经理

他们在企业中属于中层管理人员,一般只负责管理自己的部门,并向总经理负责。销售职业经理:该类人员的管辖范围较小,依赖其他企业部门开展工作。制造职业经理:该类人员主要负责短期生产经营活动,几乎所有的生产人员、销售人员和服务人员都向他负责。人力资源职业经理:计划、指导和协调机构的人事活动,确保人力资源合理利用,管理理赔、人事策略和招聘等。财务职业经理:负责组织制定企业年度财务预算和绩效考核体系,建立健全财务核算体系和内控制度,建立成本控制体系,准备月度经营分析报告,完善现金流管理,为公司重大投融资等经营活动提供财务决策支持。

> **知识拓展**：CEO(Chief Executive Officer)可以简单地理解为企业领导人与职业经理人两种身份的合一。CEO的主要职责是：① 执行董事会的决议；② 主持公司的日常业务活动；③ 经董事会授权，对外签订合同或处理业务；④ 任免经理人员；⑤ 定期向董事会报告业务情况，并提交年度报告。CEO领导下的执行班子，包括：总经理、副总经理、各部门经理、总会计师、总工程师等。

(二) 按企业内部纵向层次分类

根据人事部全国人才流动中心与职业经理研究中心联合推出的职业经理评价和培训体系，可将职业经理划分为高级、中级和初级三个等级。

高级职业经理是指具有经营管理知识、丰富的管理经验、良好的职业道德，受聘于企业，对法人财产拥有经营权和管理权并承担保值和增值责任，以经营管理企业为职业的人员。其适用职位包括而不限于：首席执行官，(正、副)总裁，(正、副)总经理，各类企业中的其他高级管理职位。

中级职业经理是指具有经营管理知识、一定的实践经验，从事重要管理工作，以经营管理为职业，受聘于企业的人员。其适用职位包括而不限于：总监，部门经理，各类企业中的其他中级管理职位。

初级职业经理是指具有经营管理知识，在经济组织中实施一般经营和管理工作的人员。按照这个划分的思路来理解，他们应该是企业的部门经理以下的主管人员。如：人力资源部的薪酬主管、绩效主管等。

(三) 按照职业经理人力资本类型的分类

从整个社会阶层的市场化角度来看，更多地体现在按照职业经理的人力资本类型的状况来分类。目前市场中的职业经理大致可分为以下几类：

1. 资本运营型职业经理

随着资本积累、积聚和集中速度的加快和工厂制度的逐步废止与公司制的兴起，资本使用者、管理者或经营者功能从资本所有者功能中分离出来，形成了具有资本功能的职业经理阶层。他们的先辈已经完成了资本的原始积累，家族拥有大量的资产，而他们自身则继承了家族企业的高层管理者角色。同时由于从小就受到系统的管理训练，这类职业经理和他们的先辈相比具有更为突出的科学管理观念和手段。他们要做的就是在连续创业周期中，以资本所投向的产业不断创新为己任，长期执行资本运营、增值功能，因而称他们为资本运营型职业经理。

2. 技术型职业经理

同所有异质性资源一样，技术资源具有两方面价值：技术发明的理论价值和技术发明的应用价值。从事技术发明的交易费用的降低是技术发明的供给能够成长为一种导致工业革命的生产力规模（即技术资本的形成）的基本原因。随着生产力的提高和技术的进步，越来越多的专业生产技术人员担当起经营管理职责，他们具备本专业的技术知识，熟知企业内部的生产过程及产品工艺，了解市场上同类产品的品种、规格和质量以及如何改进产品的性能使之更适应市场的需要，甚至能够改进与提升整个行业的技术水平。因此,美国实业界的许多大企业经营者曾一度由专业技术人员担任,他们对提高生产力水平、发展经济起到了极大的推动作用。专业技术人员担当职业经理成为职业经理形成的一种典型模式。

3. 经营型职业经理

经营型职业经理与资本运营型职业经理的主要区别是,他们会更多地关注企业内部或部门内部的管理工作。他们一定程度上必须是知识分子,往往是高校商学院的毕业生,擅长处理人际关系,擅长待人接物,能够将社会的各类有利于企业的人力资本结合在企业内部并创造协同效应,将企业的战略贯彻执行。该类职业经理的契约相较于其他类型的契约有不同之处:一是对象范围小,报酬金额高;二是激励性报酬比重大,同公司或独立部门的经济效益挂钩,有明确的责任目标;三是报酬的长期激励比重较大;四是报酬随职位等级递增的梯度大;五是解雇是股东迫使经营者为保住巨额收入而奋力拼搏的重要手段。

4. 专家型职业经理

专家型职业经理是现代市场经济的新生事物,随着当代市场经济环境复杂性与不确定性的增加而产生并不断发展的。他们是一个市场经济中相对独立(技术独立、财务独立、行政独立、政治独立和感情独立)的角色,熟悉先进管理技术和管理方法,并区别于传统的纯理论研究学派。该类职业经理可能是由管理咨询公司、外包公司、猎头公司中的有关人员和高校教授、知名学者等具有专业知识的人们来执行,也可以担任企业中的重要职位,并提供发展战略咨询(代表性咨询公司,如麦肯锡、波士顿,下同)、融资咨询、财务会计咨询(如安达信、普华永道、安永)、税收咨询、市场营销咨询、人力资源咨询、生产管理咨询、工程技术咨询、业务流程重组与管理信息化咨询(如安盛)等。专家型职业经理的作用,除了能提升企业运营效率、促进管理学研究的发展外,更重要的是能促进职业经理的成长。他们经常为企业开展外训课,通过方案设计、专项培训、言传身教等方式,为职业经理传达更深层次的职业理念信息。

二、职业经理的特征

职业经理的特征是职业经理区别于其他工种的特性。职业经理一般具有职业化、专业化和市场化等特征。

(一)职业化

职业化就是一种工作状态的标准化、规范化、制度化,即在合适的时间、合适的地点,用合适的方式,说合适的话,做合适的事。不同企业从事相同类型活动的经理人员通常都接受相同类型的训练,就读于相同类型的学校,阅读相同的书刊,参加相同的协会,职业经理这一职业变得越来越职业化,现代管理学院的成立和职业管理顾问的出现对职业经理的职业化具有非常重要的意义。因此,职业经理应具有良好的职业道德、职业素养和职业心态,注重规划自己的职业生涯,重视自己的职业声誉。他们在决策时需选择能促使公司长期稳定和成长的政策,因为公司的持续存在对其职业发展至关重要。对个人来讲,职业经理以经营管理企业为职业;对整个社会来讲,职业经理则是一个职业阶层。

职业经理以其特有的知识和技能，专门从事企业经营管理活动，并以此为终身职业。他们具有较大的独立性，即企业对他们的依赖往往大于他们对企业的依赖。职业经理不断追求自我价值的实现和个人职业生涯的发展。而这一切都必须通过其自身的努力，从而使其经营的企业获得成功来体现。

（二）专业化

就像其他需要专门技术的管理阶层一样，经理人的选拔与晋升变得越来越依赖于培训、经验和个人表现，这些企业对经理的培训时间越来越长，培训越来越正式化，职业经理这一职业变得越来越有技术性。职业经理的工作涉及面很广，尤其是高层职业经理面对的是不可控的、动态复杂的外部环境，职业经理需要掌握丰富的企业管理知识，具备现代经营管理理念、掌握现代管理技能与技巧、拥有特定行业的专业知识和技能。他既可以是具备企业家素质的企业高层领导（如 CEO、总裁或总经理等），也可以是企业中某一职能（如销售、财务、人力资源等）管理方面的负责人。

（三）市场化

市场化是指用市场作为基础手段解决社会、政治和经济等问题的一种状态，在开放的市场中，以市场需求为导向、优胜劣汰的竞争为手段，实现资源充分合理配置，效率最大化目标的机制。

职业经理的市场化就是指在现代公司制度下，职业经理的选择更多地依靠职业经理市场的评估和选择，很少涉及私人关系。职业经理的市场化能够更好地推进职业经理的发展。职业经理的市场选择机制越来越倚重于职业经理的个人品牌，因为好的品牌不仅代表着职业经理具有基本的专业素质，更意味着其能够很好地适应企业的运营环境。品牌意识，是职业经理对自己获得外界发自内心的口头称许、赞扬的根本看法，是自身全面综合素质的外在反映，个人品牌和产品品牌一样，职业经理品牌的不断成熟才能使职业经理的影响力最大地发挥出来。为此，职业经理需要保持稳定、发展的个人品牌形象，坚持有自己特色的管理风格是一件非常重要的事情。所以，职业经理必须坚持自己管理的个性，坚持原则和本着对职业负责的态度做好经理工作，才能在职业经理市场中有突出的表现，保持鲜明的品牌个性。

第三节　职业经理行为

职业经理行为是指职业经理为了适应环境变化的一种手段，涉及职业经理的一切有目的的活动。从功能上，主要有代理行为和管家行为，职业经理行为有独特的动机和本质，受环境因素和个人因素的影响。

一、职业经理的代理行为和管家行为

在现实世界中，一些经理人恪守职责、兢兢业业地为企业奉献，视企业为自己的家，在企业的成长发展中实现自己的价值，是企业的好管家。而另一些经理人仅仅将企业看作实现自我的一个跳板，为满足自我的利益而为企业工作，此时的经理人仅是股东的一个代理人而已。同时更为复杂的是，一些经理人曾经是企业的好管家，但后

来却蜕变为企业的掘墓人,为了达到自己的目的而葬送了企业的前程。而一些经理人曾经只想在企业中打一份工,做一名合格的代理人而已,后来在企业环境长期的熏陶下,却对企业产生了认同感,愿意为企业的利益着想。

上面的情况反映了职业经理的代理行为和管家行为。职业经理的代理行为是指职业经理作为企业主的代理人的一切有目的的活动。职业经理的代理行为是复杂的,有利己的,也有利他的,往往是利己的成分居多,具体表现在不够尽职、投资的短期行为(如研发投资少)、盲目扩大规模(如多元化经营)、过高的在职消费等行为。职业经理的管家行为是指职业经理作为企业主的管家的一切有目的的活动。同代理行为一样,管家行为也是复杂多变的,但利他的成分居多。经理人有时是恪尽职守、可以信赖的管家,其行为具有集体主义倾向。

公司经理代理行为的研究源于委托代理理论,委托代理理论旨在利用经济学工具和数学模型来研究公司经理人的代理行为和行为治理问题。代理理论就是研究如何有效地设计代理人与委托人之间的契约关系(即如何有效地解决代理问题),以使代理成本最小化。20世纪90年代以来,管家理论(Stewardship Theory)得到迅速发展,管家理论重视合作而不是监督,重视授权而不是控制,在组织结构和治理机制上要对经理人充分授权,实施内在激励,充分调动经理人的积极性和潜力。而当所有者对经理人实施过度监督、控制和不合理的约束时,经理人会感到沮丧、受挫甚至产生背叛行为,因此努力程度下降。管家理论从代理理论的对立角度揭示了经理人和委托人之间存在的另一种关系,为解决公司治理问题提供了新的思路,在一定程度上弥补了代理理论的不足。

代理行为和管家行为的主要区别表现在行为的目的、人性特点和治理机制等方面。两方面理论都有大量的文献从实证的角度去支持各自理论,从经验验证的角度看两方面理论都能够成立,这就形成了一个悖论同存的局面。代理理论与管家理论之间的主要争论集中在经理人行为的不同选择上——经理人是选择代理关系还是管家关系。但从现实中可以看出,经理人的行为选择并不是单一的代理关系或者管家关系就可以概括。在不同的因素影响下,经理人会选择不同的关系,已有的关系也会受到内外部环境因素的影响发生变化。如果更全面地分析经理人的行为选择,必须将代理理论与管家理论融合起来,才能增强对现实问题的解释力。

> **知识拓展**:全球第一CEO杰克·韦尔奇说:"领导者的工作,就是每天把全世界各地最优秀的人才延揽过来。他们必须热爱自己的员工,拥抱自己的员工,激励自己的员工。GE公司领导能力的第2个E(energize)就是要求具备激励别人实现共同的目标的能力。"因此,作为管理者,职业经理的首要任务就是如何让下属去高效、有效工作。

二、职业经理行为的人性假设

一般来说对人的行为分析总是以人性分析作为基本前提,人性分析是行为分析的逻辑起点。对经理人行为选择的分析同样需要对经理人的人性进行分析。怎样看待"人性",是对经理人行为分析的基本前提。代理理论和管家理论的人性假设是不同的。人性假设的不同,必然导致管理理念、制度、手段和研究工具的根本性不同。

代理理论的人性假设主要表现为"经济人"假设。在代理理论看来,人的有限性和自利性使得经理人具有天然的偷懒和机会主义动机,他们会利用一切可能的机会,以牺牲股东利益为代价来实现个人利益最大化。"经济人"假设以理性、自利和个人利益最大化为其典型特征。代理理论以"经济人"假设为前提,推论经理人的行为表现是代理行为。

管家理论的人性假设可概括为"社会人"假设。管家理论从组织行为与组织理论出发,认为经理人对成功的需求、责任心、他人的认可、集体主义的信仰等会使经理人努力工作,他们受社会动机和成就动机的驱动,他们的目标与所有者的利益和目标追求是一致的,通过实现组织目标能够实现个人目标。因此,他们不是机会主义者、不是偷懒者,而是努力工作的、能够成为所有者的"管家"。管家理论以"社会人"假设为前提,推论经理人的行为表现是管家行为。

总而言之,两种理论在人性假设上是完全对立的。代理理论强调人是"经济人",是个人主义、机会主义、追求个人利益最大化的;管家理论则强调人是"社会人",是集体主义、合作主义、追求组织利益最大化的。Tosi 等学者(2003)研究指出,代理理论与管家理论的人性假设与 McGregor 的 X-Y 理论相一致。X 理论认为人是懒惰、消极、被动的,为了经济利益而工作,应对他们的工作进行监控。因此,代理理论与 X 理论对人性假设的分析是一致的。而 Y 理论认为人是有责任感的,为了实现自我价值而工作。因此,管家理论与 Y 理论对人性假设的分析是一致的。

可以看出,代理理论的人性假设根植于经济学。经济学中对人性假设的分歧较小,基本是趋同的,一直没有跳出"经济人"的范畴。而管家理论的人性假设更多植根于管理学和社会学,特别是管理学对人性假设、不同人性范式之间关联程度极小,从经济人、社会人、复杂人、自我实现人,乃至后来的文化人、学习人等,分歧较大。经济学与管理学中人性假设不同的关键在于其研究对象的不同。经济学研究稀缺资源的配置问题,所以更关注人"趋利避害"的自然属性;管理学研究组织目标的实现问题,所以更关注人依赖于环境的社会属性。

代理理论和管家理论在人性假设上的对立,导致基于两种理论的对经理人的行为分析完全不同,对现实的解释和应用具有完全不同的特点。例如,"经济人"假设注重经理人的自然属性、有利于进行数学分析,但对现实的解释具有一定片面性,而"社会人"假设则注重经理人的社会属性,对现实的解释比较符合客观实际,但难于建立数学模型,很难进行数学分析。可以说,"经济人"假设的优势正是"社会人"假设的不足,而"经济人"假设的不足又恰恰是"社会人"假设之所长。

从人性假设的历史演变来看,"经济人"是一个不断更新的概念,其内容和含义不断变动,从"完全理性"到"有限理性"、从"完全信息"到"不完全信息"、从"利益最大化"到"目标函数最大化"等,尽管如此,"经济人"假设一直具有理论上的逻辑性和连续性,基于"经济人"假设的代理理论也一直作为公司治理的主流理论而存在。"社会人"假设则是人性假设演变过程中的一个分支,是对"经济人"假设的批判性继承,同时又不断被其他人性假设所替代,如自我实现人、复杂人等。基于"社会人"假设的管家理论尚未得到普遍认可,多年来一直作为一种非主流理论和代理理论的补充而存在。

在制度设计方面,"经济人"假设有利于避免高昂的制度失效成本,而"社会人"假设则可能建立更有效、更优的制度安排。"经济人"假设是一个"有用的虚构",专注于人的私利动机,放弃任何纯粹的行为利他主义,对于制度设计而言具有分析上的意义。因此,对于厌恶风险的所有者来说,基于最差行为的"经济人"假设模型的公司治理制度安排能避免经理人采取最差的行为,避免产生最坏的结果。代理理论之所以占据公司治理理论主导地位,最重要的原因就是从制度设计的逻辑前提出发,可以避免产生高昂的制度失效成本。"社会人"假设则无法解释现实中大量存在的经理人败德行为和制度失效问题。

三、职业经理行为的需求特征、约束与本质

(一)职业经理行为的需求特征

从一般需求特征来看,经理人作为一般意义上的人,当然也有一般人所有的基本需求。职业经理的需求一般有以下几方面:① 经济收入的需求,指包括年薪、奖金、福利、津贴、股票期权等收入的需求;② 安全的需求,指职业经理的职位、权力和未来收入等的保障;③ 尊重的需求,包括委托人(股东)的认可和接受,社会的地位和声誉,他人的信任、赞扬和荣誉等各种受人尊重的需求;④ 权力的需求,即控制他人或感觉优越于他人,感觉自己处于负责地位的需求,它同时也意味着地位和声誉;⑤ 成就的需求,即一个人在发挥其全部潜能过程中,根据一定标准,希望自己越来越成为所期望的人物、完成与自己能力相称的一切事情的需求。强烈的事业成就感,以及由事业成功而得到更多的经济收入和良好的职业声誉、社会地位等,构成了职业经理努力工作的重要需求。

作为公司的"代理人",职业经理有比一般员工更高层次的需求,从总体上来看,职业经理的需求有以下两个特点:首先,职业经理的需求相对来说都是高层次的,即马斯洛需求层次中的尊重的需求和自我实现的需求,麦克利兰成就需求理论中的成就需求和权力需求,阿尔德弗 ERG 理论中的成长需求。钱德勒认为现代企业中的高级经理视经营管理活动为"终身事业",这种追求事业终身化的行为就是追求自我实现的行为。其次,经济需求仍然是职业经理工作的重要需求。这种需求一方面源于一般生存需求之外的对更高生活水平的追求,另一方面也是一个人价值和能力高低的佐证。

(二)职业经理行为的约束

职业经理行为受到的约束主要有两个方面:一是个人自身的约束;二是企业约束。职业经理作为经理必须具备不同于一般员工的素质,这些素质构成了对职业经理的个人自身的约束,包括道德修养,教育水平,知识结构和经验,判断能力、社交能力和管理能力,精神和信念,创造性思维,情感与意志等。职业经理受到的企业约束主要有:① 资本所有者(股东、债权人)的约束。在存在委托代理关系的情况下,职业经理受企业的契约约束。② 企业资源的约束。③ 企业员工的约束。职业经理不仅受与员工的契约的限制,也受到员工讨价还价能力的限制,如工会组织。④ 企业制度的约

束。制度在短期内是不能完全改变的,但在长期内,制度是内生变量,职业经理可以通过组织去改变制度框架的规则或准则。

(三)职业经理行为的本质

从职业经理自身来看,职业经理行为是一种自利行为。职业经理的经济人假定还暗含着关于职业经理理性的假定。所谓理性,即指每个人都能通过成本-收益或趋利避害原则来对其所面临的一切机会和目标及实现目标的手段进行优化选择。用西蒙的话说,理性指的是经济人具有关于他所处环境的完备知识,有稳定的和条理清楚的偏好,有很强的计算能力,从而使其选中的方案自然达到其偏好尺度的最高点。邓肯·卢斯(R. Duncan Luce, 1957)等人则从博弈理论的逻辑出发,把理性定义为在两种可供选择的方法中,博弈者将选择能产生较合乎自己偏好的结果的方法,或者用效用函数的术语来说,他将试图使自己的预期效用最大化。

在职业经理的经济人假设和理性人假设的前提下,结合职业经理的需求和约束,可以分析职业经理行为的本质。实际上,职业经理行为的本质是在职业经理的个人约束和外部约束条件下,追求个人效用的最大化。这里的效用是综合了职业经理多种需求满足的结果。

四、职业经理行为的影响因素

影响职业经理行为的因素是多种多样的,概括起来可以分为两个方面:外在因素和内在因素。外在因素主要是指客观存在的社会环境和自然环境的影响,内在因素主要是指职业经理的各种心理因素和生理因素的影响。前面已经分析内在心理因素,如需求、动机等。以下主要分析政治、经济、技术、文化等外在社会环境因素的影响。

(一)政治因素对职业经理行为的影响

政治环境是指一个国家或地区的政治制度、方针政策和法律法规等方面的具体内容。政治环境对职业经理的影响是极其深刻的。政治局面是否安定、政治制度及经济管理体制状况、法律及政策状况等都是职业经理极其关注的环境因素。国际政治局势、国内关系及国内政治局势对企业的生产和服务会产生极大的影响,从而影响到职业经理行为。如果政局稳定,国家一般以发展经济为中心,人民就能安居乐业,从而给企业营造良好的环境。相反,如果政局不稳,社会矛盾尖锐,秩序混乱,甚至产生冲突和战争,就会严重影响经济发展和市场稳定,企业很难有好的发展。这对职业经理行为产生的影响是,在市场营销特别是对外贸易活动中倾向于选择政局稳定的国家和地区。国内政治制度、政党及其组织制度、国家的方针政策等对企业的影响也较大,其中影响最大的是方针政策。如人口政策、能源政策、物价政策、财政政策、货币政策等,都会给企业的职业经理活动带来影响。例如,国家通过降低利率来刺激消费的增长,通过征收个人收入所得税调节消费者收入的差异,从而影响人们的购买能力,职业经理的行为则根据人们购买力的变化进行调整。

(二)经济因素对职业经理行为的影响

经济环境的主要因素是市场状况、经济状况以及竞争势态等,市场因素是市场经济条件下职业经理最为关注的环境因素。经济环境直接对职业经理制定和实施企业战略产生重大影响。企业战略是为了满足未来持续经营的需要,决定企业未来发展方向、目标与目的的管理活动。要确定未来一段时期内,企业是扩大经营还是稳步推进,或是收缩经营,职业经理除了要分析企业内部资源外,还必须充分考虑当前及未来的宏观经济形势、世界经济环境及行业经济发展状况。经济环境还通过资本市场对职业经理行为产生影响。经济环境中的另一些因素,诸如金融系统和资本市场发展状况等,直接或间接地对资本市场和金融市场发挥作用。而资本市场和金融市场为企业提供大量的资金,资金是企业的血液,是企业顺利运营的根本保证。当经济环境通过资本市场影响到企业时,职业经理必须根据情况制定恰当的策略并进行调整。

(三)技术因素对职业经理行为的影响

现代技术的发展,使系统集成、优化以及企业经营过程重组成为可能,从而提高了职业经理管理的有效性。例如,通过计算机网络和运行于其上的应用系统,职业经理可以高效地、便捷地、经济地管理跨区域或地域的子公司。职业经理坐在计算机前可以快速对外地子公司下达指令和及时了解外地子公司当天的运营情况。随着信息技术的进一步发展,计算机网络的产生和普及,使信息集成(包括不同计算机及设备的通信,不同数据库的信息共享,不同应用软件之间的数据交换等)得以开展。在信息集成的基础上,职业经理就可以对各种资源和过程进行优化利用、优化排序和调度,就能进一步挖掘企业潜力,实现产品和服务的低耗、优质、高产。这也使得职业经理的高效行为得以实现。

(四)文化因素对职业经理行为的影响

文化是指意识形态所创造的精神财富,包括宗教、信仰、风俗习惯、道德情操、学术思想、文学艺术、科学技术、各种制度等。一个国家、地区或民族的文化因素对职业经理行为有着多方面的深刻影响。文化因素不仅影响着职业经理的道德观、精神与信念,影响职业经理行为的需求和动机,而且影响职业经理行为的方式和方法。"文化人"假设决定了经理人的行为模式。

第四节 职业经理学的研究对象和研究方法

职业经理学是关于经理职业化规律的科学,是关于职业经理在微观经济运作环境中,如何成功运用市场深层运行的规律和运作方法的科学。从职业经理学的学科属性来看,它是一门融合经济学、管理学、社会学、政治学、法学等学科的综合性交叉学科。

一、职业经理学的研究对象

任何一门学科都有自己特殊的研究对象,职业经理学也不例外。但职业经理学自诞生以来,对其研究对象的争论一直未曾停止过,直至目前,仍没有取得共识。职业经理学研究对象问题的解决结果如何,直接关系到职业经理学作为一门学科存在的合法性与合理性问题。

职业经理学就是研究职业经理现象中的各种矛盾及其规律,研究职业经理现象中的各种矛盾就是研究职业经理及其行为,研究解决职业经理问题的途径和方法,进而揭示职业经理及其行为的规律。职业经理问题可以分为职业经理系统内部各因素之间相互作用时所产生的内部问题和其外部各系统之间相互作用所产生的外部问题,如职业经理的个人素养、职业经理和企业家的关系问题等,还可以根据职业经理问题的大小分为宏观的职业经理问题、中观的职业经理问题与微观的职业经理问题。

职业经理学和其他学科一样,其研究对象也是在不断发展变化的,也出现了许多新的研究领域和分支,如职业经理经济学、职业经理社会学,我们要根据外在环境及现实实际需要的变化不断调整职业经理学的研究对象,做到真正掌握职业经理现象中的规律所在,使其最大限度地为我们的实际需要服务。

二、职业经理学的研究方法

近年来,职业经理学的研究受到广泛的重视,统计学、运筹学、博弈论等学科的科学方法在职业经理学研究领域中也得到了广泛的应用。将一门学科的原理和方法应用于其他学科领域,既要重视研究方法推广的根据,又要考虑被应用领域的自身特点。在职业经理学的研究中,研究者们十分关注职业经理学的实践性,由于职业经理学是一门综合性交叉学科,在研究方法的推广、移植上,更应注意其条件性问题。

由于任何研究方法都有自身的优势和局限性,因此职业经理学的研究需要重视多种研究方法,既要重视系统研究方法,又要重视历史研究方法;既要重视理论研究方法,又要重视实证研究方法。

(一)系统研究方法

所谓系统,是指由互相联系、互相作用着的若干要素按一定方式组成的有机统一整体。系统研究方法就是从系统观出发,职业经理活动是一个由职业经理活动的主体、结构与过程等要素组成的系统,它本身包括了大量的次级系统,同时它又处于社会环境的大系统中。因此,需要运用系统研究方法,兼顾局部需要与整体利益、当前效益与长远目标,推动职业经理活动的顺利进行和良性发展。

系统的第一个基本特征是整体性。系统的整体性主要是揭示系统和要素之间的关系。系统的整体性要求我们观察和处理职业经理问题时要着眼于整体。整体的功能和效益是认识和解决问题的出发点和归宿。系统的第二个基本特征是结构性。系统的结构性所揭示的是系统中诸要素之间的关系。结构是要素相互联系、相互作用的方式,其中包括一定的比例、一定的秩序、一定的结合形式等。系统的结构性要求我们优化结构,以实现系统的最佳功能。

(二)历史研究方法

历史研究方法是用历史的观点对职业经理活动进行观察与研究,注重考察职业经理和职业经理学的起源、发展与演变的过程及这一过程对社会的影响与作用,以期以史为镜,借鉴历史经验服务于现代职业经理实践与职业经理学发展。按属性的数量,可分为历史单项比较和历史综合比较。历史单项比较是按事物的一种属性所作的比较。综合比较是按事物的所有(或多种)属性进行的比较,单项比较是综合比较的基础。但只有综合比较才能达到真正把握事物本质的目的。因为在职业经理学研究中,需要对职业经理的多种属性加以考察,只有通过这样的比较,尤其是将职业经理的外部属性与内部属性一起比较才能把握职业经理问题的本质和规律。

（三）理论研究方法

理论研究是人们认识客观世界,并使认识的结果系统化的活动。理论研究是人类的主观见之于客观,并从客观中获得主观知识的活动。理论研究是人类思维的过程。理论研究是人们将认识的结果进行系统化、理论化的过程,是人的主观对客观材料的自觉的加工过程。

职业经理学理论研究方法主要包括认识方法和思维方法。职业经理学理论研究的认识方法有感知过程、认知过程、逻辑过程等。职业经理学理论研究的思维方法就是在职业经理学的研究中实现感知、认知、逻辑过程的方法。从大的方面来说有两种基本方法:归纳法与演绎法。归纳与演绎是人类认识事物的两种基本的认知方法。一般说来,演绎法是理论研究的基本方法,归纳法是实证性研究的方法。从弊端的角度去看,演绎法容易导致纯理性主义的错误,归纳法则容易导致经验主义的错误。

（四）实证研究方法

实证方法的基本模式是根据已有的理论提出假设,确定变量,收集数据,证实或否定假设,肯定或发展已有理论,这是一种从自然科学移植过来的研究模式。职业经理学的实证研究方法主要包括定量研究法和案例研究法。

定量研究一般是为了对特定研究对象的总体得出统计结果而进行的。职业经理学的定量研究方法主要是从职业经理的素质、能力和自身特征的测度入手,运用定量分析方法把握其能力构成的合理程度、管理的水平和管理的力度,进而对职业经理问题进行研究。

案例研究法是结合市场实际,以典型案例为素材,并通过具体分析、解剖,促使人们进入特定的管理情景和管理过程,建立真实的管理感受和寻求解决职业经理问题的方案。案例研究法的内容主要包括以下几点:研究的问题,研究者的主张,分析单位,数据与命题的逻辑,解释研究发现的准则,研究案例数量的选择(单个还是多个)。

思考案例

起底华为式轮值

轮值董事长较轮值CEO来说,是更为成熟的产物,但倘若轮值董事长制度下依旧无法确定接班人人选,待任正非真的无法掌舵的那一天,华为是否会出现权力真空抑或群雄割据的局面?

背景

高度集权易引发决策风险

1999年,任正非为将主要精力放置在企业内部管理上,通过选举孙亚芳为董事长,将公司对外交往、公共关系等事务分解了出去,华为发展速度很快。但是自2000年核心技术负责人员李一男出走,郑宝用身体不适淡出管理层以后,任正非开始思考团队管理的企业模式。

2002年，华为的销售收入达到160亿元，员工数量也已经突破2万，但任正非的个人作用依旧强大，华为和很多传统企业一样，延续着高度集权的治理模式，任正非身兼实质董事长和CEO，所有战略与经营的重大决策基本上由其做主，即便有明确的章程和经营决策的EMT会议规程，也往往是形式大于内容。表决的时候：与任正非一致的，自然通过；与任正非不一致的，以任正非的意见为准。这种高度集权的治理模式，在给公司带来效率的同时，也带来了不小的灾难。比如进入小灵通市场的问题。在讨论是否进入时，几乎所有高管都建议以委托代工方式快速介入，理由也相当的充分，小灵通虽然是典型的机会市场，生命周期有限，但如果华为自动放弃的话，会让竞争对手UT和中兴轻而易举地赚个盆满钵满。但是这个提案却屡次被任正非否决，直到两年之后，任正非自己醒悟过来，才抓住了小灵通生命周期中的尾巴。然而，损失太大了。再比如，2002年华为出现了历史上第一次的负增长。一个很重要的原因就是，任正非个人当年对国内光传输市场的预测错误。当时公司高层与任正非有重大分歧，后来事实证明：任正非对市场盲目乐观，最终导致公司销售目标大幅下调，员工士气极其低落。

随着华为国际化的规模扩张和全球市场地位的提升，战略能见度变得越来越低，依靠领导者个人能力判断市场难上加难，任正非开始意识到：效率很高但风险巨大的个人决策模式必须改变，否则将危及公司的生命安全。

与此同时，接班人问题也摆在了任正非的面前。这位时年58岁的总舵手，身体状况大不如前，华为过分依靠任正非的同时，为接班人的选拔和培养设置了严重的障碍。当时高管团队已经形成了依赖"英明领袖"的惯性思维，很少思考战略方向的选择与战略机会的把握问题。战略决策人才的匮乏，对华为是非常危险的，于是，任正非下定决定要对华为的决策机制进行调整。

进化

从轮值COO到轮值董事长

2004年，华为邀请美世（Mercer）帮助其设计公司组织结构，美世认为公司没有中枢机构，便提出要建立EMT（Executive Management Team，经营管理团队），他们最初建议由任正非担任EMT主席，但任正非却希望这个职位由各位高管轮流担任，由此开始了轮值COO（首席运营官）制度，由八位领导轮流担任COO，每人半年。

经过七八年的试验，在轮值COO制度成熟后便从2011年开始实行由郭平、徐直军、胡厚崑三人构成的轮值CEO制度，即在董事会领导下，通过高层管理团队轮流坐庄的方式，对企业战略策划、制度建设进行短期负责，负责处理日常事务，为高层会议准备文件资料，而企业的日常经营管理工作则是由高层管理团队的其他成员负责。通过这种"在岗培养+在岗选拔"的方式，为后任正非时代做好准备。任何人都不可能是轮值CEO的钦定人选，董事会制定相关轮值制度，并根据明确的任职资格标准对CEO候选人（EMT成员）进行评估选拔，定期对其进行考核评价，并根据评价结果进行人事调整。

任正非在当年撰写的《一江春水向东流》中为轮值CEO鸣锣开道，并总结了轮值制度为华为带来的好处："也许是这种无意中的轮值制度，平衡了公司各方面的矛盾，使公司得以均衡成长。轮值的好处是，每个轮值者，在一段时间里，担负了公司COO的职责，不仅要处理日常事务，而且要为高层会议准备起草文件，大大地锻炼了他们。同时，他不得不削小他的屁股，否则就达不到别人对他决议的拥护。这样他就将他管辖的部门，带入了全局利益的平衡，公司的山头无意中在这几年削平了。"

2018年，华为进入了轮值董事长的时代。轮值董事长在当值期间是公司最高领袖。

在轮值董事长制度下，董事会换届后产生的轮值董事长，在当值期间为公司最高领袖，领导公司董事会和常务董事会，既参与战略决策，又参与日常的经营管理决策，在这种情况下，轮值制度更有利于发挥民主精神，增加决策的科学性，过滤大股东个人控制、个人决策的风险。通过制度设计，确保不管谁担任了轮值董事长，都要保持一致性，这样就避免朝令夕改，让战略的贯彻更长久，让执行层有稳定的制度预期。为了给轮值董事长的职权赋予权威，这个轮值制度，一下就排了5年时间。轮值董事长相比起轮值CEO，是对高层管理人员的进一步提升和放权。

"冲突"

董事长、轮值董事长谁的权更大？

从华为新一届董事会的选举结果可以看出，梁华接替孙亚芳成为新一任董事长，郭平、徐直军、胡厚崑当选为公司副董事长，同时担任公司轮值董事长。那么，董事长与轮值董事长，他们之间到底各自履行什么样的职权，谁的权更大？

一般来说，董事长的职权来自于四个方面：即法律的授权、股东会/董事会的授权、股东身份的重叠、创始人身份的重叠。因此，一个公司的董事长并不存在天然的权力，他仅仅是股东会的一个代理机构。权力是大是小，取决于公司的股东会、董事会如何给他分配权力，也取决于他在创立公司过程中是否形成创始人的权威。

对于轮值董事长的地位，华为〔2018〕001号文件是这样表述的："轮值董事长在当值期间是公司最高领袖，领导公司董事会和常务董事会。"因此轮值董事长的职责是，对内聚焦公司的管理，通过领导董事会常务委员会和董事会的工作，带领公司前进。

因此可以得出的结论是：梁华是形式董事长，与前任董事长孙亚芳一样，在公司董事会层面，履行的是象征性功能，包括对外担任法定代表人。其实际功能，更偏重于主持公司持股员工代表会运作；而轮值董事长是实质董事长，是公司经营管理的权力中心，也就是我们日常所说真正具有实权的"董事长"，并在多个人之间进行轮值，从而发挥集体决策的作用。

效果

经营增长趋势良好，但非长久之计

2018年12月27日，华为在通信世界网消息（CWW）内网率先发布了2019年新年致辞。在文中，华为轮值董事长郭平表示，2018年，华为公司预计实现销售收入1 085亿美元，同比增长21%，此外华为在运营商业务、企业业务、消费者业务，以及新技术的发展上也是遍地开花，硕果累累。从华为这几年健康的经营增长结果导向看，轮值制度的运作至少在目前可以说是成功的，之前人们所担忧的轮值模式带来的责任承担问题和决策效率问题似乎也并没有显现。华为的轮值制度，在全球公司的治理模式中也难得一见，华为无疑开创了企业管理模式的先河，因此也吸引了不少企业纷纷效仿。

然而笔者认为,轮值制度之所以能在华为身上展现出积极的效果,不仅因其切合华为的发展历史与任正非的管理思想,还经历了长达7年的沉淀,使得集体决策的观念渗透到每一位高层的管理理念中,轮值制度是适合华为的,但它是否适合其他的企业,目前不得而知。并且在华为轮值制度成功运行的背后,依旧离不开华为公司真正的控制者——任正非。作为创始人,任正非对华为的控制,一方面是管理权限,在轮值制度中,任正非始终对经营管理团队的决议有最终否决权;另一方面,任正非是华为头号"文化教员",对华为有超强的精神影响力,虽然任正非几乎没有使用过最终否决权,但他仍会对一些提议的萌芽与发展产生影响。轮值董事长是较轮值CEO来说更为成熟的产物,但任何企业都需要一名真正的统帅,一位稳定的指挥官,倘若轮值董事长制度下依旧无法确定接班人人选,待任正非真的无法掌舵的那一天,华为是否会出现权力真空?在各位轮值董事长职权对等的情况下,最终是否会迎来群雄割据的结局?这些问题,难说。

资料来源:柏立团《起底华为式轮值》,
载于《董事会》,2019年03期

【讨论题】

1. CEO是拥有独特身份的职业经理,是企业领导人与职业经理的合一。华为的轮值CEO的行为该是怎样的?

2. 华为为什么要实行CEO轮值制?这个制度设计的出发点是什么?你预测华为的董事长轮值制会长久吗?为什么?

本章思考题

1. 简述职业经理的定义和内涵。
2. 举例说明职业经理和企业经营者的异同点。
3. 按照企业内部岗位设置的角度,职业经理主要包括哪几类?
4. 职业经理有哪些特征?
5. 试述职业经理的代理行为和管家行为。
6. 简述职业经理学的研究对象和研究方法。

本章情景模拟实训

基层经理的角色定位

三年后的今天,假如你是某企业的一名办公室主任。当你下班并准备开车回住处时,你接到你的顶头上司——某部门经理的电话,要你和他一起立即去公司会议室参加公司高层扩大会议(涉及你所管办公室的预算经费削减),并告知你要做好发言准备。

请问:作为办公室主任的你该怎样发言?会上你会同意预算经费削减吗?试说明理由。

第二章

职业经理的相关理论

 学习目标

1. 理解委托代理关系中职业经理的代理成本与代理激励约束机制。
2. 理解职业经理人力资本及其产权。
3. 理解人本理论对职业经理行为的影响。
4. 理解职业经理心理契约的形成与违背。

引导案例

唐骏在新华都的承诺与价值

2008年4月,唐骏以10亿元天价转会费就任新华都集团总裁兼CEO时,就高调宣布,要把陈发树打造成中国的巴菲特。"未来3~5年内将推动旗下5家公司上市,以圆老板陈发树进富豪榜前三名之梦。已为新华都做了5年规划,要从16亿元发展到100亿元。"

然而三年有余,陈发树仍徘徊在福布斯中国富豪榜十名之外,排名更是从去年的第12名下滑至第18名。而新华都距离百亿级的目标似乎仍有一段距离。唐骏的豪言壮语言犹在耳,但与新华都似乎渐行渐远。"学历门"爆发后,新华都将与唐骏分手的传闻不曾间断。而经常以新华都CEO身份高调亮相的唐骏如今也鲜有露面。

新华都董秘龚严冰告诉时代周报记者,目前唐骏仍是新华都总裁兼CEO。但业内传言称他在新华都已无太大实权,总部一副总已调至上海,有可能接替唐骏。唐骏寻找到下家后,便会风光离开。当初唐骏离开微软、盛大时,都是找到下家才走的?新华都和唐骏是否会上演一场完美的"离婚"?

唐骏也说,在新华都集团,他的主要工作就是与陈发树一起物色好的投资项目、做品牌营销和运作慈善基金。尽管唐骏辅助陈发树进行了一系列资本运作,唯有青岛啤酒的股权收购值得一提。无论是联游网络,抑或云南白药,都没让陈发树获取更多的收益。而其号称仿效"盖茨基金"运作的新华都慈善基金更是深陷质疑。

只有在品牌营销方面,新华都实现了部分预期。无疑,在唐骏的高调下,新华都已由地方商业大佬而被全国公众所熟知。然而,让新华都始料未及的是,唐骏的"学历门"事件也使自身陷入了更多的是非之中。

"学历门"事件不仅涉及个人能力,更关乎个人的道德水平。新华都聘用一个不诚信的人,对新华都的信誉也产生了负面影响。业内人士表示,新华都已从唐骏身上提高了知名度与影响力,至少这点,唐骏做到了。但唐骏当初承诺的很多事情却都没有兑现,个人价值遭到了否定。

今日的唐骏已不能为新华都增值,企业是否仍会拿高薪去养着一个为企业增加负分的员工?按照商业逻辑,唐骏可能是新华都的"一粒棋子"。陈发树聘任唐骏更多的是出于公关品牌方面的考虑,而并非真正意义上的总裁或 CEO。不仅无实权,更无法参与到核心管理层。唐骏离开不会对新华都的经营活动产生任何影响。而伴随一系列危机蔓延,唐骏与陈发树家族人员之间矛盾的不断激化,唐骏的离开或许正是其所希望的。

资料来源:改编自张欣培《打工皇帝唐骏资本术乏力,与陈发树"离婚"之日迫近》,原载于《时代周报》,转载于凤凰网财经,2011-12-15

从引导案例可以看出,唐骏的"学历门"不仅使得个人的人力资本价值受到影响,也影响了组织的声誉;承诺的未完全兑现,使老板的心理契约受到破坏;作为代理人的唐骏即使离开并不会给公司的经营带来重大影响,等等。实际上,职业经理现象和问题是多方面的。角度不同,对这些现象和问题的预测和理论解释也不同。本章主要介绍职业经理的相关理论,介绍委托代理理论、人力资本理论、人本理论和心理契约理论在职业经理现象与问题上的观点。

第一节 职业经理相关理论的概述

职业经理的产生和发展,各种理论的演变与交替,都是特定历史阶段和一定条件的产物,都与当时的环境密切相关。职业经理的一系列理论是应经济环境与管理实践产生的,认识和理解职业经理产生与发展的相关理论,对于更好地认识职业经理极为必要。职业经理的相关理论,概括起来主要有以下几个方面:

一、经济学理论

伴随着经济的发展,经济学理论日益丰富,与职业经理有关的经济学理论主要包括产权理论、代理理论(代理成本理论与委托代理理论)、人力资本理论、交易成本理论等。其中产权理论、委托代理理论和人力资本理论是分析和探讨职业经理的主要经济学理论。

产权经济学家认为,产权的归属是决定企业绩效的关键因素。为了解决在所有权与控制权分离情况下对职业经理的激励问题,又进一步将企业的产权细分为所有权、控制权、剩余索取权和收益处分权,并将产权中的很大一部分权力让渡给了职业经理。产权理论包括三个基本的理论:其一是剩余利润占有理论。它强调剩余利润的占有是企业拥有者追求效益的基本激励动机,出资人可以凭借所有权获取利润,职业经理则可以通过控制权占有较大份额的剩余利润,从而形成了对其有效的激励。其二是资产拥有理论,该理论认为,资产一旦被私人拥有,便具有了排他性,从而保证了资产及其收益不能被他人侵占。进一步研究表明,只要资产使用者的收益与资产关切程度挂钩,将会增加使用者对资产的关切程度。在职业经理拥有了对资产的控制权以后,其对资产的关切程度,一点也不亚于所有者。其三是私有化理论,该理论认为,私有化可以使企业不受政府的约束,可以赋予企业以利润最大化的目标,核心作用是可以强化对职业经理的利润激励机制,使职业经理的目标最大程度地契合出资人的目标。

委托代理理论作为经济学研究的一个重要领域,一方面,丰富了现代经济理论基础;另一方面,对企业制度理论做出了重大贡献。现代企业制度的一个重要特征是"两权分离",即企业所有权与经营权分离。两权分离使所有者与经营者之间形成委托代理关系,所有者是企业资产的委托人,经营者是企业资产的代理人,所有者与经营者在信用关系的基础上签订委托代理合约,规定双方的权利、责任和义务,委托代理理论产生促进了职业经理的产生和发展,无疑为职业经理代理行为的研究提供了重要的理论研究依据。

人力资本理论作为一个新兴的理论,对经济学和管理学做出了重要贡献。职业经理人力资本与一般人力资本相比,组成要素更加复杂,培养和发展的难度更大。现代企业的发展在很大程度上取决于职业经理人力资本的存量及其开发利用程度。职业经理人力资本对现代企业乃至经济发展具有非常重要的作用。因此,了解和掌握人力资本理论有助于更好地发挥职业经理人力资本对企业的重要作用。

二、管理学理论

职业经理的研究越来越受到管理学家们的重视,对职业经理的研究也逐渐系统化。管理学理论中的很多理论都对职业经理产生着重要的影响。职业经理有关的管理学理论主要包括公司治理理论、人本管理理论、组织行为学中的心理契约和组织承诺理论、企业家理论、胜任力理论、职业生涯理论、激励理论等。

公司治理理论在职业经理的治理制度环境方面多有论述。公司治理既是指研究公司经营者监督与激励的学问,也常常指组织结构、体制或制度,因此,公司治理有时也被称为"公司治理结构""公司治理系统"或"公司治理机制"。狭义的公司治理是指公司股东经股东大会选举董事会负责公司经营,而董事会又聘用职业经理负责公司的日常管理工作,为股东的利益服务。

人本思想和人本管理理论在当今企业管理中发挥着日益重要的作用,尤其是对管理风格和管理思想产生重要的影响。人本思想和人本管理理论致使职业经理的管理方式和管理理念发生了一定的变化,职业经理在企业中倾向营造一种和谐的氛围,增加了员工归属感、价值感,更加有利于组织目标的实现。

心理契约问题的研究现已成为当前组织管理和人力资源研究的一个热点课题和重要领域,为我们研究职业经理与企业之间的关系提供了参考。为了有效提高职业经理对于企业的归属感、忠诚度等,研究心理契约理论为我们提供了一个新的视角。

企业家理论也是分析职业经理的一个重要理论之一。职业经理与企业家的使命、能力与素质存在一定的差异。但某种程度上,企业家的能力很多都是职业经理必备的素质。研究企业家理论,可以进一步认识职业经理的才能与价值。

> **知识拓展**：心理所有权指"个体感觉目标物仿佛为他/她所拥有的状态"，它是正式所有权产生激励作用的基础，既可以增强组织成员的责任感，激励他们的组织公民行为和角色外行为，也可以激励企业职业经理的管家行为。换言之，心理所有权可以很好地反映组织成员受激励的状态，同时，由于它的形成并不依赖于正式所有权，而可以借助其他途径形成和单独存在。因此，企业主可以采用"激发心理所有权"的手段对一些没有正式所有权的职业经理进行工作激励。

三、其他学科的一些理论

职业经理问题的研究既涉及经济学、管理学，也涉及社会学、政治学、法学、数学等学科。其他学科涉及职业经理问题研究的主要有以下几方面的理论：企业伦理理论，博弈论，公司法、劳动关系法等法律方面的理论。这些理论为职业经理研究做出了重要的贡献。如博弈论的观点认为，企业所有者与职业经理之间是委托人和代理人之间的博弈关系，在委托代理关系中双方目标不一致，信息不对称，从而导致出现信任危机、职业经理采取诸多投机行为和失信行为的结果。因此，用博弈理论设立模型，去求最优解，然后再设立外部约束条件即制度来规范人们的行为，从而达到消除职业经理信任危机，建设和规范职业经理市场的目的。

虽然不同学科的理论的研究视角存在差异，研究的结论甚至存在冲突，但这些理论研究无疑为研究职业经理问题提供了充分的依据或借鉴。

第二节 职业经理与委托代理理论

委托代理制是现代企业存在的一种普遍形式，伴随着企业所有权和经营权的分离而产生与发展，委托代理理论（Principal-agent Theory）已经成为现代公司治理的逻辑起点。代表人物主要有威尔森（Wilson，1969）、罗斯（Ross，1973）、霍姆斯特姆（Holmstrom，1979，1982）、格罗斯曼和哈特（Grossman & Hart，1983）。委托代理理论用委托代理关系诠释了职业经理的产生，研究了职业经理的代理成本、职业经理的激励机制与约束机制的建立，为职业经理的研究与实践做出了重要的贡献。

一、委托代理关系

委托代理理论建立在信息的不对称（Asymmetric Information）基础之上。信息不对称是指市场上交易双方掌握的信息不均衡，根据表现形式的不同可以分为：一是对特定交易对象主体信息掌握的不对称；另一种是在产权运动过程中，由于权力出让时责任未能相应转移，从而导致权力和责任的不对称。标准的委托代理理论建立在以下两个基本假定：一是委托人对产出没有（直接的）贡献；二是代理人的行为不易直接地被委托人观察到。

委托代理理论是制度经济学契约理论的主要内容之一，主要研究的是委托代理关系。委托代理关系是随着生产力大发展和规模化大生产的出现而产生的,由社会经济发展及管理发展的客观需要和条件所决定的。在公司制企业中,随着交易范围的扩大及资本的不断积累,企业的规模也随着扩大,企业资产所有者完全独立地控制企业的经营活动越来越受到自己所具有的精力、专业知识、时间、组织协调能力的限制。因此,客观上要求有一个高效率的、专业化的层级组织来取代过去个人企业或合伙人的简单管理组织,产生了委托代理关系。

委托代理关系按照詹森和梅克林(Jenson & Meckling,1976)的定义,是指一种明显或隐含的契约,根据它,一个或多个行为主体指定、雇佣另一些行为主体为其服务,与此同时授予后者一定的决策权力,并根据其所提供服务的数量和质量支付相应的报酬。

委托代理关系实质上是一种非对称信息条件下所达成的契约合同关系。在当事人之间,由于相关信息和风险的分布不对称,拥有不完全信息而必须承担风险的一方称为委托人,而拥有和支配更多信息但属于风险规避者的一方则是代理人。经济学上的委托代理关系则更为广泛,认为任何一种涉及非对称信息的交易,交易中有信息优势的一方称为代理人,另一方称为委托人。简单地说,知情者(informed player)是代理人,不知情者(uninformed player)是委托人。当然,这样的定义背后隐含的假定是,知情者的私人信息(行动或知识)影响不知情者的利益,或者说不知情者不得不为知情者的行为承担风险。委托代理关系产生的主要原因是,企业所有权与控制权的分离,委托人与代理人利益目标的不一致或冲突、信息的不对称以及契约的不完全。

二、职业经理的代理成本

(一)职业经理的代理成本

职业经理的代理成本主要包括:合约成本,委托人监督和控制代理人行为的控制成本,保证代理人做出最优决策的保证成本,代理人决策偏离委托人利益最大化或完全执行合约的成本超过收益使委托人承受的利益损失。

企业与其所选定的职业经理之间的委托代理关系通过签订合同而确立,合约的签订和执行会产生交易费用。由于职业经理(代理人)与企业(委托人)所掌握信息的不对称性,代理人总是在信息上占优势,委托人一般处于不利地位,即合约的交易费用主要由委托人承担。

(二)职业经理代理成本产生的主要原因

委托代理关系是一种典型的契约关系,委托代理中的不确定性、信息不对称、交易费用是产生代理成本的基本原因。

首先,代理人是一个具有独立人格的经济人,他的目标是最大限度地满足自己的欲望而不会是无条件地为他人服务的,所以,无论是公有企业还是私有企业,职业经理和所有者间的目标函数通常并不完全相同,因此存在着利益上的冲突,自然产生了激励不相容问题。管理者具有替代利润最大化(股东的利益)去得到其他企图(管理者的利益)的动机和权力。

其次,委托人和代理人之间存在着严重的信息不对称性。由于委托人和代理人之间存在利益不一致和信息不对称,会导致代理成本的产生。这种信息不对称性来源于委托人对代理人的行为(努力程度的大小和机会主义行为的有无)和条件禀赋(如能力、风险大小以及对风险的态度等)的观察不可能性。代理人的利己性和委托人与代理人之间的信息不对称性的同时存在,会使得这两者之间的代理关系中容易产生一种非协作、非效率。这种非协作或非效率可被归纳为"道德风险"和"逆向选择"。

三、基于委托代理理论的职业经理代理激励约束机制

激励约束机制问题研究的理论基础是委托代理理论。委托代理理论认为,正是由于信息不对称和代理成本导致了"委托代理问题"的出现,而委托代理问题的核心就是激励机制控制研究,即如何以一定的监督成本来控制代理人的行为,使代理人的行为能保证委托人的利益最大化。委托代理问题转化为激励约束问题。

(一)显性激励机制

Holmstrom 等人(1979,1982)利用委托代理理论一般模型证明:如果委托人不能观测代理人的行动,为了让代理人选择委托人所期望的行动,委托人必须根据可观测的行动结果来奖惩代理人。此激励机制称为"显性激励机制",主要运用于短期合同。

(二)隐性激励机制

在长期合同中,除了显性激励机制发挥作用外,"时间"本身可能会解决代理问题,这就是所谓的"隐性激励机制"。罗宾斯泰英(Rubbinstein,1979)使用重复博弈模型证明:如果委托人和代理人之间保持长久的关系,双方都有足够的耐心,那么帕累托一级最优风险分担和激励可以实现。

(三)动态的激励模型

在动态的激励模型中,有两类著名的模型,一类是代理人市场声誉模型,另一类是棘轮效应模型。"棘轮效应"一词最初来自对苏联式计划经济制度的研究。在委托代理关系中,委托人试图根据代理人过去的业绩建立评价标准,然而代理人越努力,好业绩出现的可能性越大,"标准"也就越高,当代理人预测到他的努力将提高"标准"时,他努力的积极性也就下降。这种标准随业绩上升的趋向被称为"棘轮效应"。

> **知识拓展**:委托代理理论的起源可以追溯到亚当·斯密在《国富论》中的论述:"在钱财的处理上,股份公司的董事为他人尽力,而私人合伙公司的成员为自己打算。所以,要想股份公司的董事们像私人合伙公司那样监视钱财用途是很难做到的。疏忽和浪费是股份公司业务经营上难以避免的弊病。"

第三节 职业经理与人力资本理论

人力资本理论是 20 世纪 60 年代兴起的一门新兴理论,代表人物是舒尔茨、贝克尔等。舒尔茨于 1960 年在经济学年会上发表有关《人力资本投资》文章,这是人力资本理

论诞生的标志，也是人力资本概念被正式纳入主流经济学的标志。舒尔茨则认为，人力是社会进步的决定性因素，但人力的取得不是无代价的，人力的取得需要耗费稀缺资源。人力包括知识和人的技能，它们的形成是投资的结果。并非一切人力资源都是重要的，而是只有通过一定方式的投资，掌握了知识和技能的人力资源才是一切生产资源中最重要的资源。人力资本投资是经济增长的主要源泉，人力资本投资是效益最佳的投资。

人力资本作为一个新兴的理论，其对经济学和管理学的意义重大，人力资本理论的研究为职业经理人力资本的获取、开发和价值评估提供了重要的借鉴。

一、人力资本的概念与特征

（一）人力资本的概念

人力资本概念是由费雪于1906年在《资本和收入的性质》一书中首次提出。舒尔茨认为，人力资本（Human Capital）是相对物力资本而存在的一种资本形态，是指通过对人力资源的投资，如对人的教育、训练和健康等，主要凝集在劳动者身上的知识、技能及其所表现出来的劳动能力，这种能力是经济增长和生产发展的主要因素，是一种收益率很高的资本。舒尔茨的人力资本概念包括以下要点：人力资本体现在人的身上，表现为人的知识、技能、资历、经验和熟练程度等能力和素质；在前者既定的情况下，人力资本表现为从事工作的总人数及劳动市场上的总工作时间；人力资本是对人力的投资而形成的资本，是投资的结果；对人力的投资会产生投资收益，人力资本是劳动者收入提高的最主要源泉。

也有学者认为人力资本可以宽泛地定义为：居住于一个国家内人民的知识、技术及能力之总和，更广义地讲，还包括首创精神、应变能力、持续工作能力、正确的价值观、兴趣、态度以及其他可以提高产出和促进经济增长的人的质量。

综合这些定义可以看出，人力资本具有以下的含义：人力资本指存在于个体或群体身上的，表现为知识、技能、人文精神素质、体力（健康）的价值总和；个人或群体所拥有的人力资本并非与生俱来，是依靠后天投资而形成的，这种投资不仅是以货币的形式体现，也是以非货币的形式（文化、道德修养、品格等）体现；人力资本所体现的价值，不仅是因投资而产生经济意义上的价值回报，同时也体现为对人自身的非经济意义上的价值回报。

（二）人力资本的特征

1. 依附性

人力资本是以人的活体为载体的，它的存在和使用都离不开人本身，也就是其具有人身依附性，人力资本的内容即知识、技术、能力和体力都离不开人的活的机体，离开了人的活体，人力资本是不存在的。因此，依附性是人力资本存在形式的特点，也是其他特征的基础。

2. 所有权和使用权的唯一性

由于人的活体是人力资本的唯一载体，人本身和其所承载的人力资本是紧密相连的，可以毫不夸张地说，两者是合而为一的。对于人力资本的使用、增值等都离不开对人本身这个活体的支配。

3. 使用主体的自主性

人力资本的使用完全取决于人力资本的所有者。换言之，人力资本的使用程度只受其所有者控制。当然，人力资本的使用不仅取决于其所有者的主观状态，还受人本身的健康状况的影响，受这些波动因素的影响，"人力资本价值也就具有了动态性"。人力资本的使用受所有者主观和健康的影响，也导致了其收益的风险性。而且与物质资本相比，人力资本收益的风险性要更为明显。

4. 价值评价的困难性

由于人力资本的人身依附性和主体自主性，造成了人力资本价值评价上的困难性。

二、职业经理人力资本的构成与特征

职业经理人力资本指凝聚在职业经理个人身上的知识、技能及其表现出来的劳动能力。职业经理作为企业的经营管理决策者，核心在于职业经理拥有与众不同的人力资本。

（一）职业经理人力资本的构成

与一般人力资本由知识、技能、信息组成相比，职业经理人力资本的组成要素更加复杂。职业经理的人力资本一般由以下几种要素构成：知识和技能、关系资源、客户资源、个人的社会名望和影响力。其中的知识和技能的形成包括三种情况：第一种情况，职业经理在学校教育以及工作期间的业余学习，由此形成的知识和技能，当然应归他个人所有；第二种情况，公司出资培养职业经理，包括出国培养而形成的知识和技能；第三种情况，职业经理在工作过程中所积累的知识和技能，主要是指职业经理在公司工作期间所形成的关系资源和客户资源。

> **知识拓展**：有学者认为，职业经理人力资本价值量是由技能性资本、驱动性资本和社会性资本三部分共同构成，表达公式为：$V=C\times(P+O)$。其中，V 代表职业经理人力资本价值，C 代表技能性资本，P 代表驱动性资本，O 代表社会性资本。式中的"＋"表示"直接的贡献"，"×"表示"渗透性贡献"。这里的驱动性资本包括需要、兴趣、动机、情感和意志等内心驱动因素。

（二）职业经理人力资本的特征

职业经理人力资本作为企业特殊意义上的人力资本，除具有一般人力资本的私有性、完整性、生产性、专用性、可变性、难以度量性等，还具有长时间性、强专用性和高稀缺性等特殊性质。

1. 长时间性

一方面，从职业经理的作用和功能来看，职业经理的人力资本具有形成上的经验学习积累性，而经验学习积累需要较长的时间。另一方面，职业经理人力资本使用的效果是通过企业的经营业绩来整体体现的，其效果的显示一般需要一个较长的时间，亦即职业经理人力资本的投入与产出的时间不一致。

2. 强专用性

由于行业特点的不同,造成了职业经理人力资本的专用性增强的特点。众所周知,社会分工促进生产力的发展是一种普遍规律。一方面,从人力资本所有者的角度来考察,社会分工其实就是人力资本专用性的增强。从社会分工的角度来讲,职业经理就是经营管理才能专业化的一种社会分工表现,职业经理一旦进入一个适合自己专长的企业,就会对该企业产生依赖性和长远性效用预期,希望自己投入企业的时间和精力能在企业中得以回报。另一方面,从企业的角度来看,职业经理人力资本的专用性也具有重大的影响。对于一个发展得较为完善的公司内部治理结构而言,职业经理对一个企业声誉的影响是巨大的。由于职业经理人力资本专用性增强的特征,其人力资本投资于企业的集中性也不断增强,由此带来的风险性也是不可避免的,并且此风险性要远高于一般形式的人力资本。

3. 高稀缺性

职业经理人力资本与一般人力资本相比,其价值形成具有更大的难度,其组成要素与一般人力资本由知识、技能、信息组成相比,组成要素更加复杂。因此,职业经理人力资本的稀缺性程度高。

高稀缺性使得在企业物质资本和人力资本的使用中,职业经理人力资本的使用居支配地位。高稀缺性不仅使得企业难以获取理想的职业经理人力资本,也加深了使用中控制和监督的难度。

三、职业经理人力资本产权

(一)人力资本产权的概念

职业经理人力资本产权是从一般人力资本产权的概念上发展出来的。静态地看,从人力资本所有权的角度出发,"所谓人力资本产权就是人力资本的所有关系、占有关系、支配关系、利得关系及处置关系,即存在于人体之内,具有经济价值的知识、技能乃至健康水平等的所有权"。动态地看,从人力资本收益权和控制权出发,企业人力资本产权应作为企业整体权益的一部分,是企业人力资本所有者享有的部分企业所有权(控制权和剩余收益权的合称),即人力资本产权是人力资本所有者所拥有的企业控制权和剩余索取权。

从广义产权内涵的视角出发,人力资本产权是市场交易过程中人力资本所有权及其派生的使用权、支配权和收益权等一系列权利的总称,是制约人们行使这些权利的规则,本质上是人们社会经济关系的反映。总之,企业人力资本产权本质上体现着人们的现实经济关系,它是市场交易中人力资本所有权及其派生的使用权、部分转让权、支配权、收益权等一系列权利的总和。因此,职业经理人力资本产权是职业经理对其人力资本的所有、使用、收益、控制、处置、转让等权利在内的一系列权利束。

(二)职业经理人力资本产权的内容

人力资本产权的具体内容包括:

1. 职业经理人力资本的所有权

即职业经理对其人力资本作为一种财产的排他性控制和占有权利。实际上,职业经理人力资本与其所有者具有天然的不可分性。这种不可分性是职业经理对其人力资本的排他性控制和占有的基础。

2. 职业经理人力资本的使用权

即职业经理在一定范围内通过各种方式使用其人力资本，从而实现人力资本的使用价值的权利。

3. 职业经理人力资本的收益权

职业经理使用其人力资本，产生价值增值后所得到的企业部分收益权。职业经理投入其人力资本，一方面是为了得到相应的收益，另一方面是为了实现价值增值。实现价值增值的最终目的还是为了得到收益。职业经理的人力资本收益除工资、奖金等固定收入外，还应包括分享企业利润型的变动收益。职业经理人力资本分享企业利润的依据是人力资本具有和物质资本一样的资本要素性质，有权得到企业的剩余收益，而工资等固定收入只是维持劳动力再生产所必须的生活资料的价值。职业经理人力资本的收益权是职业经理人力资本产权的核心。

4. 职业经理人力资本的控制权

职业经理享有企业部分控制权。企业契约的不完全性决定了剩余控制权的存在；由于职业经理掌握了企业生产和经营的隐含信息，职业经理理应享有企业部分控制权。控制权是收益权实现的前提条件。

5. 职业经理人力资本的处置权

职业经理具有在一定范围内处置其人力资本的权利。职业经理有自由流动人力资本、决定人力资本存在方式以及改变人力资本内容的权利，从而保证了职业经理人力资本的配置和使用效率。

6. 职业经理人力资本的部分转让权

职业经理拥有在市场交易中部分转让其人力资本的权利。由于职业经理人力资本具有和其所有者天然的不可分割性，职业经理只能部分转让其使用权和收益权。

（三）职业经理人力资本产权的特性

职业经理人力资本产权具有作为产权的基本特性。职业经理人力资本产权的基本特性描述了职业经理人力资本产权区别于其他事物的性质。

1. 收益性

收益性是人力资本产权实现的集中体现。收益性不是指职业经理人力资本产权所有者得到的报酬，报酬只是人力资本产权投资"成本"的回收，收益是指拿回它增值的部分，即分割部分利润。

2. 排他性

排他性是指职业经理人力资本产权主体对所拥有的人力资本所具有的对外排斥性或垄断性。人力资本存在于它的载体之中，与其他财产权利相比，职业经理人力资本产权显示出了强排他性。这是因为职业经理人力资本产权排他成本较低，具有天然的优势。

3. 可分解性

可分解性是指职业经理人力资本产权的各项权能可以分属于不同主体的性质。也就是说人力资本的所有权、使用权、处置权、经营权和收益权等各项权能可以分解开来,分属于不同的主体。职业经理人力资本产权的分解与职业经理人力资本产权的效率关系密切。分解之后的职业经理人力资本产权为职业经理人力资本的流动、配置和使用等创造了条件,将大大提高职业经理人力资本的使用效率。

4. 可交易性

可交易性是指职业经理人力资本产权可以在不同的主体之间让渡。在充分竞争和产权制度完善的市场环境中,只要职业经理人力资本创造收益的潜在空间存在,自由竞争和选择机制就必然促使职业经理人力资本向更有效和更充分利用的市场转移,从而达到职业经理人力资本收益最大化的状态。追求利益最大化的动机促使职业经理人力资本所有者通过交易主动出让一部分权利。巴泽尔指出:"任何个人都可能放弃各种资产(或者某一资产的不同属性)的所有权,并与其他投入的所有者签订合同,以获取相应的服务,从而获得收益。"

第四节 职业经理与人本理论

一、人本理论的主要思想

人本理论在我国有深厚的历史渊源。《管子·霸言》中有这样的记载:"夫霸王之所始也,以人为本。本理则国固,本乱则国危。故上明则下敬,政平则人安,士教和则兵胜敌,使能则百事理,亲仁则上不危,任贤则诸侯服。"这是我国最早明确阐述"以人为本"思想的言论。管子的"以人为本"的人本观与孟子主张"民为贵,社稷次之,君为轻"的民本观略有不同。后来这两种思想进一步合流,形成了民本思想。如吴兢在《贞观政要·务农》中的"国以人为本,人以衣食为本";范晔在《后汉书·张曹郑列传》中的"国以民为本,民以谷为命";朱熹在《四书集注·孟子·尽心下》中"国以民为本,社稷亦为民而立"等。管子的"以人为本"与后来的"民本观"有所不同,更不同于近现代意义上的人本主义,但它们无一例外地强调了人在管理中的重要性。

国外人本管理思想至少可溯源到行为科学理论。1927年至1932年,以哈佛大学著名心理学家埃尔顿·梅奥为首的一批学者,在美国西方电器公司所属的霍桑工厂进行了著名的霍桑实验,提出了"社会人假设",第一次把工业中的人际关系问题提到首位,提醒人们在处理管理问题时注意人际关系的因素。实际上,国外人本管理的思想始于对人性假设的不断变化。从管理发展历史来看,对人性认识假设大致经历了古典时期的"完全理性人"假设,西蒙的"有限理性人"假设,泰罗的"经济人"假设,梅奥的"社会人"假设,马斯洛以"需求层次理论"为基点的"自我实现人"假设,以及沙因、史克恩、莫尔斯、洛希的"复杂人"假设等。人本理论的人性假定综合了以上几种假设。人本理论认为人不仅具有客观理性,还具有主观理性。客观理性是指人的行为的客观后果是有利于最充分实现自身的利益;主观理性是指每一个人都依据自我偏好集对各种事物做出独立的主观价值判断,并依照这种主观价值判断做出趋利避害的行为决策,力求能最大化地实现自己的利益。人本理论主张客观与主观相统一的人性假定。

人本理论是现代管理理论中的一个重要内容。很多管理学家都强调了以人为本的管理思想。当代著名的管理学家彼得·德鲁克(Peter F. Drucker)曾经说过,"所谓企业管理,最终就是人事管理"。人本理论主要是指以人为中心的管理理论,它是在行为科学的基础上形成的。人本理论的基本精神是从人的本性出发,以人为中心,以发展人的积极性为目的,强调人的主动性和创造性,重视人的主体地位和作用。

人本理论的主要思想有:① 人是管理的核心,是最重要的资源。人本管理就是以人为中心的管理,人本管理就意味着一切管理活动都应该把人放在最重要的位置上,把尊重人作为管理的前提。② 管理的根本目的是人的全面发展。人本管理就是追求人的发展的管理。组织不仅要关注成员的物质需要,而且要关心其精神需求,开发其潜能,达到人的自我实现和全面发展。③ 人本管理的重要手段是利用和开发企业的人力资源。企业要想在竞争中获得优势,就必须充分利用和开发企业的人力资源。只有充分挖掘人的潜能,调动人的积极性,才能保持人力资源优势。只有人实现了全面的发展,才有能力为企业的进步做出更大的贡献,才能与企业共同发展。同时,人的全面发展,也是人类社会进步和经济发展的标志。④ 人本管理以有效激励为原则。人本管理中的激励方法不仅包括物质形式的激励,而且更加强调精神层次的激励。通过各种激励等方式,充分激发企业全体员工的积极性、主动性和创造性。⑤ 管理要追求组织目标与组织成员的个人目标都能实现。企业一方面要注重经济效益,还要关注员工个人目标的实现。⑥ 人既是管理的客体,又是管理的主体。管理归根到底是对人的管理,同时又是人进行的管理。人本管理就要把企业内所有的人当作企业的主体,而不仅仅指管理人员。要确立人在管理过程中的主导地位,充分调动人的积极性、主动性和创造性去展开组织的一切管理活动。

二、人本理论对职业经理行为的影响

人本理论强调以人为中心。职业经理行为涉及多方面人的因素:员工、企业主、公众和自身等。因而人本理论对职业经理行为有着深刻的影响。人本理论不仅影响着职业经理对员工的管理方式和方法、与企业主的关系、对社会公众的责任,还影响着职业经理自身的职业生涯规划。

(一)对员工的管理方式

从历史上看,专制式管理和民主式管理都发挥过巨大的作用。但随着时代的进步,员工素质和自我意识的提高,专制式管理的条件逐渐减少,民主式管理成为趋势。这也是人本理论存在的基础和影响职业经理管理行为的原因。职业经理的管理正从过去的指挥式管理改变为授权式、指导式和参与式的管理。职业经理管理方式的选择也受环境变化迅速、时间价值等方面的影响。对意愿和能力好的员工,要多采用授权式管理;在时间许可的情况下,对能力一般的员工,要采取指导式管理;在时间限制的情况下,对能力一般的员工,要采取参与式管理。总之,职业经理的管理方式越来越强调合作。

(二)与企业主的关系

由于目标的不一致、认知方面的不同,职业经理与企业主总是存在或多或少的冲突。人本理论强调要尊重他人,包括尊重他人的精神因素和物质因素。企业主作为企业的重要利益相关者,职业经理在管理中必须充分尊重和关注企业主的价值观、管理理念、管理方法、投资回报等。优秀的职业经理还有责任用先进的管理理论和实践开发企业主的管理才能。

（三）对社会公众的责任

人本理论中的"以人为中心"的"人"不仅包括组织中的人，还包括组织外的人。社会公众是企业的产品与服务的消费者、现实或潜在的投资者、产品供应链某个环节的供应商等。现代企业的边际越来越模糊，这要求职业经理要有高尚的道德和情操，要有时代赋予的责任意识。只有作为执行人的职业经理的社会责任感提高了，企业责任才能落到实处。

（四）自身的职业生涯规划

人本理论中的人的发展是指人的全面发展。这给职业经理的职业生涯规划提供了理论指导。职业经理的职业生涯规划既要关注金钱、地位，又要关注自身的兴趣、爱好，还要处理好职业与恋爱、家庭、个人生活等方面的关系。

第五节 职业经理与心理契约理论

心理契约理论与组织承诺理论一样，都是在社会交换理论的基础上发展出来的，都承认人与组织或社会存在一种交换关系。社会交换理论、组织承诺理论和心理契约理论为职业经理行为提供了理论指导。这里主要阐述心理契约理论。

一、心理契约理论的主要思想

（一）心理契约的概念

"心理契约"（Psychological Contract）概念最早提出于20世纪60年代初。Levinson(1962)在《工人、管理和心理健康》中明确提出心理契约是指"组织与员工之间的隐含的、未公开说明的相互期望的总合"。这些期望都有内隐特性，其中一些期望（如工资）在意识上清楚些；另一些期望（如长期的晋升）则比较模糊。总体上说，心理契约的内容具有义务的特性，因为关系中的一方意识到另一方有一种义不容辞的责任去兑现这些"期望"。由于Levinson对于心理契约概念发展上的贡献，人们称其为"心理契约之父"。Schein(1965)在《组织心理学》中将心理契约界定为"个体与组织之间在任何时候都存在的一组没有明文规定的期望"，并明确指出它们对于行为动机方面的重要意义。Kotter(1973)在Schein研究的基础上，认为心理契约是个人与组织之间的一份内隐的协议，协议的内容包括一方对另一方付出什么同时又得到什么。

20世纪80年代末开始，尤其是90年代以来，由于经济全球化进程的加剧和知识经济的到来，传统雇佣关系发生改变，对心理契约问题的研究也越来越多。Rousseau(1989)做出了开创性的工作，Rousseau将心理契约界定为，在组织与员工互动关系的情景中，员工个体对于相互之间责任与义务的知觉和信念系统。

心理契约可以定义为组织与员工之间隐含的对于相互责任与义务的知觉与信念系统，其内涵有以下几个方面：① 主观和内隐性。心理契约是个体水平上的认知，受到人脑加工过程的限制，受到个人经历和特点、员工和组织之间相互关系的历史以及更大的社会背景的影响,对于相互交换和相互责任的解释必然是不全面和主观性的。② 互惠性。心理契约的核心内容是各自承担的责任与义务之间互惠互利的交换关系。这里的交换内容并不限于物质财富的交换,还包括心理财富和社会情感方面的交换,并在公平原则的基础上进行。③ 动态性。心理契约处于一种随着时间和条件的变化而不断变更与修订的状态。任何有关组织工作方式的变更,无论是物理性的还是社会性的,都对心理契约产生影响。时间越长,心理契约所涵盖的范围就会越广,隐含内容也会越多。④ 效能性。虽然并未写明,心理契约却是组织中行为的强有力的决定因素。心理契约的破裂和违背有许多不利的影响,如员工对组织失去信任、责任感和忠诚度下降、工作满意度降低、消极怠工、偷窃、更倾向于离职等。

（二）心理契约形成的影响因素

心理契约的形成过程受到一系列因素的影响,这些因素从总体上可以划分为两大类:来自组织和社会环境方面的外部因素,来自个体内部的因素。

1. 外部因素

（1）社会环境

包括社会文化、社会规范、社会道德和法律等诸多要素。它们构成了在一个社会中人们对于责任、义务、权利的广泛理解和信念,是心理契约的形成背景和操作条件。

（2）组织提供的信息

这些信息包括在招聘录用时公司有关人员的许诺,组织高层人士的公开陈述、组织政策的描述（例如:公司手册、薪酬体系、其他有关人力资源方面的书面文件）,公司在社会中赢得的信誉和社会形象,员工对于高层管理人员、直接上级主管、工作同事的言行观察等。从信息源的角度来看,形成心理契约的最初信息有的来自书面文件,有的是间接理解的。

（3）社会线索

社会线索是来源于组织中的其他同事或团队成员的信息。它们在心理契约的形成过程中提供了三个方面的作用:一是提供契约形成的信息;二是传递对于契约条目理解的群体一致性社会压力;三是影响个体对于组织活动的解释。

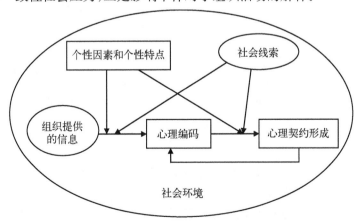

注:矩形代表个体过程,椭圆代表社会和组织过程

图2.1 员工心理契约的形成过程(Rousseau,1995)

2. 内部因素

（1）心理编码

相比外界传输的信息而言，个体实际接收到的信息和个体对于这些信息解释的方式，对于契约的形成有着更大的影响。心理编码是个体对于组织提供的信息进行认知加工的过程。通过对相互责任、义务、权利的"心理编码"，形成了存在于员工内心世界中的心理契约。可见，心理契约的核心内容并非现实中的相互责任，而是人们对于现实中的相互责任的认知。在这些信息中，有的十分明显而且易于操作，如薪酬体系；有的则具有模糊性，如公司承诺"关注员工的个人发展"，这些内容在心理编码过程中很容易受到其他因素的影响。

（2）个人因素和个性特点

个体自身的一些具体特点会影响到个体对于组织信息的理解和使用。性别、教育背景、过去的工作经历、工作的年限都会影响到个体的信息加工过程。另外，一些个性因素（如职业动机、责任意识等）也会影响到心理契约内容的形成。例如，新员工对于毕业后的第一份工作的定位十分不同。在职业上高雄心和高抱负的人更强调高薪与勤奋工作之间的交换，而在职业上低雄心与低抱负的人更看重对企业的忠诚与工作稳定性之间的交换。

（三）心理契约的违背

为了适应当前激烈竞争和不断变化的外界环境，大多数组织不得不改变已有的管理模式、人员结构及雇佣关系，这些变化增加了原有心理契约违背的可能性。同时，变动的环境会增加员工对组织产生误解的可能性，即使客观上没有出现心理契约的违背，员工也可能因为双方理解上的差异而认为有意违约。

Morrison 和 Robinson(1997)总结过去心理契约违背的研究，提出了心理契约违背的发展模型，认为当雇员感到心理契约违背时会经历三个阶段：承诺未履行、心理契约破裂和心理契约违背。每个阶段都受到不同的认知加工过程的影响。心理契约破裂(psychological contract breach)指的是个体对于组织未能完成其在心理契约中应承担的责任的认知评价。心理契约违背指的是个体在组织未能履行心理契约的认知基础上产生的一种情绪体验，其核心是愤怒情绪，个体感觉组织背信弃义或自己受到不公正对待。

图 2.2 Morrison 与 Robinson(1997)的心理契约违背的发展模型

当员工感知到承诺未履行时，存在两种可能的原因：故意违反以及对心理契约的理解不一致。

故意违反是指组织的代理人知道有一个承诺的存在，却故意不实现。例如，一个高级管理者承诺三年内提升某员工，却没有兑现。这种情况的发生可能是组织没有能力去兑现，如环境变化，或是组织绩效的下降。一项研究表明，24%的契约违背属于这种情况。当然，也可能是员工表现不如组织所预期，那么这种契约的违背是公平的。对心理契约的理解不一致是造成心理契约被破坏的主要原因。这是指雇佣双方对一个承诺是否存在或对承诺内容的理解不同。例如,招聘人员在招聘时声称:"这个部门的员工一般在三年内会得到提升"。也许他的原意只是一种描述,但在雇员的眼中则是一种隐含的承诺。造成理解不一致的因素可能是双方对心理契约有不同的认知框架(认知框架是一个概念已有的结构化知识体系),或者是由承诺本身的模糊性、复杂性,以及双方交流的缺乏造成。

二、职业经理心理契约的形成与违背

(一)职业经理心理契约的形成

职业经理心理契约的形成过程,实际上就是职业经理对企业的责任与义务期望的形成过程。在此过程中,期望源以及相关制约因素起着重要的作用。

1. 期望源

广义地讲,职业经理期望源是形成职业经理期望的一切来源。狭义地讲,职业经理期望源是指利益相关者通过书面或者非书面形式对职业经理做出的许诺。企业所有者或代表所有者利益的管理者对职业经理的承诺无疑是构成职业经理期望的主要来源,是职业经理心理契约的主要期望源。同事、下属、政府、公众和家人等其他利益相关者对职业经理的特殊要求与补偿待遇、职业经理对企业运作和自身发展的长远打算、职业经理对企业组织文化和标准操作惯例的感知等等也是期望源的重要组成部分。

2. 期望的制约因素

职业经理心理契约以期望的形式表现出来,期望的产生是职业经理心理契约形成的基础。职业经理期望源是否会导致职业经理产生期望受到以下几个因素的影响:

(1)自身需求

不同类型的职业经理具有不同的需求,不同的需求导致不同的期望内容。与满足职业经理需求息息相关的承诺,更容易导致其产生期望,否则,即便企业做出承诺,职业经理也会认为"事不关己",产生期望进而构成契约内容的可能性也较小。

(2)经验

职业经理在过去所从事的工作中积累的经验让其学会了辨别来自期望源的承诺的可信度,并且对这些承诺进行筛选,也就是说,职业经理仅对经验范围内认为可信的承诺产生期望。如果经验告诉职业经理,来自期望源的承诺可信度不高(承诺落空的可能性大),则不会产生期望。

(3)自身评价

理性的职业经理不但会考虑期望源所作承诺与满足自身需求的相关性及承诺的可信度,还会对自身给予一个比较客观的评价,这一评价主要是对自身能否或是否达到让承诺者履行承诺的要求进行的评价。对职业经理自认为自身能力与上级要求存在较大差距的项目,不会构成其期望。

(二)职业经理的心理契约违背

职业经理与组织中其他个体一样,在实际得到与组织承诺之间产生差异时,要经历差异感知、权衡、归因过程。未被履行或未被完全履行的承诺是否会导致契约违背,取决于诸多因素。

1. 差异感知与心理契约破坏

心理契约是一种主观感受,职业经理在企业没有或没有完全履约时不一定总能感觉到差异。职业经理对所有者履约差异的感知是否导致契约破坏,取决于以下三个因素:一是职业经理对契约项目重要性以及履行情况的主观评价。一般地,个体对特别重要的契约项目产生的差异比较敏感,往往更容易导致破坏。涉及满足职业经理未实现的需求的契约项目、对职业经理声誉或长远利益产生很大影响的契约项目等都是特别重要的项目,职业经理若感知到这些项目的履约差异,更容易导致契约破坏。二是差异幅度的大小。所有者承诺和职业经理实际得到之间的差异幅度越大,职业经理越能感觉到差异,越有可能导致契约破坏。三是职业经理对公平的态度。职业经理对公平的态度决定了职业经理对付出是否得到公平的回报的敏感性,若职业经理对是否受到公平对待很敏感,当职业经理在感觉到自己很好地实现了利益相关者期望的同时也感觉到了利益相关者在履行其承诺中存在差异,职业经理越有可能感到不公平从而导致契约破坏。

2. 归因与契约违背

当产生差异导致契约破坏时,利益相关者可能会对差异产生的原因进行解释,利益相关者的解释并不能完全影响个体的行为选择,关键在于职业经理对利益相关者未能履约的归因。总的来说,当契约遭破坏时,职业经理会从利益相关者履约能力、利益相关者意图(是否有意违约)以及履约的公平性等多方面进行评价,对契约破坏进行归因,职业经理对契约差异和契约破坏的归因直接影响到其对契约违背的感知。

归因主要涉及以下三个因素:组织因素、自身因素和社会环境因素。

组织因素主要包括组织对成员的整体公平性、组织履约意愿以及组织履约能力。若组织仅对个别成员违约或组织有意违约,个体会感到不公平或有被背叛感,契约违背的可能性更大;另一方面,作为组织的一员,个体对组织履约能力的高低能够通过多方面进行感知,因此,若仅仅是由于组织履约能力的问题,个体更多的是表示理解。

由于职业经理角色的特殊性以及行政部门权益的分配等问题,职业经理对自身因素的理解比组织中其他个体稍复杂。在职业经理看来,其与组织的心理契约遭到破坏,就自身而言,除了能力问题,更重要的是与企业的关系。如果职业经理将差异的接受度大大提高,契约违背的可能性相对较小。但如果职业经理将差异性归因于与企业的关系不够密切,这时职业经理往往会认为契约的破坏是由于利益相关者的主观偏见或不公平对待而致,契约违背更有可能发生。

社会环境因素主要是指当时社会环境下的国家政策、市场条件等因素导致组织不能或不能完全履行契约,职业经理若了解并且将差异归因于这一因素,则接受差异的可能性更大,也就不大可能产生契约违背,反之则可能产生契约违背。

━━━━━ 思考案例 ━━━━━

由"管家"到"后妈"的嬗变
——艾斯纳掌管迪士尼公司二十年

一场长达数年之久的迪士尼高层控制战终于落下了帷幕,仅从媒体上公开的情节,公众就可以深刻感受到它的跌宕起伏和惊心动魄。迪士尼游乐园、米老鼠、唐老鸭、狮子王、白雪公主和七个小矮人给全世界带来了无数欢乐,而在这些梦幻般美丽故事的背后,却是错综复杂的家族公司斗争的历史。

"管家"变成了"后妈"

1923年到1945年是迪士尼兄弟创业并走向辉煌的时期,三只小猪、唐老鸭、米老鼠、白雪公主和七个小矮人等经典就是产生在那个时期。但随着公司业务的快速发展,其治理结构并没有摆脱个人化、家族化的模式。那时候的迪士尼虽然是一家创业成功并很赚钱的企业,但并不是一家安全的企业。沃特·迪士尼依靠他的天才创作成就了一家近乎伟大的公司,但他的个人家族式管理却让迪士尼在伟大的门槛上止步了。

如何在保持创始人家族对企业控制的同时,又能确保源源不断的卓越领导人加入公司并继续带领公司,一直是公司治理中的一道难题。沃特·迪士尼如果在1945年就能建立起完善的公司治理结构,组建起合适的董事会和监事会,也许可以避免之后的种种问题。可惜,沃特对于改善公司治理结构似乎并不太感兴趣,对于自己去世后的迪士尼公司也抱着鸵鸟态度。1945年,沃特任命比自己年长的哥哥罗伊替任总裁,已经预示了公司的人才不继,以及家族式管理常常引发的家族内斗和亲情离散。沃特的强迫症和对迪士尼公司的独断管理给迪士尼公司种下了隐患,但这些都被此前的成功所掩盖。果然,沃特1966年的去世给迪士尼公司带来了无法估量的损失。迪士尼公司在70年代显得格外暗淡,几乎没有什么有影响力的作品出现。出于无奈,沃特的哥哥73岁高龄的老罗伊不得不继续主持工作,但1971年罗伊去世后,迪士尼公司内部开始上演争权夺利的斗争。

从20世纪70年代后期到80年代初期是迪士尼"失去的10年",公司不仅徘徊在低增长甚至亏损的边缘,而且曾是好莱坞首屈一指的迪士尼公司也变成了二流制片商。直到1980年沃特的女婿米勒接任公司总裁,局面才暂时稳定了一下。然而,老罗伊早在1951年就想方设法把自己的儿子弄进公司,年轻的罗伊·E.迪士尼在1967年成为公司董事。1984年,迪士尼公司陷入严重危机,人们普遍认为它已回天乏术。一些意图收购的公司像掠食的秃鹫一样在迪士尼的四周盘旋,公司面临着被分拆出售的危险。罗伊·E.迪士尼赶走了自己的堂姐夫米勒,引进了职业经理迈克尔·艾斯纳,在迪士尼公司历史上第一次实现了所有权和经营权的分离。

随着职业经理的引入,迪士尼公司马上起死回生。在艾斯纳接手后,80年代末到90年代初,迪士尼帝国经历了名副其实的中兴。这个动画王国的年收入从17亿美元增长到254亿美元,营业收入从2.91亿美元增长到40.8亿美元,公司股价上涨了30倍,成为财富500强。然而隐患仍在,权力制衡的公司治理结构并没有在迪士尼公司建立起来,即CEO、董事会、监事会的三权分立和制衡,并最终服务于公司整体,服务于全体股东。迪士尼公司没有监事会,艾斯纳又身兼董事长和CEO。由于公司的不断扩张,股权也越来越分散,每个股东的声音越来越微不足道,难以对公司施加影响,从而给这位贪婪的职业经理带来了绝好的机会。

迈克尔·艾斯纳是个弄权好手,自然不会放过公司治理方面的漏洞。在管理层,他独断专行,几乎赶走所有人才,比如为迪士尼立下赫赫战功的卡曾伯格,最后导致整个管理层无人可用。在所有权层面,他不断提高自己的薪水和股票期权,请美国最杰出的薪酬顾问格雷夫·克里斯特尔起草了双方的合约。这份合约的核心就是高薪加大量的股票期权。在自己控制迪士尼公司发给自己大量股票后,艾斯纳成为仅次于创始人的侄子罗伊·E. 迪士尼的最大股东,直至最后超过。艾斯纳在操控迪士尼公司董事会近20年的过程中一步一步、一点一点地把"自己人"塞进董事会。最后,本来应该代表股东利益的董事,代表股东大会行使公司权力的董事会,就被劫持变成了艾斯纳个人的董事会。

在2001年罗伊·E. 迪士尼还是最大股东的时候,曾向艾斯纳提议把他的一个儿子安插到公司董事会中,为公司向迪士尼家族下一代的交接做好准备,但遭到了艾斯纳无情的阻拦。可想当时的董事会投票已经变成艾斯纳个人意志的代名词。2003年,艾斯纳又利用72岁以上的董事会成员退休条款挤走了迪士尼家族在公司中仅存的血脉——罗伊·E. 迪士尼。这位当年将他引入公司并将他推上董事长兼CEO宝座的恩人,当然也是"艾氏"董事会的一个"外人",一个"非自己人",一个最后需要排除的"绊脚石",进而实现他对迪士尼公司的完全控制,把迪士尼窃为己有,变成了自己的独立王国。"管家"变成了"后妈"。

失效的董事会

公司董事会一般通过建立以独立董事为主的提名委员会、薪酬委员会、审计委员会,来有效约束CEO的决策行为。由提名委员会来提名董事、CEO、CFO、COO等高层管理人员,然后由董事会审核批准,而不是反过来由CEO提名并任命董事人选。谁任命谁、谁罢免谁就决定了一个公司的治理结构及其权力结构是不是安全可靠。而由独立董事为主的薪酬委员会制定CEO等高层管理人员的薪水和其他报酬,可避免豺狼们自己定自己的薪水,或者操控董事会,勾结所谓的薪酬专家和顾问给自己发巨额的薪水。据说美国CEO的高薪时代就是艾斯纳开启的。

迪士尼公司董事会的失效在奥维茨的1.4亿美元"遣散费"一案中得到了典型的充分暴露。艾斯纳在赶走了卡曾伯格等公司里的人才之后,就把公司变成了对他言听计从的奴才的天下。此时的公司也由此失去了活力,从而遭受各方面的批评。艾斯纳于是招揽自己的好朋友迈克尔·奥维茨进入公司,但在朋友想独立做事的时候,艾斯纳又马上赶走了奥维茨。董事会提名委员会的作用在其中近乎于零,完全是CEO艾斯纳一人作主决定人选,然后经过董事会的橡皮图章。奥维茨在位十多个月就拿走公司1.4亿美元"遣散费",而公司薪酬委员会对此的作用又是零。当股东集体诉讼他们投资的金钱被如此浪费的时候,董事会居然一致支持CEO。法官在暂无相关法律的情况下,按照商业判决法则最终判定迪士尼公司董事会无罪。但法官钱德勒仍表达了自己的愤慨:"艾斯纳往他的(注意这里我故意使用'他'这个词,而不是'公司')董事会里安排了很多朋友和熟人,说明这些人自愿听从艾斯纳的意愿,并不是真正独立的人。"钱德勒把艾斯纳叫做"精通权术的人"和"帝国主义者",并谴责他是美国企业的坏榜样。被激怒的股东们渐渐清醒过来,不再满足于在媒体上谴责独裁CEO,而是开始追问一个真正的问题:当公司发生状况前、发生状况时、发生状况后,我们的董事在哪里？董事对股东和公司的勤勉义务、忠诚义务、熟悉义务、注意义务在哪里？董事对公司的信托责任在哪里？违背这些义务和责任的董事如何在公司治理条例中处理，甚至在法律上处理？大部分股东对此仍然选择消极策略"用脚投票"，卖掉股票走人。而少部分选择积极策略的股东则通过"集体诉讼"来维护权利，尤其是机构投资者。因为这些机构持有的股票比较多，不太好卖，而且他们也比散户小股东掌握更多的公司治理知识。所以，目前愿意长远发展的机构投资者越来越关注公司治理的趋势，甚至有机构投资者自己提名公司治理专家进入董事会任董事。很多人认为，那些橡皮图章式的董事会成员们都是些愚笨的、软弱的人。可实际上他们精明得很。他们"软弱"地把董事长、CEO等推向前台，自己躲在幕后，享受着没有事情、没有责任，却有高薪、金握手、金降落伞等好处。这些人会小心翼翼地避免对他们的不合格指控，因为那样就意味着他们钱多事少的机会再也没有了。所以很多大公司碌碌无为的董事都在不合格和不道德的指控中，乐意选择不道德的指控而避免不合格的指控。但这些好日子可能一去不复返了，公司治理越来越触及董事选拔和董事责任等核心问题，利益相关者的声音也越来越强大。

2004年3月3日，在迪士尼公司股东大会上，艾斯纳虽然操纵着股东大会——董事长和CEO的人选只有他自己，但股东在没有其他人可选的情况下，对艾斯纳投了43%的不信任票。加州公务员退休基金坚持要求公司按照最佳准则的建议将董事长和CEO分设。最后艾斯纳被迫辞去董事长职务，另外一名同样被股东投了24%不信任票的美国前参议员、公司首席董事乔治·米切尔继任董事长，而艾斯纳仍保留CEO。"艾氏"董事会在股东投出如此多的反对票的情况下，却仍然表示对管理层信任。可想而知，股东们当然不会就此罢休。当时一位股东服务机构的发言人就表示，迪士尼董事长和CEO职务的分离仅仅是公司管理改革的第一步。果然一年之后，2005年9月30日，艾斯纳被迫辞去CEO、董事、顾问等一切和迪士尼有关的职务。

资料来源：改编自姜洪明《公司治理的迪士尼童话》，
载于《董事会》，2006年11期

【讨论题】

1. 艾斯纳在管理迪士尼前10年为公司做了哪些贡献？如何使企业与职业经理共成长？

2. 艾斯纳在管理迪士尼后10年为公司又做了什么？为什么他能这么做？公司治理结构的核心要素是什么？

3. 目前，迪士尼公司是否已经实现了去家族化？这对我国家族企业的成长有何启示？

 本章思考题

1. 职业经理的代理成本包括哪些内容？试分析职业经理代理成本产生的主要原因。

2. 什么是职业经理人力资本？职业经理人力资本有何特征？
3. 什么是人力资本产权？职业经理人力资本产权有何特征？
4. "人本理论"的思想从哪些方面影响职业经理的行为？
5. 试述职业经理心理契约的形成与违背。

本章情景模拟实训

中层经理的角色定位

一方面，中层职业经理必须通过下属们的工作才能达到目标，这就需要有良好的管理；另一方面，中层职业经理又必须是业务带头人，必须在业务上花费许多时间和精力。于是，中层管理者往往要陷入业务与管理的两难境地，优秀的职业经理必须善于处理两难局面。

请问：如果目前你是某IT公司的中层职业经理（任选某一职位），请问你该如何应对两难局面？试说明理由。

第三章

职业经理的历史演进

 学习目标

1. 了解西方职业经理的产生与发展过程。
2. 了解中国职业经理的产生与发展过程。
3. 了解当前中国职业经理现状。

===== 引导案例 =====

江湖谁忆穆藕初

"你好,吴先生。我叫穆家修,我的父亲是穆藕初……"几个月前,手机上突然收到这样的一条短信。

今天的商业界已经很少有人知道穆藕初了。不过,在80年前,他却跟如今的张瑞敏、任正非类似,以管理而闻名全国。

穆藕初出生在上海浦东一个棉商家庭,19岁就进了棉花行当学徒,终其一生,都与棉花纠缠在一起。33岁时,他深感中国棉纺业的落后,下决心到当时棉纺业最发达的美国德克萨斯州读书,这一读就是整整8年。

1916年11月,穆藕初把全球管理学的奠基之作、美国人弗雷德里克·温斯洛·泰勒(Frederick Winslow Taylor)出版于1911年的《科学管理原理》翻译引进到了中国。正是在这本书里,泰勒第一次提出了科学管理理念。穆藕初曾几次拜访过泰勒,是唯一跟这位伟大的管理学家有过切磋的中国人。更有意思的是,穆藕初的中文版竟比欧洲版出得还要早。

穆藕初学成归国后,当即与兄长筹集20万两银子创办了上海德大纱厂。一年后,德大生产的棉纱在北京商品陈列质量比赛中得到第一名,顿时一夜成名。棉纺织业在当时是中国第一大产业,汇聚了张謇、荣家兄弟和周学熙等众多顶级企业家,穆藕初后来居上,德大成功后,他先后筹建了厚生纱厂和郑州豫丰纱厂。回国五年后,穆藕初一跃与张、荣、周并列成为棉纱业的"四大天王"。

与其他三位"天王"相比,穆藕初出身科班,对产业进步和工厂管理创新的贡献尤为突出。在经营工厂的时候,他先后写成了《试验移植美棉纺纱能力之报告》《纱厂组织法》等长篇文章,对民族纺织业的进步起到很大的推动作用。他发起"中华植棉改良社",开辟棉花实验场,大力推广种植美国的脱籽棉。

当时,中国纱厂的管理方式十分落后。穆藕初率先取消了工头制,改为总经理负责制。另外他建立新式财务制度,把传统的流水账改为复式记账法,这也是西方财务制度在中国的第一次引进。在具体事务管理上,他对泰勒的科学管理法进行了中国式的改良,总结出科学管理的四大原则:无废才、无废材、无废时、无废力。此外,他还概括出当经理的"五个会用"原则:会用人、会用物、会用时、会用钱、会利用机会。

1928年穆藕初出任国民政府的工商部次长,相继编订了众多的工商法规。这位深得美式商业伦理精髓的实业家认定,"在人事日趋繁颐,社会日趋负载的现在,无论什么团体,都要依法治为本,然后有一定的轨道可循,有一定的规矩可循"。

抗战爆发后,穆藕初担任农产品促进委员会的主任委员,为了改善后方棉布急缺的情况,他发明了"七七棉布机",提高了生产效率的同时为抗日做出了巨大贡献。

1943年,穆藕初因罹患肠癌去世,简陋的奠堂之上,最醒目的一条挽联是四个字——"衣被后方"。

中国这一百年,最大的特征就是善于遗忘。时至今日,后世商业界很少有人知道穆藕初了。他的名字偶尔才出现,却是在八竿子也打不到的戏曲圈。穆藕初长得风流倜傥,一表人才。平生喜欢昆曲、书法、学佛、养鱼和斗鸟,是一个少见的才子型企业家。1921年,他感于古老昆曲的日衰,便赞助成立了昆曲保存社和昆曲传习所,今天我们还能听到昆曲,多半还拜穆先生的恩泽。

那次,与穆藕初的公子穆家修在杭州见面,他告诉我,上海社科院和复旦大学等学术机构,将在11月中旬召开穆藕初管理学术研讨会,以纪念他诞生135周年。我撰此文,以表达自己的敬意。

穆公子学的是工科,不懂棉花,不擅昆曲,不过却也生得一表人才,虽至暮年,仍可见乃父当日风采。

资料来源:改编自吴晓波《江湖谁忆穆藕初》,
载于《第一财经周刊》,2011年40期

从以上案例中可以了解到,早在民国初期,现代意义的职业经理现象就已在我国出现,当时的一些精英们已开始学习和借鉴西方现代管理理论与管理实践。事实上,我国的职业经理现象在明清资本主义萌芽时就已开始出现。就世界范围来讲,美欧一些西方国家现代职业经理的现象与问题出现得较早,制度建设和理论探讨也较全面。本章主要讲述西方发达资本主义国家和我国职业经理的产生与发展,并介绍当前我国职业经理现状。本章的意义在于:其一,当前职业经理的制度安排和发展状况并不是一成不变的,而是复杂而漫长的历史演进过程中的一个片断;其二,当前的职业经理市场各项制度不是凭空产生的,它们的产生和发展都与当时经济社会背景有关。

第一节 西方职业经理的产生与发展

职业经理的形成是一个社会历史过程,它既是社会化大生产发展的自然产物,也是社会生产力发展所引发的所有权与企业控制权(或资产控制权)分离的必然结果。严格意义的职业经理诞生于西方发达的市场经济国家,最早出现在美国,并在世界范围内发展起来。职业经理是伴随着企业制度的变迁而产生的,是市场经济的产物。

一、19世纪以前西方各国职业经理的萌芽

在西方古典企业时代,企业的法律形态主要是业主制和合伙制的古典企业制度。当时,企业的所有权和控制权是合一的,企业主和合伙人既是企业的所有者也是其经营者,企业不具有独立于企业主或合伙人的法律人格,因此在古典企业中根本不存在职业经理。

16世纪初,欧洲各国的商业资产阶级出于进行原始积累的需要,开始推行重商主义政策,于是在英国、法国、荷兰、丹麦、葡萄牙等国出现了一批由政府特许建立的、具有国外某些地区贸易垄断特权的"特许贸易公司"。英国在詹姆斯一世时期(1566—1625年)确认了特许贸易公司的法人地位。由此,特许贸易公司同古典企业区别开来,具备了和自然人相似的民事权利能力和民事行为能力。特许贸易公司在筹集资本和治理结构上已经接近现代公司,即由董事会领导下的经理人员进行经营管理。以荷兰东印度公司为例,该公司在组建时56.9%的股份为阿姆斯特丹商会拥有,其余股份面向全国招募。公司设立股东大会作为最高权力机构,再由股东大会选出60名董事组成董事会,为公司的决策机构。另选17人组成经理会,为执行机构。

到了18世纪,特许贸易公司获得的巨额利润已使商人们垂涎欲滴,他们发现即使没有政府的特许,也可以仿效特许贸易公司的组织形式,通过发行股票吸引社会资本进行国际贸易,这样组织起来的企业叫做合股公司。合股公司的股票可自由转让,在公司管理上由股东集体授权的经理人员来经营所筹措的资本。

合股公司基本具备了现代股份公司特点,可以大规模筹资,股权流动性较强,经营具有连续性和灵活性,因此深受投资者的欢迎。但是,合股公司并没有皇家的特许状,也没有法人身份,在习惯上仍被视为合伙企业,不能以自己的名义签订合同和进行诉讼,因而大大地限制了其业务的拓展。

合股公司中已经出现了少数懂经营的专职管理人员,但由于合股公司没有法人身份,还没有建立真正意义的现代公司制,这些专职管理人员还没有法律认可经营权或控制权。因此,这些专职管理人员还不是真正意义上的职业经理,但他们可以视为职业经理的雏形。

二、19世纪以后西方各国职业经理的产生与发展

1834年,在投资者的推动下,英国议会授权君主向合股公司发放特许证书,首次承认了合股公司的法人地位。1837年,美国康涅狄克州颁布了第一部普通公司法,规定了标准的公司注册程序。1844年,英国议会也通过了公司法,规定成立公司不必事先获得特许,只需通过简单程序,就可组建公司。1856年,英国议会确认了合股公司的股东对公司债务只负有限责任。至此,股份公司制度得以在英美两国确立,企业发展史步入股份公司时代。

现代公司的最本质特征是所有权与控制权的分离,而股份公司正具备了这一特点,因此股份公司时代也可以称为现代公司时代。美国著名学者钱德勒认为,现代公司就是"由一组支薪的中高层管理人员所管理的多单位企业"。经理职业化作为一种

社会分工,是在西方国家的企业组织由古典企业向现代化企业的发展过程中确立的。职业经理产生的根本原因是为解决企业规模不断扩大、社会生产力不断智能化情况下而带来的资本占有与经营才能的不对称矛盾。

职业经理队伍的形成一方面是市场经济、现代企业发展的需要。另一方面,如果没有具备高水准的职业经理群体,现代企业就不能普遍建立,现代企业制度也难以形成。

在1840年以前,美国还没有出现职业经理,当时几乎所有的高层经理都是企业的所有者,他们不是合伙人就是主要股东。在美国著名学者钱德勒看来,"如果没有这种经理人员的存在,多单位的企业只不过是一些自主营业单位的联合体而已""当多单位工商企业规模和经营多样化方向发展到一定水平,其经理变得越加职业化时,企业的管理就会和它的所有权分开"。1840年以后,发达国家职业经理阶层的生成与发展大体经历了成长、成熟与完善三个阶段。

(一)第一阶段——成长时期(1841—1925)

第一阶段的成长时期是从1841年世界上第一位职业经理诞生到1925年美国管理协会成立。这个阶段标志着西方企业基本完成了业主式(或世袭式)经营企业到以聘用经理人来经营企业的转换,也可以看作职业经理的成长期,而西方的企业制度也基本形成了近代公司制占主导地位的格局。

19世纪40年代,美国掀起了铁路建设的热潮,由此导致了美国铁路企业的成长。由于修筑铁路所需的巨额资本唯有通过资本市场才能筹集,使美国铁路企业几乎一开始就走上了公司制道路,从此公司制作为一种组织创新形式风靡世界。股份公司使企业规模突破了个人资本量的限制,使得投资巨大,拥有数千、数万员工的企业成为现实,企业规模进一步扩张,部门结构日益复杂。

铁路管理中要面对很多全新的问题,如解决运营中的矛盾,处理突发事故,降低运输成本等。铁路企业的管理需要专业性的特殊技能和训练。1841年10月15日,美国马萨诸塞州的铁路上发生了一起两列客车迎头相撞的事故。社会公众反响强烈,认为铁路企业的业主没有能力管理好这种现代企业。在州议会的推动下,对企业管理制度进行了改革,选择有管理才能的人来担任企业的管理者。乔治·惠斯勒为西部线设计了现代化的、分工仔细的内部组织结构,世界上第一个经理就这样诞生了,西部线成为世界上第一家以职业经理通过严密的管理系统而经营的现代企业,这是具有里程碑意义的。1846年,巴尔的摩和俄亥俄铁路的本杰明·拉特罗布经过对财务会计理论和铁路管理精确性的精心研究,将财务活动从铁路作业活动中独立出来,首次提出了记录铁路运营的款项,并编制日报表和月报表,以便考核的制度。1853年,麦卡勒姆提出了组织结构设计的6条基本原则,明确了权责关系,采用电报加快信息传递,强化统计报表制度以控制经营成本,这些措施迅速提高了运营效率。1852年,就任宾夕法尼亚铁路总经理的J.汤姆森以明确中央管理机构、区段管理机构中各职能部门的关系为重点,形成了一套分权的、权力机构与职能部门分设的组织形式——这就是后来M型组织结构的雏形。于是分工严密、结构合理、协调控制的铁路企业组织结构和管理制度逐渐形成,而与之相适应的近代财务会计、统计制度的基本方法也在50、60年代逐渐发展起来。

本杰明·拉特罗布、麦卡勒姆、J.汤姆森都是职业经理阶层迅速成长中的职业经理。职业经理阶层成长时期的职业经理从铁路行业向其他行业蔓延开来,并出现了许多优秀的职业经理。1925年,美国管理协会成立,是这个时期鼎盛的标志。

(二)第二阶段——成熟时期(1926—20世纪60年代末)

在1925年美国管理协会成立时,西方企业中聘请职业经理的公司还是少数。但到20世纪60年代末,80%以上的西方企业都聘请了职业经理,标志着西方的职业经理阶层的成熟。同时,企业制度也完成了近代公司制向现代企业制度的过渡。

职业经理是伴随着公司制企业的发展而发展的。股份公司中出现了两权分离,即所有权与经营权的分离。企业所有者在追求经济利益最大化目的驱动下,放弃直接控制和经营管理企业,并在企业所有者与经营者分离的前提下,产生了寻求合适的经理人来管理企业的现实需求。1933年,美国学者伯利和米恩斯在《现代公司与私有财产》一书中对美国200家大公司进行了分析,发现占公司总数44%、占公司财产58%的企业是由那些没有公司股权的经理人员控制的。由此他们得出结论:现代公司的发展,已经发生了"所有权与控制权"的分离,公司实际上已经由职业经理组成的"控制者集团"所控制。一种新的由经理阶层控制的企业制度也就应运而生,这种企业制度被称为"经理控制型"的企业制度模式,采取这种制度模式的企业被称为"经理控制型企业"或"经理式企业"。企业控制权发生转移的现象被伯纳姆(J. Burnham,1941)首次称为"经理革命"。

到20世纪50年代以后,经理控制型的现代企业已成为西方国家经济生活中工商企业标准形式。在这种企业中,公司领导体制发生了一场深刻的革命性变革,即越来越多的大公司选聘中高层经理人员的标准,不再是看其持有本公司股票的多少,而是看其经营管理能力的高低。这一变革的实质是所有权与经营权相分离。而到了1963年,在美国200家最大非金融企业中,经理控制型企业达到169家,占84.5%。因此,可以说,经理革命完成于20世纪60年代,前后走过了120余年的发展历程。

西方的"经理革命",先后经历了企业所有权与管理权的分离,再与经营决策权的分离,最后与企业控制权的分离这样三个阶段。西方"经理革命"完成的标志主要是:社会上形成了一个职业化的经理阶层,这一阶层是在市场经济的激烈竞争中产生的;经营者在企业中的中心地位和重要作用为人们所公认,在西方各大公司中,总经理在企业中起的作用仅次于董事长,然而在公司中真正掌握经营大权的是总经理,而不是董事长;形成了一套较为规范的经营者的选拔、聘用、考核、培养、流动、激励、约束机制和规则,使经营者的管理有法可依。

正如钱德勒所指出的那样,"在美国经济的一些主要部门中,经理式的公司已经成为现代企业的标准形式。在那些现代多单位企业已经取得支配地位的部门中,经理式的资本主义已经压倒了家庭式的资本主义和金融的资本主义"。随着经理革命的完成,职业经理阶层的逐渐扩大,职业经理制度开始完备,职业经理的发展逐渐成熟。

(三)第三阶段——完善时期(20世纪70年代至今)

20世纪70年代,亨利·明茨伯格等人开创了经理角色学派,它以对经理所担任的角色的分析为中心来考察经理的职务和工作,以求提高管理效率。"经理"指一个正式组织或单位的主要负责人,拥有正式的权力和职位。明茨伯格认为,对于管理者来说,从经理的角色出发是能找出管理学的基本原理并将其应用于经理的具体实践当中去的。明茨伯格的"经理"既包括职业经理,也包括还在从事经营管理工作的所有者。实际上,职业经理问题出现了新的变化,职业经理行为与职业经理制度都需要完善。

随着生产力的进一步发展,现代科技与生产进一步结合,企业管理内涵发生了变化,出现了以有限责任和所有权与经营权相分离为特征的现代企业制度的雏形,为以有限责任公司和股份有限公司发展为主导地位的企业组织形式打下了基础。现代企业制度公司制的主要特性是:完善的企业法人制度,规范的财产组织形式和稳定的法人治理结构,股东以其出资额为限对公司承担责任。董事会聘任公司的经营管理人员,公司的经理控制经营权。经理负责承担出资人资产的保值增值的责任,经理趋向职业化,在一些大型企业或企业集团内出现了以总经理为核心的经理群体,共同决策企业发展的集团化趋势。他们必须是一支具有专门经营管理才干的职业化的经理人才队伍。

从20世纪70年代至今,西方的现代企业制度不断走向完善,并且出现了许多所谓的"后现代企业制度"方面的制度创新,而职业经理阶层也不断走向完善,并成为西方社会中发挥越来越重要作用的一个阶层。职业经理研究方面的理论也已经成熟并系统化,职业经理的培养和培训机制也非常健全。经过漫长的发展历程,职业经理已经成为了一个成熟和完善的阶层,他们在发达国家经济社会中发挥着越来越重要的作用。

> **知识拓展**:西方职业经理人主要有以下几个特点:第一,介于"企业"和"职业经理人"之间的是制度,制度体系的核心是"法"。第二,"岗位思维"。职业经理人处于分工严密的流程体系中,岗位意识较强。第三,"理性思维"。从决策的角度来说,比较重数据、逻辑。第四,从执行的角度来说,职业经理人的执行过程是个纯粹的工作。他首先想的是工作的合理、有效,一般不会考虑工作以外的因素,如友谊等。第五,从管理风格看,多采用成人型的管理,"授权""建立团队""共识"是常用字眼。

第二节 中国职业经理的产生和发展

一、中国职业经理的萌芽和产生

(一)明清时期的职业经理

1. 资本主义萌芽的出现

职业经理的产生和发展总是伴随着制度的变迁。明朝嘉靖、万历年间,手工业生产中出现了资本主义萌芽,即资本主义性质的雇佣劳动。当时的资本主义萌芽主要有两种形式,第一种为工场主控制的工场手工业。在小商品生产的激烈竞争中,多数人沦为雇佣工人,靠出卖劳动力为生;少数人则上升为拥有作坊工场和机器,握有资本,控制着雇佣工人和整个手工工场生产的工场主。这种现象在丝织业、制瓷业、矿冶业和造纸业、印刷业等生产部门中均有出现。第二种形式为包买主控制手工业生产,即包买主买来原料,将它直接分配给个体手工工人,让他们在各自家中将原料加工成成品,再交给包买主,并领取一定报酬。在这种形式下,包买主虽然没有厂房、机器,但他控制着分散于各自家中的手工工人的生产,"手工业者事实上成了在自己家中为资本家工作的雇佣工人,包买主的商业资本在这里就转为产业资本"。这种形式以松江的棉布袜制造业最为典型。据史料记载,万历(1573—1620年)以来,松江"郡治西郊,广开暑袜店百余家,合郡男妇皆做袜为生,从店中给筹取值"。

2. 职业经理的"雏形"

明清时期,民营企业(即由民间自行出资、自主经营的手工业和商业企业)的管理模式主要有企业主个人管理、业主合伙管理、业主委托管理和家长(家族)式管理等形式。其中业主委托管理的经营模式一般出现在较大的企业之中。资本所有者因其企业规模较大或其他缘故,无力亲操其业,必须把部分乃至全部业务委托给他人。如明后期的洞庭巨商翁笾,在经营规模扩大之后,"察子弟僮仆有心计强干者,指授方略,以布缕、青靛、棉花货赇往来"各地。同为洞庭名商的席本祯,"身未尝操奇赢、算车牛、逐什一之利。尺蹄数行,抵洛阳街,历青、齐、楚、赵之郊,所至奉行如黄纸。任使用事,童仆节制,驵侩贳贷遍郡国"。有些行业是因为存在生命危险,投资者本身不愿冒此风险,故使他人代劳。明后期的福建海澄(今福建省龙海县)商人,盛行海上贸易,"有番舶之饶,行者入海,居者附资。或得婆子弃儿,养如所出,长使通夷,其存亡无所患苦,犀象、玳瑁、胡椒、苏木、沉檀之属,麇然而至",而业主本人及其子弟可以安享富逸,没有风波之苦。这种管理方式实质是封建家仆经营制,主仆之间存在封建的人身依附关系。随着商品经济的发展,到明后期,这种制度也发生变化,业主和受雇者之间的关系主要是出于经营管理上的需要,封建的人身依附关系削弱了,正如顾炎武所说的"有贾无副,则贾不行""大贾辄数十万,则有副手,而助耳目者数人。其人皆铢两不私,故能以身得幸于大贾而无疑"。这类"副手",已不是以前的家仆,而是受聘于大贾,协助处理商务,他们之间的关系已从封建家仆制转化为聘佣劳动制。这类受聘于大贾的"副手",就是职业经理的"雏形",也是广义上的职业经理。

3. 明清时期晋徽商职业经理制度

明清时期的晋商与徽商的发展过程中,职业经理起了巨大的推动作用。通过东家与掌柜之间的私下约定,形成了晋商与徽商经营管理中的惯例,如晋商的经理负责制和徽商的两权分离。这些惯例虽然没有成为法律条文,但确实是当时职业经理制度的重要内容。

(1) 晋商的经理负责制

明清时期,晋商企业采取的主要经营管理模式是经理负责制。这种经理负责制产生了晋商企业中委托(财东)-代理(掌柜)关系的两权分离业务管理模式。在经理聘用之前,东家对此人要进行严格的考察。为了了解其德行,东家亲自与此人面谈和参考同仁及知情人对他的评价,还要设下种种局情,以观察和考验其品行是否过硬。确认其德才兼备、易守能攻、多谋善变,足以担当经理之重任,便以重礼招聘,委以全权,并始终恪守"用人不疑,疑人不用"之道,将号内的资本、人事全权委托给掌柜负责,一切经营活动并不干预。这样就形成了企业的所有权和经营权的分离。

掌柜则在号内有高度集中的经营权"经理全号事务",一切大事均由其一人裁夺。"财东自将资金全权委诸经理,系负无限责任,静候经理年终报告。平素营业方针,一切措施,毫不过问。每到例定账期(或三年,或四年,即决算期),由经理谒请,约日聚会,办理决算,凡扩充业务,赏罚同仁,处置红利,全由财东裁定执行。经理为建议首席,听其咨询"。若遇年终亏赔,只要不是人为失职或能力欠缺造成,财东不仅不责怪,反而多加慰勉。

如果经营者对企业经营失误负主要责任或者是在经营过程中有失信行为,那么委托方就会将其辞退,永不聘用,这是对其违约行为的一个巨大惩罚。在这种情况下,其他店铺东家也不会聘用。"向闻西帮贸易规矩最善,定制綦严,倘有经手伙友等亏挪侵蚀等情,一经查出,西帮人不复再用,故西人之经营于外者,无不竞竞自守,不敢稍有亏短,致于罪戾"。所以在这种集体惩戒机制的作用下,如果经营者不努力经营的话,其失去职位的风险会很大,损失也很严重。因此,经营者都在为委托方竭心尽力地经营。

(2) 徽商的两权分离

在徽商企业中,也存在着资本经营权和所有权的分离,如徽商的承揽式经营和委托式经营,徽商的承揽式经营是两权的短暂分离。委托式经营的状况较为复杂,存在完全分离和不完全分离两种形式。

徽商的承揽式经营是指商号所有者以收取一定数额的息金为条件,将商店交给他人经营,令其自负盈亏,这种经营方式谓之承揽式经营。《休宁汪氏誉契簿》中《康熙五十七年吴隆九包揽承管议墨》曰:"立包揽承管议墨人吴隆九,今自情愿凭中包揽到汪嘉会、全五二位相公名下新创汪高茂字号,在于拓皋镇市开张杂货布店一业,计纹银五百两整,当日凭证是身收讫。三面议定,每年一分六厘行息,其利每年交清,不得欠少分文。其店中各项买卖货物等务,俱在隆九一力承管。其生意立誓不赊押。其房租、客傣、店用、门差,悉在本店措办无异。凡店中事务以及赊押并年岁丰歉盈亏等情,尽在隆九承认,与汪无涉。但每年获利盈余,尽是隆九独得,银主照议清息,不得分受。自立包揽之后,必当尽心协力经营店务,毋得因循懈怠,有干名誉,责有所归。"

承揽式经营与现在的承包制类似,所有者不直接承担商号资产经营的风险,仅获得固定的利息收入。但是当承揽关系结束之后,承揽方交出商号的经营权,保证商号的资产不得短少,至此两权分离的状态结束。可见在这种承揽式经营中,所有者和承揽方发生了所有权和经营权的短暂分离,当承揽关系结束后,两权又归于商号的所有者。这种业务管理模式中所有者与经营者都着眼于短期利益,不利于资本规模的扩展和企业长期稳定的发展。承揽式经营的经营者的主要目的是获得除去利息后的盈利,职业经理的角色比较淡化。

徽商委托经营形式大体有两种,其一是商人以自由资本为主,同时接受少量委托资本从事商业活动的形式,被称为"附本经商"。明代后期,祁门人程神保在外经商,其"宗人子扬与从兄贵通各以百金附神保行贾,神保为供子钱十年,而贵通室灾延烧殆尽。宗人谓神保'两家坐而得子钱十年,奚啻倍称之息,金且灾,可毋与母钱'。神保执不可"。清朝黟县人金华英善经商,其"友范某有子不善治生,范以数十金附华英经纪"。数年后,范某之子果然耗尽家财,华英屡屡接济。后来华英病重,急召范子,说明其父附托之意,并"以金归之,则获利千矣"。在徽商这种附本经营中,商号部分资产的所有权与经营权发生了分离,委托人只有少量资金,代理人用大部分自有资本开展经营活动,委托资金只占代理人全部资金的很少比例,大部分资金的所有权与经营权统一于代理人,只有委托人的少量资金实现了所有权与经营权的分离。代理人与委托人之间一般都是至亲好友,代理人之所以接受委托往往带有对委托人帮助和扶持的性质,他们之间基本上以同宗同族的血缘关系来维系以彼此相互信任结成的委托代理关系。因此,附本经商没有形成真正经济意义上的委托代理关系。

委托经营中的第二种形式是代理人以委托资金为主从事商业活动的经营方式。如清休宁人汪栋,因习举业不暇经商,他家的典铺则"择贤能者委之"。休宁人朱文石"尝客芜阴(芜湖),有族人者丰与财,悉举以托翁而身他去。鼎革间……百计防维,守而弗去,城破焚掠,身几濒死,率能履险如夷,完归原主"。道光咸丰之际,徽人程浩"为寿春方氏司会计事,经营累巨万,丝毫不苟,方氏信之笃,任之专。先是方氏业典商,动辄亏折,自公经理,累多所人,利必倍徒。方氏多公功,岁有所奖,而公不取也"。从上述事例中可以看出这种经营方式与晋商的经理负责制相同,实现了资本所有权与经营权的彻底分离。委托方享有资本的所有权,经营中的盈利由资本所有者独享,亏损由资本所有者独担。而代理人享有资本的经营权,不承担企业资产的风险,只获得薪金,当企业盈利较多时,薪金也会增多。

与晋商的经理负责制相比,徽商的委托经营也实现了所有权与经营权的分离,但资本所有者与经营者大多属于同宗同族,依靠宗族关系来维护,并不是依靠完备的契约来规定彼此的权利与义务,此委托代理关系带有浓厚的宗法主义色彩。所有者对经营者的激励约束也相当松弛,委托方对代理人缺乏完善而有力的激励约束机制,因此徽商此种委托代理方式的效率是较低的。

> **知识拓展**:作为叱咤商界数百年的著名商帮,徽商在长期经营活动中形成了众多老字号,以"胡玉美""张小泉""胡开文""胡庆余"等徽商老字号最为著名。老字号企业经营的成功,离不开其内在文化因素。徽商的儒商文化讲究诚信、敬业,重视教育及人才因素的作用;徽商经营文化注重市场开发及品牌效应;徽商职业观认为工商职业为民生之正业,肯定工匠价值,这些文化因素促使了徽商老字号的百年辉煌。

(二)民国时期的职业经理

民国以后,民族企业得到了发展的机会。一方面,"西风东渐",西洋科技文化等一系列的知识传播中国,对于旧式的商号就有了改变;另一方面,出现了近代公司,还出现了董事会。民族企业开始学习模仿英美模式,建立企业管理体系。不过,尽管形式上建立了公司,比如虞洽卿、荣毅仁等著名民族资本家,但是实际上他们用的是家族里培养的子弟作为管理接续,也就是家族管理。职业经理阶层根本就没有普遍出现。民国时期,除了国民政府的垄断企业,民族企业基本上就是家族模式、公司外壳,本质上还是商号的延续。

进入20世纪以后,社会风气逐渐变化,以及社会环境的演变使得公司的设立进入了一个新的发展阶段。1903年,清政府颁布了奖励集股兴办公司之《奖励公司章程》;1904年,颁布了中国有史以来第一部公司法《公司律》。此后,北洋政府于1914年重新修订并颁布了近代中国第二部公司法《公司条例》。1929年,南京政府又重新颁布《公司法》。《公司法》的颁布使得民族资本主义工业得到了空前发展,对于近代中国公司制发展来说,最具代表性和重要意义的便是家族公司的纷纷出现,近代中国一些最为著名的家族公司,如荣氏家族的福新、茂新、申新公司,郭氏家族的永安公司以及刘鸿生企业集团等,皆创办于这一时期,并获得迅猛发展,很快便成为近代中国民营经济的骨干力量。

近代中国家族企业由个人业主制、合伙制向现代股份公司制演变,符合企业制度自身演变规律和近代中国资本主义发展的客观要求。随着近代中国民族资本力量不断发展壮大,与小商品经济相适应的个人业主制和合伙制,已不能适应日益扩大的机器大生产的客观要求。家族企业的规模不断扩大,迫切要求进行企业制度创新,而公司制的有限责任、短期内迅速筹集资本及有效的内部治理结构等优点,更能适应近代中国民族资本主义的进一步发展。由此,20世纪初家族企业逐步走上了公司化道路,家族公司纷纷设立并发展壮大。家族公司最主要的特征是在公司股权结构的安排方面,家族成员拥有多数比例股权,处于绝对控股地位。由此,在董事和经理及其他重要管理人员安排方面,家族成员占居重要职位,从而企业中所有权和经营权合一的趋势较强。据统计,1932年,荣氏兄弟持有茂新系统总股本的91.5%,持有福新系统总股本的55.3%,持有申新系统总股本的78.9%。如此之高的持股比例,决定了荣家在其企业中处于完全支配地位。

总之,在民国时期,《公司法》的颁布使得公司制有了法律保障。职业经理产生的制度环境逐渐形成,但由于民国时期的企业中,官僚买办和家族资本的支配地位,股权的分散程度较低,导致这个时期的特征是,严格意义上的职业经理已经出现,但发展缓慢。

二、改革开放后中国职业经理的发展

新中国成立后,随着社会主义改造的完成,我国进入了社会主义初级阶段。在改革开放前,在全民和集体企业中,没有形成两权分离的格局,自然也就没有职业经理。改革开放后,职业经理的概念由经济学家们于20世纪80年代末首次提出,20世纪90年代末职业经理才成为企业界议论的热点,并开始被社会各界所认同。随着改革开放的发展,我国经济发生了巨大的变化,经济已告别短缺时代,社会主义市场经济体系已逐步建立起来。伴随着市场经济的发展,特别是《公司法》的颁布,现代企业制度的逐步建立和企业新的领导体制的形成,为我国的企业经营者职业化提供了制度上的支撑,为职业经理的产生、成长培育了土壤,也在一定程度上促进了我国经营者向职业化的方向发展,职业经理阶层开始出现。

(一)第一阶段——酝酿时期(1978年—20世纪80年代末)

1978年,党的十一届三中全会以后,我国全面实行改革开放,全力推进经济建设,企业改革也不断深入和发展。改革开放后的十余年中,国有企业一直在探索怎样转变为真正的现代企业,试图明晰产权结构,建立现代企业制度,这些努力为职业经理的产生提供了成长的土壤。例如,1984年曾有40家大企业联合发出呼吁,要求给国企"松绑"。这一时期,我国相继出现了一批国营、集体、联营和个体、民营公司,中国的经理也从这些公司中出现了。此外,在中外合资、合作企业中,也出现了中方经理。不过这时的经理,距现代企业制度中的所有权、法人财产权和企业经营权分离下的专职于经营管理的职业经理还相去甚远。经理只是一个企业负责人和某种社会地位的象征。在新兴的民营企业中,经理一般就是企业的创始者,没有企业家和职业经理的区分。即使是当时外企中的中方经理也没有法律上的保障。

(二)第二阶段——产生时期(20世纪80年代末—1994年)

中国最早设立的证券交易所是1905年设立的"上海众业公所"。新中国成立后,一度取消证券交易。1990年至1991年,上海和深圳相继设立证券交易所。证券交易所的设立为股票的流通提供了场所,为企业的股权制度改革提供了便利条件。

对于国有企业而言,真正意义上的职业经理的产生是以"产权清晰"、最终建立现代企业制度为前提的。1992年党的十四届三中全会正式提出了国企改革的方向是建立"产权清晰、权责明确、政企分开、管理科学"的现代企业制度。此后,有关国企的一切改革措施可以说都是以此为中心展开和深入的。现代企业制度的建立也为国企职业经理队伍的建设提供了制度支持。另一方面,在经济日益全球化的背景下,国企的市场竞争越来越激烈,人才的竞争问题越来越突出,国企愈发需要建设一支德才兼备的职业经理队伍。

对于民营企业而言,职业经理的产生是走出"家族化管理"的需要。民营企业普遍存在着"家族化管理"的问题。"家族化管理"的存在有其合理性的一面,但随着企业的不断发展,这个问题所带来的弊端日益严重,主要表现在增加"圈内人"与"圈外人"的交易费用,决策易形成"家长"作风和"一言堂",降低决策科学性,管理模糊化和随意化使得企业规范受到限制等。此外,经过初级阶段的粗放型发展,面对日益国际化的市场竞争,加速制度创新,提高经营管理水平,已成为民营企业一项新的课题。民营企业的职业经理就是在这样一种背景下产生的。一些成立较早、发展较快的民营企业主,开始有意识地聘用经营管理人才负责日常管理事务,但并没有将企业的财产管理权和全部经营管理权交给这些经理。

改革开放初期,只有少数外资企业进驻中国,80年代末以后,大量外资企业携资金进来了,同时也带来了先进的技术和管理。外资企业凭借其雄厚的经济实力,广泛吸引各种人才,实施人才的本地化战略,在与国企的人才争夺中,明显占据主动地位。外资企业,特别是大的跨国公司,由于有数十年、甚至上百年的管理经验,形成了一整套完整系统的职业化管理制度和体系,对职业经理的培养和规范较为健全,吸引了中国优秀的人才进入其中为其服务。这一阶段,中国实际上自觉或不自觉地借鉴了美国职业经理发展的一些历史经验。

1994年我国《公司法》的正式实施,为经理人的职业化提供了法律依据,并对职业经理的职权做了界定。这标志着我国职业经理的正式产生。此后,中国的职业经理步入快速成长阶段。

(三)第三阶段——成长时期(1995年至今)

国家提出发展社会主义市场经济,尤其是把建立现代企业制度作为国企改革的出路,为中国职业经理的成长带来了极好的机遇,出现了一大批优秀的职业经理。如1998年,吴士宏被聘为微软(中国)公司的总经理,后被聘为国企TCL信息产业公司的总经理,引起业内人士的普遍关注。随着国企用人机制、收入分配、产权制度等方面改革的不断深入,外企职业经理加盟国企也不少见。如1999年震动四川企业界、引起全国各大媒体广泛关注的潘传忠,放弃成都某制药公司年薪70万元收入,投奔国企绵阳药业集团就是一例。

2001年,中国加入WTO,中国的各种所有制类型的企业越来越多地参与国际合作和竞争,尤其是与发达国家由职业经理掌管的现代企业在市场经济中开展合作与竞争,为中国的职业经理的快速成长提供了机遇。2003年,国家经贸委主管的职业经理研究中心发布的一份研究报告预测,加入世贸组织意味着中国职业经理的发展进程会大大加速,在8~10年的时间内,中国的职业经理应当会作为一个成熟的社会阶层形成,并成为社会和经济生活中的一个中坚阶层。

中国的企业领袖经历了从80年代的有政治背景的改革家,到90年代的有学术背景的儒商,到21世纪初的职业经理,是历史的必然。随着市场经济的高速发展,现代企业制度的日益完善,所有权与经营权分离是大势所趋,规范化和专业化管理的需求日益凸显出来,突破管理瓶颈,发挥职业经理的作用已经成为我国企业谋求不断发展、壮大的客观要求。中国职业经理的出现和成长,是企业走向规范化的标志之一,也是市场经济走向成熟的表现之一。

总之,中国当代职业经理产生和发展的制度背景是计划经济体制向社会主义市场经济体制的转轨、所有权与经营权的分离,其产生的客观条件是生产力快速发展、社会分工(特别是企业管理)的细化。

(四)我国企业当前职业经理制度发展状况

随着经济全球化和高新技术的迅猛发展,我国企业经营者队伍的制度化建设正在发生着变化,我国的职业经理阶层开始慢慢涌现,"经理革命"悄然兴起。尽管还很稚嫩,职业经理市场毕竟已经初步发育起来;尽管市场化、职业化与制度化依然是我国企业经营者队伍成长与发展过程中的关键问题,依然存在通过市场机制选拔企业经营者的比重还很低等不足,但近年来我国企业经营者队伍制度化建设有了较大进展,主要表现在:① 企业领导制度日趋科学化、规范化,董事会的决策作用明显增强;② 适应现代企业制度要求的企业经营者选拔、任命制度不断完善,国有企业中由上级主管部门任命的比重在减少,董事会任命的比重在增加,任职条件更看重经营者的经营能力和业绩;③ 适合市场经济特点的企业经营者激励与约束机制正在积极探索和形成之中。下面从三方面简要介绍当前我国职业经理制度的发展状况。

1. 我国职业经理制度发展趋势良好

当前,经营者职业化在沿海发达地区、私营企业中呈现较好发展趋势,职业经理受到较大重视。无论是国企、私企还是外资企业,越来越看重职业经理的作用和对企业发展的无可替代的地位,职业经理正在走向经济舞台的中心。在珠三角企业中,国内最大的燃具企业"华帝"7位创始人隐退,大学文化的原企业营销部经理姚吉庆出任总经理;"科龙"高层的老总、副总除一人外,全部换血,以派力营销思想库而闻名的屈云波出任主管部门营销的副总裁,三名新任副总经理均为硕士研究生,科龙董事长王国端说这是新老班子交替的开始,也是科龙人力资源革命的序幕;惠州的著名私企"侨兴"也聘请职业经理出任总经理,老板吴瑞林退居幕后。此外,我国汽车工业几位少帅出场,长虹、方太、杭州万向集团等也换帅,CEO(首席执行官)被长虹、海尔等老总正式使用。职业经理在外企和私营企业中开始大展身手。

职业经理市场初现端倪,特别是在沿海发达地区已渐成风气。2001年中国第一家国家级企业经营者人才市场——中国江苏企业经营管理人才市场开业,之后又有一些区域性经营管理人才市场开业。目前,全国不少省、市都建立了初级的经营管理人才市场。如近年来上海市企业人才市场为各类企业输送厂长、经理1 000多人;深圳人才中心对1 000多名经理人才进行测评,半数以上谋到理想岗位;唐山市推荐429名厂长经理到国企任"一把手";四川人才开发中心、成都市人才中心先后举办多次高级人才洽谈会,为四川投资集团招聘总经理,为万贯集团、日出产业集团等大型企业招聘副总一级的经营人才。四川积极推进经营者市场化配置改革,在社会各界,特别是在企业界产生了较大的反响,使国企的用人制度产生了较大的飞跃,出现民营企业人才向国企回流(中汇制药销售老总潘传忠放弃70万元年薪应聘年薪28万元的绵阳药业天诚大药房总经理)、省外人才向四川流动(深圳大学策划专家余明阳应聘沱牌集团总经理,台湾职业经理黄国应聘成商集团超市总经理)、普通职工晋升老总(川化集团职工高健竞聘鸿化集团总工程师)的可喜局面。同时,也带动了人们观念的转变和相关制度的改革。从一些地方国企市场化配置经营者反馈的情况看,企业绩效变化比较明显。

2. 我国职业经理制度发展中存在的问题

随着改革开放的进程向前推进,1994年《公司法》颁布实施,2001年我国加入世界贸易组织,我国的职业经理开始从无到有,市场对职业经理的需求也不断高涨。

但我国职业经理的总体发展状况并不尽如人意,职业经理队伍存在许多问题,职业经理制度发展还不够成熟,存在一些问题,具体表现在:

(1) 职业经理自身状况

职业化程度低,一些职业经理职业能力较差,真正合格的职业经理十分稀缺;有些职业经理缺乏基本的职业道德,不能按照合同的要求履行自己的职责,稍不顺心就"跳槽","跳槽"后不能客观评价原就职的企业,给企业声誉造成损害;有些职业经理定位不准确,过高估计自己的能力或夸大自己在企业中的作用,不能恰当地处理与企业所有者之间的关系;还有些职业经理通过形象包装提高身价,导致企业高薪选聘却不能胜任。

(2) 企业自身的状况

企业内部制度不健全,职业经理的责权利不明确,或者制度不透明,在企业内存在特权阶层,制度因缺乏监督机制和考核机制而形同虚设;激励机制不健全,薪酬体系设计不合理,使得职业经理缺乏行动的动力,也造成职业经理队伍不稳定;约束机制不到位,易使经理人滋生"低奉献、高回报"的侥幸心理;企业所有者对职业经理既重用又不信任,致使权力不到位,使得有些被聘用的职业经理有职无权而难以发挥作用;有些企业聘用职业经理的动机不纯;有些企业不讲信用,不能兑现承诺的年薪等。

(3) 宏观环境

首先,制度配置不够完善。虽然改革开放已40多年,但一些企业的现代企业制度仍不够完善,缺乏完善的制度环境,职业经理就缺少一个施展才华的舞台,经理的职业化进程也就难以进行。其次,市场发育不充分。在市场经济中,企业经营管理是科学性、专业性极强的社会职业,具有专业化的职业体系、行为规范与职业标准。职业经理在执行经营管理活动中,其权责利要在这一体系中形成标准化。同时,经理职业化同样需要一定的社会环境、一套完善的规范制约机制和社会的认可和公信。

3. 我国职业经理发展的不利因素

就中国目前的职业经理市场环境而言,还存在诸多不利因素:一是职业经理的职业行为缺乏有效的保障和制约机制;二是还没有能合理流动的职业经理交换市场;三是企业经营管理中由于职业经理产生的不良后果主要由企业来承担。

政府鼓励开放经理人市场,但在缺乏约束机制的情况下,一方面,优秀的职业经理在一个僵化的企业环境中起不到多大作用,结果是经理人被解雇,企业买单;另一方面,企业在市场中选聘到不合格的职业经理,在花费了昂贵的人力资本投资后并没有达到预期的企业绩效,并且经理人可以无所愧疚地另谋高就,而其行为后果自然又是由企业买单;最后,缺乏公正科学的市场评价机制,容易导致职业经理的非正常竞争和流动。

===== 思考案例 =====

雷履泰——晚清时期成就卓著的"职业经理"

雷履泰(1770—1849),山西平遥县龙跃村(原细窑村)人。因父亲过早去世,家境贫寒,放弃了读书的机会,进平遥城当学徒做买卖。在平遥城内北门头拐角,当看宝盆的把式时,被西裕成二少爷李箴视闲逛时看中,请到了西裕成颜料铺。不久便委任其为汉口分号执事,以后又调其到京都分号任领班。到李箴视继承父亲李文斌执掌号东时,将雷履泰调回总号,委以总经理重任。

西裕成颜料庄总号早期是制作和贩运相结合的商号,在达蒲村有颇具规模的手工制铜碌作坊,北京崇文门外草厂十条南口、天津、汉口、重庆等地也设有其分庄。当时,中国商品经济发展迅速,商业资本异常活跃,各地商帮纷纷崛起。由于晋人在外做生意的很多,年终结账,往老家捎钱多让镖局起镖运现款,不仅运费高,而且风险屡出,常有丢失,遂有人将银钱交北京西裕成分号,由经理写信给总号,在平遥总号取款。起初不过朋友、亲戚,两相投兑,无汇费和手续费。以后乡民感觉此法方便保险,皆求拨兑,并愿付一定汇费。雷履泰认为此乃生财之道,大有发展的必要,便继承和借鉴历史上的汇票经验,开始兼营京晋埠际间商业汇兑,盈利颇丰。道光三年(1823年),雷履泰与东家李箴视共商创设"日升昌"票号,逐渐放弃颜料生意,专营汇兑。雷履泰此举将我国只做存放业务的账局银钱业,向前大大推进了一步,创建了专营存汇款和拆借资金业务的"票号"。

"票号"之名取意于经营汇票,因晋商创办经营,故亦叫"山西票号"。在此之前,虽唐代就有汇票"飞钱",宋、元、明、清民间也有汇兑,但作为汇兑制度和专营汇兑之信用机构,至此开始形成。

雷履泰创立"日升昌"后,汇兑业务越来越多。作为商界能手,谙熟生财的雷履泰,由此及彼,推想到其他商埠的山西商人托镖局起运银钱亦有诸多不便,于是深入调查晋商所经营药材、茶叶、夏布、绸缎、杂货等进销地点,亲派精明、诚实、可靠的伙友,先后于汉口、天津、济南、西安、开封、成都、重庆、长沙、厦门、广州、桂林、南昌、苏州、扬州、上海、镇江、奉天、南京等地设票号分庄。雷履泰联络晋商,招揽业务,此处交钱,彼处用款,从无空票。因信用可靠,不但山西商人与"日升昌"交往频繁,外省、沿海一带米帮、丝帮亦通过"日升昌"汇兑款项。由于雷履泰经营有方,"日升昌"门庭若市,业务蒸蒸日上。随着通汇扩大,继而吸收存款,发放贷款,利润大增,"日升昌"更是日升月昌,一片兴旺景象。有鉴于此,山西商人纷起效尤,投资票号。从此山西票号业大盛,鼎盛时期,曾执全国金融界牛耳。

雷履泰作为"票号"创始人,总理"日升昌"业务,协理(副经理)为毛鸿翙。起初二人团结一致,相处融洽。以后,随着"日升昌"业务繁荣,分庄增加,用人甚多,根基日臻巩固,雷、毛两位掌柜之间产生了矛盾,且日趋尖锐。雷履泰认为"日升昌"的产生与发展壮大为自己一人的功劳,踌躇满志,唯我独尊,分配人员,处理业务,每每颐指气使,独裁独断,从而引起毛鸿翙强烈不满。随着二人互相猜疑,发展到水火不容,雷履泰便以辞职要挟东家,迫使毛鸿翙辞职。时介休"蔚字号"财东侯荫昌拟组票号,即聘毛鸿翙为总理。毛鸿翙在"蔚字号"锐意经营,誓与雷履泰决一雌雄。雷履泰亦暗自加劲,毫不示弱。他用雄厚资金、减息放款、加息存款、汇费少收等法,广争顾客。结果,两人的这种激烈竞争,反使山西票号业迅速发展起来。道光二十年(1840年),雷履泰70大寿时,"日升昌"在总号修建纪念楼,并将"拔乎其萃"四个金字大牌匾悬挂于楼中央,以褒扬其首创票号之业绩。

雷履泰创建的"日升昌"票号,形成了一套独具中国特色,又与现代企业制度相近的企业结构和治理方式。其中最主要的,包括两权分离、"顶身股"、严格号规、"酌盈济虚,抽疲转快"等制度架构、管理方法和运作模式。这些制度的源头,大都起自雷履泰。当然,雷履泰也不是凭空创造,而是依赖于晋商在做生意中日积月累形成的制度体系和常规习惯。

"两权分离"似乎是现代企业的起点,然而,考究历史,我们不难发现,"日升昌"推行的两权分离体制几近完美。那么,我们就有必要进一步深究,日升昌的"两权分离"

同现代企业的"两权分离"不同处在什么地方。

　　起码从明代开始,晋商在经营实践中就形成了"东伙合作制"。所谓"东",就是资本所有人,俗称财东;所谓"伙",就是经营合伙人,俗称伙计。东伙合作的缘起,在于有资本者未必有经商能力,而能经商者未必有本钱。正是东伙合作,奠定了中国历史上最早的资本所有权与经营权分离的体制。在一定意义上可以说,从东伙合作制形成之日起,"企业"就已经诞生。

　　"日升昌"票号的组织结构有三种人:东家、掌柜、伙计(这里的伙计,是后来对学徒和伙友的俗称,不包括掌柜)。东家相当于董事长,大掌柜以下,全部是东家的雇佣人员。掌柜又分为不同层次,习惯上称大掌柜、二掌柜、三掌柜等,掌柜统领伙计从事具体经营活动。东家是出资人,其职责只有两项,一是掏银子,二是选掌柜。可能是由于成功经验和失败教训的积累而形成的惯例,晋商在所有经营活动中,东家一律不准插手,甚至连学徒都不能推荐。电视剧《乔家大院》的一个重大缺陷,就是给东家赋予了想象中的经营决策权。试想一下,如果东家具有杰出的经营能力,大掌柜就是多余;而如果东家缺乏经营能力,插手经营事务只会添乱。所以,久而久之在晋商中就形成了一条虽不成文却人人都必须遵守的规范——东家不过问经营事务。只有出资人不插手经营,才能保证企业正常运作。甚至为了保障掌柜的权力,晋商还形成了不允许"三爷"进票号的规矩。所谓"三爷"指东家的"舅爷""姑爷""少爷"。显然,如果允许"三爷"插手,那么,小舅子就可能上演出"外戚专权",女婿就可能制造出商务"倒插门",儿子就可能炮制出"逼宫戏"。其中的关节窍道,值得今人好好思索。电视剧《乔家大院》中的乔致庸,被描写成了东家和大掌柜一身二任的角色。笔者以为,这恰恰是现实中的企业两权不分在文学作品中的折射。历史哲学家克罗奇声称"一切历史都是当代史",诚哉斯言。关于"日升昌"的资料中,大掌柜雷履泰甚至以后的历任掌柜都记载翔实,而东家李氏的记载则非常简略,也说明了这一事实。"董事长兼总经理",早在票号时代就已经被否定。

　　"日升昌"票号内部组织及管理:作为东家,大笔银子出手,还不能介入经营活动,如何保证自己的利益不受损?这就靠东家的眼力了。当打定主意出资时,东家唯一要重视的,就是大掌柜的选择。选对了大掌柜,你就等着拿银子;而选错了人,你就等着亏血本。异常隆重的大掌柜聘任仪式,同帝王拜将差不多,摆酒席,请中人,盖红印,画字押,反映出东家对大掌柜的全权委托。所以,东家的标准形象,不是运筹帷幄之中决胜千里之外,更不是精打细算扒拉着算盘珠子不放手,而是披着大氅拿着水烟袋悠哉乐哉。大掌柜一上任,就具有独立的经营权。其职权之大,可能会让今人瞠目结舌。比如对资本的运用,对人事的安排,东家一概不能过问。不仅如此,为了不影响掌柜的经营,东家不能在票号里借钱,即使到票号视察也不能在号里过夜。可以说,大掌柜是整个票号发展和赢利的最为关键所在。而这种经营权威,也为大掌柜施展才能提供了制度保证。这种体制,恐怕会使我们当今的那些"小媳妇"型经理人羡慕不已。

　　大掌柜是票号经营管理的最高领导,全权处理全号内外事务,从选用二掌柜、三掌柜和伙计,再到资本运作和具体业务安排,一概都是大掌柜的事情。既有决策权,又有执行权,包括内部制度的制定与执行,人员的选用,分号的设立与管理,资金的调度与运作,以及各种大大小小的商务决策。所以,晋商的东家几乎都是一个模样,而大掌柜却各有特点,有雷厉风行者,有谨小慎微者,有出奇制胜者,有重视细节者,不一而足。大掌柜下设二掌柜,通常职责是协助大掌柜处理全号事务,尤其是内部制度的实施以及员工考勤、生活安排和生意操作等。大的票号,还有三掌柜甚至四掌柜,协助上一级掌柜工作。这些掌柜们,用现在的话说就是高级管理层,是票号管理团队的核心。其中的"一把手"就是大掌柜。

"日升昌"票号为了适应在全国甚至在国外开展业务的需要,在总号之下设立了大量分号。分号的设立由大掌柜决定,人员由总号派出。所有分号不独立从事业务,其业务一概由总号调度,所以,也不单独考核分号的业绩。从整体上看,票号是以大掌柜为中心的垂直式集权组织模式。分号只是总号的分理店,完全不同于今天的子公司或分公司。

道光二十九年(1849年),雷履泰去世以后,"日升昌"竞争力日衰,票号的霸主地位随之失去。辛亥革命后,因信用危机,"日升昌"于民国二年(1913年)停业清理,民国十四年(1925年)改组为"日升昌"钱庄。

资料来源:改编自郭立宁等《雷履泰:中国银行业的创始人》,
载于《中国商人》,2004年第10期

【讨论题】

1. "日升昌"票号产生和兴盛的社会背景有哪些?
2. 雷履泰为什么能取得如此辉煌的成就?"日升昌"成败系于雷履泰一人又说明什么?
3. "日升昌"的"两权分离"包含哪些内容?和现代企业的"两权分离"有什么异同?

本章思考题

1. 简述合股公司制度的特点。
2. 简述19世纪以后西方各国职业经理产生与发展的阶段。
3. 晋商与徽商的职业经理制度有何异同?
4. 简述改革开放后我国职业经理发展的阶段。
5. 当前我国的职业经理制度还存在哪些问题?

═══════════════ 本章情景模拟实训 ═══════════════

高管的角色定位

经济开发总公司会议室里,几位老总还在激烈地争论着工程部经理的人选,由于另外几位老总的意见分歧较大,致使总经理沈国梁一时难以作出决定……

沈国梁是S市经济开发总公司总经理。该公司是国有大型合资企业,注册资本近4亿元。公司成立于1993年,现有80多人,设立五部一室,即项目经营部、计划财务部、工程建设部、企业管理部、人力资源部和总经理办公室,下有附属全资、合资子公司16个。沈国梁根据公司的现状,正确分析问题的根本原因,提出了"招商引资,增收节资"的总体战略,制订了"以人为本"的竞争策略。

工程建设部(简称工程部)是公司的重要生产部门,其主要职能是负责开发区范围内的征地动迁、工程建设管理和公司不动产管理。先后有公司分管工程的副总经理、工程部经理、工程部副经理等人因经济问题被判刑。面对如此严峻的局面,以沈国梁为首的公司领导班子迅速做出决定,委托三家猎头公司急聘工程部经理。马超就是在这种情况下来到公司的。沈国梁为慎重起见,聘任马超为工程部主持工作的副经理并试用一年。

马超在公司领导的支持下,主要抓了以下几项重点工作:明确内部管理体制和岗位职责,实行责任到人;充分运用技术管理优势,狠抓工程项目质量进度管理;坚持公平、公正、公开的原则,严格执行招标投标程序,实行货比三家,择优选择承包单位和供货商;抓住影响全局的关键性工程,实行重点突破,带动整体工作进展;坚持正义,发扬正气,维护公正,团结多数,适时适度推进改革,工作过渡平稳。

马超近一年主持工程部工作的表现,得到了以沈国梁为首的公司党政领导班子的肯定,他多次被公司领导在公司大会上表扬,也被评为1999年度公司优秀党员。

任何问题都是一分为二的。马超在实施改革,取得成绩的同时,也不可避免地由于利益的调整而得罪了一部分人,导致公司内部对马超的看法评价不一,马超因此迟迟未能被正式聘为工程部经理。

分管工程部的白副总经理,认为马超凭借专业特长,顶撞领导。白副总经理在对待综合办公楼的计划进度上与马超意见不一。白副总经理为满足上级领导的要求,硬性要求综合办公楼8 500平方米的石板幕墙和安装工程在三个月内完成,作为硬性任务加班加点完成。马超经过计算剩余工作量和施工单位投入的人力和机器设备,认为根本不可能,于是马超在会上指出三个月内完成是不科学的,不符合工程建设的客观规律。白副总经理认为马超此举大伤面子,自己难以下台。

此次会上,白副总经理认为马超工作积极肯干,但比较自负,不能听取别人意见,工作方法要改进,因此同意继续聘任副经理,在工作中再考验一段时间。

人事部经理认为马超工作积极努力,大胆而有成效,公司应兑现招聘时聘任经理的承诺。这样,有助于扶持正气,推动工作和人事改革。

曾兼任综合办公楼领导组组长的党委委员、办公室主任,对马超的工作给予充分肯定,认为他对综合办公楼工期的量化分析已被实践证明,个别人有意见也是正常的。如延期不聘任他担任经理,将严重影响他的积极性,也可能导致马超离开公司,工程部的工作也将出现不可想象的后果。

党委副书记认为马超对支部工作熟悉,工作有思路、有成效,是一个优秀的党支部书记,行政职务应听取主管领导的意见,由分管副总经理提名。

到公司仅一个月、列席会议的总工程师认为马超有相当的技术水平和管理能力,但工作中要更加注意方法问题。

也有人认为马超在主持工作期间工作有疏漏,有的比较严重。比如竣工的标准厂房,验收不到三个月,局部地坪下陷1~3厘米,经查是由于设计过程中有疏漏,项目经理现场也没有发现,施工单位、监理单位也没有研究地质报告,疏于管理。人们认为,马超应负领导责任。

听着大家的发言,总经理沈国梁想起了马超一年多来有成效的工作,他喜欢这样在困难中不懈努力,奋力开拓,懂专业、会管理的人。也明白现行干部聘任的程序和问题,即使总经理也应该遵守,但特殊情况可以例外。他该如何表态呢?

请问:假如你是沈国梁总经理助理,现在会议中途休息10分钟,你认为总经理的表态发言提纲大致是怎样的?

第四章

经理职业化与职业经理制度

 学习目标

1. 了解职业、职业化的概念及特征。
2. 理解经理职业化的内涵。
3. 理解经理职业化的市场系统和市场表现。
4. 熟悉职业经理市场制度、诚信制度及法律制度。

═══════ 引导案例 ═══════

劳动模范的经理职业化之路

个案基本信息。 某国有企业总承包 A 部项目经理黄某,某大学道桥专业本科毕业。从施工员做起,先后担任管段工程师、技术负责人到项目经理。

成长经历。 担任某工程建设总承包 A 部项目经理 10 多年,他的区域意识、对项目二次经营的准确把握和知人善用的人才培养方式让一切变得游刃有余。如今,在他的带领下,该企业在上海青浦各大项目占据当地 40% 的市场份额,且产出稳定,业绩持续增长。

2008 年,黄某项目团队参建上海某枢纽工程建设及配套工程 16 标,这是黄某团队的第一次合作,初到青浦,黄某就看到了青浦的发展趋势,2010 年青浦工程加快了建设的步伐,由于青浦特殊地理结合形式的工程建设形式刚好是项目团队的优势,项目团队在青浦踏上了第一个脚印。

经过近 7 年的合作发展,在上级国企集团的支持下,各类技术人员不断加入到团队的发展建设中,项目团队还参与建设了上海青浦其他工程建设,项目团队发展至今,大家积累了丰富的项目管理经验。面对多个工程平行建设局面,在黄某脑海中,"联合项目部"的想法油然而生,这种设想将改变固有的单个项目管理模式,对多个项目采用联合管理模式,多建设区、多工程同时建设,对项目人才培养、设备转场、废料再利用都有很大的帮助,相似单位工程专项部门管理可以同时推动多个工程的建设进度和质量标准化管理。

为了优质地完成项目建设,从工程承包测算到建设方案确定,黄某雷厉风行,每天至少到现场勘察一次,现场问题就地开会商讨解决方案,严格指导建设过程中的每一个环节。对于工程建设,就仿佛他自家后院般呵护。然而,要做"市场"不是单做"项目",黄某的理念就是:真正做好青浦各大项目,就应有大气的格局。因为他脚踏实地的工作作风,整个项目部在青浦市场广受好评。而今,总承包A部以他为首,在青浦成立了区域市场,并以此作为试点。于是,在黄某的"青浦地盘"里,项目经理也可以当"区域市场"总监。

黄某有着过人胆识,还不乏机智灵敏的洞察力,这些来自于他敏锐的前景意识、市场意识和全局意识,永远领先一步是他的特点。"师父领进门修行在个人",初入青浦某大型工程建设项目,他提前洞察区域市场的未来发展,积极与当地业主保持联系,并做好现有项目,紧盯储备项目。心越大,市场越大,随着承接项目的雪球越滚越大,项目部的产值也逐年递增,由2010年初来乍到时的0.78亿元,发展到2014年的3.5亿元,用实实在在的数字诠释了深化二次经营的卓越成绩。

在黄某的信念里,青浦工程建设领域,在已经拥有了良好的社会信誉并占有了一席之地后,就要不惜余力地对它进行巩固和发展。他带领团队,通过在建项目的建设,增加企业的信誉度,树立企业良好的形象,为巩固和发展市场不断夯实基础。

取得的成就。在黄某的"手下",有着一群和他一样踏实能干的团队。黄某独特的全员经营和人均产值的理念在他的团队中得到充分发挥。在这里,每个人都把自己当做经营主体的一部分,在不断学习和统筹的过程中集中优势,发挥出高于自身的能力。团队还制定了很多激励制度,有效推动了青浦项目组大家庭的共同成长,项目团队打造和培育出了自己的人才梯队。自2009年中标青浦区某工程建设一期项目起,这个富有朝气的项目团队就由"80后"年轻人担当主力,组建之初不乏刚入职的应届毕业生,5年多的时间里项目组20名成员的流动率几乎为零,保证了工作开展,如今更是创造到了人均产值3 000万元的可观业绩。

黄某带领的项目团队在近七年的建设发展中在技术研究、现场组织、团队建设等方面积累了大量经验,在这个过程中,一大批优秀青年技术人员得到了锻炼和成长,黄某的团队也不断成熟、壮大,相信在区域联合项目部的新常态下,黄某将带领他的项目团队不断劈波斩浪、勇往直前,在上海新一轮城市大开发的舞台上,取得更骄人的成绩。

黄某的成绩获得了认可,他先后被评为上海市重大工程立功竞赛记功个人、上海市重大工程立功竞赛优秀建设者、上海市重点工程实事立功竞赛建设功臣等荣誉,2016年获得上海市五一劳动奖章。

资料来源:蔡珺花《国有企业项目经理职业化研究》,
载于《集成电路应用》,2017年04期

引导案例显示,作为国有大型企业集团的项目经理,黄某的成功不仅源自个人的努力,还得益于团队成员的支持,更是与所在企业职业经理制度的成功建设密切相关。沃伦·巴菲特也曾称赞自己的企业拥有出色的职业经理制度:"我的总裁们是管理艺术的天才,而且他们像经营自己的产业一样用心经营伯克希尔(他的企业)。我的工作是别挡着他们的路,别妨碍他们的工作,然后就等着去分配他们所挣回来的收入。这是一件很愉快的事。"当经理成为一个受社会欢迎的职业阶层时,越来越多的精英会进入这个阶层,当他们的道德和能力受到创业者或企业主的认可后,创业者或企业主便可从日常管理工作中腾出时间和精力,放手让优秀的职业经理去施展才华,为企业创造价值,为社会增进福利。这一切不仅要求职业经理的素质提高,更要求职业经理制度的完善。本章将分别介绍经理职业化、职业经理的市场系统和市场表现以及职业经理制度。

第一节　经理职业化

一、职业与职业化

(一)职业的定义

尽管职业化现象在英、美、法、德等国家已经被关注了 100 多年,职业(profession)、职业主义(professionalism)、职业化(professionalization)等意识形态已被看作现代社会文明的重要组成部分,但对于职业的定义,一直是困扰职业社会学家的理论问题,国内外至今未达成一致意见。

职业可分为一般性职业和专门性职业。一般性职业,是不需要从业者经过专门的培训与教育,相当于中文里通常所说的"工作",英语可用 occupation 一词表示;而专门性职业要求从业者经过专门的培训与教育,具有较高深和独特的专门知识和技能,中文里通常也称为"专业",英语可用 profession 一词表示。一般性职业随着其专业水平的不断提高,会逐渐发展为专门性职业,这是一个发展过程。所以,在外延上,职业包含了专业,专门性职业即是专业。

美国人力资源管理协会知识体系(SHRM Learning System,2003)认为,从工作中识别出职业需五个条件:① 能代表成员的声音、扶植专业发展的全国性组织或者其他类似机构;② 一套判断公平、公正、信任和社会责任感等行为标准的道德信条;③ 通过研究成果的实际运用发展专业领域;④ 系统的知识体系;⑤ 设定职业标准的认证组织。

《中华人民共和国职业分类大典》(2015)把"职业"定义为:"从业人员为获得主要生活来源所从事的社会工作类别。"其特征是:① 目的性,即职业以获得报酬为目的;② 社会性,即职业是从业人员在特定生活环境中所从事的一种与其他社会成员相互关联、相互服务的社会活动;③ 稳定性,即职业在一定历史时期内形成,并具有较长的生命周期;④ 规范性,即职业获得必须符合国家法律和社会道德规范;⑤ 群体性,即职业必须具有一定的从业人数。

概而言之,职业可以定义为:有认证组织,需要系统的知识体系和道德标准,作为从业人员获得主要生活来源的稳定的社会工作类别。

(二)职业化的定义与特征

"职业化"所指"职业"是指英语中的 profession,即专门性职业。职业化的发展将职业技能、职业标准、职业认定等逐步标准化(Harold L. Wilensky,1964)。Richard H. Hall(1969)对职业工作者进行了具体的限定:① 专业化职业的从业者依靠系统的专业知识而非特殊的培训,来获得专门的技术;② 专业化的从业者对自己的工作享有一定的自主权,他们的顾客无资格对有关的专业问题做出判断;③ 专业化的从业者们组织了专门的协会来管理内部事务和对外交涉;④ 接纳新成员的工作受到现有专业化的从业者的谨慎控制,任何人只有通过必需的考试,取得一定的资格才能进入专业化职业的岗位;⑤ 各专业化职业都有一套约束其成员行为的道德规范,不遵守这套规范,将受到被除名的惩罚。

职业化可以定义为,普通的非专业性职业群体通过培训和开发,获得符合专业标准的道德、知识、技能和文化,成为专业性职业并获得相应的专业地位的动态过程。

职业化的特征包括以下几个方面:

(1) 长期性。职业化要求通过长期的训练过程才能取得该职业所需要的系统技能。

(2) 权威性。职业者都有以广博的知识为基础的权威性,这种权威性是以职业者高度专门化的能力为基础的。

(3) 广泛认可性。实施这种权威要得到广泛的社会准许和认可,社会通过给予职业者某些权力和特权而批准职业者在某一领域内实施这种权威。

(4) 自我约束性。职业化要通过某种道德标准来调整职业人员与顾客、同事之间的关系,职业人员的自我约束被当作社会控制的基础。

(5) 文化性。职业人员经由相互影响、相互作用而构成该职业的独特的职业文化。

二、经理职业化

(一) 经理职业化的定义

经理职业化的概念是在管理职业化的概念上发展出来的。1925年,玛丽·帕克·芙丽特在"企业管理应当如何发展才能成为一种专门职业"的演讲中提出,企业管理已经具备了一个专门职业所必需的某些要素,并且,正在努力获取其他的要素。企业管理像"专门职业"一样,需要同样高等的智力水平、同样完全彻底的训练。她认为,企业管理以服务公众为目的,但不完全服从公众。由于当时美国已经出现了管理者协会,芙丽特认为,管理者协会是管理者职业化的重要步骤。协会的作用有三:一是维护标准的责任,二是教育公众,三是发展职业标准。经理人对工作的忠诚是对原则和理想的忠诚,而专门知识和技能的发展促成职业标准的发展。

对于经理职业化而言,迄今为止最为系统的研究是由小阿尔弗雷德·钱德勒做出的。他兼顾职业化研究中特质理论学派和权力理论学派两方面的观点来考察了美国职业经理的发展历史。根据特质理论的观点,他考察了美国职业经理的专业特质,他认为美国的经理人职业群体拥有发达的职业组织、出版刊物,建立了相应的学科和教育。到第一次世界大战前后,全美已有超过40所大学设有商学院,讲授管理方法和商业伦理。专业化的管理教育推动了经理人市场与其他劳动力市场的分离,专业学历和证书成为经理人市场的有效"信号"。根据权力理论的观点,他考察了职业经理对公司控制权获取的过程。在详细分析了美国现代工商企业组织的发展历史后,他指出:"在1917年以前,企业家家族或银行的代表已经几乎从未参与为协调当前的产品流量所必需的有关价格、产量、交货、工资和雇佣人员等中阶层管理的决策。即使在有关资源分配的高阶层决策中,他们的权力也仍然基本上是属于消极性的。""除非企业家家族的成员本身受过职业经理的训练,否则他们就很难在高阶层管理中发挥重要的作用。由于家族式企业的利润通常总能保证他们能有一笔很大的个人收入,这些家族也就缺乏经济刺激,懒得在经理职位晋升的阶梯上多花时间了。因此,在美国大型企业中,两代以上的家族参与其公司管理决策者只是少数。"钱德勒的观点显然与玛丽·帕克·芙丽特的观点有所不同。他认为,经理不仅是一门专门职业,更是一种专业职业。

通俗地讲,经理职业化就是使经理成为一门专业职业的过程。从专业的属性来看,经理人职业化可以看作是经理人职业群体逐渐符合专业标准并获得相应的专业地位的动态过程,也可以看作是一种社会制度的建构。

(二)经理职业化的内涵

从上面的定义可以看出,经理职业化的重要内涵是:经理职业化是经理作为一门专业职业的职业化。作为一个职业社会学的术语,专业(profession)主要指一部分知识含量极高的特殊职业。当资本主义工业化的职业结构在19世纪的英国和稍后的美国进一步发展时,重组或新形成的中产阶级职业进行了不懈努力以取得专业称号。进入20世纪以来,专业人员的数量和称为专业的职业同步增长。"专业,以前形成的单元,已经被划分、划分、再划分。每一个分裂开来的部分已经强大得相当于其最初的母体专业"。对于上述情形,沃金斯等做了一个恰当的注释:"从历史发展的角度,我们看到了一个专业的序列:传统的专业由于不断分裂在数量上增长,同时,通过一个专门化过程或响应商业、社会价值和技术进步的变化,新的专业出现。"职业经理是工业化社会发展到一定阶段新出现的专业性职业。

职业社会学对于专业性职业的判断标准有多种观点,主要的派别有两个:一是特质理论学派。该学派认为,专业性职业具有一套普遍性的专业性职业特质:① 是一个全日制职业;② 具有专业组织和伦理法规;③ 有一个科学知识体系及传授获得知识的教育训练机制;④ 有极大的社会和经济效益;⑤ 具有国家的市场保护;⑥ 具有高度自治功能。二是权力理论学派。该学派认为,职业化的本质取决于职业群体对本身职业的控制权。他们把专业性职业看成一个职业群体,观察他们在社会职业结构的权力安排中能否成功获取及保持专业性职业这个头衔,并取得因这个头衔而得以合法化的自治权。

第二节 经理职业化的市场系统与市场表现

一、经理职业化的市场系统

经理职业化是市场经济高度发展的产物。随着经济和社会的发展,企业对职业经理的需求剧增,经理职业化的市场系统自然而然地被建立并不断发展完善。经理职业化的市场系统包括以下几个方面:

第一,市场信息系统。经理职业化发展的必要条件是要有充分的信息资源。提高经理职业化水平需要完备的职业经理人才信息系统,以便职业经理人才信息的收集、贮存、传递、处理和使用。国家机关、经济团体、企业、个人是该信息系统运行的主体。这种信息系统是综合型的网络信息系统。

第二,市场交易系统。市场交易系统是经理职业化市场系统的核心部分。"猎头公司""经理介绍公司"以及其他的一些人才市场机构是市场交易系统的要素。完善的市场交易系统为市场正常运行提供重要支持。

第三,市场评价和监督系统。经理评价系统对应聘经理人采用科学的测评方法和手段进行评价,作为选聘和激励职业经理的依据,由监督系统对职业经理行为进行监督和公证。

第四,市场价格系统。市场价格是资源市场配置的指示器,职业经理价格是职业经理市场配置的指示器。职业经理市场价格,就是职业经理的薪酬,是由市场供求关系决定的。马歇尔把经理人才能称作"运用资本的经营才能",他认为,这种运用资本的经营才能之供给价格,是由三个因素构成的:第一是资本供给价格;第二是经营才能和精力之供给价格;第三是把适当的经营才能与必需的资本结合在一起的那种组织之供给价格。职业经理人才的供给如果超过资本供给的需求,资本供给的价格就会提高,经营能力的供给价格会下降。如果职业经理人才的供给低于资本供给的需求,资本供给价格就会下降,经营能力的供给价格就会上升。萨伊认为,经理人是稀缺资源,经理人的劳动价格(薪酬)就经常保持在很高的水平。

职业经理的较高市场价格会促进职业经理阶层的不断成长壮大。建立和完善职业经理市场系统,是市场选拔、任用机制建立和完善的前提。通过职业经理市场系统配置职业经理资源,是实现经理职业化的主要内容。

二、经理职业化的市场表现

市场系统的发展和完善程度是衡量经理职业化水平高低的重要方面。经理职业化的水平可以通过很多市场特征表现出来。

(一)严格的职业资格认定

经理职业化发展水平较高的国家,其职业经理的资格认证体系较为健全,资格认证较为严格。在美国,有涵盖各种专业的职业经理资格认证体系。如1948年成立的人力资源管理协会(Society for Human Resource Management,SHRM)是美国人力资源专业人员管理与认证机构。该机构的工作包括:由从事人力资源管理的专业人士制定认可的人力资源管理标准;对通过其专业经验和通过综合书面考试,满足了该机构规定掌握的管理知识要求的管理专业人员进行认证;向有志成为管理专业的人员提供信息和申请材料,回答办理有关证书手续方面的问题;评估换证申请,负责颁发新证和换证;监督证书考试操作机构的运作;保存所有获得证书的管理专业人员的数据库;向董事会提供行政管理和人员支持。英国、瑞典的全国性管理协会是国家级的专业管理机构,负责建立管理行业的资格标准和程序确定,并负责资格认定的具体实施。英国的职业认定程序非常严格,必须经过严格的考试,获得管理协会的资格证书并成为会员,才有资格应聘管理人员,从事管理工作。

> **知识拓展**：美国项目管理学会(PMI)在项目管理学科发展进程中首先在1976年提出了制定项目管理标准的设想,于1987年推出了《项目管理知识体系》指南(PMBOK)。该知识体系将项目管理归纳为范围管理、时间管理、费用管理、质量管理、人力资源管理、风险管理、采购管理、沟通管理和整合管理九大知识领域,PMBOK又分别在1991年和1996年进行了两次修订,使该体系更加成熟和完整,成为国际项目经理资质认证的最有影响力的标准之一。

(二) 规范化的管理教育

由于管理的发展趋势正在从强调操作性的活动向参与战略性管理时代过渡,组织对职业经理的期望和要求更高了,对职业经理的培养也引起了广泛的关注。越来越多的发达国家强化MBA课程教育,这代表了经理职业化的倾向。在法国,管理专业学位很少,但21所技术大学提供管理专业的训练,有的大学授予管理硕士学位,管理的高度技能化要求提高专业人员的学历要求。根据1994年莱斯沃特豪斯与英国格兰菲尔德大学管理学院的欧洲人力资源管理研究中心所联合进行的一项调查来看,欧洲的公司大都对管理人员的学历和学位有较高的要求,尤其是对高级人力资源管理人员的学历水平要求较高,如法国83%、西班牙68%、瑞典63%、英国72%的高级人力资源管理人员具有大学本科以上的学历,德国大学本科以上学历的人数相对较少,为50%,但其中6%的人拥有博士学位。

(三) 专业性协会和专业化培训

职业经理的专业化培训有多种方式。以人力资源职业经理为例,在英国,主要通过特许人事与发展协会(CIPD)向全国提供人力资源管理专业化的培训,同时还有许多经过人力资源管理协会授权的机构向社会提供人力资源管理培训课程,以此方式提高人力资源管理专业化水平,并向接受过专业课程培训的学员颁发证书。瑞典、法国的情况与英国相似,瑞典通过人力资源管理学会,法国通过人力资源经理协会提供全国性的人力资源专业化培训,并鼓励在大学商学院中设置人力资源管理课程,德国的人力资源管理学会主要通过举办各种类型的短期培训班和课程,定期出版刊物,促进人力资源管理专业人员的信息交流。

(四) 较高的职业经理薪酬

在美国,职业经理的年薪不菲。年薪取决于许多因素,市场供需行情、该地区的生活水平、企业的规模、企业的盈利能力等都是决定职业经理年薪的因素。具有良好学术背景的大学毕业生从事管理通才职位的起薪平均为两万美元,如果学位更高则可以再增加到五万美元或更多。具有至少三年工作经历的通才的平均年薪为四万美元。最近的年薪数据显示,高级人力资源经理的平均年薪为13.1万美元到26.9万美元。大多数专业职业经理也有资格享受员工的福利项目。许多公司职业经理的直接福利待遇至少占年薪的35%。

第三节 职业经理制度

制度是一个社会的游戏规则,是人们创造的、用以限制人们相互交流行为的框架。制度决定了人们行为的途径、手段和空间,从而决定了社会经济运行和经济发展的效果。职业经理制度是规定职业经理行为的规则。职业经理制度,是一个由多种制度组成的统一系统,既有激励制度,又有约束、监督制度;既有产权制度,也有市场制度。它们是相辅相成、缺一不可的有机整体。一般而言,职业经理制度应该包括职业经理市场制度、诚信制度和法律制度,具体涵盖了职业市场管理、职业体系、职业道德与行为规范、从业标准、职业培训、考核评价、自律机制、法律监督等方面的内容。

制度化是经理职业化的保证。职业经理制度有三种功能:一是能激励职业经理长期为谋求企业的发展而努力。实践表明,企业的组织活力和经营效率,不取决于资产为谁所有,也不取决于资产所有者与资产经营者是否同一,而取决于是否存在使所有者(委托人)与经营者(代理人)目标偏差最小(代理成本最低)的有效的经理人制度。二是可以为社会普遍、客观地评价职业经理的能力和水平提供原则标准,增强职业经理学习、掌握系统知识和技能的自觉性与积极性,促进职业经理素质的提高,吸引具有经营才能的人踊跃加入到职业经理队伍中来,不断开发职业资源,促进职业经理阶层的发展壮大。三是能有效地规范约束职业经理行为,使职业经理的才能用于生产经营,规避道德风险,使企业健康平稳地发展。

一、职业经理市场制度

职业经理市场制度是职业经理制度的重要内容。在市场经济中,职业经理应由市场来认证、评价和配置。职业经理市场制度的完善程度不仅是衡量职业经理制度是否完善的重要指标,也是经理职业化水平的评判依据。

(一)职业经理的资格认证制度

目前许多发达国家都已建立了为国际社会所公认的职业经理任职资格制度。职业经理的资格认证,应该是由职业经理协会或其他的专业机构来认证,即所谓的同行评议。因为职业经理协会或其他的专业机构能清楚地了解职业经理的标准以及标准的变化趋势。越是职业经理市场发达的国家,其职业经理协会或其他的专业机构的权威性越高,所颁发给职业经理的任职资格证书的接受性越普遍。但在职业经理市场发展不完善的情况下,协会或机构的权威性不高,需要政府的权威性作为补充,往往出现政府支持的机构认证。在我国部分地区(如深圳、上海、成都等城市)也开始实行国有企业经理岗位资格认证制度,便是政府支持的机构认证。

(二)职业经理评价制度

职业经理评价制度是职业经理市场制度的核心内容。职业经理的绩效可能来自于自身的努力,也可能是良好的经济环境使然。如何建立客观、科学的评价制度,是职业经理市场制度建设的难点。首先要建立各方支持的、大容量的职业经理信息库,信息库中存放的是每个经理人的档案,无偿为公众服务。信息库的建设要按有关法律规定处理好隐私问题,这是促使企业所有者和经理人之间建立信任关系的基础。其次,是要增加社会可识别性,健全评价系统。可识别性是通过对比获得的,包括与他人的横向对比和与个人以往经历的纵向对比。对于初、中级职业经理,应强调纵向对比,对于高级职业经理,应强调横向对比。

(三)职业经理市场配置制度

职业经理市场配置制度主要涉及职业经理的选聘。选聘的目的在于将经理的职位交给有能力和积极性高的经理候选人,而经理候选人的能力和努力程度是基于候选人长期工作业绩建立的职业声誉。职业经理市场的供方为经理候选人,需方是作为独立市场经济主体的企业,在供需双方之间还有提供企业信息、评估经理候选人能力和业绩的市场中介机构。如果把经理的报酬作为职业经理市场的价格信号,那么经理的声誉则是职业经理市场的质量信号。经理市场配置制度以它特有的机制,强有力地约束每位职业经理的行为,并激励他们奋发向上。长期动态地看,即使不考虑直接报酬对经理的激励作用和其他监督的约束作用,职业经理也会从自身长远利益考虑,努力提高个人声誉,提高个人的人力资本在职业经理市场中的价值。

要完善职业经理的市场配置制度,就要保障要素的充分流动。具体地讲,在选拔范围上,应不受身份、职业、地域、所有制性质等的限制。随着全球经济一体化的加深,职业经理的跨国市场配置机制也在慢慢形成。

> **知识拓展**:董事长与总经理是分任制还是兼任制?主要存在以下几种观点:① 分立说。该说将公司治理理论作为理论基础,认为现代公司逐渐趋向于将所有权和经营权分离,董事长不应当兼任总经理。② 兼任说。该说认为,董事长与总经理可以兼任,这样可以缩减时间成本和管理费用,去除了决策与执行的壁垒,使公司的运营流程更加流畅,以适应瞬息万变的市场形势。③ 不确定说。该说将资源依赖论作为理论基础,认为董事长与总经理的兼任问题应当根据公司内外部环境来确定。因为公司环境具有复杂性和多样性,董事长和总经理的兼任问题不必下定论。

二、职业经理诚信制度

职业经理的诚信是职业经理的基本职业规范。建立诚信制度包括两方面内容:一方面,职业经理要有职业道德约束意识,要讲诚信;另一方面,在整个社会形成一种氛围,要建立一种诚信记录,建立健全职业经理协会对职业经理的职业监督。

(一)职业经理的职业道德约束

职业道德约束是经理职业化的重要职业规范,它要求职业经理遵守商业信誉和商业信仰。职业经理的行为不是单纯的经济行为,而是其职业道德和商业信条的具体体现,代表了这一职业的最高的职业理想和职业境界。任何法律及管理制度都有失效的时候,当法律及管理制度失效的时候,靠什么约束职业经理的行为?主要是靠道德约束。对于职业经理来说,道德约束有两个方面:一是在受聘期间,要有对企业的忠诚精神和团队精神,不能危害和损害企业及同事的利益;二是在解聘后不能以任何方式损害原受聘企业的利益,维护自身利益应通过法律等各种正常手段进行,不应通过不正当手段。职业经理与企业解聘后,双方不能将对方的商业秘密泄露,这不仅需要法律约束,更需要道德的约束。

(二)诚信制度建设的公众氛围

一方面,作为经济人的职业经理将会最大限度地谋求自己的代理人利益,代理人道德水准的高低和约束的大小,决定了整个社会的信用水平。要提高社会信用度,就要提高代理人的职业道德。这种职业精神和价值观包括高度的职业责任感,认真负责、锲而不舍的工作态度和崇高的、有意义的生活方式及平等信任的人际关系。另一方面,职业经理诚信制度的建设受社会信用、公众氛围的影响。要强化契约精神、诚实守信的价值观念,通过全民诚信教育,让诚实守信和履约践诺观念深入人心,形成一种"守信光荣,失信可耻"的良好信用文化。当法律、规则内化为交易者的观念时,就能减少通过规则、制度来约束交易者行为而支出的成本,以较低的社会成本为信任拓展提供基础。

三、职业经理法律制度

市场经济是法制经济,职业经理是市场经济的主要参与者之一。与职业经理相关的法律制度,不仅在法律上规范职业经理行为,也保护各方合法权益。

职业经理的法律约束是极为重要的约束。从当前我国现状看,完善职业经理的法律约束的主要措施有:一是要完善公司法,增加公司法中有关规范企业内部利益主体的法律条文,公司法不仅要对企业的地位及行为作出明确的法律规定,而且也要对企业内部包括职业经理在内的各种主要利益主体的地位及行为作出明确的法律规定,使公司法能够从企业稳定发展的角度对职业经理发挥应有的法律约束;二是考虑到职业经理已成为一个极其重要的社会群体,在经济发展中的地位和作用越来越重要,应该制定职业经理法,对职业经理的地位及其责权利等做出明确的法律规范,既要保护职业经理阶层的应有利益,推动其不断壮大发展,又能对其行为做出应有的法律约束和规范;三是要从刑法和民法上增强对出资人财产的保护力度,纠正和防止职业经理对出资人的私人财产的侵犯。

=== 思考案例 ===

上海路桥(集团)公司项目经理职业化的管理实践

我国建筑市场经过20世纪末至21世纪初的井喷期后,工程企业已逐步开始摒弃了粗放型管理模式,转而注重标准细致化的一个求质的层面。项目经理职业化是这种大背景下企业管理科学发展的客观选择。上海公路桥梁(集团)有限公司(后文简称"上海路桥")2011年8月重组成立后率先实施项目经理职业化建设。经过多年的发展,取得了可喜的成绩和宝贵的经验,可以为路桥行业项目经理职业化提供一定的借鉴和参考。

围绕主业发展定位,探索优化激励机制

在"十三五"期间,上海路桥工程承包主业重点在桥梁、道路、轨交、市政、机场和顶管业务。围绕主业发展定位,上海路桥对项目实行公司、分公司、项目经理部三级管控机制和两级激励制度。

我国传统意义上的项目管理模式存在大量问题,如项目人员与公司内部管理层的工作职责权力边界不清、指令传递的发出与指向不明、缺乏必要的绩效考核审计等。这些问题往往导致项目工作人员积极性缺失、收入成本管控失灵。建筑企业面对复杂和多变的市场大环境,需要不断提高和创新项目管理水平。项目经理职业化建设在一定程度上是企业自身实施品牌产品经营战略的基础,是规范管理的体现,更是经济效益提高的前提条件。因此,建筑企业必须具有危机感与紧迫意识,分析形势,改进管理,开拓符合自身企业实际的项目经理职业化发展路线,才能应对挑战,打造自己的品牌。

上海路桥充分认识到建筑业现状,顺应行业趋势,探索优化激励机制,于重组之初就积极开展项目经理职业化建设,大胆尝试,突破创新,积极进行实践性探索,努力实现企业价值最大化,于2011年9月正式出台《职业项目经理管理办法》,并于2012年9月修订第二版、2017年9月修订第三版。公司相关责任部门统一推进项目经理职业化建设,持续培养,造就一支高素质、复合型、适应市场需求、适应工程项目管理需要的职业化项目经理团队,为企业持续发展的经营战略提供必要的人才、知识、经验储备。

明确职业项目经理的责权利

项目经理是单个工程项目运营的管理总集成者。在项目经理职业化这一平台上,责任、权力、利益缺一不可。责任不明,必滋生腐败;权力真空,执行则不通;利益缺失,积极性就下降。只有把责、权、利的保障与监督制度平台搭建好,才能体现项目经理职业化的优势。

职业项目经理的职责主要包括:代表公司履约、组建与注销项目经理部、签订《项目管理目标责任书》并缴纳《风险抵押金协议》规定的风险抵押金、做好工程建设实施过程控制。

职业项目经理拥有更多的自主权,可以名副其实地"当家作主",其权限有组阁权、项目经理部人员职责分工及考核权、项目资金支配权、供方选择权、外部事项处理权。

项目部的利益分配应以项目独立核算为前提,包括固定及浮动薪酬部分。

固定薪酬部分的分配:按规模、工期、管理要求等对项目划分为A、B、C、D四个等级。根据不同等级确定项目管理人员的配置数量、项目经理的岗位津贴以及项目管理人员的费用额度,其中项目管理人员费用额度分为岗位基本薪资总额包和人员总绩效包两部分,岗位基本薪资总额为职业项目经理执行"基本岗薪+不同等级项目经理岗位津贴"的项目总收入,其他项目管理人员执行"基本岗薪+项目绩效"的项目收入,基本岗薪按照公司人力资源部发布的《薪酬管理规定》标准,而人员总绩效额度实行包干使用、产值同步的方式,达到按劳分配的局面。

浮动薪酬部分的分配:参照《项目管理目标责任书》,对各阶段的目标完成情况进行考评,依据考核结果及超额利润分配激励机制、《风险抵押金协议》分配超额利润。

实现利益相关方满意度

以项目经理为核心的项目团队组织管理项目的建筑业生产方式,市场和业主给予了高度评价与广泛认同。项目经理及项目经理部已成为企业利润产生的来源、市场竞争层面的核心、公司良好形象的窗口、扩大经营管理的基础、建桥育人的熔炉。市场和企业对项目经理的认可是推行其职业化建设的动力。反之,利益相关方满意度的体现也贯穿于项目经理职业化的建设过程中。

创造管理价值最大化

项目经理职业化创造管理价值最大化在于:① 有利于提高企业管理的时效性,可最大限度释放管理的功效;② 有利于提高企业整体管理水平,项目经理之间形成比专业、比能力、比水平的良好氛围,带动企业管理层面整体提升管理水平;③ 有利于人才队伍的培养和建设,人尽其才、各显其能,职业项目经理的成绩和薪酬能彰显项目经理的事业价值,引导员工寻找适合自身发展、体现个人价值的途径。

建立职业项目经理选拔机制、退出机制

选拔机制:项目经理通过选聘及任命两种方式进行确定,项目等级为C、D类的项目经理选聘由分公司组织,A、B类的项目经理由公司责任部门组织。自2015年以来,针对30多个工况复杂、体量较大的重点项目实行项目经理公开竞聘,由公司分管生产副总经理牵头,公司相关职能部门及分公司领导班子成立竞聘小组,参与竞聘的人员通过介绍施工筹划和现场回答提问的方式展示自己对项目的理解、管控方式和筹划能力,从而选出最合适的人员担任项目经理。项目经理任命后,项目经理部其他人员则由项目经理自行选择,选择范围不限公司内部人员,人员数量、职责、考核均由项目经理依据双向选择机制、收入市场化原则自行确定,对于外地项目,则通过人员选择市场化的模式,建立外地项目或分公司人员的属地化管理。

退出机制:项目在运行过程中发生质量或安全事故达到一定程度的、项目经理部管理不力造成工程管理失控的、产生重大经济偏差等情况,公司对项目经理启动退出机制进行解聘。

建立健全项目管理激励约束制度

项目管理目标责任制:项目经理部代表公司完成工程承包合同的全部责任条款,完成项目经济目标和管理目标,主要包括利润、管理费、资金、工期、质量、安全文明、技术科研、材料设备、综合治理、信息化、党建、贯标、法律诉讼及创奖等目标。

风险抵押金制:缴纳风险抵押金的人员为项目经理部主要成员,项目经理缴纳比例占40%,团队其他人员缴纳比例为60%。只有缴纳风险抵押金,才可参与项目超额利润分配,同时规定项目主要负责人必须缴纳。风险抵押金执行分段分批返还,项目结束一般管理人员全额返还,项目主要负责人返还30%;结算完成,初步审计完成后,项目主要负责人返还至90%,剩余10%部分待质保期结束、项目管理目标绩效评估完成后全额返还。为减轻员工经济压力,前一个项目未返还的风险抵押金,在进行重叠的后续项目风险抵押金缴纳过程中实现结转、抵扣。若项目最终未能达到公司对其利润的考核目标,抵押金按规定比例扣罚。

超额利润分配激励制度:为进一步提升项目实施主体项目经理部的收入成本管理

意识,聚焦项目利润最大化,公司在职业化管理办法中建立了项目超额利润分配制度,项目竣工决算后经公司最终审计,实现的项目利润超出考核目标以外部分的40%归属于项目经理部进行分配,分配方式与项目管理人员缴纳风险抵押金同比例。

建立管理目标策划书编制制度,实行项目二级综合交底制度

管理目标策划书编制制度:要求新开项目在中标后三个月内完成策划书编制,对于2亿元以上的项目由公司分管生产副总牵头相关职能部门进行评审,从而起到间接提升项目经理的管理策划能力的目的。

项目二级综合交底制度:公司相关业务职能部门会同分公司二层次职能部门在项目开工前对项目经理及项目核心管理人员进行二级综合交底,将项目管理的相关规定和要求以书面形式下发给项目经理部并进行详细讲解,同时分公司二层次职能部门也结合分公司自身管理要求进行二次交底。通过这种方式一方面减少内部管理的内耗,进一步提升管理效率;另一方面帮助项目经理理顺管理思路,从而更好开展项目管理工作。

项目经理职业化建设的主要成效

上海路桥自2011年重组以来始终坚持项目经理职业化推进工作,《职业项目经理管理办法》施行已八年有余,项目经理职业化作为企业发展的根本制度已施行三版,随着公司职业化工作的持续推进和项目经理团队对于职业化工作认同度的不断提高,项目经理职业化工作已实现常态化。项目经理职业化建设取得了可喜的成绩。

项目经理职业化意识增强。推进项目经理职业化建设是隧道股份"调结构、转机制、强管理、增活力"改革方针下的具体体现,在新的形势下,上海路桥通过各方的努力以及形势任务教育等活动,使所有职工认识到推行项目经理职业化建设是一个必然的趋势,推行项目经理职业化这一举措得到了广大员工的广泛认同,改变了员工从"要我做"的思想转化为"我要做"的意识,形成了良好的氛围。

选任方式不拘一格。职业项目经理从过去的"委派制"向"竞聘制"转变,坚持"看资历而不唯资历,看年龄而不唯年龄,看水平不唯文凭"的用人原则,改革创新用人机制。根据项目经理个人的知识与经验,发挥自身长处与强项,尽可能地体现其自身价值,从而调动项目经理的积极性,为项目经理进入最佳的工作状态提供前提保障。

激励约束机制科学。通过签订目标责任书的形式考核项目经理。采取高回报、高风险抵押金形式,是项目经理责、权、利的客观体现。其中深化奖罚并重的机制,对最终盈利的项目经理给予精神与物质奖励;对造成项目亏损者则实施相应的处罚甚至取消任职资格。个人的发展应与企业发展相捆绑,其目的是营造相互促进的激励约束体质,鼓励项目经理精耕细作,成为优秀的企业理财者。

员工争去一线积极性高涨。公司通过公平合理的选拔方法,对项目经理进行选拔,不仅体现了对人才知识的尊重,也形成了企业内部的良性竞争环境。同时通过营造项目经理自身竞争的氛围,很大程度上改变了员工"官本位"的思想,为其职业生涯的设定更添了一条晋升通道。另外,对沪外工程的激励补贴这一制度,在一定程度上不仅促进了沪外工程的属地化建设,也鼓舞了员工奔赴一线。

创先争优意识增强,公司品牌影响扩大。组阁权等五项权限的放手,充分调动了项目经理的积极性,使项目经理真正成为项目工程管理工作的组织者、管理者、调度者,也是工程运作的中心。他们在工作中牢记责任、把握大局,"争先意识""市场意识""品牌意识"得到了进一步增强,创先争优活动贯穿了工程建设的全过程。这些变化带来的直接改变就是工程建设质量有了较大提升,标准化建设愈加规范,文明工地、观摩工地层出不穷,企业的品牌形象和美誉度得到进一步升华。

项目盈利能力增强。项目经理职业化的推进,不仅有效提升了工程建设的质量,也有效掌控着进度成本,工程项目的利润空间有了显著提升,公司历年来施工产值、项目平均毛利率均逐年提升。

项目经理职业化签约率、超额利润兑现率稳步提升。职业化项目自2011年度签约6个发展到现在总量已达到264个,随着职业化项目数量的增长,职业化项目经理签约率也逐年递增,近两年在建工程签约率基本稳定在80%上下,已覆盖公司承接工程项目的各个板块,基本实现职业化项目全覆盖、项目经理职业化工作的常态化。就超额利润兑现情况而言,已有累计34个项目兑现超额利润,占签约已完结算项目数的51.5%。公司核心关键指标2019年已实现"十三五"战略设定的挑战值目标。

对标行业先进找不足

品牌、优秀项目经理人员不足。借助职业项目经理俱乐部平台、依托《职业项目经理管理办法》这一根本制度,上海路桥通过两次优秀项目经理的评选活动,评比出品牌项目经理5人、优秀项目经理3人、项目经理新人3人。然而,由于近年来公司生产规模的扩张对项目经理的数量提出了新的要求,市场环境也对项目经理的能力素质也提出了更高的要求,这使得公司优秀项目经理人员明显不足。因此,公司需要加强建设职业化的项目经理队伍,通过不断地量变,实现最终的质变。

主要物资集中采购范围较窄。目前,项目主要物资采购实行公司集中采购、项目部自行采购并行的模式,当前建筑市场主要物资价格波动较大,单个项目不足以应对价格波动风险,公司通过成立采购管理部扩大集中采购,由公司统一承担价格波动风险,提高项目抗风险能力。

已兑现超额利润项目数量比例较低。公司责任部门联动,改变重建设轻结算的惯性思维,提倡和重视全周期全员经营、技术经营的方式,加速推进职业化竣工项目的结算工作,使超额利润项目数在已完结算的签约项目中占比每年提高5%,展望三、四年后签约已结算项目实现超利项目数量占比达到2/3,实现超利兑现项目在签约项目总量中的比例能够逐年稳步提升的目标。

通过项目经理职业化建设的管理实践,上海路桥项目管理团队的工作热情和积极性得到显著提高,凝聚力和战斗力得到有效提升,工程项目管理水平进一步得到提高。但项目经理职业化的建设是一个循序渐进的过程,需要在适应环境变化的同时不断改进和完善。

资料来源:改编自沈永东《项目经理职业化的管理实践》,
载于《经济管理文摘》,2020年03期

【讨论题】

1. 上海路桥项目经理职业化成功实践的原因有哪些?
2. 国内很多企业都实行职业经理制度,上海路桥与他们有什么不同(举例说明)?

本章思考题

1. 何为经理职业化？小阿尔弗雷德·钱德勒对发展此概念有何贡献？
2. 经理职业化的市场系统包括哪些方面？
3. 简述经理职业化的市场表现。
4. 试述职业经理市场制度的主要内容。
5. 请结合自己的理解谈谈你对职业经理诚信制度的认识。
6. 完善职业经理的法律约束主要应从哪几个方面着手？结合自己的体会谈谈这样做的必要性。

本章情景模拟实训

职业经理的诚信制度建设

在摩托罗拉公司，年初预算获得审批后，每次报账时你只要把自己发生的票据填好，封好，扔到箱子里（专门的箱子），不用主管签字，财务核一下是真的票据，下个月自动把钱划到你的账上。这时，你是不是觉得很奇怪，不需要主管或者别的领导审核吗？其实这就是对人保持不变的尊重。摩托罗拉公司这样做，没有人会投机取巧？这就需要高尚的操守来约束。你今天偷报一百元，明天偷报二百元，后天偷报一千元，你可以这么做，但是在摩托罗拉一年有两次审计，一旦你被发现道德存在问题，只有两个字：走人。哪怕是一分钱，因为你不是多拿了一分钱的问题，而是你损害了企业的道德，这就叫做坚持高尚的职业操守。

请问：你欣赏这种管理方法吗？你会建议你所在的公司采用这种报账制度吗？为什么？

第五章

职业经理的职业道德

学习目标

1. 了解道德与职业道德的概念。
2. 理解职业经理职业道德的概念及基本内容。
3. 理解职业经理道德风险特征及成因。
4. 理解并熟悉职业经理道德风险的规避措施。

―――― 引导案例 ――――

由金山网络"泄密门"看安全公司的职业素养

由国内知名程序员网站 CSDN 600 万用户账户信息被黑客曝光而引发的全民恐慌,从去年年底开始一直持续至今,在天涯社区、多玩网、人人网、新浪微博等先后"沦陷"之后,几乎所有的网站都在首页登出声明,要求网民在登录后迅速更改密码,以免类似于多米诺骨牌一样,惨遭不测。

据业内人士指出,其实国内大量网站都不同程度地存在着安全漏洞,只是大小的区别而已,不存在绝对的安全。此前,在黑客圈子中,也大量流传着各个网站刷库数据(所谓"刷库"就是指黑客入侵网站服务器后窃取用户数据库),只是黑客圈子比较封闭,属于"闷声发大财"的性质,尤其是这个事情又涉嫌犯罪,因此不被大多数人所知晓而已,偶尔个别用户的损失也不太被关注。

但是,这次爆发出的泄密门却与以往不同。作为安全公司,金山网络成为这次泄密门的为虎作伥者,不仅帮助黑客们扩大了影响,更为重要的是,通过公开被盗用户信息,使得那些没有黑客的本事,却同样想做不法勾当的人,有了千载难逢的机会,可以大摇大摆地进入到用户账户,窃取信息,甚至是金钱。

去年 12 月 21 日,金山毒霸产品经理"hzqedison"把获取的 CSDN 用户数据库传到了迅雷快传,该快传具有会员分享功能,随即,该数据下载链接在各大黑客论坛和 QQ 群中迅速传开。随着事态发展的失控,"泄密门"当事者"hzqedison"于 12 月 22 日晚发表微博承认传播一事。随后,金山毒霸官方微博发表声明,承认其员工"hzqedison"公开数据库供人下载。

与此同时,金山利用手中掌握的上千万用户账户信息和密码,开始为网民们提供"服务"。上线了名为"密码泄露快速查询"的页面,所有用户都可以查询账号是否在本次泄露大名单中。分析人士指出,这恰好证明了金山已经拥有数以千万的来自黑客的用户资料,而未经授权持有这些用户资料已经涉嫌违法,并涉嫌收集用户资料。而且,这个查询功能对于那些不良居心者提供的方便更大。

对于金山"传播"的行为,身为最大受害者的CSDN策划部总监谭茂非常不满:"传播泄密资料已经犯法了吧,提醒用户不要下载这才是安全公司的起码准则吧,不知道金山公司将此泄密资料放在网上传播是何目的?"

对此,德和衡律师事务所合伙人姚克枫律师表示,无论出于何种目的,只要是公然传播泄密资料就触犯了法律的高压线。根据我国《刑法》的规定,如果将获得的公民个人信息,出售或者非法提供给他人,情节严重的,构成刑事法律责任。本次事件中,如果因为传播而出现损害后果,且较为严重的后果,就要承担刑事责任。尤其是作为安全公司和安全公司的员工,本身应当比其他行业的工作者具有更高的保密义务和对他人个人信息妥善保管的义务,对比其他行业人员,安全公司的员工对于自己擅自发布后果应当具备辨别能力。

从这次金山泄密门来看,无论是员工还是企业,对于保护用户安全的意识可以说相当的"不职业",事实上,最新消息传出,金山公司自己的数据库也被黑客曝光。由此而来,不论从职业素养还是从职业技能,人们对这家老牌安全企业的问号越来越大,越来越多。

资料来源:选自李君《由金山网络"泄密门"看安全公司的职业素养》,载于《信息早报》,2012-01-11

从金山网络"泄密门"的分析中可以看到,职业经理的不道德行为将给个人、企业和社会造成极大的危害。为了减少职业经理不道德行为的影响,需要加快职业经理的法制建设。然而,法律不可能面面俱到,总存在这样那样的漏洞,而且法律往往具有滞后性。因此,职业经理道德建设以及道德风险规避的策略选择是职业经理与企业需要着重思考的关键所在。近年来,职业经理的道德风险扮演了比以前更重要的角色。在欧美一些国家,职业经理的道德影响力在不断下降。金融危机的爆发在一定程度上可以说是那些投行经理、银行经理以及评级机构中的评级经理等职业经理的道德风险所致。本章主要介绍职业经理职业道德的概念与特征、主要内容、影响因素以及职业经理道德风险的形成与规避。

第一节 职业经理职业道德的概念与特征

一、道德、职业道德与职业经理职业道德的概念

职业经理的职业道德属于道德范畴,要界定和理解职业经理职业道德需要对道德及一般的职业道德的概念有所认识。

(一)道德的概念

道德由一定社会的经济基础所决定,并为一定的社会经济基础服务。不同的时代、阶层和文化,所重视的道德元素及其优先性、所持的道德标准也常常有所差异。道德往往代表着社会的正面价值取向,起判断行为正当与否的作用。道德有认识责任和

义务、调节人际关系、评价社会现象以及平衡人与自然关系等功能。

从词源学上来看,"道德"一词是"道"与"德"从单独使用结合而来的,"道德"一词包含着规范(律)与行为的综合。在中国古代,"道"与"德"是分开使用,分别代表不同的含义;道德中的"道"最初的含义是道路。如《说文解字》中说:"道,所行道也。"后引申为规律和规则。如"天道远,人道迩,非所及也",其中"天道",是指自然事物事实如何的规律,而"人道",是指在社会中人们应当如何行为之规则。德的古字形从彳(或从行)、从直,以示遵行正道之意。随着文字发展,"德"与"得"字相通。"德"字通"得",是指个人得到了"道",是认识并内化了外在的"道"。《庄子·天地篇》中的"立德明道"的"德"是指人"得到道"。最早将"道"与"德"两个词连缀起来作为一个完整概念来使用的是春秋时代的荀子。他认为,若人们学到了"礼"并按"礼"来做人处事,就达到了道德的极境。"道德"在尔后的使用中一般都是指在一定的行为规范要求下行动并达到一定的精神境界。

在西方古代文化中,"道德"(morality)一词起源于拉丁语的"mores",意为风俗和习惯。道德是一种社会意识形态,是人们共同生活及其行为的准则与规范,是调整人们之间以及个人与社会之间关系的行为规范的总和。

(二)职业道德的概念

职业道德实际上仍属于道德的范畴,其概念由来已久。由于各种场合所强调的重点不同,人们往往从不同的角度理解职业道德的概念。

1. 规范意义上的职业道德

规范意义上,职业道德的概念往往是一种立足于社会层面,强调职业道德对个人的规范性和约束性,表达出的一种典型的、近乎于标准的定义,也是一种最为常见的职业道德界定。这种界定往往将职业道德理解为:主要依靠传统习惯、社会舆论、自身的信念来维持的行为规范的总和,如"职业道德是在一定的职业活动中所应遵循的,具有自身职业特征的道德原则和行为规范的总和"。规范意义的职业道德几乎等同于职业道德规范。

从规范角度对职业道德的理解主要有两个共同之处:首先,对职业道德的理解都是立足于社会层面的理解。这些规范都是行业性的或社会性的规范要求,是社会或行业对个人所提出的规范,所以这是一种立足于社会层面上的规范理解。其次,这些规范是一种"应然性"的要求。也就是说,这些"规范"是从业人员应该去遵守或履行的要求,但现实活动中从业者是否如此行为是不确定的,所以这些"规范"的界定往往容易将职业道德理解为外在的行为规则或要求。

2. 个人品质意义上的职业道德

西方学者更加注重从个人的角度来理解职业道德,既强调社会对从业人员的规范要求,同时也尊重个人的权益。倾向于把职业道德看作一种价值观和能力,看作个人的一套处事原则。职业道德给人提供了一些基本的处事原则,但是它并非绝对权威的和不可变更的,职业道德也应包含着个人的见解、感悟。职业道德也需要人的灵活运用,它是现实问题和职业道德的规范要求以及人的智慧的整合。因此,在对职业道德的界定中,他们更强调人的因素,从外在规范对自身的要求和自己的权责范围的结合去对职业道德概念进行界定。其中比较有代表性的是米勒(Miller)和科蒂(Coady)所提出的职业道德概念:职业道德是指信仰、价值观和原则,它们是指导个人在其工作环境中的实践,理解他们的工作权利、职责,并采取相应行动的方式;库柏也将职业道德界定为个人对职业秉持的一种信仰以及据此而采取的处理工作问题的态度方式。这些职业道德概念中都强调了"信仰",都提到了对个人行为的影响,所以这种职业道德概念实际上已不再是外在的"应然"规范了,而是外在要求被个体所接受并将其内化为个人的品质的"实然"要求了。

3. 综合意义上的职业道德

综合意义上的职业道德概念既不限于外在的规范要求,也不限于内在的价值观引导下的事实表现,而是一种道德要求与道德行为的统一,是要求与结果的聚集。如"所谓职业道德,就是同人们的职业活动紧密联系的、具有自身职业特征的道德活动现象、道德意识现象和道德规范现象"。其中,"道德活动现象"意味着现实的职业道德行为表现,"道德意识现象"强调着主体对职业道德要求的内化及价值观的建立,"道德规范现象"内含着外在的职业道德规范要求。又如,"所谓职业道德,就是人们适应特定职业的要求所应该遵守的行为规范总和及其表现在特定职业工作中的道德品质状况"。

综合意义的职业道德概念具有更强的内涵空间,这是将行为规范要求与特定职业表现结合起来的概念界定,是道德规范与道德活动的结合,是"应然"与"实然"统一,所以体现的是一种综合性的概念界定。

(三)职业经理职业道德的概念

职业经理与常人一样,应该具有常人应具有的道德与职业道德标准。但由于很多职业经理身上担负的是关乎企业生死的责任,关系的是企业的长期战略发展的问题,因此对其职业道德要求就会更高一些。经理人在其职业活动中形成的道德规范既是对一定职业道德关系的反映,也是社会对经理人提出的一定的职业道德要求的反映。因此,所谓职业经理职业道德,就是指职业经理在其职业活动中应该遵守的道德规范,是职业经理与社会、所有者及内部职工交往中应遵循的行为准则和规范。

在日常生活中,当人们碰到某些职业经理不礼貌的行为或不公正的对待时,我们也常听到类似于"没有职业道德"或"职业道德很差"等抱怨,在这个时候,我们可以感受到对"职业经理的职业道德"的理解已不再是一种外在的规范,而是职业经理所应具有的、内在的价值观,所以,职业经理的职业道德还指一种内在的价值观,是职业经理在其工作实践中形成和表现出来的道德传统、道德心理意识和道德品质等。

随着经理职业化进程的深入和职业经理市场建设的推进,职业经理职业道德的概念也得到进一步的丰富和深化。职业经理职业道德不仅体现为其职业活动工作中应当遵守的一些基本要求,还应包括职业经理的道德信仰、道德操守等,以及经理人群体在职时基于上述意识和品质而形成的职业习惯和职业文化。因此,职业经理的职业道德不仅仅是一种行为规范,更多是体现在行为规范基础上的经理人群体内心认同的职业价值、职业信仰等。对一个职业经理来说,如果把职业道德深入贯彻到他的每一行动中,那么他会自觉地按照更高的标准来要求自己,使自己的发展更符合人类长期生存发展的要求。

总之,职业经理的职业道德是职业经理在经理行为中应当遵循的道德规范,是一般社会道德在职业经理行为中的体现,是职业经理在一定的行为规范下行动并在职业经理行为中所体现出来的一定的精神境界。职业经理的职业道德不仅是职业经理在职业活动中的行为要求,而且是职业经理阶层对社会所承担的道德责任和义务。

二、职业经理职业道德的特征

经理职业是社会诸多职业中的一个重要组成部分,其职业道德具有自己的特殊性,这种特殊性,从根本上说是由其职业性质所决定的。由于职业道德和职业主体的社会地位、工作职能和权利义务相关,职业经理的职业道德有一些自身的特点。

(一)职业实践性

职业经理的职业道德的内容与职业经理实践活动紧密相连,反映着职业经理活动对职业经理行为的道德要求。职业经理作为一种高层次人才,既负有重大的责任,又享有崇高的社会地位。职业经理作为管理层,其职业道德水平的高低往往影响着员工的道德表现,加强职业经理的职业道德,有助于改善企业全体员工的精神风貌和道德水准。

职业经理行为过程,就是职业经理实践过程。只有在实践过程中,才能体现出职业经理的职业道德水准。不能仅满足于言谈举止等表面行为的道德化,更重要的是从思想上真正树立合理的职业道德观,使经理行为符合职业道德标准,对内管理好员工,对外树立良好的企业形象,这样才能体现职业经理的高层次的道德要求,从而有效地促进企业的文化建设,加快企业发展。

(二)文化继承性

职业经理的职业道德反映了职业经理的价值取向,它和职业经理的道德认识、道德情感、道德意志、道德信念结合在一起,是职业经理个人文化与企业文化的集中体现。职业经理的职业道德还是一种深层次的社会文化的体现,对整个管理活动都起着导向作用。职业经理的职业道德体现着社会文化的基本精神和价值导向。当这种基本精神和价值导向为人们所接受时,就会发生很大的作用。

职业经理的职业道德是在长期实践过程中形成的,会被作为经验和传统继承下来。即使在不同的社会经济发展阶段,因服务对象、服务手段、职业利益、职业责任和义务相对稳定,职业行为的道德要求的核心内容将被继承和发扬,从而形成了被不同社会发展阶段普遍认同的职业道德规范。职业经理职业道德的文化继承性反映了职业经理的职业道德建设的自律要求。

(三)影响广泛性

职业经理一般位于企业的领导层,其思想素质、道德修养的好坏不仅反映在日常的管理方式之中,更会对企业的经营宗旨、经营目标、经营手段的制定和选择产生重大的影响,从而也影响到企业的未来发展状况。如果一个职业经理的职业道德素质低下,那么他的能力越强,可能给企业和社会造成的损失将越大。

第二节　职业经理职业道德的内容

美国著名的《哈佛商业评论》评出了9条职业经理应该遵循的职业道德：诚实、正直、守信、忠诚、公平、关心他人、尊重他人、追求卓越、承担责任。这里的忠诚、关心他人正是我国传统儒家思想中的"仁"；诚实、正直和公平就是"义"；尊重他人是"礼"；追求卓越是"智"；守信、承担责任是"信"。因此，虽然文化传统不同，但我国职业经理与美国职业经理的职业道德大同小异，随着经济全球一体化进程的加快，职业经理的职业道德有趋同的趋势。

职业经理的职业行为中不得不面对诸多的利益相关者。利益相关者是指可能对组织的决策、政策、活动和目标施加影响或可能受组织的决策、政策、活动影响的所有个人和群体。职业经理这一主体在社会生活中与诸多利益相关者有着相互联系、相互依存的密切关系，所以，职业经理理应向这些利益相关者承担道德责任。企业与各利益相关者的关系，从企业自身来讲可以分为企业内部伦理关系和企业外部伦理关系。因此，职业经理有内、外两方面的职业道德。

一、企业内部

职业经理与企业内部不同利益主体的交往过程中形成的关系，主要包括职业经理与投资者、员工以及企业的关系。职业经理对投资者、员工以及企业的长远发展有着不同的道德内容。

（一）对投资者的职业道德

职业经理与投资者的关系是企业内部伦理关系的重要组成部分，直接关系到企业的生存与发展。职业经理应当：承担"实现资本增值"的责任；诚实对待投资者，保证投资者的知情权；关心和维护投资者利益。

1. 承担"实现资本增值"的责任

承担"实现资本增值"的责任是职业经理对投资者的道德的首要内容，是投资者聘用职业经理的根本目的，也是职业经理对投资者的最基本的职业责任。传统的经济学认为，企业经营目的是为了获取最大的产品生产利润，这个观点曾在一个相当长的时期内占主导地位。但随着传统企业向现代企业转变，人们的观念发生了变化，因为人们发现，投资者在获得利润之后，并没有全部用来消费，也不可能全部用来消费，而是将其中绝大部分又重新投入企业，增加资本，扩大资本的规模。投资者并不以追求一时的最大产品生产利润为目的，而是追求资本的增加值。投资者最终退出时，是将持有的资本份额转让。因此，现代企业经营的目的发生了变化，不是以最大的产品生产利润为目的，而是以最大程度的资本增值为目的，而职业经理对投资者的道德应以投资者的要求为导向。这就要求职业经理要像任何一个理性的人对待自己的财产那样管理公司，把企业的兴衰成败看作是自己的兴衰成败，把资本的增值当成自我价值的实现。张维迎教授曾指出，中国不缺少企业家，也不缺少想当企业所有者的人，而是缺少愿意为企业所有者诚心服务的、有道德的职业经理。职业经理为投资者争取最优化和持续化的经济利益,实现资产的保值增值,既是职业责任的"必须",又是职业道德上的"应该"。

2. 诚实对待投资者,保证投资者的知情权

投资者知情权是指投资者享有对公司经营管理等重要情况或信息真实了解和掌握的权利。投资者知情权虽不是投资权利之核心权利,却是一项至关重要的权利。享有知情权是投资者权利的应有内涵,而保证投资者知情权则是职业经理应该承担的一项道德内容。

在《公司法》中的投资者知情权是一个权利体系,由财务会计报告查阅权、账簿查阅权和检查人选任请求权三项权利所组成。三项权利的内容虽然各异,但都是为了能使投资者获得充分的信息,中心是投资者知晓公司事务的权利。投资者要对职业经理进行事务参与和监管,首先要获取公司经营的有关信息。投资者只有在了解或知悉公司重大经营事项、财务收支以及管理等真实状况或信息的基础上,才可能行使对公司的监督权,才可能在公司的重大经营决策上,做出符合自己真实意向的决定。因此,如何真正实现投资者知情权的行使,不仅直接涉及投资者自身权益的实现,而且与公司管理是否规范化紧密相连。

职业经理有责任建立并执行相对完善的投资者知情权制度,让公司治理机制更好地发挥作用,从而较好地保护投资者权益。因为投资者的基本权利并不是保证会获得利润,而是保证能够获得公司正确的财务资料,以决定其是否继续投资。

3. 关心和维护投资者利益

投资者利益高于一切,这是股份经济的规则。职业经理应关心和维护投资者利益,不能为了个人利益损害投资者利益。职业经理应该严守公司商业秘密,包括曾服务过的公司和正在服务的公司,力求忠诚、守信。对于有多个投资者的企业,投资者之间或多或少会有矛盾,职业经理应该避免卷入这种矛盾之中,力求正直。如果投资者有违法活动,除了自己不能参与之外,还要劝导投资者停止违法行为,这是一种对投资者利益的维护,也是职业经理诚实、正直的职业道德要求。

(二) 对员工的职业道德

职业经理与员工都是构成企业的主体,作为企业的管理者,职业经理应该负有尊重爱护员工、关心员工权益、公平对待员工等道德责任。

1. 尊重爱护员工

尊重员工是职业经理对员工的职业道德中基本的道德要求。尊严是比生命更重要的精神象征。每个人都具有独立的人格,都有做人的尊严。尊重员工是人性化管理的必然要求,只有员工受到了尊重,他们才会主动与职业经理沟通想法,愿意参与工作团队的合作,完成职业经理安排的工作任务。

作为企业家庭的一分子,员工不仅要受到尊重,还应受到关爱。职业经理应本着仁爱的原则、为员工负责的态度。正如世界上的扭亏高手 Unisys 掌门人温白克说:"一家企业要成功的关键是一定要尊重和爱护你的员工,并帮助他们,否则他们也不会帮助你的企业。"同时,职业经理也要严格要求员工,对员工工作上的失误和错误要严肃、认真处理。严格要求员工也是对员工的爱护。

2. 关心员工权益

员工权益是法律赋予劳动者的权利，企业员工应享有的基本权益包括人身权益、经济权益、精神权益和政治权益等。关心员工权益是职业经理对员工的重要职业道德。

职业经理应该努力提高企业经济效益，提高员工的工资待遇，保障员工的经济权益。职业经理应做到不随意克扣、拖欠并足额发放职工的工资。提供健康与安全的工作环境来改善企业内部关系，培养员工对企业的感情。

3. 公平对待员工

职业经理应当本着公平合理的原则，保障员工在上岗就业、工资分配和接受教育、职位升迁的机会平等。就业、工资是员工生存之本，接受教育、职位升迁是员工发展之源，二者关系到员工的生存和发展，保障其机会平等是职业经理应有的职业道德。

公平对待员工，就要尊重差异。公平不是无差别的简单同一，而是尊重员工各自的禀赋、能力以及具体贡献等方面的差异，尊重员工的不同思维，并根据其对企业贡献的不同而给予有所差别的对待。

（三）对企业的职业道德

一个有职业道德责任感的职业经理，应该承担责任，追求卓越，在追求企业的短期效益的同时更关注企业的长远发展。而企业要长远发展，就要找准发展定位，拓展生存空间，树立企业品牌，建设企业文化。

企业发展定位主要是企业发展战略目标定位。发展战略目标是企业各种战略目标的综合整体性目标，引导整个企业系统协调、持续发展。职业经理要顺应时代变化，找准企业战略目标定位，强调核心主营业务，全面发掘资源。

> **知识拓展**：协调多元文化冲突，构建人类命运共同体，宽容扮演着非常重要的角色。但是，宽容是存有悖论的概念。
>
> 为此，约翰·霍顿试图将宽容视为"权宜之计"。莱纳·弗斯特则认为，宽容是基于规范的概念，它以正义为核心。具有"普遍性"与"交互性"的道德规范是社会-政治正义的根基。在道德规范的框架下，可以将消极的"悖论"转化为积极的"张力"。具体地说，宽容要求行为者以道德规范为底线，理性接受伦理观念的异见者为自身辩护的权利，努力促成多元文化的和谐共生。

企业的成功最终体现为产品占有市场的份额，没有市场份额，企业的生存就成问题，就更谈不上长远发展。追求卓越，努力拓展企业生存空间，扩大产品或服务项目的市场份额，是企业的生存和长远发展之本。因此，职业经理要努力拓展市场空间，抢占产品市场份额。职业经理要树立现代营销意识，做好产品市场定位，要积极创新营销手段，提高企业营销水平。

职业经理要通过学习现代商业知识和了解国内与国际商业发展的形势审时度势，及时抓住机遇，实施和推进本企业的品牌战略。职业经理要树立起强烈的品牌开发战略意识,以高度的责任心和紧迫感实施和推进本企业的品牌战略。职业经理要把好产品质量关,长远规划品牌建设。

企业文化是企业共同的价值观。职业经理要正确认识企业道德建设与生产经营发展的辩证关系,要以伦理和道德的力量作为基础,强化精神道德纽带,构建企业员工共同的价值观念,培育企业精神,建设企业文化。职业经理要通过一系列的管理措施来维系企业文化。职业经理要格外注意自己的一言一行,为员工起模范表率作用,把行为准则渗透到企业中去,影响企业文化。面对变化了的环境,要通过引导和重建新的企业文化来满足企业战略发展的需要,使企业得到长远持续的发展。

二、企业外部

企业与竞争企业、合作企业、消费者、社区、政府、环境等所构成的关系就是企业外部关系,这些关系规定了职业经理应该具有的多重道德内容。

(一)对利益相关企业的道德责任

为了保证企业的正常运作,企业必须和原材料厂商、销售商及同行等利益相关企业保持一种长期、稳定的诚实守信、互利互惠、既竞争又合作的关系。职业经理是企业管理的执行者,因此有一定的职业道德要求。

1. 对合作企业的职业道德

合作应是建立在合作双方的共同利益基础之上的,因而合作双方具有共同的利益基础。职业经理与原料厂商、销售厂商之间要做到诚实守信、互利互惠,这是双方合作应该遵循的交往原则,也是职业经理对合作方的道德责任。一个产品质量好、效益稳定的企业,一般都有长期稳定的原料供应和销售厂商,这是企业稳定发展的基础和前提。如何与原料厂商和销售厂商保持长期稳定的合作关系是至关重要的。而诚实守信、互利互惠是建立稳定的、有助于双方共同发展良好合作关系的前提,也是职业经理应该遵守的道德要求。

2. 对竞争企业的职业道德

在市场经济条件下,企业与同行之间最直接的是竞争关系,同时存在着一定程度的合作关系,既竞争又合作是现代市场经济条件下企业之间关系的基本特点。因此,职业经理与同行之间要公平竞争、互助合作,这是其对竞争者的职业道德要求。

职业经理要做到公平竞争,就要引导企业以优质的产品和良好的服务取胜,不能靠特权和关系、地方保护主义,甚至靠威胁等手段强行销售自己企业的产品。应该遵守国家的法律规章,同时应该遵守公平竞争的原则、公共道德的原则、整体发展的原则,求得利益和发展的机会,而避免过度竞争、恶性竞争,危害社会和公众。在条件许可的情况下,职业经理要寻求互助合作,使双方都得到发展。

(二)对消费者的职业道德

为追求利润最大化的目标,职业经理在管理企业生产和销售产品时,要求质优价高,获得最大的利润。但消费者总是想购买质优价廉的产品。消费和谐取决于消费和经营双方,但产品和服务的提供方,居于责任的主要方面。根据中国消费者协会发布的《良好企业保护消费者利益社会责任导则》,职业经理对消费者有不同层次的道德要求。

1. 基本的职业道德要求

这一层次主要包括信息披露真实充分、价格表示清晰明确、合同规范、公平竞争、产品可靠使用安全、售后服务方便快捷、化解纠纷及时公正、尊重人格、保护隐私等具体内容。这既属于法律规定的责任与义务，也是职业经理必须履行的道德责任。职业经理要坚持服务、诚信、尊重的原则，产品开发设计要悉心琢磨，原料采购要严格要求，生产过程要严格控制，广告宣传诚实，所销售商品不缺斤短两、以次充好，真正让企业为消费者提供质优价廉、安全、舒适和耐用的商品，满足消费者的物质和精神需求，并在售后服务中对消费者的反馈进行及时处理。

2. 鼓励倡导的职业道德要求

这一层次主要指教育、引导消费，这是对职业经理职业道德的更高要求。消费者的消费观念与职业经理营销理念的相互作用，由被动、互补到和谐、促进，是推动市场与行业成熟与发展的一种前倾引力。这就要求职业经理不但要利用一切途径，主动开展消费教育，向消费者宣传健康的消费知识，帮助提高消费技能；还要用合理的价值观念去引导消费取向，倡导理性科学消费，保证消费者的知情权，帮助消费者培养成熟的消费意识，培育成熟的消费市场。

(三) 对政府、社区和环境的职业道德

职业经理与服务企业所在社区、政府、环境乃至整个社会形成了一定的伦理关系，职业经理对它们有着一定的道德要求。

1. 对政府的职业道德

职业经理与政府的关系不仅是一种管理关系，也是一种伦理关系，职业经理对政府负有道德责任。首先，职业经理的企业应合法经营、照章纳税。职业经理遵守政府的法律法规，不仅是法律关系，也是一种伦理关系。合法经营、照章纳税既是企业的经济责任，也是道德责任。职业经理是社会财富的创造者，职业经理在引导企业获取利润、创造财富的时候，要本着合法经营、照章纳税、造福社会的经营理念和道德准则，经营范围应该与国家要求相符，经营方式应该合乎法律规定，遵从政府的政策、监督、调控；不应从事见利忘义、投机钻营、偷税漏税等非法经营活动。其次，热心公益，服务社会。职业经理应支持政府的社会公益活动、福利事业、慈善事业。

2. 对社区的职业道德

企业与社区都是社会的组成单位，它们是既有交叉又有依存的关系。企业与社区在功能上是生产经营和生活服务的相互依存、共同发展的关系。企业为社区提供产品、就业、纳税、捐资助学等，社区为企业提供劳动力来源、产品销售市场等。企业与社区这种独特的地域功能关系，决定了职业经理与社区存在一定的伦理关系。相互支持、互助合作、共同发展是职业经理与社区二者之间的一致追求和共同目标。职业经理对社区的道德责任有：应当为社区提供就业机会，尤其是帮助残疾人就业，为社会排忧解难；应当积极参与社区的公益活动、慈善事业，救助无家可归人员，帮助失学儿童重返校园，支持"老少边穷"地区发展经济，资助社区的文化、教育和体育事业等。

3. 对环境的道德责任

职业经理尤其是生产企业的职业经理应考虑到环境卫生和保护，追求企业的可持续发展。首先,产品的生产应该是环保的,不以奢华的功能或过度包装谋求企业利益,不以破坏社会和自然环境为代价,不以牺牲子孙后代的福利为代价。其次,产品的使用也应该是环保的,尽量减少一次性用品的使用,有利于节约资源,并倡导回收利用。当前,我国正处于经济快速发展时期,经济规模大大扩大,不可避免地带来了对自然资源的大规模开发和耗费,对环境造成了巨大的压力。面对这种状况,职业经理应树立科学发展观,在追求经济目标的同时,全面保护生态环境。在必要的情况下,甚至要牺牲发展速度,减少企业的发展对生态环境带来的压力,做到既满足当代人的需要,又不对后代人满足其需要的能力构成危害。

第三节 职业经理职业道德的影响因素与建设

一、职业经理职业道德的影响因素

影响职业经理职业道德水平的因素都有哪些?俗语说,上梁不正下梁歪。实际上,人是生活在社会中的,他人的道德水平尤其是上司的道德水平对职业经理的影响巨大。在人的因素中,除了上司,同事的影响也不可小觑,因为近朱者赤,近墨者黑。除了人的因素,个人的经济状况也是重要影响因素,仓廪实而知礼节便是这个道理。道德方面的话题我国古代人民在一些作品中有一些探讨,但不成体系。国外有关职业经理职业道德影响因素的研究主要是包含在管理者伦理和道德研究中的。

西蒙曾在《管理行为》一书中指出,组织会通过限制个人的决策参考框架来对个人决策施加影响。尽管个人可以根据自己的标准进行决策,但组织可以控制决策规则和情境,由此他提出了组织环境本身的正确性这一概念。Waters(1978)也强调了组织因素在促成不道德组织行为中的作用,指出劳动分工、决策权分散、传统等级制等组织结构方面的因素,以及强制角色模式、工作团队凝聚力、无明确优先权和抵制外部干涉等组织文化方面的因素,都可能对组织的伦理行为产生影响。

伦理决策自20世纪90年代以来逐渐成为西方商业伦理研究的一个重要领域。有关管理者伦理决策影响因素的新研究成果在伦理决策模型这一研究主题下得到了集中体现。在理论方面,不断有学者提出新的伦理决策模型,用以解释组织成员在组织环境下如何做出伦理选择。根据伦理决策模型,做出某项伦理决策需要经过一系列的步骤。其中,比较典型的是Rest(1986)提出的四阶段伦理决策过程,即认识到道德问题的存在、做出道德判断、确立道德意向和采取道德行为。也有学者在模型中加入了反馈环节——道德评价。综合各伦理决策模型,可将组织成员(包括职业经理)伦理决策影响因素分为三类:一是道德事件的特性;二是道德主体的特性;三是环境特性。

(一)道德事件的特性

Jones(1991)在其提出的问题权变模型中,用道德强度这一概念来概括伦理情境中道德事件的特性,并认为道德强度会影响决策制定的各个阶段。按照他的观点,道德强度包括六个维度:① 结果的重要性,指当前所考虑的道德行为可能会给他人带来的伤害或收益的总和;② 社会共识,指社会对某种行为好或坏的意见一致程度;③ 结果发生的概率,指当前所考虑的道德行为发生的概率与该行为带来预计伤害(收益)的概率的乘积,类似于经济学中期望值概念;④ 时间接近性,指从当前开始到考虑中的道德行为产生后果为止这一时间段的长度;⑤ 亲近性,指道德主体与某一行为或决策的受害者(或受益人)感觉上的亲密程度,包括社会、文化、心理和物理四个方面;⑥ 结果集中度,指当前考虑的道德行为所产生的后果会在多少人身上体现。在结果的重要性一定时,受影响的人越多,结果集中度就越小。道德强度与道德责任有关,会影响人们获得道德许可的愿望。

(二) 道德主体的特性

伦理决策模型中的个人特性变量包括:个人道德认知发展阶段,知识、价值观、态度和意向,自我实力、情境依赖性和控制点,个人经验等。个人道德认知发展阶段是伦理决策模型中研究得较为充分的一个变量,其理论基础是美国心理学家 Kohlberg 提出的道德认知发展理论。道德认知发展理论按照道德判断结构的性质将个体的道德认知发展划分为六个阶段,认为在道德认知发展的不同阶段,个体的道德判断和推理结构(思维模式)存在质的差异;个体的道德认知由低级向高级发展,文化和教育可以加快或延缓个体道德认知的发展,但不能改变其顺序。施泰因曼等则认为,Kohlberg 提出的道德发展诸阶段仍缺少一个阶段,因为在他提出的最高发展阶段,个人仍然是凭自己的良心确定和选择伦理准则,而实际上个人只有通过与他人之间的对话、论证,才能为其道德取向确定依据。因此,他们认为可以根据哈贝马斯的对话伦理观,将 Kohlberg 模式扩充为七个阶段。在第七阶段,个人发展的目标不是寻求各种各样的个人道德,而是通过一般的自由讨论来寻求一种唯一的原则,即达成共识。

(三) 环境特性

伦理决策模型中的环境,可进一步分为一般环境和组织环境。其中一般环境包括社会、经济和文化等一般因素。竞争可能驱使企业通过放弃伦理原则来确立竞争优势。如果所有其他的竞争者都严格遵守一定的道德标准,则行事相对不道德而又未受到制裁的企业就有可能在竞争中建立优势,这会促使其他企业在竞争的压力下逐步适应较低的道德标准。例如,在由完全竞争和一般均衡理论所假定的企业运行环境中,管理者的任务就在于破译外部市场命令并通过管理职能来实现各种资源的最佳配置。在这种情况下,任何利润最大化以外的道德考虑都会导致企业陷入破产的境地。因此,一般环境在多大程度上为企业提供了贯彻企业伦理目标(不因竞争而受到威胁)的行为空间,对于管理者的伦理决策来说至关重要。伦理决策模型中影响伦理决策的组织环境因素被概括为两大类,即参考群体和机会。其中,参考群体的特性可以由角色集结构来定义,组织距离和相对权威是角色集结构的两个重要维度。组织距离指将焦点人员与参考群体分离开来的组织内部或组织间边界,如小组、部门、组织等。相对权威衡量参照群体相对于焦点人员所拥有的法定权威,这与他们所拥有的使焦点人员服从其角色期待的压力有关。机会主要与报酬和惩罚相关。其中,报酬可进一步分为内部报酬(如自我价值感等)和外部报酬(如社会赞许、地位和受尊敬等)。隐性的组织压力可能足以决定一个人的道德意向,而显性的组织因素可能会导致不道德(或道德)的意向产生道德(或不道德)的行为。

二、职业经理职业道德建设

如上所述,管理者(包括职业经理)职业道德的影响因素有多种类型。对不同影响因素的强调,导致了结构伦理和行为伦理这两种基本理念的产生,它们各自隐含着不同的道德建设方法。

(一)结构伦理

结构伦理强调主体所嵌入的秩序与结构的道德含量。其目的不仅仅在于探讨当事人特定的行为,而更侧重于寻求另一种比较好的结构,从而有效地杜绝特定丑恶现象的发生。结构伦理中的结构既可被看成是一般环境的制度结构,也可被看成是微观企业的制度环境。Werner(1992)把20世纪70~90年代间发展起来的影响组织内部成员道德状况的组织策略分为四种类型:管理程序、领导策略、内部监控子系统以及自我道德化公司。作为一种组织模式的自我道德化公司,具有四种特性,即组织成员的道德行为是实现组织目标的必要条件;组织成员的道德行为是组织必须进行管理和开发的资产;组织成员的道德发展是组织及其全体成员的共同责任;保持道德水准优先于维持组织结构。

(二)行为伦理

行为伦理强调个人的决策和行为自由以及相应的责任,因而着眼于通过改善行为者自身的道德素质来促成个人的道德行为。Van Sandt 和 Neck(2003)从这个角度提出了以自我领导为基础的促成组织成员道德行为的策略。在有关提高个人道德水准的研究中,Kohlberg 的道德认知发展理论及其道德教育策略具有重要影响。按照道德认知发展理论,面对同样的道德问题,个人会做出什么样的道德判断,这取决于其所处的道德认知发展阶段。由于企业管理者所面临的情况非常复杂,因此,如果道德建设因忽视对个体独立价值观和道德判断力的培养而沦为教条和说教,那么企业管理者就会在未来面临无穷多的选择时感到迷惘困惑。Kohlberg 根据自己的理论提出了两种个体道德认知能力(特别是道德判断能力)发展模式,即讨论模式和公正团体模式。从一般规律看,讨论模式通过暴露不同的道德观点,刺激个体在面对问题情境时的道德认知冲突,从而促进其道德推理能力向上发展;公正团体模式的核心是通过让团体成员参与民主管理,来达到发展其道德自主性和集体意识的目的。Kohlberg 的思想在许多有关管理者道德的研究文献中得到了呼应,或者从不同角度为 Kohlberg 的思想提供了新的佐证和支持。

第四节 职业经理道德风险及其规避

一、职业经理道德风险的概念及特征

(一)职业经理道德风险的概念

道德风险是20世纪70年代西方理论界提出的一个经济学概念,也是20世纪80年代提出的一个经济伦理学的概念。必须突破单纯经济学的视野才能找到理解和规

避道德风险的路径。从经济学和经济伦理学两种维度加以分析,有助于正确理解职业经理的道德风险,为职业经理道德风险问题的解决提供合理的思路。

1. 职业经理道德风险概念的经济学分析

最早提出道德风险(Moral Hazard)概念的是美国经济学家阿罗(Arrow)。阿罗强调,合约关系中的"随机事件"的存在,使"为取得第一流的最佳效率所需要的完全的市场系列经济不能组织起来,而不得不依靠不完全的代理人"。

按照阿罗的论述,Moral Hazard 这个概念可以理解为"道德风险""道德祸因""败德行为"。当然,道德风险并不等同于道德败坏,它是相对实质风险(Physical Hazard)而言的。实质风险是一种有形的风险,而道德风险是无形的风险。道德风险指代理人(或有信息优势的一方)在最大限度地谋求其自身效用时会做出损害委托人(或处于信息劣势的一方)利益的行为。

从经济学上理解,道德风险是在合约条件下,代理人凭借自己拥有私人信息的优势,可能采取"隐瞒信息""隐瞒行为"的方式,出现有利于自己、有损于委托人的经济现象。因此,职业经理的道德风险是指职业经理凭借自己拥有的私人信息的优势,采取向企业主隐瞒的方式以谋求自身的利益最大化从而损害其业主利益的行为。

2. 职业经理道德风险的伦理学内涵

经济伦理学认为,道德风险特指从事经济活动的人在最大限度地增进自身的利益、不完全承担风险后果时做出不利于他人的不道德行为。从伦理学的角度来看,道德风险的内涵是,经济主体在委托代理关系中,最大限度地增进自身效用时做出不利于他人的不道德行动。或者说是,当签约一方不完全承担风险后果时所采取的自身效用最大化的自私自利行为。就职业经理而言,其伦理学道德风险的内涵是指职业经理在最大限度地追求自身效用的最大化时做出的不道德行为。

综合经济学和经济伦理学的观点,职业经理道德风险是指职业经理凭借自己拥有的私人信息的优势,隐瞒信息,追求自身效用最大化,损害企业主的不道德行为。

(二)职业经理道德风险的特征

1. 内生性特征

即风险雏形形成于职业经理对利益与成本的内心考量和算计。职业经理道德风险的产生取决于经理人对自身利益的估计。职业道德是一种主观信念,职业经理道德水平的高低直接决定着对自身利益估计的结果。

2. 牵引性特征

凡风险的制造者都存在受到利益诱惑而以逐利为目的的情况。人性的弱点中有贪婪的一面,职业经理也不例外,当受到巨大的物质利益或精神利益的诱惑时职业经理的道德风险容易发生。

3. 损人利己特征

职业经理的风险收益都是对信息劣势一方利益的不当攫取。换言之,职业经理与企业主的信息不对称是导致损人利己的条件。在极端情况下,甚至可能的结果是损人不利己。

> **知识拓展**：处于自我损耗状态时，个体在意愿上偏好即时利益和目标，并且会做出许多非理性决策行为（乃至不道德行为）。一方面，损耗使个体注意力更容易为即时利益所捕获，进而重视短期利益而忽视长远利益，即降低个体关注未来的能力；另一方面，损耗导致个体缺少计划性和行为实施的执行力，即降低个体坚守未来的能力。此外，损耗对决策理性的影响存在个体（易感性和自我道德约束）和情境（外在刺激、社会规范和决策成本）两个方面的重要边界。

二、职业经理道德风险的成因

职业经理道德风险的产生主要有三种原因，即个人道德修养较低、监督不完善、与委托人的目标不一致。职业经理之所以会做出背信弃义的行为，一个重要的原因就是他们本身存在道德风险问题。经理人与企业主合作期间，两者掌握的信息量是不对称的，职业经理掌握企业的经营管理权，具体负责企业的决策、计划、组织、指挥和协调等活动，拥有企业经营管理的各种真实信息，这些信息有可能被经理人据为己有，对企业主隐瞒或谎报，并利用这些信息为自己谋利。另一方面，作为委托人的企业主，由于不直接参与企业的实际经营管理活动，一般无法获得或验证企业的真实信息，即使要获得或验证相关信息也要付出高昂的成本。同时这种信息不对称状态使得企业主难以对经理人进行及时有效的监督，这就催生了职业经理的败德行为。最后，职业经理与企业主的目标也不一致，职业经理追求的是短期利益，而企业主追求的是长期利益，因此职业经理在实际工作中会做出大量牺牲长远利益而追求短期利益的败德行为，损害企业主的利益。

（一）职业经理个人修养较低情况下道德风险的产生

一般来讲，企业主与职业经理均具有"理性经济人"的特性，即他们在合作中都是以自己的利益最大化为目的。两者的关系可以用博弈论中的"囚徒困境"模型来分析。

表 5.1 职业经理与企业所有者博弈的效益矩阵

职业经理 \ 企业主	诚信	欺诈
诚信	(1, 1)	(−1, 2)
欺诈	(2, −1)	(0, 0)

在表 5.1 中，数字 1、−1、2、0 仅仅是一个符号，代表职业经理与企业主博弈时所获得的利益。两者之间会出现四种博弈的可能性：① 双方都守信，都没有做出欺诈行为，结果是双方都获益 1。② 企业主守信而职业经理失信。企业主按契约约定为职业经理提供条件和报酬，而职业经理却对企业主隐瞒欺诈，牺牲企业利益来换取自身利益最大化，则企业主得 −1，职业经理得 2。③ 职业经理守信而企业主失信。职业经理经过努力使企业主获得了双方约定的利益，而企业主却找借口不兑现给职业经理报酬，则企业主得 2，职业经理得 −1。④ 双方都失信，合作不成，双方效益均为 0。

在一次博弈中,如果职业经理的个人道德修养较低,职业经理和企业主都按自身利益最大化原则行事,即博弈的最终结果是双方都采取欺诈行为,双方都失信,双方的收益都为 0。

如对上述模型进行扩展,假设企业主和职业经理之间约定的是长期合作关系,即双方有机会重复博弈,那双方又会如何决定自己的行为呢?

我们首先来看一下参与人在该无限次重复博弈中的各阶段得益"贴现值"的总和:

$$W = W_1 + \delta^1 W_2 + \delta^2 W_3 + \cdots = \sum_{t=1}^{\infty} \delta^{t-1} W_t$$

其中,δ 为贴现系数,$0 \leq \delta \leq 1$

W 为无限次重复博弈某一参与人的各阶段的得益

令 δ 为贴现率(假定双方的贴现率是一样的)

如果职业经理选择欺诈,他得到本阶段收入为 2,但他的这种欺诈行为将使自己失去与企业主再次合作的机会,因此随后每个阶段的收入均为 0,所以总贴现收入为 2。如果职业经理选择诚实对待企业主,他得到本阶段收入为 1,并且企业主也会信任职业经理,会选择与其继续合作,因此职业经理随后每阶段的收入都是 1。这样,如果下列条件满足,假定职业经理对企业主诚信,企业主也选择诚信,则:

$$1 + \delta + \delta^2 + \delta^3 + \cdots = 1/(1-\delta)$$

只要 $1/(1-\delta) \leq 2$,即 $0 < \delta \leq \frac{1}{2}$,诚信将是职业经理的最优选择,(诚信,诚信)便成了每一阶段的均衡结果,博弈双方便走出了一次博弈的困境。

由此可见,职业经理道德修养较低情况下职业经理道德风险规避的关键是把一次性博弈转化为重复博弈。

(二)监督不足情况下职业经理道德风险的产生

表 5.2 显示了企业主与职业经理的博弈策略矩阵,企业主的策略集为(监督,不监督),职业经理的策略集为(努力,不努力)。企业主要对职业经理实施监督,就会发生成本 $C(y)$,不监督就不存在监督成本;如果企业主发现职业经理的行为存在道德风险,那么企业主就会采取行动惩罚代理人,此时职业经理就存在负效用 $-U$;如果企业主不监督,职业经理存在道德风险,那么此时职业经理就会获得额外的收入 S。

表 5.2 企业主与职业经理的博弈

职业经理＼企业主	监督	不监督
努力	$(0, C(y))$	$(0, 0)$
不努力	$(-U, C(y))$	$(S, 0)$

从以上的分析可知,企业主与职业经理之间的博弈不存在占优均衡,他们的最优策略都是要根据对方的策略来选择。例如,如果企业主选择实施监督,那么职业经理就会选择努力工作;如果企业主选择不实施监督,那么职业经理就会选择不努力工作,

这样他就会获得额外收益 S。所以相对于监督的情况,企业主缺乏监督时职业经理更容易产生不努力的行为。

三、职业经理道德风险的规避机制

(一)职业经理道德风险规避的激励机制

1. 经济利益的激励

规避职业经理道德风险的经济利益激励方式主要包括提高风险年薪、适当延长股票期权期限以及其他外在利益激励方式。

(1)提高风险年薪比例

年薪制是一种国际上较为通用的支付企业经营者薪金的方式,它是以年度为考核周期,把经营者的工资收入与企业经营业绩挂钩的一种工资分配方式,主要包括基本收入(基薪)和效益收入(风险收入)两部分,此外还包括职务津贴、福利和各种奖金。

其中风险收入作为一般激励性报酬,通常与职业经理的绩效和企业的利润完成有关,它的作用在于调动职业经理的积极性和创造性。为降低职业经理的道德风险和克服其短期行为,可适当提高风险收入的比例,并且将风险收入兑现的时间做适当调整,比如将50%在年内兑现,将剩余的50%与下年的风险年薪合并后再按50%发放,依此类推。这样一来,经理人的风险收入在总金额上有所提高,但由于时限上的延长,有利于降低职业经理的道德风险,增加其为企业服务的年限。

(2)延长股票期权期限

股票期权就是给予经理人在未来一段时间内按预定的价格(行权价)购买一定数量本公司股票的权利。股票期权是一种权利而非义务,股票期权的受益人在规定的时间内,可以买也可以不买公司股票。股票期权只有在行权价低于行权时本公司股票的市场价时才有价值。按照委托代理理论,企业主和职业经理之间存在委托代理关系,职业经理作为自利的经济人,会偏离企业主利益最大化的目标。按照风险理论,职业经理一般都属于风险从恶型。适当延长股票期权期限更能有效地把职业经理的利益和企业主利益有机联系,形成共同的利益取向和行为导向,以此减少代理成本,鼓励职业经理承担必要的风险。

(3)其他外在利益激励方式

金色降落伞是当职业经理特别是高级职业经理因为公司所有权的更替或公司被接管而不再担任原职位时,为其提供的工资和福利。金色降落伞可以把工资和福利延长 1~5 年。

在发生无法预见的事件(如公司被接管)时,金色降落伞可以降低职业经理的风险,减少职业经理对善意接管的抵制,从而保护股东的利益。这项计划的实施使公司能够招聘到并保留有才能的职业经理。

在对职业经理的调查中发现,职业经理对社会保障的需要比较强烈。多数家族企业由于其家族化管理,很多并未建立完善的福利和保障体制,这将影响到职业经理的满意度。因此,在职业经理薪酬制度设计中,设计有针对性的、符合不同年龄层次特点的岗位补助、福利补助等保障方案,能够产生一定的激励作用,可以在某种程度上规避职业经理的道德风险。比如企业提供优惠购买住房、长期住房补贴、通讯费用合理报销等福利补助,通常都受到职业经理的欢迎。

2. 权力和地位的激励

对道德水平高的职业经理来说,权力越大,地位越高,其正面效用也越大;而对道德水平低的职业经理而言,情况正好相反。职业经理道德风险规避的权力和地位激励就是要把权力和地位给予那些道德水平高的职业经理。

对于职业经理的权力激励主要是控制权激励。所谓控制权激励就是把公司控制权授予与否、对授予控制权的制约程度作为对职业经理努力程度和贡献大小的奖励。控制权激励的有效性和激励约束强度取决于职业经理的贡献和他所获得的控制权之间的对称性。在职业经理的外在性需要中,社会地位需要是比较重要的部分,使在工作上已取得成就的职业经理在社会上的地位上升,可以有效地激励他们继续奋进。职业经理的社会地位,主要由经济地位、政治地位、职业地位和文化地位构成。

权力和地位的提高使得职业经理有成就感,促进职业经理热爱经理工作,设计有挑战性的工作目标,规避道德风险。德鲁克指出:"任何组织和个人都需要有挑战性的目标。"美国著名行为科学家洛克认为,目标设置是管理领域中最有效的激励方法之一。职业经理经历目标的逐步展开、完成过程,获得人生阅历、自豪感等心理需要的满足,是规避职业经理道德风险的有效途径。

(二)职业经理道德风险的约束机制

职业经理道德风险的约束机制包括内部约束机制和外部约束机制。其中内部约束机制主要包括企业内部监控约束机制和企业内部规章制度。外部约束机制主要包括市场竞争约束机制和法律监督约束机制。

1. 企业内部监控约束机制

公司治理结构中的内部监控主要是通过股东大会监控董事会和监事会,监事会监控董事会和经理等高级执行人员等方式来实施。

要实现董事会对经理人的有效约束与监督,一个行之有效的方法就是建立独立董事制度。独立董事是具有董事身份,但不在公司内部担任职务,与公司没有实质性利益关系的来自公司外部的董事成员。独立董事作为公司纯粹的局外人,既不拥有企业的股份和资产,也不代表特定群体的利益,因此具有相对公正性,可以防止合谋行为和不正当的内部交易,有利于监督经理层,使他们不能通过损害股东利益而为自己牟私利。在公司内部,监事会的监督更为有效一些。因为一般情况下,监事并不兼任董事、经理,直接受股东大会的委托,可对职业经理行为进行经常监督,规避职业经理的道德风险。

2. 企业内部规章制度

公司章程是企业的内部法,对企业中的各种利益主体(包括职业经理)的责权利及其行为做出了规范性规定。因此,公司章程是规避职业经理道德风险的重要约束机制。

此外,职业经理进入某个企业时,与企业签订了受法律保护的任职合同,这种任职合同对职业经理的责权利做了明确规定,尤其是对职业经理离开企业时,对企业在商业秘密、技术专利、竞争压力等方面应负的责任都做出严格规定,从而对职业经理的道德风险形成有效的约束。

3. 市场竞争约束机制

在自由市场经济中,即使在所有权与控制权分离的情况下,由于存在产品市场、资本市场和经理市场的竞争,职业经理的努力水平和经营能力等私人信息被更多披露,减少委托人和代理人的信息不对称,使职业经理不敢过于偏离委托人的目标而为所欲为,从而使代理问题被限制在某一限度。市场竞争的规则是机会均等、优胜劣汰、适者生存。竞争奖励强者,惩罚弱者。职业经理市场的竞争形成一种强大的压力,促使职业经理调动自身的全部潜能和智慧,运用一切可能运用的手段,去适应市场环境,为企业和自身的生存、发展而努力。

4. 法律监督约束机制

职业经理的某些不道德行为也是法律不允许的。市场经济是法制经济,它需要完备的法律体系为其服务,对相关主体的行为加以约束。完善的法律制度也有助于职业经理市场的形成和正常运作,它可以直接约束职业经理的道德风险,对职业经理在经营过程中出现的违法行为进行法律制裁,保护其他利益相关者的合法权益。我国目前的职业经理的法律监督体系主要包括《公司法》《反不正当竞争法》《劳动法》《劳动合同法》等相关法律。

需要说明的是,规避职业经理道德风险的激励机制和约束机制是一种预防和补救机制。规避职业经理道德风险关键所在是职业经理个人的道德修养的提高。道德作为一种调整人与人之间以及个人和社会之间关系的价值体系,其约束范畴远比法律的约束范畴广泛得多。在知识经济时代,企业的全体员工都要不断学习,以提高自身的思想水平、技术水平和工作能力。而作为员工领导的职业经理,在学习和行为上更应该以身作则。就此意义上看,加快职业经理的市场化进程,建立职业经理的信誉评估系统,使更多的企业完全按照市场的机制来选择职业经理显得尤为重要。因此,在所有的激励机制和约束机制中,市场约束机制是极为重要的规避职业经理道德风险的机制。

思考案例

播下龙种,收获跳蚤

当感情战胜理智,很多不可思议甚至荒唐的事都可以发生。在山西榆次,有个鼎泽洲环保产业有限公司,生产砖块成型机,在当地很有名。公司董事长叫王永昌。1999年,王永昌为公司招来了一个能人,叫做郭瑛。郭瑛以前做过传销,能说会道,很得王永昌欢心。郭瑛确实也很能干,能吃苦,会来事,在任鼎泽洲销售部经理的时候,很快就将鼎泽洲的产品推广到了全国。王永昌很庆幸自己慧眼识"忠臣",不但将自己的轿车让给了郭瑛坐,而且还替他买了一套大房子。另外,除了拿销售提成,在王永昌的坚持下,公司还将郭瑛的年薪提高到了10万元,这在相对贫困的山西,简直是天价。王永昌待郭瑛不可谓不厚,投入不可谓不巨。而郭瑛投桃报李的结果是:出走!1999年,当郭瑛感觉自己羽翼渐丰的时候,悄悄离开了鼎泽洲。他想自立门户,自己做一番事业。而他做的事业是:挖鼎泽洲的墙脚。然而,让郭瑛没有想到的是,这一行道行竟是如此之深,看起来简单的砖块成型机,做起来竟是复杂异常。郭瑛以失败告终。走投无路之际,他只有再回头央求原来的东家原谅自己,重新收留自己。而王永昌不仅不计前嫌,当 2000 年 10 月,重回鼎泽洲的郭瑛提出销售部经理的职位太低,与自己的能力不相称,想当公司副总时,王永昌二话没说,立刻就提请董事会进行了任命。以王永昌的忠厚想法,人是讲感情的动物,死刑犯尚能感化,何况是一个小小的郭瑛。

可惜王永昌是这样想,人家却不这样想。掌握了大权的郭瑛开始静悄悄地对鼎泽洲进行"改造"。首先,在销售部排除异己,将销售人员全部换成自己的心腹,将公司广告上的销售电话换成自己的私人手机号码,使鼎泽洲的客户资源慢慢尽在掌握。当有人发觉郭瑛的"不轨"行为后,向王永昌告发,王永昌却是用人不疑,疑人不用,"要支持郭总的工作"。其次,窥视企业的技术机密。郭瑛的第一次出走,自立山头,就是因为技术不过关而落败,现在王永昌不计前嫌,给了他一个公司副总的职位,这样的天赐良机,郭瑛岂能浪费!很快,作为鼎泽洲企业核心竞争力所在的技术部门就被布置上了郭瑛的"密探"。2001 年 10 月,当王永昌出国考察,委托郭瑛全权主持公司工作时,郭瑛的技术"密探"开始发挥作用了。鼎泽洲的核心技术机密,连图纸带数据,被他的技术"密探"一扫而空。在郭瑛的指使下,这些"愿意跟着郭总走"的技术人员在"copy"完鼎泽洲的所有相关技术数据之后,还将这些技术数据从鼎泽洲技术部的计算机里删得一干二净。郭瑛这样做的意思很明确:以后砖块成型机这一块儿业务你王永昌别做了,有我郭瑛一个人玩儿就足够了。

郭瑛做完了这一切,在王永昌从国外考察回来的当天,他竟还去向王永昌当面辞职,称自己即使离开了鼎泽洲,仍旧是鼎泽洲的一员,有义务帮助鼎泽洲,愿意随时为"王董"效劳,并且保证,永不仿制鼎泽洲的产品,不涉足砖块成型机行业。可怜王永昌蒙在鼓里,竟为郭瑛的一番说辞而感动。

郭瑛离开鼎泽洲后,立刻注册了"东方天宇环保科技有限公司",生产的产品除了名称有所改变,几乎就是鼎泽洲产品的翻版。在郭瑛公司的冲击下,失去了独占技术,又几乎失去了所有客户资源的鼎泽洲一败涂地。一筹莫展的王永昌不得不向公安局报案。2002 年 1 月 25 日,郭瑛以涉嫌侵犯他人商业机密罪被捕。郭瑛得到了惩罚,王永昌和鼎泽洲也付出了沉重的代价。

在王永昌看来,人是有感情的,只要自己真心待人,真情付出,总是能够得到别人的相应回报,所谓"投之以木桃,报之以琼瑶"。他却没有想到,在这个世界上,经常发生的事却是"播下龙种,收获跳蚤"。

资料来源:改编自张雪奎《中小企业用人忠奸辨》,
载于《价值中国》,2012-01-13

【讨论题】
1. 如何看待本案例中的王永昌和郭瑛?如何避免本案例情形的再度发生?
2. 怎么看待当今社会普遍认可的"每个人都在追求个人利益最大化"?
3. 职业经理如何寻求企业利益与个人利益的平衡?

本章思考题

1. 职业道德的概念可以从哪几个方面加以界定?
2. 职业经理的职业道德有哪些特点?
3. 试述职业经理的职业道德的主要内容。
4. 职业经理道德风险是怎样产生的?
5. 在个人修养较低的情况下,为防范职业经理的道德风险,企业分别应该怎么做?
6. 试述职业经理道德风险的主要规避机制。

=== 本章情景模拟实训 ===

职业经理的道德底线

小王硕士毕业后去某供电局下属电力公司上班,在供电局李副局长的帮助下,两年后出任公司的财务总监。一天深夜,小王被李副局长的电话叫醒了。电话里李副局长声称第二天局里急用30万元现款,请小王帮忙,并承诺三天内还款。小王犹豫了,但还是碍于情面帮李某做成了此事。巧合的是,钱刚汇出就赶上地方国资委来公司稽查,最后还是被查出来了,后因及时还款,未追究刑事责任,但小五被电力公司开除了。

请问:如果你是小王,你会怎样处理此事?

第六章

职业经理的专业基础

 学习目标

1. 了解财务职业经理应掌握的财务专业基础。
2. 了解人力资源职业经理应掌握的人力资源专业基础。
3. 了解生产职业经理应掌握的生产管理专业基础。
4. 了解营销职业经理应掌握的营销专业基础。

引导案例

HR 的价值和话语权

无论是在 HR 社区还是常见的经理人 QQ 群,大家在探讨业务之余,总有那么几个 HR 会向大家倾诉苦恼,包括:人力资源部门不受老板重视啊,受"夹板气",或是 HR 在公司没有话语权,没有得到足够的尊重和认可。往往这样的话题就会引发一群人"互吐苦水",也有 HR 会现身说法来交流自己的心得体会。然而,真正要摆脱这样的瓶颈,绝非一朝一夕之事。

中山某大型小家电制造型企业人力资源总监孙先生就深有同感:原本他是由猎头从深圳推荐到中山做人力资源经理,待他入职后才发现,人力资源部其实就是人事部门,仍属于行政中心管辖范围内。这让原本想大展身手的老孙很是郁闷,不过向来不服输的他找出症结所在:一是该企业由家族企业成长而成,没有明晰的人力资源管理架构,人事关系复杂;二是白手起家的老板习惯了业务为重的管理模式,对人力资源管理并不是很重视。老孙并没有泄气,他想着要"对症下药",先找老板开诚布公地交流:分析现状——随着企业规模扩大,人员剧增,人才梯队的培养和管理迫在眉睫;预测未来——从企业长远发展的角度来阐明企业要如何搭建和完善人力资源管理体系。通过反复沟通,运用事实和数据展示,在理念上与老板达成了共识。

接着老孙就开始了"空降兵"的变革之路:在分析企业业务战略的基础上制定人力资源战略,根据企业的价值链确定员工的能力素质要求,通过招聘甄选、培训开发配置企业战略实现的人员,通过业绩评价、薪酬激励引导员工的绩效行为指向企业的战略目标,其具体过程如下:

1. 根据企业战略目标来制定相符合的人力资源战略。人力资源部门要根据企业总体战略,在对企业内外部人力资源状况分析的基础上制定人力资源战略,并将企业战略和人力资源部门的职能战略进行对接。

2. 分析企业的价值链确定人力资源能力需求。企业战略的实现是建立在企业经营绩效提升的基础上的,企业的绩效实现是通过企业的价值创造活动实现的。通过对企业价值链的分析,可以明确实现企业绩效所需要的人力资源能力,以及与此配套的政策和措施。

3. 明确战略实现的绩效目标。企业的战略目标是在企业的经营绩效和管理能力与之相匹配的前提下实现的。因此只有当整个组织的绩效水平达到预定目标,才能够对企业战略目标的实现提供现实的业绩支撑,因此必须明确企业的经营绩效和管理绩效目标。

4. 明确员工的能力素质结构。根据绩效目标的要求确定员工需要具备哪些能力和素质才能实现相应的企业绩效。也只有具备了合适的人和相应的能力之后,企业战略目标的实现才有人员的保障。

5. 制定人力资源保障措施和相关政策。明确了企业员工需要的能力和素质以后,人力资源部门就要制定实现这些人员能力和素质要求的保障措施和政策。通过招聘甄选、培养开发,合理配置企业实现战略目标所需的人员,通过企业培训的实施,培养提升员工具备相应的能力素质,通过企业文化建设、员工治理环境的营造提升员工的工作意愿,通过薪酬和激励措施引导员工做出企业实现战略目标所需的行为。

这一路艰辛自不待言,三年之后的老孙终于获得老板的信任和授权,从人事部经理晋升为人力资源管理中心的总监,无论是部门体系还是职务体系都得到提升。

案例中的老孙为自己、为人力资源管理部门赢来话语权和地位提升的过程,其实就是企业人力资源管理的价值实现过程。而这其中的奥秘在于:HR要替老板分忧,要替员工谋权益,要为实现企业战略目标而努力!总而言之,HR要去创造和体现价值,才能成为企业不可或缺的力量,才能赢得话语权和尊重!

资料来源:改编自雅丽《HR经理的价值与话语权》,
载于《才富》,2012-01-10

引导案例讲述的是一名优秀的职业经理的成功之路。实际上,职业经理要成为优秀的企业管理者,除了要有高尚的道德情操,相对完美的个性特征,艺术化的管理能力,还需要丰富的专业知识。无论东方还是西方,最初的企业都是所有者与经营者合为一体的。成功的创业者所需具备的素质跟职业经理所需具备的素质有很大的不同。对商机的洞察能力、冒险的精神往往是创业成功的要素。在企业规模较小时,管理的压力也很小,创业者往往不用采取什么制度和措施,依靠个人感觉也能应付自如。但是,当企业取得一定的成功,特别是有一定的规模后,创业成功者就不一定能够胜任管理者的角色了。这时,需要具有丰富的企业管理专业知识和经验的人才来保证企业的持续发展。这个阶段的企业管理工作往往需要采用计划周密的财务方案、精心设计的组织人事制度、高效率的生产管理和营销策略等专业方法。

一个合格的专业职业经理,不仅要具备所从事的本职工作的大量专业知识,而且要掌握其他相关专业的基础知识,如一个人力资源职业经理不仅要掌握丰富的人力资源专业知识,还要对心理学、法学、经济学等一系列相关学科有基本的了解。本章内容主要概览财务、人力资源、生产和营销等专业职业经理的专业基础,即应掌握的各专业基础知识。

第一节 财务职业经理的专业基础

财务职业经理的专业基础既包括会计专业基础知识,也包括筹资、投资、营运资金管理、股利政策等专业基础知识。

一、财务管理的会计基础

(一)会计的基本假设

会计的基本假设是企业会计确认、计量和报告的前提,是对会计核算所处时间、空间环境等所做的合理设定,主要是为了让会计实务中出现一些不确定因素时能进行正常的会计业务处理。会计的基本假设包括会计主体、持续经营、会计分期和货币计量假设。

1. 会计主体假设

会计主体是指在经营上或经济上具有独立性或相对独立性的单位。会计主体假设把会计处理的数据和提供的信息严格限制在这一特定的空间范围内,从根本上确认会计信息系统是立足于微观、主要为微观经济服务的属性。

2. 持续经营假设

该假设假定每一个企业在可以预见的未来都不会面临破产和清算,因而它所拥有的资产将在正常的经营过程中被耗用或出售,它所承担的债务也将在同样的过程中被偿还。

3. 会计分期假设

该假设规定了会计对象的时间界限,将企业连续不断的经营活动分割为若干较短时期。

4. 货币计量假设

该假设规定了会计的计量手段,指企业的生产经营活动及其成果可以通过货币反映。

(二)会计的基本要素

会计要素准则是指企业在处理会计要素时必须遵循的标准和原则。会计的基本要素也称为会计对象要素,具体包括资产、负债、所有者权益、收入、费用和利润。其中最基本的会计要素为:资产、负债、所有者权益。

会计要素准则侧重于对各会计基本要素的界定及分类,以指导会计账户的设置。资产是指企业过去的交易或者事项形成的,由企业拥有或者控制的,预期会给企业带来经济利益的资源。负债是指企业过去的交易或者事项形成的,预期会导致经济利益流出企业的现时义务。所有者权益是指企业资产扣除负债后,由所有者享有的剩余权益。收入是指企业在日常活动中形成的,会导致所有者权益增加的,与所有者投入资本无关的经济利益的总流入。费用是指企业在日常活动中形成的,会导致所有者权益减少的,与向所有者分配利润无关的经济利益的总流出。利润是指企业在一定会计期间的经营成果,包括收入减去费用后的余额、直接记录当期利润的利得和损失。

（三）会计信息质量要求

会计信息质量要求是对企业财务报告中所提供会计信息质量的基本要求,是使财务报告中所提供的会计信息对投资者等使用者决策有用而应具备的基本特征,它主要包括可靠性、相关性、清晰性、可比性、实质重于形式、重要性、谨慎性和及时性等要求。

二、筹资

公司需要现金以满足新投资的固定资产和营运资本对资金的需求。对大多数公司来说,主要的资金来源是它们在经营过程中产生的现金,减去用于偿还现有债务（支付利息费用和偿还贷款）、纳税以及向股东支付股利的现金。如果公司内部产生的资金不足以维持现有资产和为所有新的、可创造价值的投资机会提供资金,公司就不得不以债务资本和权益资本的形式从外部筹集额外的资金。因此,筹资是通过一定渠道、采取适当方式筹措资金的财务活动,它是财务管理的首要环节。

（一）筹资分类

按资金使用期限长短分短期资金和中长期资金。其中短期资金的筹集方式有:发行短期债券、短期银行借款、商业信用等;中长期资金的筹集方式有:吸收直接投资、发行股票、发行长期债券、长期银行借款、融资租赁等。其组合原则是将资金来源与资金运用结合起来,合理进行期限搭配,用长期资金来满足固定资产、无形资产、长期占用的流动资产的需要,用短期资金来满足临时波动的流动资金的需要。

按所筹资金的权益性质不同分为股权资本和负债资金。其中股权资本的筹集方式有:吸收直接投资、发行股票、留存收益等;负债资金的筹集方式有:发行债券、银行借款、融资租赁、商业信用等。其组合原则是寻求最佳的资本结构。

按筹资活动是否通过金融机构分为直接筹资和间接筹资。

按资金取得方式分为内部筹资和外部筹资。

（二）筹资渠道

筹资渠道是指筹措资金来源的方向与信道,反映可供企业选择的资金来源渠道与供应量。筹资渠道的具体表现包括通过国家财政资金的投资来筹集和通过银行信贷来筹集。国家投资包括国家直接拨款、税前还贷、减免税款。国家投资是国有企业,特别是国有独资企业的资金来源。银行信贷资金是现有企业最为重要的资金来源。

（三）筹资原则

1. 合理确定资金需要量,科学安排筹资时间

通过预算手段完成资金的需求量和需求时间的测定,使资金的筹措量与需要量达到平衡,防止因筹资不足而影响生产经营或因筹资过剩而增加财务费用。确定筹资规模的方法主要是销售百分比法、线性回归分析法和实际预算法。

2. 合理组合筹资渠道和方式,降低资金成本

综合考察各种筹资渠道和筹资方式的难易程度、资金成本和筹资风险,研究各种资金来源的构成,求得资金来源的最优组合,以降低筹资的综合成本。

3. 优化资本结构,降低筹资风险

在筹资过程中合理选择和优化筹资结构,做到长期资本和短期资本、债务资本和自有资本的有机结合,有效地规避和降低筹资中各种不确定性因素给企业带来损失的可能性。

4. 认真签订和执行筹资合同

在进行筹资成本、资本结构和投资效益可行性研究的基础上,拟定好筹资方案。筹资时间应与用资时间相衔接,而且要考虑资金市场的供应能力。在筹资方案的实施过程中,筹资者与出资者应按法定手续认真签订合同、协议,明确各方的责任和义务。此后,必须按照企业筹资方案和合同、协议的规定执行,恰当支付出资人报酬,按期偿还借款,维护企业信誉。

(四)筹资应考虑的基本因素

1. 资金市场

资金市场又称金融市场,是金融资产交易的场所。从广义上讲,一切金融机构以存款货币等金融资产进行的交易均属于资金市场范畴。资金市场有广义和狭义之分。广义的资金市场泛指一切金融性交易,包括金融机构与客户之间、金融机构与金融机构之间、客户与客户之间所有的以资本为交易对象的金融活动;狭义的资金市场则限定在以票据和有价证券为交易对象的金融活动。一般意义上的资金市场是指狭义的资金市场。

2. 金融资产

金融资产,又称金融工具,是指可以用来融通资金的工具,一般包括货币和信用工具。所谓信用,就是以他人的返还为目的,给予他人一段时间的财物支配权。通俗地讲,就是把财物借给别人使用一段时间,到期归还。金融资产是对于某种未来收入的一种债权,金融负债则是其对称的定义。

金融资产有两种主要功能:首先,它提供一种手段,通过它,资金剩余者可以把它转移给能对这些资金做有利投资的人,实现资源重新配置。其次,它提供一种手段,把部分风险从投资者转移给资金提供者,实现部分风险的转移。资金的供给者和使用者之间可以不经过有组织的资金市场来实现这种交易。如在信用活动中,借款人得到货币使用权,把借据开给货币出借者;债权人持有借据即债权证明,在归还期到来之前,则失去了货币使用权。

3. 风险防范

资金筹集过程中应树立风险意识,建立有效的风险防范机制;确定适度的负债数额,保持合理的负债比率;应根据企业实际情况,制订负债财务计划;针对由利率变动带来的筹资风险,应认真研究资金市场的供求情况,根据利率走势,把握其发展趋势,并以此做出相应的筹资安排。

总之,企业负债经营,就必须承担筹资风险。企业应在正确认识筹资风险的基础上,充分重视筹资风险的作用及影响,掌握筹资风险的防范措施,使企业既获得负债经营带来的财务杠杆收益又将风险降低到最低限度,使负债经营更有利于提高企业的经营效益,增强企业市场竞争力。

三、投资

投资主体为获得未来预期收益,投入一定量财力、物力的经济行为,称为投资。企业投资是企业财务管理的重要内容,企业只有不断投资,才有可能不断积累,扩大经营规模。

(一)投资的种类

根据不同的投资标志,投资有不同的分类。按照投资与企业生产经营的关系,可分为直接投资和间接投资。按照投资的时间长短,可分为短期投资和长期投资。按照投资的方向,可分为对内投资和对外投资。

(二)投资的原则

企业的投资存在投资机遇上的选择性、投资空间上的分离性和投资收益的不确定性,所以若不慎重从事,就会造成投资失败。因此,在投资前,就应进行投资项目的可行性研究,按照投资原则进行抉择。企业投资应坚持下列原则:符合投入产出原则;符合长远利益原则;符合安全性原则。

(三)投资评价的基本方法

按是否考虑资金的时间价值,可将评价投资项目时使用的指标分为两类:一类是静态评价指标,即不考虑资金时间价值因素的指标,主要包括静态投资回收期、投资收益率;另一类是动态评价指标,即考虑了资金时间价值因素的指标,主要包括净现值、净现值率和内部收益率。在进行投资方案的比较时,一般以动态评价方法为主。在方案初选阶段,可采用静态评价方法。

(四)投资项目的风险控制

1. 投资风险

投资风险是指在特定环境中和特定时期内客观存在的导致投资经济损失的可能性。投资风险一般分为商业风险和国家风险。商业风险指由于经营环境、企业经营战略、经营决策的变化导致投资经济损失的风险,包括自然风险、外汇风险、利率风险、经营风险。国家风险是指在特定环境下,与国家主权行为相关而无法为个人或企业行为左右的,导致投资经济损失的风险。国家风险主要表现为主权风险和政治风险。

2. 投资风险控制的基本手段

投资风险控制的基本手段有风险回避、风险抑制、风险自留、风险集合和风险转移等。风险回避就是要事先预料风险产生的可能性的条件和因素,在投资活动中尽可能地避免或改变投资的流向。风险抑制是指采取各种措施减少风险实现及经济损失。风险自留是指对一些无法避免和转移的风险采取现实的态度,即在不影响投资者根本利益或大局利益的前提下承担这些风险。风险集合就是在大量同类风险发生的环境中,投资者联合行动以分散风险损失。风险转移就是投资者通过若干种技术和经济手段将风险转移给他人承担,分为保险转移和非保险转移。

四、营运资金管理

营运资金管理在公司理财实践中具有举足轻重的作用。营运资金是指流动资产减去流动负债后的余额,是企业用以维持正常经营所需要的资金,即企业在生产经营中可用流动资产的净额。流动资产是指可以在一年或超过一年的一个营业周期内变现或者耗用的资产,包括货币资金、短期投资、应收预付款项、存货等。流动负债是指必须在一年或超过一年的一个营业周期内偿还的债务,包括短期借款、应付预收款项、应交税金等。营运资金管理的重点是流动资产管理。

(一)现金管理

现金包括企业的库存现金、银行存款和其他货币资金。公司持有现金的动机主要有:① 支付的动机,即交易的动机,是指公司为了满足生产经营活动中的各种支付要求而保持一定量的现金的需要。这是企业持有现金的主要动机。② 预防的动机,是指企业为应付意外事件而必须保持一定数量的现金需要。③ 投机的动机,是指企业持有一定量现金以备满足某种投机行为的现金需要。④ 其他动机。企业除了因以上三项原因持有现金外,也会基于满足将来某一特定需要或者为在银行维持补偿性余额等原因而持有现金。

现金管理的目的是,在保证企业生产经营所需要现金的同时,节约使用资金,并从暂时闲置的现金中获得更多的利息收入。基于公司持有现金的需要,公司必须保持一定数量的现金余额。有许多方法可供确定公司最佳现金持有量。常用的方法主要有现金周转期模式、成本分析模式和因素模式。公司提高现金收支日常管理效率的方法主要有:加速现金回收、严格控制现金的支出、力争现金流入与现金流出同步。

(二)应收账款管理

应收账款的功能主要是赊销,即公司给客户提供商业信用。这样,公司的一部分资金就被顾客占用了,由此发生了一定的应收账款成本。不过赊销可以给公司带来两大好处:增加公司的销售量和减少公司的存货。采取赊销方式就必然产生应收账款,企业持有应收账款主要有三项成本:机会成本、管理成本和坏账成本。

应收账款的信用政策是指应收账款的管理政策,包括信用标准、信用条件和收账政策。

信用标准,是指客户获得本企业商业信用所应具备的条件,如客户达不到信用标准,则本企业将不给信用优惠,或只给较低的信用优惠。信用标准定得过高,会使销售减少并影响企业的市场竞争力;信用标准定得过低,会增加坏账风险和收账费用。

当我们根据信用标准决定给客户信用优惠时,就需考虑具体的信用条件。信用条件包括信用期限、现金折扣等。其中,信用期限是指企业允许客户从购货到付款之间的时间间隔;现金折扣是指企业给予客户在规定时期内提前付款能按销售额的一定比率享受折扣的优惠政策。

收账政策是指客户违反信用条件,拖欠甚至拒付账款时企业应采取的策略。应收账款发生后,经理人应采取各种措施尽量争取按期收回款项,否则会因拖欠时间过长而发生坏账,使企业蒙受损失。具体包括以下方面:不断完善收账政策、实施应收账款的追踪分析、认真对待应收账款的账龄、建立应收账款坏账准备制度、强化应收账款的日常管理。

(三) 存货管理

存货是指企业在生产经营过程中为销售或耗用而储备的物资。存货在企业的流动资产中占据很大比重，但它又是一种变现能力较差的流动资产项目。对存货的管理重点在于提高存货效益和力求控制降低存货资金的比重两个方面。

存货成本主要包括存货的取得成本、储存成本和短缺成本三部分。存货在企业流动资产中占的比重很大，做好存货资金定额的测算工作，有助于降低存货资金在流动资产中的比重，提高存货资金的利用效率。测算存货资金定额的方法有定额日数法、比例分析法和因素分析法等。

存货资金定额确定之后，如何取得存货，管理存货，使存货在使用和周转过程中相关成本最小、效益最大，这就是存货的控制。存货控制的方法主要有经济批量模型、陆续到货模型、商业折扣模型、存货ABC控制法、分级归口控制及适时性管理等。

五、股利政策

股利政策是指公司股东大会或董事会对一切与股利有关的事项，所采取的较具原则性的做法，是关于公司是否发放股利、发放多少股利以及何时发放股利等方面的方针和策略，所涉及的主要是公司对其收益进行分配还是留存以用于再投资的策略问题。

股利政策的方式主要有以下几种：① 剩余股利政策，是以首先满足公司资金需求为出发点的股利政策；② 稳定股利额政策，是指以确定的现金股利分配额作为利润分配的首要目标优先予以考虑，一般不随资金需求的波动而波动；③ 固定股利率政策，要求公司每年按固定的比例从税后利润中支付现金股利；④ 正常股利加额外股利政策，指企业除每年按一固定股利额向股东发放称为正常股利的现金股利外，还在企业盈利较高、资金较为充裕的年度向股东发放高于一般年度的正常股利额的现金股利。

股利分配方案的确定应考虑以下方面的内容：① 选择股利政策类型，确定是否发放股利；② 确定股利支付率的高低；③ 确定股利支付形式，即确定合适的股利分配形式；④ 确定股利发放的日期等。

第二节 人力资源职业经理专业基础

一、人力资源战略管理

(一) 战略管理基础知识

企业的战略管理是指将企业的日常业务决策同长期计划决策相结合而形成的一系列经营管理业务。战略管理是确定企业使命，根据企业外部环境和内部经营要素确定企业目标，保证目标的正确落实并使企业使命最终得以实现的一个动态过程。

战略管理过程，主要是指战略制定和战略实施的过程。一般说来，战略管理包含四个关键阶段：战略分析、战略选择、战略实施、战略评价与控制。战略分析阶段是了解组织所处的环境和相对竞争地位；战略选择阶段主要是战略制定、评价和选择；战略实施是采取措施发挥战略作用；战略评价与控制是检验和保障战略的有效性。

战略管理理论思想丰富，至今已形成巨大影响力的学派有行业结构学派、核心能力学派和战略资源学派。

行业结构学派的创立者和代表人物是迈克尔·波特教授。波特认为，构成企业环境的最关键部分就是企业投入竞争的一个或几个行业，行业结构极大地影响着竞争规则的确立以及可供企业选择的竞争战略。因此，行业结构分析是确立竞争战略的基石。波特创造性地建立了5种竞争力量分析模型，他认为一个行业的竞争状态和盈利能力取决于5种基本竞争力量之间的相互作用，即进入威胁、替代威胁、买方讨价还价能力、供方讨价还价能力和现有竞争对手的竞争。在这种指导思想下，波特提出了赢得竞争优势的三种最一般的基本竞争战略：成本领先战略、差异化战略、集中战略。

1990年，普拉哈拉德和哈默尔在《哈佛商业评论》上发表了《企业核心竞争力》一文。其后，越来越多的研究人员开始投入企业核心竞争力理论的研究。所谓核心竞争力，就是所有能力中最核心、最根本的部分，它可以通过向外辐射，作用于其他各种能力，影响着其他能力的发挥和效果。核心竞争力学派认为，现代市场竞争与其说是基于产品的竞争，不如说是基于核心竞争力的竞争。企业的经营能否成功，已经不再取决于企业的产品、市场的结构，而取决于其行为反应能力，即对市场趋势的预测和对变化中的顾客需求的快速反应，因此，企业战略的目标就在于识别和开发竞争对手难以模仿的核心竞争力。

战略资源学派认为，企业战略的主要内容是如何培育企业独特的战略资源，以及最大限度地优化配置这种战略资源的能力。因此，企业竞争战略的选择必须最大限度地有利于培植和发展企业的战略资源，而战略管理的主要工作就是培植和发展企业对自身拥有的战略资源的独特的运用能力，即核心竞争力，而核心竞争力的形成需要企业不断地积累战略制定所需的各种资源，需要企业不断学习、不断创新、不断超越。只有在核心竞争力达到一定水平后，企业才能通过一系列组合和整合形成有价值的、稀缺的、不易模仿的、不易替代的核心资源，才能获得和保持持续的竞争优势。

（二）人力资源战略与企业战略的匹配

人力资源战略是企业为适应日益变化的外部环境需要和人力资源开发与管理自身发展的需要，根据企业的发展战略充分考虑员工的期望而制定的人力资源开发与管理的纲领性的长远规划。博克赛尔(Boxell,1996)认为，人力资源由于具有价值性、稀缺性、不可模仿性的特点，从而成为竞争优势的源泉。舒勒(1987)认为，较高层次的组织战略是人力资源战略的决定因素，不同的组织战略决定不同的人力资源战略，战略通过对组织结构（职能型或直线型）和工作程序（规模生产或柔性生产）的作用来对人力资源战略产生影响。人力资源战略被定位于企业的职能战略层次上，是在企业战略基础上形成的，通过发挥其对企业战略的支撑作用，促进企业战略的实现。战略与人力资源合作可以达到三个优点：公司的执行能力增强；公司适应变化的能力增强；因为能产生"战略一致性"，从而使公司更能符合顾客需求与接受挑战。组织战略和人力资源战略相互作用，组织在整合两种战略的过程中要求从人力资源角度对计划的灵活性、可行性及成本进行评估，并要求人力资源系统开发自己的战略以应对因采取计划而面临的人力资源方面的新挑战。人力资源战略和企业战略的协调，可以帮助企业利用市场机会,提升企业的内部组织优势,帮助企业达成战略目标。

1. 与迈尔斯和斯诺的企业战略相匹配的人力资源战略

当企业采用探索者战略时,最优的人力资源战略选择是:基于极少的员工承诺和高技能的利用,企业将雇用具有目前所需要的技能且可以马上使用的员工,使员工的能力、技能与知识能够配合特定的工作。当企业采用分析者战略时,与其相对应的人力资源战略是基于新知识和新技能的创造,鼓励及支持员工能力、技能和知识的自我开发。当企业采用防御者战略时,与其相对应的人力资源战略是强调最大化的员工投入和员工技能培养,充分发挥员工的最大潜能。

2. 与波特的竞争战略相适应的人力资源战略

当企业采用成本领先战略时,主要是通过低成本来获取竞争优势,因此应该严格控制成本和加强预算。为了配合低成本的企业战略,此时的人力资源战略强调的是有效性、低成本生产,强调通过合理的、高结构化的程序来减少不确定性。在采用成本领先战略时,企业一般采用结果导向的绩效评价方法,并且把绩效评价当成控制手段。当企业采用差异化的竞争战略时,这种战略思想的核心在于通过创造产品或者服务的独特性来获得竞争优势。因此,这种战略的一般特点是具有较强的营销能力,强调产品的设计和研究开发,企业以产品质量著称。此时的人力资源战略则是强调创新性和弹性,形成创造性氛围,采用以团队为基础的培训和评价、差异化的薪酬策略等,在绩效评价时一般采用行为导向的评价方法,并且把绩效评价作为员工发展的手段。当企业采用集中化的战略时,企业战略的特点是综合了低成本战略和差异化战略,相应的人力资源战略的特点是上述两种人力资源战略的结合。

(三)人力资源战略规划

人力资源规划是企业或其他大中型机构为实施其发展战略,实现其目标而对所属人力资源进行预测,并为满足这些需求而预先进行系统安排的过程。人力资源规划是企业发展战略及年度计划的重要组成部分,它是企业人力资源管理各项工作的依据。

狭义的人力资源规划是指企业从战略规划和发展目标出发,根据其内外部环境的变化,预测企业未来发展对人力资源的需求,以及为满足这种需求而提供人力资源的活动过程。简单地说,人力资源规划是在进行人力资源供给和需求预测的基础上,通过人力资源管理使之平衡的过程。狭义的人力资源规划是短期计划,实质上是企业各类人员需要补充的计划。广义的人力资源规划是企业所有各类各种人力资源计划的总称。

人力资源规划的步骤主要有:收集、分析并预测供需资料;确立人力资源目标和政策;总体规划和具体规划的制定;人力资源规划的控制与评价。

二、组织结构、组织设计与组织变革

(一)组织结构与组织设计

组织结构是指组织的框架体系,是对完成组织目标的人员、工作、技术和信息所作的制度性安排。组织结构可以用复杂性、规范性和集权性三种特性来描述。组织结构的类型主要有:直线职能结构、事业部结构、模拟分权结构、矩阵结构、委员会。

由于组织的各种活动总是要受到组织内外部各种因素的影响。因此,不同的组织具有不同的结构形式,这也就是说,组织结构的确定和变化都受到许多因素的影响,这些因素称为"权变"因素,即权宜应变的意思,组织结构随着这些因素的变化而变化。

组织结构的确定就是组织设计。组织设计是一个动态的工作过程,包含了众多的工作内容。科学的组织设计,要根据组织设计的内在规律性有步骤地进行,才能取得良好效果。在以下情况下,企业需要进行组织设计:新建的企业需要进行组织结构设计;原有组织结构出现较大的问题或企业的目标发生变化,原有组织结构需要进行重新评价和设计;组织结构需要进行局部的调整和完善。

组织设计的内容主要有职权的划分、部门设计和层次设计。实际上,尽管组织结构日益复杂、类型演化越来越多,但任何一个组织结构都存在三个相互联系的问题:职权如何划分;部门如何确立;管理层次如何划分。由于组织内外环境的变化影响着这三个相互关联的问题,使得组织结构的形式始终围绕这三个问题发展变化。因此,要进行组织结构的设计,首先要正确处理这三个问题。

为了使组织更好地适应于工作任务、技术工艺特性和外部环境,必须遵循一定的原则。组织设计的原则包括传统原则和动态原则两个方面。

组织设计的传统原则有:层级原则、管理跨度原则、统一指挥原则、责权一致原则、适当的授权原则、分工与协作原则、执行与监督分离原则以及精简与效率原则等。组织设计的动态原则有:职权和知识相结合的原则、集权与分权相平衡原则以及弹性结构原则等。另外,权变理论认为,不存在一个唯一的"理想"组织设计适合于所有情况,理想的组织设计取决于环境、战略、技术等权变因素的影响。

（二）组织变革

组织变革是指运用行为科学和相关管理方法,对组织的权力结构、组织规模、沟通渠道、角色设定、组织与其他组织之间的关系,以及对组织成员的观念、态度和行为,成员之间的合作精神等进行有目的的、系统的调整和革新,以适应组织所处的内外环境、技术特征和组织任务等方面的变化,提高组织效能。

一般来说,组织变革的原因在于:一是企业外部环境的变化。诸如国民经济增长速度的变化、产业结构的调整、政府经济政策的调整、科学技术的发展引起产品和工艺的变革等。企业外部环境的变化必然要求组织做出适应性的调整。二是企业内部条件的变化。企业内部条件的变化主要包括:技术条件的变化,如企业实行技术改造,引进新的设备,要求技术服务部门的加强以及技术、生产、营销等部门的调整;人员条件的变化,如人员结构和人员素质的提高等;管理条件的变化,如实行计算机辅助管理,实行优化组合等。三是企业本身成长的要求。企业处于不同的生命周期时其要求也各不相同,如小企业成长为中型或大型企业,单一品种企业成长为多品种企业,单厂企业成长为企业集团等。

组织变革的目标:使组织更具环境适应性、使管理者更具环境适应性、使员工更具环境适应性。组织变革的类型:战略性变革、结构性变革、流程主导性变革和以人为中心的变革。组织变革是一个系统工程,涉及方方面面的关系,必须讲究策略。

组织变革的策略主要包括三方面:变革的方针策略、变革的方法策略、应对阻力的策略。变革的方针策略主要指:积极慎重的方针和综合治理的方针。变革的方法策略主要包括:改良式的变革、爆破式的变革和计划式的变革。应对阻力的策略主要有沟通计划,包括保证信息真实可靠、审查信息传达的方式和质量、用同一个声音说话、建立反馈渠道等;学习计划,如知识和技能的培训、理解变革、顺利渡过转型期、在预期状态中发挥作用等;薪酬计划,包括转型期努力工作的受影响者的奖励标准和奖励内容、预期状态的薪酬计划等。

三、人力资源政策

（一）工作分析与工作设计

工作分析是指获取与工作有关的详细信息的过程。工作分析的方法有:相对宽泛的职位分析问卷法;以任务为中心的任务分析清单法;以人为中心的费莱希曼工作分析系统法等。

工作设计是确定所要完成的具体任务及其完成的方法,并且该工作在组织中如何与其他工作相互联系起来的过程。工作设计将工作内容、条件及报酬结合起来以满足员工及公司的需要。工作设计问题主要是组织向其员工分配工作任务和职责的方式问题,工作设计是否得当对于激发员工的积极性,增强员工的满意感以及提高工作绩效都有重大影响。工作设计的主要内容包括工作内容、工作职责和工作关系的设计三个方面。

（二）员工流动管理

所谓员工流动管理,是指从社会资本的角度出发,对人力资源的注入、内部流动和流出进行计划、组织、协调和控制的过程。员工流动管理的目的是确保组织人力资源的可获得性,满足组织现在和未来的人力需要和员工的职业生涯需要。员工流动可以分为流入（招聘）、内部流动（轮换、晋升与降职）和流出（解聘）三种形式。

员工流入管理主要指的是员工招聘。员工招聘,是指组织根据人力资源规划和工作分析的要求,从组织内部和外部吸收人力资源的过程。员工招聘包括员工招募、甄选和聘用等内容。

员工内部流动管理主要包括员工内部调动、职务轮换、晋升和降职等。内部调动是指员工在企业中横向流动,在不改变薪酬和职位等级的情况下变换工作。职务轮换又称轮岗,指根据工作要求安排新员工或具有潜力的管理人员在不同的工作部门工作一段时间,时间通常为一到两年,以丰富新员工或管理人员的工作经验。晋升是指员工由于工作业绩出色和企业工作的需要,沿着企业等级,由较低职位等级上升到较高的职位等级。降职是指员工在企业中由原有职位向更低职位的移动。

员工流出管理包括非自愿流出、自愿流出以及自然流出三个方面。非自愿流出就是由于各种原因,由企业一方先提出让员工离开,而并非员工自己主动提出流出企业。非自愿流出包括解聘、人员精简和提前退休。对于企业来说,企业员工的自愿流出是一种损失,因此它又被称为企业员工的流失。员工自然流出的形式主要有:退休、伤残、死亡等。

（三）培训与开发

人力资源培训与人力资源开发是两个既相互联系又相互区别的概念。培训是企业向员工提供工作所必需的知识与技能的过程;开发是依据员工需求与组织发展要求对员工的潜能开发与职业发展进行系统设计与规划的过程,培训与开发总是被看作是相互联系的系统，培训是开发的基础，而开发则是在培训基础上的有针对性的提高或知识的不断更新。两者的最终目的都是通过提升员工的能力以实现员工与企业的同步成长。

人力资源培训与开发，是指那些通过一定的措施和手段，补充和提高员工的知识与技能，改善员工的工作态度和胜任特质，激发其潜在的创造力，促进员工努力实现自身价值，增强员工的工作满意度和对组织的归属感与责任感，从而提高组织的工作效率，实现组织人力资本增值和预期的社会经济效益的有目的、有计划、有组织的人力资源管理活动。培训与开发的重点在于：通过有计划的学习、分析，确保并帮助员工个人提高关键技术和能力，以便胜任现在和将来的工作。人力资源培训与开发活动的过程通常包括培训需求分析、培训计划制定、培训活动组织实施以及培训效果评估四个环节。

（四）绩效评估

绩效评估，又称绩效评价、员工考核等。绩效评估，是一种正式的员工评估制度。具体地来说，它是指运用数理统计、运筹学原理和特定指标体系，对照统一的标准，按照一定的程序，通过定量定性对比分析，对一定经营期间的经营效益和员工业绩做出客观、公正和准确的综合评判。

绩效评估是企业管理者与员工之间的一项管理沟通活动。绩效评估的结果可以直接影响到薪酬调整、奖金发放及职务升降等诸多员工的切身利益。绩效评估的类型包括：一是效果主导型。考评的内容以考评结果为主，效果主导型评估的重点在结果而不是行为。二是品质主导型。考核的内容以考评员工在工作中表现出来的品质为主。三是行为主导型。考核的内容以考评员工的工作过程的工作行为为主。

由于绩效评估是一项很复杂的工作，要提高评估工作的质量，达到预期的效果，在实施绩效评估时应坚持以下原则：① 客观原则。绩效评估应尽可能科学地进行评价，使之具有可靠性、客观性、公平性。② 评估方法可行原则。评估方法可行是指评估使用的方法要为人们所接受并能较长期使用。这一点对于评估能否真正取得成效很重要。③ 评估经常化、制度化原则。为使评估的各项功能得以有效发挥，组织应制定一套科学的评估制度体系，将评估工作落实到具体部门。④ 多层次评估原则。员工在不同的时间、不同的场合有不同的表现，这给员工的绩效的客观评估带来了困难。为此应从多方收集信息，从多个角度进行评估。⑤ 反馈原则。考评结果一定要反馈给被考评者本人，这是员工得到有关其工作绩效表现的反馈信息的一个主要渠道。

（五）薪酬管理

薪酬管理，是在组织发展战略指导下，对薪酬策略、薪酬支付原则、薪酬水平、薪酬结构、薪酬构成进行确定、分配和调整的动态管理过程。薪酬管理要为实现薪酬管理目标服务，薪酬管理目标是基于人力资源战略设立的，而人力资源战略服从于企业发展战略。

薪酬管理包括薪酬体系设计、薪酬日常管理两个方面。薪酬体系设计主要是薪酬水平设计、薪酬结构设计和薪酬构成设计；薪酬日常管理是由薪酬预算、薪酬支付、薪酬调整组成的循环，这个循环可以称之为薪酬成本管理循环。薪酬体系设计是薪酬管理最基础的工作，如果薪酬水平、薪酬结构、薪酬构成等方面有问题，企业薪酬管理不可能取得预定目标。薪酬体系建立起来后，应密切关注薪酬日常管理中存在的问题，及时调整公司薪酬策略，调整薪酬水平、薪酬结构以及薪酬构成以实现效率、公平、合法的薪酬目标,从而保证公司发展战略的实现。

在企业薪酬管理实践中,根据薪酬支付依据的不同,有岗位工资、职务工资、技能工资、绩效工资、工龄工资、薪级工资等薪酬构成元素。通常企业选择一个或两个为主要形式,其他为辅助形式。选择并确定工资制度形式是很关键的,这体现着公司的价值导向。以下是几种主要的工资制度形式:依据岗位(职务)进行支付的工资体系称为岗位工资制或职务工资制;依据技能或能力进行支付的工资体系称为技能工资制或能力工资制;依据绩效进行支付的工资体系,如计件工资制、提成工资制、承包制等;依据岗位(职务)和技能工资进行支付的工资体系称为岗位技能工资制或职务技能工资制;依据岗位(职务)和绩效工资进行支付的工资体系称为岗位绩效工资制或职务绩效工资制等。

(六)劳动关系管理

劳动关系管理是指通过规范化、制度化的管理,使劳动关系双方(企业与员工)的行为得到规范,权益得到保障,维护稳定和谐的劳动关系,促使企业经营稳定运行。企业劳动关系主要指企业所有者、经营管理者、普通员工和工会组织之间在企业的生产经营活动中形成的各种责、权、利关系。

劳动法律关系的三要素为:主体、内容和客体。劳动法律关系主体是指劳动法律关系的参与者,即劳动者、劳动者组织(工会、职工代表委员会)、用人单位和雇主协会。广义的劳动关系主体还包括政府。劳动法律关系管理的主要内容是企业员工招收、录用、企业内部人力资源的配置与协调等事务中的劳动合同订立、履行、变更、解除和终止的劳动法律行为。劳动法律关系的客体是指主体的劳动权利和劳动义务共同指向的事物,如劳动时间、劳动报酬、劳动纪律、安全卫生、福利保险、教育培训、劳动环境等。

劳动关系管理的基本原则有:兼顾各方利益原则、协商解决争议原则、以法律为准绳的原则和劳动争议以预防为主的原则。劳动关系管理的基本要求是规范化和制度化。规范化是指合法性与统一性。制度化是指明确性和协调性。要明确职责、权限和标准,并随企业的发展进行阶段性调整。

改善劳动关系的途径有:依法制定相应的劳动关系管理规章制度,进行法制宣传教育;明确全体员工各自的责、权、利;培训经营管理人员,提高其业务知识与法律意识,树立良好的管理作风,增强经营管理人员的劳动关系管理意识,掌握相关的原则与技巧;提高员工的工作生活质量,进行员工职业生涯设计,使其价值观与企业的价值观重合;鼓励员工参与民主管理;发挥工会或职代会及企业党组织的积极作用等。

第三节 生产职业经理的专业基础

生产职业经理的专业基础是指生产职业经理的专业基础知识。实际上,生产职业经理不仅要了解生产中的技术,还需掌握丰富的生产管理专业知识。生产管理是对企业生产系统的设置和运行的各项管理工作的总称,又称生产控制。生产管理的内容,按管理职能来划分,可分为组织、计划和控制等方面。

一、生产管理的组织

生产管理的组织,主要包括生产的物质技术准备工作和组织工作,如厂址的选择、工艺路线和工艺方法的制定、工厂布置、生产过程的组织、生产类型的选择、劳动力组织、生产指挥系统的组织等,以下主要介绍厂址选择、生产过程的组织。

(一)厂址选择

厂址选择就是确定工厂坐落的区域位置和具体地点。工厂建在什么地区、什么地点,不仅影响建厂投资和建厂速度,而且还影响工厂的生产布置和投产后的生产经营成本。

厂址选择的基本要求包括选择建厂地区和建厂地点两个方面。厂址选择涉及社会、经济、自然各方面因素,政策性、科学性非常强。解决这类问题,除了进行定性分析外,又要进行定量分析。定量分析应根据具体的对象和掌握的技术经济资料,从实际需要出发,选择简便可行的方法,主要有盈亏分析法和分等加权法。

(二)生产过程的组织

1. 组织生产过程的基本要求

组织生产过程的目的,就是为了保证产品在生产过程中能被顺利生产,尽力做到行程最短、时间最省、消耗最少而效益最高。为了达到这个目的,就需要合理组织生产过程,要保证生产过程具有连续性、比例性、均衡性、适应性等。

合理组织生产过程,不仅要把生产过程划分为不同组成部分、生产阶段、工序,而且更重要的是要使各单位在空间上合理排列,在时间上紧密衔接。产品的生产过程需要占用一定的空间和经历一定的时间,需要一系列组织工作来使之成为高效的系统。

2. 生产过程的空间组织

生产过程的空间组织,指生产过程各阶段、各工序及相应的机器设备在空间的分布和位置关系,也就是合理安排各生产单位(车间、工段或小组)的平面布置和工作地域以及机器设备的排列方式等问题。其中主要是要确定基本生产车间的组织形式,特别是要确定生产单位专业化形式。

生产过程空间组织有两种基本的专业化形式,即工艺专业化和对象专业化。工艺专业化,是指按照生产工艺性质的不同设置车间、工段或小组。对象专业化,是指按照加工对象来设置生产单位。对象专业化和工艺专业化同时并存在一个生产单位中,为混合专业化。企业应根据实际情况,选择运用专业化形式。一般地说,组织对象专业化应具备如下条件:企业的生产专业化方向比较稳定,产品结构稳定,品种少,产量大,任务足,拥有的设备数量多和齐全,生产类型属于大量大批或成批生产。

3. 生产过程的时间组织

生产过程的时间组织的目的,就是要缩短产品生产周期,节约生产时间。缩短生产周期,可以提高企业的经济效益和增强竞争能力。由于工业产品是由零件组成的,零件的生产是在各道工序中进行的。因此,缩短产品生产周期,就要缩短零件的生产周期,就必须正确地选择工序在时间上的结合方式。工序结合方式,是指一批零件在各道工序的移动方式和时间上的衔接方式。如果同时制造一批相同的零件,经几道工序加工,有三种不同移动方式,即顺序移动方式、平行移动方式、平行顺序移动方式。每种移动方式的含义、特点、优缺点是不同的。

企业在选择工序结合方式时,应针对企业具体条件,考虑如下因素:产品生产任务的缓急情况;工序劳动量大小和零件的重量;改变加工对象时,调整设备的劳动量大小;生产类型;企业内部生产单位的专业化形式。

4. 先进的生产组织形式

(1) 流水生产

为了在空间上和时间上合理地组织生产过程,提高劳动生产率和设备利用率,缩短产品生命周期,加速流动资金的周转,降低产品成本,一个重要的方法是将对象专业化的空间组织与平行移动方式的时间组织相结合。而流水生产正是把两者有机结合的一种先进的生产组织形式。流水生产又叫流水作业、流水线,它是在对象专业化的车间或小组里,产品经过各个工作地,按规定的工艺路线和速度,一件接一件连续不断地进行加工和生产的一种生产组织形式。

(2) 柔性制造系统

柔性制造系统(Flexible Manufacturing System,FMS),指由计算机控制的、以数控机床和加工中心为基础的、适应多品种、中小批量生产的自动化制造系统。FMS是从20世纪60年代后期诞生和发展起来的。它综合应用现代数控技术、计算机技术、自动化物料输送技术,由计算机控制和管理,使多品种、中小批量生产实现自动化。FMS一般由多台数控机床和加工中心组成,可以同时加工多种不同的工件。一台机床在加工完一种零件后可以在不停机调整的情况下,按计算机指令自动转换加工另一种零件。各机床之间的联系是灵活的,工件在机床间的传输没有固定的流向和节拍。

(3) 定制生产

定制生产就是按照顾客需求进行生产,以满足网络时代顾客个性化需求。由于消费者的个性化需求差异性大,加上消费者的需求量又少,因此企业实行定制生产必须在管理、供应、生产和配送各个环节上,适应这种小批量、多式样、多规格和多品种的生产和销售变化。

定制生产运行成败的关键,主要看能否控制成本的上升。组织定制生产的成功经验表明,低成本进行定制生产的关键在于将客户所需的产品的特点放在产品供给网络的最后一个环节来进行。产品供给网络包括生产制造和产品分销。企业定制生产的运行,不仅仅是在生产中引入一种新的方法,而且是一项整合的系统工程,主要包括产品设计、制造流程的设计和灵活的供给网络。

(4) 敏捷制造

在敏捷制造中,"敏捷"是强调企业对市场的灵活、迅速、及时的动态适应。所谓敏捷制造,是指以先进的柔性生产技术与动态的组织结构和高素质人员的集成,采用企业间网络技术,从而形成快速适应市场的社会化制造体系。作为一种现代生产管理模式的敏捷制造,可以认为是基于以信息技术和柔性智能技术为主导的先进制造技术和柔性化、虚拟化、动态化的组织结构,以及先进的管理思想、方法、技术,能全面满足现代生产管理目标要求,尤其是对市场具有很好的动态适应性的生产管理模式。

(5) 成组技术

成组技术是多品种、中小批量生产的一种科学的组织管理方法。它是以零件结构形状和工艺上相似性等为标志,把所有的产品零件、部件分类分组,并以组为对象组织和管理生产的方法。它把许多各不相同,但又具有部分相似的事物集中起来统一加以处理,以达到减少重复劳动,节省人力、时间,提高工作效率的目的。

(6) 计算机集成制造系统

计算机集成制造系统(Computer Integrated Manufacturing System,CIMS),是指机械制造企业的生产由产品制造过程自动化,扩展到产品设计和经营管理自动化,进而带动整个工业企业实现生产经营全过程的集成与优化。CIMS 的核心在于集成,但主要不在于技术上的集成,更不是追求"无人化工厂",而是适应现代经济发展需要的新型生产方式与管理模式。这种模式强调人、管理技术、信息技术和生产技术等的集成。通过集成使企业的各种功能协调,最大限度地加快物流、信息流和技术流等的运转,从而使企业生产快速地满足市场的需要,提高经济效益,增强企业竞争能力。

二、生产管理的计划

生产计划是规定企业在计划期内应当生产的产品品种、产量、产值、质量和出产期限等指标。它是依据市场调查和市场预测,与销售计划等各方面综合平衡后确定的。企业生产计划是企业经营计划的重要组成部分。它是生产管理的首要环节和生产系统运行的纲领。

按生产计划在工业企业生产经营活动中所处的地位和影响的时间长度,生产计划可以划分为长期计划、中期计划和短期计划。不同时期的生产计划相互联系、协调配合,构成了一个含有生产战略计划、生产总体计划、生产进度计划、物料需求计划和生产作业计划等内容的生产计划体系(图 6.1)。在众多的生产计划中,生产总体计划和生产作业计划是两个较为重要的计划。

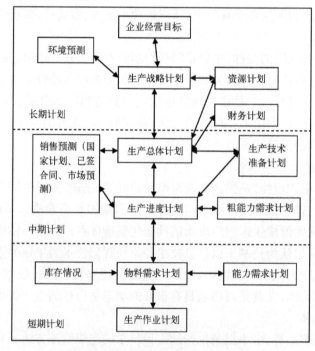

图 6.1 生产计划的三个层次

（一）生产总体计划

生产总体计划，又称年度生产计划或生产计划大纲。其主要特点有：一是综合性计划，用综合单位确定总量的计划。例如，确定总产量、总销售量。它对个别产品的细节以及设备和人力的具体安排可以略而不论。二是计划期一般为一年半到两年，是较长期的计划，属于中期计划。三是计划决策权掌握在企业最高领导人员手中。四是该计划应当处理的是同资源利用规划有关的基本决策。它涉及生产能力、库存量、雇工人数水平、转包合同数量水平、生产率、增加班次、加班时间、成本等一些基本问题的全面安排。

（二）生产作业计划

企业生产作业计划是生产总体计划的具体执行计划。它是生产总体计划的继续和补充，是对企业日常生产活动进行具体组织的行动纲领。它是根据生产总体计划的要求，把企业的生产任务具体分配到各车间及车间内部各个工段、班组以至每个工作地和个人，规定他们在每月、每旬、每周、每日以至每个轮班和小时内的具体生产任务。生产作业计划工作的任务是：保证实现生产计划；合理组织生产过程；实现均衡生产，建立正常的生产秩序和管理秩序；提高经济效益。

三、生产管理的控制

生产管理的控制，是指围绕完成计划任务所进行的管理工作。其主要包括生产作业控制、全面质量管理、成本控制、设备综合管理等。

（一）生产作业控制

生产作业控制是实现生产作业计划的重要保证。生产作业控制，就是监督和检查生产作业计划执行情况，把结果与既定标准进行比较，发现偏差，分析产生偏差的原因，采取措施纠正偏差，从而保证生产作业计划的全面完成。它主要是在生产作业计划执行过程中，对有关产品（或零部件）的数量和生产进度进行的控制。

生产作业控制的程序包括确定生产作业控制的标准，检测执行结果并与标准进行比较，采取纠正偏差的措施。生产作业控制的主要内容有：生产进度控制、"五品"控制、精益生产方式、现场管理等。

（二）全面质量管理

全面质量管理（Total Quality Management，TQM）是一个以质量为中心，以全员参与为基础，目的在于通过让顾客满意和本组织所有成员及社会受益而达到长期成功的管理方式。

企业常用的全面质量管理的流程是 PDCA 循环工作流程。PDCA 循环流程的基本内容是在做某事前先制订计划然后按照计划去执行，并在执行过程中进行检查和调整，在计划执行完成时进行总结处理。美国人戴明把这一规律总结为 PDCA 循环，PDCA 代表计划（Plan）、执行（Do）、检查（Check）、处理（Action），它反映了质量管理必须遵循的四个阶段。

（三）成本控制

成本控制是指实施成本控制的主体（成本管理者），对企业的生产经营活动全过程中所发生的各项费用的支出及影响成本的各种因素加以规划、了解,发现其与目标成本的差距,及时采取纠正措施,以保证达到成本标准和实现成本目标。成本控制对于实现企业目标成本、目标利润、成本领先战略、降低成本,发展供应链管理,提高企业经济效益,建立企业竞争优势,保证企业生存和发展具有深远的意义。

成本控制的一般程序是制定控制标准、核算成本控制绩效、偏差分析和采取控制措施。成本控制的种类因划分标志不同而不同。按控制的标准不同划分为:目标成本控制、标准成本控制、预算成本控制。按时间划分为:事前成本控制、事中成本控制和事后成本控制。按控制原理划分为:前馈性成本控制、制度性成本控制和反馈性成本控制。按成本控制对象划分为:产品成本控制、质量成本控制、设备维修成本控制、人力资源成本控制、资金成本控制等。按控制手段划分为:绝对成本控制和相对成本控制。

(四)设备综合管理

设备综合管理包括设备购置、设备运行管理、设备维护和修理、设备修理成本与修理费用的控制。

设备购置是设备管理的首要环节。它决定设备的生产运行状况,也对设备更新改造产生影响。设备购置控制的目标是使购买的设备技术上先进、经济上合理、生产上适用。为了达到这一目标,购置设备时一般要进行定性的技术分析和定量的经济分析。

设备运行管理包括设备合理使用、设备状态监测。其中设备合理使用是设备运行管理的核心,其目的是保证生产正常稳定地进行。为此,应在掌握设备磨损规律和设备故障发生规律的基础上,制定相应的设备使用、设备状态监测、维护和修理制度,使设备运转正常和设备运转费用最省。

设备的维护保养和修理制度是控制设备正常运转和延长设备物质寿命的主要手段。企业应在充分掌握设备尤其是关键设备的磨损规律和故障发生规律的基础上,根据企业的实际情况,制定出相应的设备维护保养制度和修理制度,以便达到设备控制的目标。

为了有效地控制设备修理的成本,在修理之前要制定贬值费用预算计划。为了使预算费用与修理完工后的决算费用相接近,企业应该对所修理的设备做好大量的统计工作,对各种相同设备或不同设备的相似部分,在大修过程中所发生的工时和材料消耗进行统计分析,积累数据和经验,为今后修改定额和编制预算提供依据。

第四节 营销职业经理的专业基础

一、营销环境和市场分析

(一)营销环境分析

营销环境指的是所有处于营销管理职能之外,但对营销管理活动,以及促进和保持营销者与目标客户之间良好关系的、有影响力的各种因素。营销环境包括微观环境和宏观环境。微观环境指的是与公司关系紧密、能够直接影响公司服务顾客能力的参与者,包括竞争者、供应商、营销中介等。宏观环境指的是影响微观环境的力量,如政治环境、经济环境、社会文化环境、技术环境等。

营销环境有多种特征。首先,市场营销环境是外在的、客观的、不以营销者的意志为转移的,营销环境有难以控制性。其次,各类市场营销环境交织在一起,对不同地区、不同企业的影响不一样,营销环境具有不均衡性。再次,市场营销的各项因素受诸因素的影响,时刻处于变动之中,是一个动态系统,营销环境具有动态性。

营销环境分析的目的在于寻求营销机会和避免环境威胁。营销环境分析能够使企业扬长避短,发挥优势,从而在竞争中取胜。营销环境分析可采用SWOT分析方法。

(二)市场分析

进行合理的市场划分,把握不同类型市场的特点,是企业进行市场分析的基础。根据顾客购买产品和劳务的目的的不同,可以把市场划分为消费者市场和组织市场两大类。两类市场的运行目的与运行方式不同,必须区别对待。

1. 消费者市场

消费者市场是指所有为了个人消费而购买物品或服务的个人和家庭所构成的市场,它是现代市场营销理论研究的主要对象。消费者市场是最终市场,影响着整个市场的运行与发展。归根到底,企业必须发展对消费者有价值的产品,运用有效的促销手段将产品呈现给消费者,使消费者加以认同与接受,才能生存与发展。因此,研究消费者市场的特点,对于市场营销活动具有首要意义。

消费者市场主要具有分散性和差异性两个特点。消费者市场的购买对象是消费品,消费品的类型和特性多种多样。按照商品的耐用程度和使用频率可将购买对象分为耐用品和非耐用品两类。前者指能多次使用、寿命较长的商品,如家用电器、住房等;后者指使用次数较少、需经常购买的商品,如食品、卫生用品等。如果按照消费者的购买习惯来划分,购买对象又可以分为日用品、选购品和特殊商品三类。

2. 组织市场

组织市场是指为了生产、出售、租赁或供应而购买产品和服务的组织所构成的市场。组织市场购买产品或服务的目的不是自身消费,而是生产经营或者提供服务,这是与消费者市场的根本区别。组织市场可以分为四种:产业市场、中间商市场、政府市场和非营利组织市场。

产业市场也称生产者市场,是由所有这样的个体和组织构成:它们采购产品和劳务的目的是为了加工生产其他产品或劳务,供出售或出租以便从中赢利。中间商市场也称转卖者市场,是由所有以赢利为目的的从事转卖或租赁业务的个体和组织构成。包括批发商和零售商。政府市场是由需要采购产品和服务的各级政府机构构成,它们采购的目的是为了执行政府机构的职能。非营利组织市场是指为了维持正常运作和履行职能,而购买产品和服务的各类非营利组织所构成的市场。包括学校,医院,疗养院,监狱以及其他类似组织,其采购目的是为本机构所照顾看管的人提供商品和服务。

二、营销战略管理

(一) 目标市场战略

企业必须善于选择能充分发挥自身资源优势的目标顾客群,从事营销活动,确立企业在市场中的位置。这是企业营销管理中的战略决策问题。这个决策过程是由市场细分、目标市场选择和市场定位三个环节组成的。

1. 市场细分

市场细分是企业目标市场选择和市场定位的基础和前提。所谓市场细分,是指根据消费需求的差异性,把某一产品或服务的整体市场划分为在需求上大体相似的若干个市场部分,形成不同的细分市场,从而有利于企业选择目标市场和制定营销策略的一切活动的总称。

市场细分的目的是为了更好地适应消费需求,使企业所提供的产品和服务更好地满足目标顾客的需要。由于消费者所处的地理环境、社会环境及自身的教育、心理因素都是不同的,他们对产品的价格、质量、款式、服务等要求也不尽相同,必然存在消费需求的差异性。市场细分以消费者需求差异性作为划分依据,把整体市场划分为若干不同的细分市场,以便企业选择适合自己并能充分发挥自身资源优势的目标顾客群,实施相应的营销策略。

2. 目标市场选择

企业在划分好细分市场之后,可以进入既定市场中的一个或多个细分市场。目标市场选择是指根据每个细分市场的吸引力程度选择进入一个或多个细分市场。目标市场的选择标准主要有:规模和发展潜力;细分市场结构的吸引力;是否符合企业目标和能力。目标市场选择战略主要有:一是无差异性目标市场策略。该策略是把整个市场作为一个大目标开展营销,它们强调消费者的共同需要,忽视其差异性。二是差异性目标市场策略。该策略通常是把整体市场划分为若干细分市场作为其目标市场。三是集中性目标市场策略。该策略是选择一个或几个细分化的专门市场作为营销目标,集中企业的优势力量,对某细分市场采取攻势营销战略,以取得市场上的优势地位。

3. 市场定位

市场定位可分为对现有产品的再定位和对潜在产品的预定位。对现有产品的再定位可能导致产品名称、价格和包装的改变,但是这些外表变化的目的是为了保证产品在潜在消费者的心目中留下值得购买的形象。对潜在产品的预定位,就是使产品特色符合所选择的目标市场。公司在进行市场定位时,一方面要了解竞争对手的产品具有何种特色,另一方面要研究消费者对该产品的各种属性的重视程度,然后再选定本公司产品的特色和独特形象。

市场定位的关键是企业要设法在自己的产品上找出比竞争者更具有竞争优势的特性。竞争优势一般有两种基本类型:一是价格竞争优势,二是偏好竞争优势。企业市场定位的过程可以通过三个步骤来完成:首先,分析目标市场的现状,确认本企业潜在的竞争优势;其次,准确选择竞争优势,对目标市场初步定位;最后,显示独特的竞争优势和重新定位。

各个企业经营的产品不同,面对的顾客也不同,所处的竞争环境也不同,因而市场定位的依据也不同。市场定位的依据有:具体的产品特点;特定的使用场合及用途;顾客得到的利益;使用者类型等。事实上,许多企业进行市场定位的依据往往不止一个,而是多个同时使用。因为要体现企业及其产品的形象,市场定位必须是多维度的、多侧面的。

(二)营销竞争战略

确定了目标市场之后,就要制定广泛的、具有竞争性的营销策略,使企业具有尽可能大的竞争优势。企业的市场地位依据其所占有的市场份额而定,所谓市场份额,是指企业在某一产业市场总需求量中所拥有的占有率。在市场竞争中,由于企业有不同的实力,在行业内会有不同的市场份额,处于不同地位。依据企业地位的不同,企业可分为四类:市场领导者、市场挑战者、市场追随者和市场补缺者。市场营销战略的制定,必须考虑企业所处的市场地位,以及不同市场地位产生的竞争特点。

1. 市场领导者战略

绝大多数的行业都有一个被公认的市场领导者,它在相关的产品市场中占有最大的市场占有率,通常在价格调整、新产品开发、网络覆盖和促销强度等方面领导着其他厂商。处于领导地位的企业要想继续保持第一位的优势,可以采取以下几个方面的行动:

(1)扩大总市场

当整个市场被扩张时,一般是处于领先地位的公司获益最大。扩大总市场可通过为产品寻找新用户、新用途和扩大使用量三个途径来实现。

(2)保护市场占有率

市场领导者在努力扩张整个市场规模时,还必须注意保护其现有的市场不被侵犯。最具建设性的措施就是不断地创新,即力求在新产品开发、顾客服务、分销效率和成本降低等方面领导着整个行业,从而不断地提高竞争的有效性和对顾客的价值。

(3)扩大市场占有率

扩大市场占有率自然能使企业更上一层楼,但如果要使盈利增加,则必须要采取恰当的策略组合来获得市场占有率的增加。

2. 市场挑战者策略

在行业中位居第二、第三,甚至更低名次的厂商,都称为居次者或是追随者。居次者可采取两种策略:攻击市场领导者和其他竞争者,以夺取更多的市场份额(这时称为市场挑战者);或者参与竞争,或维持现有市场(这时称为市场追随者)。

大多数市场挑战者的策略目标是扩大市场占有率。作为进攻者,其可以进攻的对象有三类:市场领导者;规模相仿,但业绩不良、财力不足的公司;经营不良的本地或地区性的小企业。

具体可供挑战者选择的进攻策略主要有:价格折扣策略、廉价品策略、声望产品策略、产品线扩展策略、产品创新策略、改进服务策略、分销创新策略、降低制造成本策略和密集的广告促销等。

3. 市场追随者策略

大多数位居第二位以后的企业喜欢追随而不是挑战市场领导者。因为如果挑战者在以较低的价格、改进的服务或产品作为挑战手段时,领导者会很快地迎头赶上并瓦解这一攻击,而且往往具备更强劲的持久力。因此,除非挑战者有重大的产品创新或分销突破等出奇制胜的绝招,否则最好追随市场领导者。

市场追随者必须知道该如何保持现有的顾客和怎样在新的顾客群中取得一个满意的占有率。追随者应努力给它的目标市场带来新的、独特的利益。追随者常常成为挑战者进攻的主要目标,因此必须保持低制造成本及高品质产品和服务,而且当有新市场开辟时,它也必须迅速进入。另外,追随者也必须确定一条不会招致竞争性报复的成长路线。一般有四个追随策略可供选择:仿制者、紧跟者、有限模仿者、改进者。

值得注意的是,虽然追随者无须承担创新费用,但通常不会比领导者收益更多。追随策略并非是会得到高报酬的有效途径,但确实是企业的一种生存和发展策略。

4. 市场补缺者策略

市场补缺者是一个选择没有大公司服务的小细分市场的公司。补缺者的目的就是要避免与大企业的竞争,目标是小市场或大企业不感兴趣的市场,并凭借专业化来提供有效的产品和服务。补缺者在传统上是小企业,但大企业也会参与和推行补缺策略。

市场补缺者的任务有三个:创造补缺、扩展补缺和保卫补缺。市场补缺者的主要战略思想是专业化,其可发展的专家角色主要有:最终用户专家、纵向产品专家、顾客规模专家、特定顾客专家、地理区域专家和产品或产品线专家。市场补缺者要承担的主要风险是,该有利的空缺可能会消失或是遭受攻击。因此,这也是多元补缺较优于单一补缺的原因。在两个或更多的补缺基点发展实力后,企业就增加了生存机会。

三、营销组合策略

在营销管理过程中,进行市场定位以后,就要依据目标市场的需求和相关环境因素,制定营销组合策略。营销组合策略包括产品策略、定价策略、渠道策略和促销策略。

(一) 产品策略

产品是营销组合中最重要的、具有决定性的因素,如果产品不能满足消费者的需求,则其他组合要素便没有意义。营销学中所说的产品,是一个复杂的、多维的概念,企业提供给目标市场的并不是单一的产品,而是产品的组合。产品组合包括所有产品线和产品项目,每条产品线由多个产品项目组成。因此,产品策略的内容包括产品组合决策、产品线决策、产品属性决策、品牌决策、包装和标签决策。其中,产品属性决策主要包括产品设计、特色和质量三个方面。产品设计要考虑其独特性和科学性,产品特色要考虑消费者的需求和竞争优势的确立,而产品质量则决定产品的市场定位。

(二) 定价策略

定价策略是市场营销组合中一个十分关键的组成部分。价格通常是影响交易成败的重要因素,同时又是市场营销组合中最难以确定的因素。企业定价的目标是促进销售,获取利润。这要求企业既要考虑成本的补偿,又要考虑消费者对价格的接受能力,从而使定价策略具有买卖双方双向决策的特征。此外,价格还是市场营销组合中最灵活的因素,它可以对市场作出灵敏的反映。

在价格制定中,新产品定价是基本环节,它关系到产品能否顺利进入市场,并为以后占领和扩大市场的价格调整与价格竞争打下基础。企业推出新产品时可以采用的定价策略主要有:① 市场撇脂定价策略。企业会在新产品上市之初,把产品的价格定得很高,以攫取最大利润率。② 市场渗透定价策略。企业把它的创新产品的价格定得相对较低,以吸引大量顾客,提高市场占有率。③ 满意定价策略。介于"撇脂"和"渗透"两种策略之间,价格水平适中,同时兼顾厂商、中间商及消费者利益,使各方面满意。此外,为了争取客户、获得最大的收入,在新产品定价后,企业还要采用折扣定价策略、差别定价策略、促销定价策略、心理定价策略以及产品组合定价策略。

(三) 渠道策略

销售活动的直接任务,是实现产品服务从企业向顾客的转移,这种转移总是通过一定的渠道实现的。渠道可能由生产厂商直接搭建,形成由厂家到最终消费者的桥梁;也可能借助从事专门营销活动的其他企业搭建,形成生产商、中间商、消费者的三层渠道结构。架设和运作销售渠道,是营销工作的重大任务。

渠道策略是企业为了生存和发展而选择和制定适当的分销渠道计划,用以指导整个企业的分销管理工作。渠道策略是企业市场营销组合中的一个重要决策,企业所选择的渠道将直接影响其他所有市场营销决策。企业只有设计和选择了合理、高效的分销渠道,才能使产品顺利完成从生产领域向消费领域的转移。

根据是否存在中间机构,可以将销售渠道分为直接渠道与间接渠道;根据中间机构层次使用的同类经销商的数目,可以将销售渠道分为宽渠道和窄渠道。具体的销售渠道的类型可以分为单一产品单渠道、单一产品多渠道、多产品多渠道和多产品单渠道。

(四) 促销策略

促销策略是指企业通过人员推销、广告、公共关系和营业推广等各种促销方式,向消费者或用户传递产品信息,引起他们的注意和兴趣,激发他们的购买欲望和购买行为,以达到扩大销售的目的。企业将合适的产品,在适当地点,以适当的价格出售的信息传递到目标市场,一般是通过两种方式:一是人员推销,即推销员和顾客面对面地进行推销;另一种是非人员推销,即通过大众传播媒介在同一时间向大量顾客传递信息,主要包括广告、公共关系和营业推广等多种方式。这两种推销方式各有利弊,起着相互补充的作用。此外,目录、通告、赠品、店标、陈列、示范、展销等也都属于促销策略范围。一个好的促销策略,往往能起到多方面作用,如提供信息情况,及时引导采购;激发购买欲望,扩大产品需求;突出产品特点,建立产品形象;维持市场份额,巩固市场地位等。

根据促销手段的出发点与作用的不同,可分为两种促销策略:推式策略,即以直接方式,运用人员推销手段,把产品推向销售渠道;拉式策略,即采取间接方式,通过广告和公共宣传等措施吸引最终消费者,使消费者对企业的产品或劳务产生兴趣,从而引起需求,主动去购买商品。

思考案例

宝钢湛江钢铁的 TPM 推进方法

如果把设备比作婴儿,那么现场操作人员就是设备的"母亲",设备点检员就是设备的"体检医生"。目前很多钢厂的部分操作业务由外委方完成,即生产外协。因此,如何让操作人员尽心尽职"照顾"好设备,事关企业生产安全,也关系到企业降本增效成果。宝钢湛江钢铁有限公司的综合点检作业区涉及点多且面广,除工艺线机车司机为正式员工外,其他区域均采用了生产外协模式,面对协力单位员工技能较低、人员素质参差不齐等问题,综合点检作业区通过不断摸索 TPM(Total Participant Maintenance,全员参与式维护)推进模式,取得了明显的设备全员生产维护管理效果。

全员参与

要想将 TPM 工作向深处、细处、实处推进,只靠作业长或上级领导重视是不够的,唯一能够切实推进 TPM 工作落到实处的方法是全体点检员及全体操作人员共同参与。

在作业区 2017—2018 年度实际推进 TPM 工作中,作业区对全体点检员做了推进 TPM 工作重要性及方法的培训、宣贯工作。一是集中宣贯,集中宣贯主要是对推进 TPM 的方法进行宣贯、培训;二是结合公司及本作业区具体案例,针对性进行宣贯,重点选择通过操作人员认真点检发现设备隐患的正面案例,说明操作人员在日常设备管理中的重要作用。只有让全体点检员体会到、感触到推进 TPM 会给自己带来切实的"利益",才能从根本上调动大家的积极性。

湛江钢铁一线操作人员既有正式工,又有协力工,技能及责任心均有差异。面对生产外协模式,设备作业长首先要对操作作业长、班组长进行培训和宣贯,培训宣贯重点要避免纯讲理论,一定要结合现场实际展开,因为 TPM 工作面对的主体不是科研人员,也不是理论研究者,而是一线操作人员。通过不断提高操作作业长及班组长的认知,再由其对作业区、班组成员进行培训、宣贯,以此达到全员参与的目的。

建立奖惩机制

在 TPM 推进过程中,既要鼓励责任心强的操作人员,也要落实对未尽责人员的考核。通过"正激励+负激励"的方式,不断激发现场操作人员参与 TPM 的热情。

为保证按照推进要求落实点检员职责,作业区宜建立量化指标。可规定每人每月检查发现操作人员未认真执行 TPM 的问题条数,因为只有每位点检员去检查、督促、推进,才能真正促进操作人员开展 TPM 工作。

在此工作推进过程中,要注意防止纯粹为了凑数而应付检查的情况发生。一旦发现此类问题苗头,要做好宣贯工作,也要听取员工在实际实施中的困难。对多次提醒仍未整改的人员,要纳入评价考核。

人是有惰性的,通过一次培训或一次评价考核就达到目的是不现实的。因此对点检员反馈的典型问题或通过设备生产作业长联合检查发现的问题,要做好考核评价工作。

同时,为了提高操作员全员的积极性,更应多挖掘发现正面案例,通过正面案例的宣贯,不仅可以调动积极性,也可以开拓其他员工思路。例如,某操作员工发现设备某处螺栓松动(此时尚未出现故障停机),作业长可将此事图文并茂地以奖励通报方式发给各个相关操作作业区。

签订 TPM 协议

在班前班后的日常点检工作推行一段时间后,应考虑清扫、紧固、润滑、调整四类工作的同步推进。因为通过操作人员日常点检发现的问题,很多是可以通过操作人员现场动手予以解决的。

编写分工协议,需要考虑按设备类型进行编写,因为同类设备维护方式上是相似的。在具体内容的编写上,一要充分听取点检人员的意见和建议;二要详细具体,切忌空泛,因为分工协议可作为现场操作人员 TPM 的指导手册。

紧固类分工建议按照难易程度进行分工,相对简单的紧固工作,应由操作人员承担;对力矩有要求或平时难以触及的部位,应由点检人员承担。

调整类分工建议按照重要性进行分工,并且尽量将量化要求纳入分工表中。

分工协议是指导 TPM 开展的基础性文件,随着 TPM 工作不断深入推进,现场设备本体改进或作业工艺变更都会导致分工协议部分内容与现场实际不符。因此,要动态地对分工协议进行查漏补缺。

个案分享

个案一:认真点检,小隐患杜绝大事故。2018 年某天,操作员工在接班后,进行日常点检时发现起重机某卸扣螺栓由于开口销松脱,导致螺栓松脱,发现问题后,第一时间报点检员确认,并自己动手对卸扣进行了更换。

如果操作人员未发现,且点检员没点检到位,卸扣的螺栓一旦松脱,极易引起安全事故。对此操作方对其个人进行了嘉奖,并予以通报表扬。同时作业区对点检员点检不到位的情况进行了批评教育。

个案二:明显隐患未发现。2018 年某天,点检员对起升主钩动滑轮进行点检时发现了设备异常,在操作人员的日常点检本上此装置却被点检为正常,这是典型的不认真点检的事例,为此,作业区对操作人员班组长、作业长进行了约谈,并将其纳入了考核评价。依据《TPM 分工管理协议》中 2.8 条款中"操作不当造成吊钩等碰撞横梁、船舱沿口板或钢丝绳摩擦船舱口",给予罚款 500 元的处罚。

结语

在钢铁行业竞争日趋激烈的今天,钢铁厂更多比拼的是一线员工的素质。每一位一线员工只有在工作中敢于担当,作风上务实求真,企业整体竞争力才会有保障。每一次设备故障,不仅增加了维修成本,还直接关系到产品产量、生产安全等方面。如何在故障发生之前就将其消除在萌芽状态,推进 TPM 是解开此难题的关键之一。因此,不断摸索适合企业自身的 TPM 推进方法,"单兵作战素质"将稳步提升,企业整体"战斗力"会更加强大。

资料来源:改编自段建强《浅谈生产外协模式下的 TPM 推进方法》,载于《机电信息》,2020 年 08 期

【讨论题】

1. 宝钢湛江钢铁成功实践 TPM 的原因有哪些?
2. 国内很多企业都积极推进 TPM,其中不乏一些照本宣科后流于形式的失败案例,你认为国际先进的 TPM 管理模式在本土化的过程中需要注意哪些可能导致失败的因素?

 本章思考题

1. 财务职业经理应具备哪些专业基础知识?
2. 人力资源职业经理应具备哪些专业基础知识?
3. 生产职业经理应具备哪些专业基础知识?
4. 营销职业经理应具备哪些专业基础知识?
5. 财务经理在进行投资决策时应考虑哪些因素?
6. 人力资源经理怎样保证人力资源战略和企业战略的一致性?
7. 生产管理的控制方面主要包括哪些内容?
8. 营销经理怎样进行环境分析和市场分析?

=== 本章情景模拟实训 ===

如何鼓励员工参与

李先锋是 BJ(中国)公司中最有资历的中国籍老牌管理人员之一,硕士学位。直到 30 多岁还没有结婚而终日奔波于事业。当然,勤奋总会有回报,他的努力终于得到了公司的认可。公司将其送到英国进修了半年 MBA 管理课程后,派他到位于中国西部的一家刚与 BJ 合资三年的分公司中任运作经理。

这种任命是非常好的机会。作为一家业绩较差的分公司的领导者,很容易取得很大的进步,这种进步一定会给其带来更进一步的职业发展。所以我们戏称其为"BJ 公司金牌王老五"。

李先锋当然更志在必得,对于很多人而言,这是一种非常难得的经验——改造国有旧式企业。为了达到目的,李先锋做了大量的准备工作,其中之一便是被全世界制造业最为推崇的 TPM 管理模式。

TPM(全员参与式维护)是全面质量管理的内容之一。在 20 世纪 60 年代初,日本在汽车制造业中全力推广 TPM,极大地提高了劳动生产率,降低了设备、材料的损耗率,从而降低了制造成本,并提高了汽车制造应对市场变化的反应速度,对日本汽车制造业的崛起贡献巨大,TPM 从此赢得了世界各国企管人员的普遍尊重和重视。

TPM 创造的惊人变化的确令人诧异和兴奋。

毫无疑问,对于存在"跑、冒、滴、漏"问题、效率不高的某些中国传统制造企业,这可能是一剂良方。

所以，下车伊始，这位准 MBA 便下定决心，在分公司推广 TPM 的工作模式。他带来了全套 TPM 的文化工具箱，从上到下，不遗余力地推广 TPM。

公司被分成了若干个小组，在选定设备上开展 TPM 工作。包括中层、基层管理者每周必须花 8 小时对设备进行清洁、检查和润滑（CIL）。同时带来技术干部推广 TPM 的经验。

到此为止，他的决策都是明智的。但是，这时候他做了一个足以令他后悔终生的决定：按 TPM 教科书，全面照搬和复制 TPM 的实施计划。

为了让公司充满 TPM 的工作文化，他要求各工作小组必须像 TPM 的教科书要求的一样，准备大量的文件和布置美轮美奂的工作活动板。而他对于 TPM 的工作执行的好坏的评估，也仅仅按照教科书规定的那样，以对文件和宣传板报进行严格的检查为唯一方式。

公司的基层管理人员和骨干技术人员不得不做了他们这辈子都没有做过的如此多的文件。文件的数量迅速达到了以公斤为单位进行统计的地步。没有人再有精力去追踪每日的生产状况和生产中潜在的问题，而是转向他们都不熟悉的写作和学生会式的宣传板报的制作，同时又出现了众多的会议来讨论 TPM 的一些名词的定义和非常细节的实施步骤。

一种形而上学的工作作风迅速席卷了公司。工人们对此抱怨颇多，认为经理们不务实，只会浮夸。更要命的是，骨干技术员纷纷学会了用 TPM 的专业名词来掩饰工作的不足。以下是一段最常见的晨会对话：

经理："为什么喷粉车间的空压机又跳闸了，这已是本周内的第二次了。"

技术员："我们已经着手组建了一个 FI（重点改进）小组去解决这一问题。我们计划利用 ATS 的方法去分析这一现象，分析结果会被列入 OPL（一点教材）向员工培训。同时加强员工的 SOP（标准操作程序）意识……"

经理："那什么时候这个问题可以解决？"

技术员："我们的小组目前已经完成了 FI 的准备工作和第一步工作，正在准备第二步的主计划，在下次 FI 小组活动时，力争通过第二步……"

最后的结果是，除了电工到现场恢复了设备外，实际上，没有人真正到过现场！

结果可想而知，一场轰轰烈烈的 TPM 活动最终不了了之。两年以后，再参观这家分公司，所有的活动板报都至少 6 个月没有更新，堆着厚厚的灰尘。这位领导者在调离这家分公司后不久，被降职并且随即劝其退职，分公司失去了改造的机会，员工失去了对 BJ 公司的信任。这家分公司不久以后也以宣告破产而终结。

请问：如果你是李先锋，你该如何鼓励员工参与呢？

第七章

职业经理管理能力

学习目标

1. 了解职业经理必备的管理能力和能力结构。
2. 理解初级职业经理管理能力。
3. 理解中级职业经理管理能力。
4. 理解高级职业经理管理能力。
5. 理解职业经理的创新与内部创业能力。

===== 引导案例 =====

立 即 执 行

2011年5月,在线服务零售商凡客诚品有了一个推广新决定——签下黄晓明作为帆布鞋的代言人,拍了一个广告。这次和推广前两个代言人韩寒和王珞丹的成功经验不同的是,先要在社交媒体推广,而不是户外和传统媒体。

从5月4日下午决定到做好全部准备只有短短几个小时。而执行这个决策的便是罗林志和他的团队。出于对电子商务的兴趣,2009年5月,罗林志从新浪新媒体推广助理总监的职位上离开,加入凡客诚品新成立的新媒体部门做社交媒体推广。

刚进凡客诚品的时候,罗林志发现,这家互联网公司有自己的设计师团队,大家穿得花花绿绿,多了许多个性。这让之前不爱说话的罗林志感觉更舒服。但是,一段时间以后他发现,他必须变得更加爱说话、会说话,因为在他的岗位,和各部门的沟通必不可少。

以前在新浪可不是这样,那时候他只要将整个流程中交到自己手中的事情做好即可,现在他一下子有了很多必须自己思考的问题。但新浪烙印仍清晰可见:既然选择了这个事,就得认,就得把事情先做出来。即便是试错,也得快。

领到任务后,所有人被要求立刻投入工作,他们在第一时间被分配到详细的职责和流程,从怎么将视频广告传到优酷上,到剪辑好发布到微博的精华版,详细的截图发布版本,联系首批转发的微博意见领袖和相应媒体,到第二天10点半应该怎么去引爆这条微博,全部在当晚21点以前完成。

对罗林志来说,这个过程仿佛是新浪处理重大突发新闻的重现。一旦听到一个重大突发事件的传闻,新浪编辑就警觉起来开始组队,不过不同于传统媒体,他们不是先忙于核实消息,而是通知全部人员立即到岗,在其他人都往公司赶的时候,值班编辑立刻搭建专题框架,当所有人赶到之后,这些编辑开始丰富专题内容,与此同时核实新闻事实。

要辨别一个人是否在新浪呆过很容易。他可能不是精英气质,看上去也不一定个性十足,但他有个习惯改不掉:对于请求即时反应,立刻执行。

这种执行力让新浪微博初创时期的十几个人的小团队从确定要做到产品内部测试,只用了短短两周时间。"我们习惯在最短时间内先搭出一个框架,如果满分是十分,我们宁愿用最短的时间做出一个五分的成品,再在用户的反馈和交互中修修补补,为其迅速加分。"新浪微博产品总监林水洋说。林水洋是从新浪一线成长起来的80后中层管理者。

今年28岁的许泽玮在新浪曾经做过编辑和互动社区(微博前身)的项目经理,他想创立自己的事业,做自己喜欢做的事情。于是他在2009年加入了浪淘金的创始团队,成为产品经理,为以后自己的创业之路积累经验。

在搜狐和新浪都工作过的他认为,新浪的这种执行力其实有两部分,一部分是琐碎的流程规范,一部分是不需要个性的绝对执行。新浪对编辑有着详细的要求来保证"我们是最快的"。新浪会明确规定编辑记者24小时开机,甚至细节到所有即时通讯工具都设置成自动登录以提高效率。违反规则的问责制度、惩罚条例和流程规定同样详细。

初创浪淘金时,规范和流程都要自己创造,许泽玮和同事们对流程细节的关注甚至不亚于在新浪的时候。比如组织会议,他会将提前多久通知、以邮件还是短信形式通知、确保所有人回复等都列入规范启动会议流程。

快速执行的好处是显而易见的,对于新浪来说可能是比竞争对手快10分钟的专题推出,而对于罗林志来说,则是黄晓明版本的凡客广告在微博上短时间内就有了不错的影响力:8小时内转发12万次。

罗林志、许泽玮这样的年轻人在离开新浪之后,成为新兴互联网公司的中坚力量。除此之外,新浪还培养了另一种人:门户网站主编。凤凰网副总裁刘书就是其中之一。

她的加入源于新浪的一次定位微调。2002年,新浪试图为自己加入一点媒体特性的尝试,于是从传统媒体招来了一批采编精英做各内容频道总监。当时是北京晨报首席记者的刘书就于此时加入新浪,成为了财经新闻中心总监。

但是在3年左右的时间之后,新浪又回到了它的纯粹平台文化:快速、准确。在刘书眼里,新浪的快速的执行力意味着,"很多事情,只有新浪能够做成,但也有很多事情,新浪做不成"。刘书想要追求媒体气质,这意味着强调社会责任感,有着自己强烈的价值观。在经历了到微软管理MSN网站内容的职业经历之后,刘书后来选择了凤凰网。

不过,许泽玮说,新浪的人离开后仍然是一个体系,他们仍然享受在一起做事情的感觉。虽在不同地方,但是当彼此需要调动资源时,无论事情多琐碎,伙伴们仍立刻反馈执行。"这是很自然产生的一种责任感。不用这个事情分配给我,只要是这个事情涉及我,我也会立刻将它完成。"

资料来源:选自张晶《立即执行》,
载于《第一财经周刊》,2011-05-30

引导案例讲述的是职业经理的执行力问题。从案例中可以看出,执行力不仅需要流程规范,还需要绝对执行。流程规范需要领导和策划,领导和策划往往是中高层职业经理的重要能力;而绝对执行需要精通业务,业务能力往往是基层职业经理的重要能力。可见优秀的职业经理需要一个好的能力结构,并且,不同层次的职业经理所要求的能力重点也有所不同。本章主要讲述职业经理的通用能力模型和能力结构模型、初级职业经理的执行力、中级职业经理的沟通能力以及高级职业经理的战略思维能力和领导力，还特别介绍了各级职业经理都应拥有的创新与内部创业能力。

第一节　职业经理的能力模型

现代企业面临着瞬息万变的市场环境，企业随时面临着来自各方面的风险和威胁，这要求职业经理具有多方面的能力。职业经理应该具有怎样的能力？这是很多学者和业界人士关心的话题。职业经理的能力研究是被包含在管理者或经理人员的能力研究中的。纵观管理者或经理人员能力研究的文献，管理者或经理人员的能力模型主要有两类，一是通用能力模型，二是能力结构模型。

一、通用能力模型

通用能力模型的提出者认为，无论管理者在组织中所处的位置如何，管理者或经理人员（包括职业经理）应该具有某些能力。认为管理者应该具有一些通用管理能力的观点中，既有学者的观点，也有机构的观点，还有企业界的观点。

1. 学者的观点

虽然学者们认为管理者或经理人员的通用能力是多样化的，但观点一直在变化。20世纪80年代，受波特的战略管理理论的影响，很多学者强调管理者或经理人员的战略目标的制定和执行能力。如博亚特兹(Boyatzis,1982)对12个工业行业的国有和私营企业41个管理职位的2 000名管理人员的胜任特征进行了全面分析，得出了管理人员胜任特征的通用模型，并且分析了不同部门、不同行业、不同管理水平的胜任特征模型的差异。其认为管理者的目标和行动管理能力、领导能力以及人力资源管理能力对管理者胜任管理工作显得尤为重要。

20世纪90年代，战略性人力资源管理理论兴起，很多学者都关注管理者或经理人员的人际沟通及团队领导能力。如斯宾塞(Spencer,1993)提出了经理人员通用胜任素质模型，该模型由十多个不同的因素组成。其中，经理人员最重要的胜任能力是对他人的影响能力，其次是团队协作能力和分析性思维能力，还有就是团队领导能力和概念性思维能力。尤克尔(Yukl,1998)把领导者应具备的能力分为三种：① 业务和技术能力，包括运用工具的能力、运用设备的能力、解决实际问题的能力。② 人际能力，包括对人的情感、态度、动机的洞察力，良好的沟通表达能力，社交能力，说服能力。③ 认知能力，包括分析能力、判断力、预测力、创造力、逻辑思维能力、决断力。Egbu, Charles(1999)在英国SERC(The Science and Engineering Research Council)的赞助下，从1990年到1994年对英国三分之二的大型组织进行研究，采用半结构化面试和问卷法对高层经理、中层经理、基层经理进行了调查，得出了领导、沟通、激励、健康与安全、决策、预见及计划六种最为重要的管理胜任力。

21世纪初，管理者或经理人员的通用能力模型得到了更为广泛的研究。主要有两类观点：一类观点回归传统，强调管理者或经理人员的认知、决策、控制全局等能力。

如佩德勒与伯戈因(2001)认为有11种能力是成功管理者必须具备的:对基本事实的掌握;相关的专业知识;对事件的持续敏感性;分析问题、解决问题、决策、判断的技巧;社交技巧和社交能力;情商;预见性;创造性;敏锐性;综合的学习习惯和学习方法;自知之明。美国学者麦格雷·伯恩斯(2003)在《怎样提高领导能力》一书中,通过对美国历史上的政治家、军事家、商业企业家的考察,得出成功领导者应具有12项能力结构:控制全局能力、决策能力、运用权力能力、组织管理能力、选人用人能力、处理关系能力、沟通协调能力、激励能力、说服能力、宣传鼓动能力、影响感召能力和处理危机能力。保罗·戴蒂等人(2003)将经理人所具有的11种能力归纳为个人的才能、人际关系的才能和定向的才能三个方面。其中个人的才能涉及自我理解和发展,包括认识能力、成熟才能、发展能力;人际关系才能涉及了解和管理别人,包括影响力、领导能力、凝聚能力、洞察能力;定向才能涉及了解和管理工作,包括专长能力、外部能力、企业内能力、行动和组织能力。

另一类观点则强调经济全球化背景下管理者或经理人员的通用能力的新要求。如达恩·海瑞格尔(Don Hellriegel)等人(2000)考察了经济全球化和信息化的时代背景下管理者的各种管理实践活动后,提出了著名的新能力因素模型。他们认为,21世纪的高效管理者应该具有7种基本的能力,这7种能力是:自我管理能力、管理沟通能力、管理差异能力、管理道德能力、跨文化管理能力、管理团队能力和管理变革能力。玛克辛·道尔顿(Maxine Dalton)等人(2005)在所著的《成功的全球化管理者——如何进行跨地区、跨国家与跨文化管理》一书中,分析了一个全球化管理者如何在跨距离、跨国家和跨文化的情况下,成功地管理跨国企业,书中把全球化管理者的能力分为五种必需的能力和四种核心能力。必需的能力是指管理员工的能力、管理行动的能力、管理信息的能力、处理压力的能力和核心业务知识。要想成为一名成功的全球化管理者还必须要拥有四种核心能力:国际商务知识、文化适应性、转换视角和创新能力。

> **知识拓展**:哈佛大学教授 David·McClelland 是较早提出胜任力概念的学者。他认为胜任力是指在工作中能够与其他人区别出来的卓越特征,包括特质、态度、价值观、知识、动机、行为技能等。他在帮助美国外事局甄选驻外联络官的过程中,使用行为事件访谈方法挑选驻外联络官,发现驻外联络官具有三种核心胜任力:跨文化的人际敏感性、快速进入当地政治网络和对他人的积极期望。他的研究为经常处理联络事务的职业经理提供了较强的借鉴和参考。

2. 机构的观点

美国管理学会(1981)在四千名取得成功的企业管理人员中,选出一千八百名进行研究,得出的结论是,成功的管理人员需要具备十九个方面的能力。这十九项可分为四类:一是企业家的特征。如工作效率高、主动进取。二是才智方面的特征。如逻辑思考能力、概念化能力、判断力等。三是人际关系方面的特征。如自信、能帮助他人提高、以自己的行为影响他人、明智地使用自己的权力、不滥用权力、动员他人的能力、善于利用交谈、热情关心他人、使人积极而乐观、集体领导等。四是心理学上的成熟的个性。如自我克制能力、自动做决定、客观的态度、自我认识能力、勤俭等。

创建于1985年的管理才能评鉴（Managerial Assessment of Proficiency，MAP）在1995年被修改，认为担任管理重责之企业主管人员需具备四大类12项能力。四大类能力是：行政能力、沟通能力、督导能力、认知能力。其中行政能力包括时间管理与排定、目标与标准设定和计划与安排工作；沟通能力包括倾听与组织信息、给予明确的信息和获得正确信息；督导能力包括训导与授权、评估部署与绩效和行为规范与智商；认知能力包括问题确认与解决、决断与风险衡量和清晰思考与分析。

世界500强企业管理标准研究中心把职业经理的能力分为基本能力和工作能力要求。其中，基本能力分为激励员工能力、决策工作能力、协调工作能力、表达能力、交际能力和创新能力；而工作能力被划分成三十八种之多。

3. 企业界的观点

不同企业受各自企业文化的影响对管理者或经理人员的能力要求有不同的观点。一些国外著名大型企业都曾提出不同的适合自己企业文化的能力指标。如AT&T公司强调组织与计划能力、决策能力、创新能力、人际关系能力、应急能力、口头交往能力、自我了解能力和延迟满足能力。IBM公司则关注书面交往能力、行政管理能力、人际接触能力、决策能力、对应急的抗拒能力、计划与组织能力、口头交往能力。松下公司强调选人用人能力、自律能力、授权能力、激励下属能力、环境控制能力和应变能力。三洋公司则看重严于律己的能力、时间运筹能力、探索创新能力、协调能力、对人的了解能力、应变能力、选拔与培养人才能力、决策能力等。

二、能力结构模型

哈佛商学院的Katz教授于20世纪70年代提出管理技能模型，其认为管理技能主要包括技术技能、人际技能和概念技能。技术技能，是指管理者掌握和熟悉的特定专业领域中的过程、管理技术和工具的能力。人际技能，是指成功地与别人打交道并与别人沟通的能力。例如，领导下属的能力和处理各种关系的能力。概念技能，对于高层管理者尤其重要，是指产生新想法并加以处理，以及将关系抽象化的思维能力。

Katz认为，不同层级的管理人员所应具备的技能要求是不相同的。对高层管理者而言，概念技能是最为重要的。因为高层管理者需要制定全局性决策，所以需要掌握更多的理念技能，进而把全局意识、系统思想和创新精神融入到决策过程中，高层管理者并不需要经常从事具体的作业活动，所以只需对专业技能有个基本了解。对中层管理者而言，最为重要的是人际技能。因为中层管理者不仅要沟通协调好与高层管理者的关系，还要与基层管理者处理好关系；在中层管理者技能模型中，专业技能也占据一定的比例，掌握一定的专业技能，有利于诊断和解决工作中出现的问题。对基层管理者而言，最为重要的是专业技能，因为基层管理者主要的工作就是负责指导、帮助员工解决实际工作中遇到的问题。

此后，Guglieliemino（1979）根据Katz所提出的这三大类型管理才能来从事实证研究调查，研究结果如图7.1，进一步证实了Katz提出的管理者应具备的三项技能：

专业技能、人际技能与概念技能。

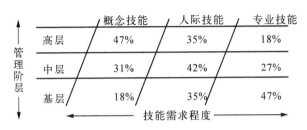

图 7.1 管理阶层与技能的关系

(资料来源:Guglieliemino P J. Developing the top-level executive for the 1980's and beyond. Training and Development,1979(4):12-14)

另外,Lester A. Digman 指出了不同阶层的管理人员的管理开发需求,如表 7.1 所示,对比高阶层,低阶层的管理人员比较需要评估员工、设定目标、沟通技巧、惩戒等技术能力;而资深阶层的管理人员则比较需要财务管理、预算与劳动关系等通盘的企业技能。同时也注意到了建立团队这种技能对于资深管理人员而言,显得相当紧迫,而对于中层管理人员则次之,低阶层管理人员又次之。

表 7.1 各管理阶层需要培养的各种能力

资深阶层	中级阶层	低阶层
时间管理	评核员工	激励别人
建立团队	激励别人	评核别人
组织与规划	设定目标与优先程序	领导别人
评核员工	口头沟通能力	口头沟通能力
疏解部属的工作压力	组织与规划	理解人类行为
理解人类行为	理解人类行为	培养及训练下属
自我分析	书面沟通能力	扮演经理人的决策
激励别人	时间管理	设定目标与优先程序
财务管理	建立团队	书面沟通能力
预算规划	领导能力	惩戒
设定目标与优先程序	决策能力	组织与规划
主持会议的能力	主持会议能力	时间管理
口头沟通能力	授权的艺术	指示与教导
劳资关系	培养及训练下属	选择人才
决策能力	选择人才	决策能力
研究决策与政策		

日本教育学会的学者把管理者分为三类,即基层管理者、中层管理者和高层管理者。每类列出十项重要的能力(表 7.2)。

表 7.2 管理者必备的重要能力

序号	基层管理者	中层管理者	高层管理者
1	业务知识、技能	领导统御能力	领导统御能力
2	统御能力	企业策划能力	预见能力
3	积极行动能力	业务知识与技能	谈判能力

续表

序号	基层管理者	中层管理者	高层管理者
4	谈判能力	谈判能力	领导魅力
5	企业策划能力	预见能力	企业策划能力
6	指导培养下属的能力	判断能力	决策能力
7	创造能力	创造能力	创造能力
8	理解、判断能力	积极行动能力	管理知识的能力
9	管理实践能力	对外协调能力	组织革新能力
10	发掘、解决问题的能力	领导魅力	判断能力

（资料来源：江幡良平. 新时代人才战略[M]. 陈郁然，译. 北京：外文出版社，1998.）

第二节 初级职业经理的执行能力

罗伯特·卡普兰(Robert Kaplan)和大卫·诺顿(David Norton)的研究发现，"只有10%的公司真正在执行战略；而且，大约有70% CEO失败的原因在于企业战略执行不到位"。大多数情况下，战略本身并没有问题，战略之所以失败是因为它们没有得到很好地执行。企业界人士也支持这种观点。如IBM总裁鲁·郭士纳认为："一个成功的企业和管理者应该具备三个基本特征，即明确的业务核心、卓越的执行力及优秀的领导能力。"美国ABB公司董事长巴尼维克曾说过："一位经理的成功，5%在战略，95%在执行。"具有出色的执行力，是成为合格经理人的重要通行证。

没有执行力的保证和支持，企业战略很难得以实现。由此可见，仅有战略，并不能让企业在激烈的竞争中脱颖而出，而只有执行力才能使企业创造出实质的价值。失去执行力，就失去了企业长久生存和成功的必要条件。执行力成为每个层次职业经理的必备能力。但是，作为企业将战略决策转化为效益和成果的关键，是初级职业经理尤其需要具备执行力。初级职业经理是在企业的经营、管理、生产、销售等经营活动第一线执行管理职能的直接管理层。由于他们与实际操作员工最接近，其管理水平将直接影响企业员工的积极性和对企业的忠诚度。因此，从能力方面说，初级职业经理最需要具备出色的执行能力。

一、执行力的概念

执行是企业战略的一个重要组成部分，是职业经理的主要工作之一。执行力是企业赖以生存的一种重要能力，它反映了一个企业实现其战略目标的能力，关系到企业的成败。具备出色的执行力，是一位成功职业经理的重要通行证。拉里·博西迪(Larry Bossidy)与拉姆·查兰(Ram Charan)的《执行：如何完成任务的学问》一书在美国问世，使执行力得到了企业界的普遍重视。

Larry Bossidy 和 Ram Charan 认为，执行力贯穿于企业经营管理的整个循环中，它不是局部的某个环节，而是企业制定战略目标必须考虑的问题，它要求企业管理者在制定战略目标时,要考虑目标的可执行性,员工要严格按计划实施战略方案,进而实现战略目标。迈克尔·波特(2002)认为,执行力可以理解为有效利用资源,保质保量达成目标的能力。这一定义包含两层基本的含义,其一是结果导向,它强调的是实实在在的结果;其二是对资源的识别和合理配置,以发挥资源的效用。

戴尔(Dell)电脑的创办人迈克·戴尔(Michael Dell)认为,执行力是指在工作的每一阶段都尽力做到最好,切实执行。GE的前任CEO杰克·韦尔奇(2005)认为,"执行力是一种专门的、独特的技能,它意味着一个人要知道怎样把决定付诸行动,并继续向前推进,最终完成目标,其中还要经历阻力、混乱,或者意外的干扰"。

不同的学者和业界人士对"执行力"这一概念的定义都不尽相同。综合他们的观点,执行力是指有效利用资源将企业战略和经营目标转化为实际方案和实际行动的能力。该定义的内涵主要包括以下几个方面:执行力是一种能力,是将企业战略和经营目标转化为实际行动的能力;执行力是一个系统的、动态的过程,它涉及企业运营的方方面面,要想高效运营一个企业,实现企业的战略目标,就必须强化执行力;执行力涉及企业战略目标实现过程中资源的有效利用问题。

根据主体不同,执行力可以分为企业执行力和个人执行力。就职业经理而言,职业经理的执行力就是职业经理带领部属有效运用可控资源,保质保量完成工作和任务的能力。

二、初级职业经理执行力的内容和要求

执行力是针对角色来讲的,不同层级的职业经理在组织中都要具备执行力,企业的高级职业经理应成为企业的高层执行者,中级职业经理应成为中层执行者,初级职业经理则应成为基层执行者。前面已经提出,在众多的能力中,初级职业经理尤其要具备出色的执行力。那么,初级职业经理的执行力有哪些内容和要求呢?

(一)初级职业经理执行力的内容

1. 领会与设计能力

执行始于委派,首先要明确需要完成的任务和完成任务所必需的条件。其次是对任务进行分解和设计,以制定完成任务的路线图。要有将模糊、笼统的期望转化成清晰、具体目标的能力。再次是组成任务团队。要为每一项任务找到合适的负责人。

2. 按原则办事的能力

按原则办事,主要是在授权和监督过程中。首先,要具备有效的指挥和命令的能力,在授权时,要明确任务和任务背景以及完成任务的标准,既要给予权力和支持,又要对方做出承诺。其次,要尊重成员的公开承诺,培养员工责任感。再次,要有严格的计划、时间表、预算和控制体系。最后,要能适时监督。监督主要针对的是绩效表现,重在关键点和监测工具与手段。

3. 处理棘手问题的能力

初级职业经理位于生产和服务的第一线,常会碰到紧急、棘手问题。这需要具备克服和牵制各种障碍,赢得支持的能力;要杜绝延误,具备使员工保持主动性的能力。

4. 学习能力

受认知能力的影响,任务的领会和设计不是一次就能完成的,需要不断在实践中总结,向经验学习。另外,与不同的员工沟通和交流、监督的方法等都是需要不断地学习的。学习能力不仅是执行力提高的保证,也是执行力的内容。

(二) 初级职业经理执行力的要求

衡量一个初级职业经理是否具备出色的执行力,主要看他是否能够做到以下方面:

第一,了解自己所在的企业、上司和员工,直面现实。必须用一种客观的态度来看待企业和他人,尤其是在将自己所在的公司与其他公司进行比较的时候。要非常清楚地了解公司当前所发生的一切,同时还要放开眼界,在衡量自己进步的时候,把眼光放在与其他企业的对比之上,而不是仅仅局限于本企业的内部。

第二,确立明确的目标和实现目标的先后顺序。初级职业经理更加要关注那些重要而明确的目标,只有目标明确,才有动力和方向。再者,如果没有事先设定清晰的目标顺序,员工群体在完成任务时很可能陷入无休止的争论之中。

第三,建立一种及时的跟进机制,以确保每个人都能够意识到并切实完成自己的任务。因为"人们所做的并非你所期望的,而是你所要检查的"。

第四,对执行者进行奖励。初级职业经理应该做到奖罚分明,并把这一精神传达到整个部门或团队当中,确保每个人都清楚地知道:得到的奖励和尊敬完全建立在工作业绩之上。

第五,提高员工能力和素质。作为企业的基层主管,其工作的一个重要组成部分就是把自己的知识和经验传递给下属,通过这种方式来不断提高组织中个人和集体的能力。

第六,了解自己、认识自我。初级职业经理必须具有强韧的性格,只有这样,才能诚实地面对自己,诚实地面对自己的业务和组织现实。只有对自己和他人做出正确的评价,才能容忍与自己相左的观点,才能建立起一种执行型文化。

> **知识拓展**:下达指令的规范要求主要包括:① 自己对指令有明确、全面的界定,了解指令的内涵、指令实施的方向性思路和具体要求、下达的原因、监督指令实施的人、指令完成的时间以及验收结果的时间和地点等;② 让下属充分理解指令的意义和价值,让下属感到所接受任务的光荣,以及他能承担这一任务的自我价值;③ 让下属复述指令要求,确保下属准确无误地理解指令的要点和要求。

三、初级职业经理执行力的影响因素与建设

影响初级职业经理执行力的因素来自多个方面,有的来自企业的外部,如社会文化因素;有的来自企业的内部,如组织结构、管理制度、工作流程、行为规范等。其作用机制也比较复杂。

对初级职业经理执行力的影响因素主要包括:企业领导者对执行力的重要性认识

不到位;管理层制定的战略目标不具有可执行性;企业中层管理者执行战略决策方案不坚决;企业员工缺乏对执行力的认识;组织结构缺乏动态性;薪酬制度没有得到很好的实施;评估机制欠缺;企业的运作模式不科学;制定的企业文化不符合执行型文化等。

正是由于影响初级职业经理执行力的因素来自多个方面。因此,初级职业经理执行力的建设不是初级职业经理短期内就能完成的,是需要多方长期努力的。首先,领导者、企业文化和人员配置是提高初级职业经理执行力的基础,要想提升初级职业经理的执行力,就必须先制定具有可执行性的战略,然后在良好的文化氛围下,由具有执行力的员工去实施;其次,员工在实施的过程中要有完善的工作流程和制度,要建立良好的评估体系,将薪酬制度与员工绩效结合起来,对那些执行力强的人给予更多的奖励。

第三节 中级职业经理的沟通能力

中级职业经理,主要侧重于理解和执行企业战略,高效地计划、组织、领导和控制企业的日常经营职能,实现企业从战略目标向现实的业务产出的顺利转换。中级职业经理要适应不断变化的复杂环境中的问题,使企业的宗旨、使命、信念、价值观和管理文化得到顺利传达,并真正落实到企业的管理实际中。从能力方面来说,中级职业经理需要具备多方面的能力。但就中级职业经理独特的上传下达的角色而言,最需要出色的沟通能力。

沟通是现代管理的一种有效工具,是一种技能,也是一种艺术。沟通能力作为职业经理必备的核心能力之一,对于中级职业经理而言显得尤其重要。中级职业经理作为组织中的联系者,其良好的管理沟通能力可以有效地协调高级职业经理和初级职业经理的活动,对企业的发展产生重要影响。一方面,中级职业经理最重要的功能是把高级职业经理的经营思路、经营目标等信息有效地传递给初级职业经理,并指引和领导他们一同完成目标;另一方面,中级职业经理要与高级职业经理进行沟通,充分理解企业的战略,进而制定有效地实现企业经营目标的战略。

管理沟通是现代企业管理中重要的环节,有效的管理沟通有助于提升管理水平;有效的管理沟通是现代企业降低管理成本、提高管理效率的关键,作为组织中的中坚力量,中级职业经理应当提高沟通效率,充分运用沟通的各种形式,来提升管理效率和水平。

一、沟通与管理沟通

(一)沟通的多样系统

《墨子·尚同》等我国经典著作表明,我国古代对沟通就很重视。进入现代社会,人们更加重视沟通的研究和实践。一般来说,现代沟通都可以纳入管理沟通的范畴,因为人们之间沟通的目的,就是要利用自己所了解的信息去控制对方的行为。但从宏观上来看,现代沟通仍然是多系统的沟通。唐·库什曼(美国)在《人际沟通论》中将沟通系统划分为四种:跨文化沟通系统、文化沟通系统、组织沟通系统和人际沟通系统(见表7.3)。

表 7.3　沟通的多种系统

系统	功能	结构	传码	主要过程
跨文化沟通系统	在对文化特征和利益的认识上达成同感	多国机构和团体	外交	国家承认经济和文化的交流
文化沟通系统	对制度形成同感	国家、文化阶级、亚文化、地区、社团、家庭	语言、方言、口音	扩散,尤其是通过大众媒介、风俗和宗教仪式
组织沟通系统	对组织管理趋于同感	组织、小团体、个人角色	行语、技术术语	领导、管理、信息交换、协商、谈判、讨论
人际沟通系统	对自我观达成同感	友谊和家庭中的网络关系	个人风格、个人品行才能	自我观的创造、表达和肯定

(二) 管理沟通的定义、要素和内容

在现代社会,管理沟通是一种重要的沟通系统。管理沟通可以从广义和狭义两方面来进行阐释。从广义上来说,管理沟通是指所有为了达到管理目的而进行的沟通;从狭义上来说,管理沟通是指管理者与被管理者之间、管理者与管理者之间、被管理者与被管理者之间,即组织成员内部互相之间或者组织成员与外部公众或社会组织之间发生的,旨在完成组织目标而进行的多种多样的,形式、内容与层次的,对组织而言意义的信息的发送、接收与反馈的交流全过程,及组织对该过程的设计、规划、管理、实施与反省。

管理沟通主要由九个要素组成:发信者、收信者、编码和解码、目标、信息、渠道或媒介、反馈、噪音、背景或环境。

管理沟通可以宽泛地包括组织环境下的个体沟通、人际沟通和组织沟通三个方面的内容。个体沟通强调自知之明,培养自我沟通、战胜自我的能力;人际沟通强调掌握人与人之间沟通的技巧,其中包括倾听技巧、非语言沟通技巧、冲突处理技巧、口头沟通技巧、书面沟通技巧、压力沟通技巧等;组织沟通则是自我沟通能力和人际沟通技能在组织特定沟通形式中的综合体现,这些特定沟通形式包括纵向沟通、横向沟通、群体和团队沟通、会议沟通以及危机沟通等。

二、中级职业经理的管理沟通能力

中级职业经理不仅应具备任何人都必须具备的一般沟通能力即人际沟通能力,还必须具备管理沟通能力这种职业特殊能力。管理沟通能力是在人际沟通能力基础上形成的在管理领域中的特殊能力,它以人际沟通能力为基础,是对人际沟通能力各成分的综合运用能力,类似于沟通策略。

管理沟通能力是指管理者适当而有效地进行沟通以实现管理沟通功能的能力。管理沟通能力的衡量标准有:一是适当性,即管理沟通行为适合情境;二是有效性,即管理沟通目标的实现程度。

中级职业经理的管理沟通能力主要包括决策沟通能力、协调沟通能力和情感沟通能力。决策沟通能力是指为个体和群体提供决策所需要的信息,并能激发大家产生新思想的沟通能力,包括信息沟通能力、创新激励沟通能力。协调沟通能力是指通过沟通协调组织成员的思想和行动的能力,分为目标协调沟通能力、利益协调沟通能力、思想协调沟通能力、关系协调沟通能力。情感沟通能力是指通过沟通调剂组织成员的情绪,激发成员工作积极性的能力,分为情感满足沟通能力与情感激励沟通能力。

影响中级职业经理管理沟通能力的主要因素有:① 管理沟通环境。包括组织机构设置情况,沟通机制是否完善以及组织文化如何等。② 沟通机构的设立。包括管理构架是否明确,沟通渠道是否畅通、简洁等。③ 管理沟通人员的素质。包括信息发送者和信息接收者的文化程度、语言文字功底强弱、理解力等。④ 企业员工的整体素质和企业管理沟通网络的通畅性。⑤ 管理沟通手段、策略和沟通渠道的选择。

在实际沟通中,影响沟通的障碍有很多方面,主要有以下几种:人为障碍、语言障碍、文化差距障碍、认识障碍、组织结构的障碍和物理障碍等。

(1) 人为障碍又包括情绪障碍、个性障碍、态度障碍。

(2) 语言障碍。语言是表达思想和感情的工具,语言使用不当会引起沟通障碍。

(3) 文化差距障碍。如果沟通的双方教育程度、文化素质差距过大,由于文化水平的限制,可能会造成沟通障碍。

(4) 认识障碍。认识障碍是由沟通双方认识失调而引起的。双方在信息交流中,由于角度不同、思维的差异,对同一个问题可以有不同的解释。

(5) 组织结构的障碍。在组织内部由于组织结构设计或设置的不合理,可能会造成沟通渠道不通畅,信息经过层层传递,间接沟通会造成信息的大量流失。

(6) 物理障碍。例如,传递工具不灵,通讯设备落后,就会造成接收者了解信息内容的困难等。

中级职业经理要提高管理沟通能力,除了正确运用语言文字、学会有效的倾听外,最重要的是要掌握沟通技巧。在谈话的时候,应该意识到,自己的责任不只是把自己心中所想的表达清楚就行了。首先要精心选择话题。交谈时,可根据对方从事的工作、专业等方面引出对方可能感兴趣的话题,也可以从对方的提问中了解对方感兴趣的话题。其次,要注重相互配合。再次,要善于转换话题。

> **知识拓展**:与上司沟通的规范要求主要包括:① 在进行沟通之前,明确沟通的时间、地点和内容,做好思想准备;② 汇报的内容要与上司原来的指示和期望相对应,避免文不对题,浪费时间;③ 从上司的角度来看待工作,对上司所关注的问题,应重点汇报;④ 沟通时针对具体的事务进行分析,表达简明扼要、突出重点,避免针对具体的个人进行评价,不要再过多加入自己的情绪,把意见强加于上司;⑤ 对上司的指示进行反馈,让上司就重要问题进行澄清和确认。

三、中级职业经理的跨文化沟通能力

与一般情况下的沟通过程相比,跨文化沟通更具复杂性。跨文化的简单解释就是不同群体间的文化,如种族间的文化、国家或地区间的文化等。跨文化沟通能力不同

于单一文化情境下的沟通能力。跨文化沟通能力强调的是在跨文化情境中能够得体而有效地进行沟通的能力。

随着全球经济一体化进程的加快,作为企业骨干力量的中级职业经理会面对更多的跨文化问题,需要与不同国家或民族的上司、同事、下属和客户进行跨文化沟通。因此,跨文化沟通能力也是中级职业经理需要具备的重要沟通能力。

中级职业经理的跨文化沟通能力主要有三方面的内容:① 情感维度。这是指情景引发的双方情感变化。主要包括:自我认识、开放性思维、对跨文化问题的非判断性态度以及放松式沟通和社交。② 认知维度。通过理解母文化与其他文化的异同来改变个人对环境的认知。包括自我意识和文化意识。③ 行为维度。要在跨文化互动中完成工作目标,达到沟通目的。主要包括传递信息的技巧、恰当的自我展示、互动管理、行为的灵活性和社交技巧。

要提高跨文化沟通能力,中级职业经理个人需要培养自己的基础能力,特别是社交能力;要意识到跨文化问题认知的复杂性,勇于承担角色;要善于在特定情境中控制环境,通过成功沟通达到目标;要重视使用语言和非语言技巧,与他人建立和睦关系。

第四节 高级职业经理战略思维能力与领导力

高级职业经理是负责企业资源运用及经营成效的高级人员,承担着有关规模化、一体化、多角化、成长以及创新等主要任务,所负担的责任特殊,面临的挑战艰巨。高级职业经理关注整个组织的绩效,必须清醒认识其本身所应扮演的角色,明确自身的职责所在。根据管理大师彼得·德鲁克的诠释,高级职业经理的主要责任包括:明确企业使命、企业的组织架构和组织设计;培养企业未来的人力资源,尤其是高阶层人力资源;与外界建立并维持良好关系;参加各种"仪式"和"典礼";在企业遭遇重大危机时充当企业的"备用工具"。为了更好地完成组织的任务,履行自己的职责,高级职业经理必须具备战略思维能力、领导能力、高效的决策能力、组织能力等。其中,战略思维能力和领导能力尤其重要。

一、战略思维的概念、特征与程序

(一)战略思维的概念

明茨伯格(H. Mintzberg)将战略定义为:① 一种计划(plan)。战略是一种有意识、有预计、有组织的行动程序,是解决一个企业如何从现在的状态达到将来位置的问题。② 一种计谋(ploy)。战略不仅仅是行动之前的计划,还可以在特定的环境下成为行动过程中的手段和策略,一种在竞争博弈中威胁和战胜对手的工具。③ 一种模式(pattern)。战略可以体现为企业一系列的具体行动和现实结果。④ 一种定位(position)。在自然环境中的合理定位。⑤ 一种观念(perspective)。体现了组织中人们对客观世界固有的认识方式,是思维的创造物。

战略既然是一种观念,是思维的创造物,那么要形成战略,战略制定人员必须具备战略头脑和战略思维,才能帮助企业实现科学的定位,制定企业的战略目标。

战略思维是指思维主体对关系事物全局的、长远的、根本性的重大问题的谋划(分析、综合、判断、预见和决策)的思维过程,是思维科学在企业经营和决策艺术领域的体现,也是进行企业战略谋划时所特有的思维方式、思维理念、思维活动的总和。从某种意义上说,能否有效进行战略思维是企业管理者,特别是企业战略决策者能否胜任管理工作的重要前提条件之一。

(二)战略思维的主要特征

1. 战略思维的长远性、前瞻性

前瞻性思维又称为预见性思维,是在客观存在的基础上,根据客观事物的发展规律,先于客观事物变化的、符合事物发展趋势的、具有超前性的思维。战略是对于未来大势的谋划,它指向于未来,着眼于未来,因此战略思维要有很强的前瞻性。

2. 战略思维的整体性、系统性

战略思维要具有跨越企业的全局观、整体观。系统思维一个重要特征是将认识对象作为一个系统整体来观察和思考,从系统与环境之间的相互关系中来认识客观对象,并重视系统内要素、结构及总体功能,同时包含着关联分析和比较分析的内涵。

3. 战略思维的重点性、关键性

战略思维的重点性是针对系统整体中的局部,但不是一般的局部,而是起关键的、决定性作用的局部。战略思维的关键性是指战略思维在战略思维谋划的过程中是关键的。

4. 战略思维的复杂性、创造性

战略思维的复杂性是指战略思维需要对大量的信息进行加工和处理,其内容和过程是复杂的。另外,战略关乎企业竞争优势的创造与维护。产生新思想、新解决办法是战略的核心内容。创新思维是思维主体根据事物发展的内在规律,提出新思想、新理论,制定新战略,并勇于破旧立新以解决问题的高级思维方法。

5. 战略思维的开放性、自觉性

战略思维的开放性主要指信息的开放性。现代企业战略制定者的战略思维必须是面向全国、面向世界、面向未来的开放性思维。战略思维的自觉性指思维主体确立战略目标、选择信息、加工信息的能动性。战略思维不是一种盲目的、被动的思维活动,而是一种充分发挥高层管理者的主观能动性、积极性和创造性的思维活动。

(三)战略思维的程序

战略思维的程序主要包括:战略预测、形成战略目标、制定战略任务、提出战略方针、制定战略措施以及战略实施的反馈及战略修正。

1. 战略预测

战略预测是在对战略所涉及的事物或对象现实状况和未来发展趋势的科学把握基础上,对战略目标、战略任务及战略手段的可行性及实施效果的预测。战略预测是提出战略目标、战略任务、战略措施的基础和前提。战略预测如果是错误的,整个战略的谋划就是失败的。

2. 形成战略目标

战略目标是实施某一战略要达到的最终结果,是战略的出发点和落脚点。它在战略体系中居于统帅地位。

3. 制定战略任务

战略任务是战略目标的分解,战略任务是详细的、具体的,战略目标要通过战略任务的完成才能实现。战略任务可以分解成若干具体的子任务和更细致的任务。

4. 提出战略方针

战略方针是根据战略目标要求确定的指导战略全局的总纲领总原则。它规定完成战略任务、实现战略目标的基本途径和手段,明确战略重点和主要战略部署,是组织战略实施的指导思想。

5. 制定战略措施

战略措施是为了实现战略目标、完成战略任务采用的各种方式方法、手段。战略措施是战略系统中最关键、实践性最强的部分。

6. 战略实施的反馈及战略修正

战略思维形成的战略目标、计划、任务是主观的东西,将它们付诸于实践就是战略实施。战略实施是检验战略思维的唯一途径,是主观见之于客观的过程。如果战略预测有误,或者事物发生重要的变化,就要根据实际情况(信息反馈)及时修改战略目标和计划等,有时甚至要放弃整个战略。

二、高级职业经理战略思维能力培养

高级职业经理在企业中是经营决策者和领导核心,在企业发展中发挥着决定性作用,战略思维能力对于高级职业经理进行战略决策、谋求企业生存与发展至关重要。如果企业高级职业经理缺少战略思维能力,则组织发展可能会迷失方向,甚至导致管理失败、企业经营失败。

高级职业经理的战略思维最重要的是要着眼全局和未来。战略思维是一种全局性思维和长远性思维,它与全局和未来密不可分,所以高级职业经理要做好企业,首先必须具有全局意识和长远观念,具有着眼整体、谋划未来的战略能力。只有立足全局和着眼未来,才能发现并抓住长远影响全局的重大问题,制定正确的战略和策略。

高级职业经理战略思维能力的提高,主要可以从以下几个方面进行:

首先,深入实践,积累经验。实践是战略思维的源泉和动力,是检验战略思维正确与否的标准。提高战略思维能力离不开管理实践,只有在丰富的管理实践经验基础上,对事关全局重大问题的规律性认识才能比较深刻、全面。

其次,学习与研究战略理论。一方面,学习战略制定的基本思维方法、基本原则;另一方面,学习优秀战略思想家的思维模式、创新精神、系统思维等战略思维的重要构成要素。我国是世界上最早出现战略理论的国家,五千年历史中有着丰富的战略应用实例,《孙子兵法》《鬼谷子》《战国策》等战略经典著作系统、深刻,富有启发性。蕴含在古典名著中的各种战略思想、战略哲学是学习和研究战略理论、提高战略思维的有利条件。

再次,提高学习能力和创新能力。虽然知识并不是智慧,但是知识结构、知识水平直接影响思维结构和思维水平。多学科、多维度、复合型的知识结构,不断的知识更新和观念更新对战略决策者的战略思维训练与提高至关重要。正如战略学家约翰·科林斯指出的那样:"如果说在某个领域通才比专才更为可取,那么这个领域就是战略。科学家沿着相当狭窄的途径探索知识领域,而战略家则不然。他们需要有尽可能广泛的基础知识。"因而战略决策者要提高战略思维能力,在知识积累和知识更新方面,要合理优化知识结构,不断更新知识,正确处理学与思的关系。

最后,如何加强自我修炼。战略思维是思维主体的一种理性思维和全局思维活动。战略决策者增强战略思维能力要注意加强对主观世界的改造,树立正确的世界观、人生观和价值观。特别要对企业伦理、企业道德、企业社会责任等要有深刻的理解和认同,要有对他人的关心和对长期利益的追求。

三、领导力与领导力开发的概念

领导能力又简称领导力。广义的领导能力是指领导者有效开展领导工作所必须具备的个性心理特征和实际技能。传统特质理论认为,领导者的特质(包括能力)是"天赋"的,是否具有良好"天赋"特质,是一个人能否成为领导者的根本因素。美国心理学家吉伯(Gibb,1969)指出,天才的领导者应具备以下七项特质(其中有四项涉及领导能力):① 善言辞(言语表达能力);② 外表英俊潇洒;③ 智力过人(强调智力水平);④ 具有自信心;⑤ 心理健康;⑥ 善于控制(自我控制能力强、具有支配控制他人的能力);⑦ 外向而敏感(洞察力、社交能力)。领导行为理论认为,领导行为内容的描述都是以一定的领导能力为基础的。综合学者的研究表明,领导者应具有以下几种能力:战略计划能力、言语表达能力、创新能力、应变能力、决策能力、把握全局的能力、开拓能力、指挥能力、学习能力、选才用才能力、情绪控制能力、沟通能力、取得别人信任的能力和协调能力等。显然,领导特质理论和行为理论中强调的领导能力是广义上的领导力。

狭义上的领导力是指影响他人的能力。美国领导力发展中心的创始人赫塞博士则强调:"领导力是对他人产生影响的过程,影响他人做他可能不会做的事情。领导力就是影响力。任何人都可以使用领导力,只要你成功地影响了他人的行为,你就是在使用领导力。领导他人基本上基于专业才能或者个人魅力,绝对不是单纯地依靠你的职位称呼。"

领导力就是领导者影响别人的能力,尤其是要激励别人实现那极具挑战性的目标。当领导者激励他人自愿地在组织中做出卓越成就时,也就将领导者的愿景转化为现实。因此,狭义上的领导力又是一种把愿景转化为现实的能力。

领导力开发的概念有三种,包括过程论、内容论和目的论,其中目的论逐渐占据主流地位。

Bass(1990)指出,领导力开发是一个持续不断的过程。Barker(1997)认为,领导力开发应该超出技能和能力的开发,并且强调所处的环境以及将领导力的学习作为一个过程来理解。Van Velsor,McCauley 和 Moxley(1998)指出领导力开发的定义:领导力开发是领导角色和过程中个体有效能力的拓展过程。

内容论学者 Dixon(1990)主张领导力开发是指构建能够使得群体解决不可预知的问题的能力。Fulmer 和 Vicere(1995)从领导力开发的内容角度指出领导力开发是指明确和推进那些能改变和提高组织的例外人员的知识、技能和资格的能力。

虽然支持领导力开发的过程论和内容论的学者大有人在,但越来越多的学者强调领导力开发主要是一种目的。Kaagan(1998)指出,大多数学者认为,领导力开发即传授领导力,是通过指导者对潜在领导者的积极作用,从而指导潜在领导者如何成为一个有效的领导者。在当代背景下,领导力开发要求学习者不仅能够熟练明确和完成他们个人的目的,还要帮助他们的追随者来实现个人的目的。Day(2001)认为,领导力开发是一种整合策略,这种整合策略能够帮助人们通过自我意识理解怎样与他人相处,协调他们的努力,培养承诺和建构社会网络来推动个人和组织目标的实现。Velsor 等(1998)给出了关于领导力开发概念中的三个基本的假设:首先,领导力开发的首要目标是提高个人的能力水平;其次,领导力开发不是试图确定成为"领导者"的必要条件,而是寻找有效领导角色的必要因素是什么,这种领导角色存在于正式职位或非正式职位上,且存在于不同类型的环境下;再次,领导者可以被开发,换言之,个体有能力拓展他们的领导力。

四、高级职业经理领导力开发的内容和途径

(一)高级职业经理领导力开发的内容

为了帮助高级职业经理承担应有的责任,可以对高级职业经理进行全面的领导力开发。全面的领导力开发可以从四个领域展开。这四个领域分别是:分析领域、概念领域、情感领域和精神领域。

首先,在分析领域,开发理解和管理复杂事务的能力。例如,计算新业务中的收支平衡点就需要强有力的分析能力。

其次,在概念领域,培养高级职业经理概念能力。具有很强概念能力的高级职业经理更容易理解和管理整个企业的发展。例如,对一项新业务进行设计和规划需要较强的概念技能。

再次,在情感领域,开发高级职业经理对于情感问题的协调能力。高情感协调能力的经理擅长于理解和管理人员的情感、情绪问题。例如,调整部门领导的情绪需要高级职业经理有很好的情绪调节技能。

最后,在精神领域,开发高级职业经理的意识和精神。精神受到启迪的高级职业经理能够使得他们将企业的使命与持有的道德价值结合起来。例如,具有先进精神领导技能的高级职业经理会更好地关注员工的精神信仰和价值标准,也会考虑企业的社会道德和责任问题。

> **知识拓展**:与下属沟通的规范要求主要包括:① 充分为沟通做好准备,可以事先制定计划或提纲,以便提高沟通效率;② 在商讨问题的过程中,如果下属提出与自己不同的看法,要以尽可能快的速度做出反应,尤其是要从下属的角度思考问题,找出下属意见的合理性,并充分认定其合理性;③ 不要在下属明确问题解答的思路之前做结论,防止把讨论问题变成做指示,要诱导下属自己通过整理归纳做结论,激发下属的信心和责任感。

(二)高级职业经理领导力开发的途径

高级职业经理领导力开发的途径有360度反馈、行动学习法、教练辅导制、工作分配、技能培训、基于问题的学习、团队培训和案例研究等。以下主要介绍前面四种。

1. 360度反馈

360度反馈作为领导力开发的一个有效工具,将个人绩效与组织经营战略和组织目标联系起来,明确有助于组织成长和发展的领导力技能和资格——构建一个标准。使用360度反馈评估技能和能力,领导力行为的改变能够被测量且将其与组织目标结合起来。主要是通过获得来自于监督者、同事和下属的关键的和通过对于工作绩效以及领导资格进行的全面的开发评估,对个人的成功、失败和机会等进行全面的反馈。

2. 行动学习法

所谓行动学习,就是要参与者以学习团队的形式在一定时间内解决企业存在的真实问题的一种领导力开发方法。这种方法有如下几种特点:首先,将具有丰富经验的参与者作为重要的学习资源,重视学习过程中的经验共享,并使得参与者充分发挥自主学习能力;其次,行动学习法以企业面临的重大问题为载体,参与者的任务就是集中解决这些问题,参与者在解决问题的过程中提升了自己的能力,行动学习法使得企业的开发投入产生了直接效果;还有,行动学习培养了企业员工的领导力,行动学习是一个团队合作的过程,参与者之间的经验交流、相互启发、积极反馈以及学习结束后的反思有效改善了参与者的个人态度,提高了其领导能力,改进了组织的行为方式,从而实现了领导开发和促进企业变革的目标。McGill 和 Beaty(2001)提供了一个详细的行动学习的指导,"行动学习是一个不断学习和反复的持续的过程,在同事的支持下进行,目的是完成要做的事情。通过行动学习,个人面对现实的问题并思考他们自己的工作经历,参与者一起进行学习"。这些学者涉及了"实践学习/经验学习周期",包括四个阶段:① 体验。观察和思考一定情境下行为的结果。② 理解。形成或者重新理解。③ 规划/计划。在新形成的理解基础上计划影响情境的行为。④ 行动。尝试执行特定情境下的计划。

3. 教练辅导制(Coaching)

教练辅导是一种目标定向的、一对一式的学习和行为改变方式,主要用来提高个体工作绩效、工作满意感和组织效能,它既可以是围绕提高某一特殊领导技能而实施的短期干预,也可以是通过一系列不同方式开展的一个较长期的过程。教练通常由学习者在组织中的直线管理者(line manager)或由组织之外的专业教练担任。学习者一般为个体,有时也会是一个由12~15人组成的团队。近年来,作为一种促进商业领域领导者发展的方式,教练辅导越来越流行。教练辅导的功能具体表现为:① 个性化强,辅导时间也相对集中,有助于管理者提高自我认知,实现行为变化和自己的职业生涯规划;② 可以帮助领导者明确奋斗目标,将自己有限的精力和时间合理地用于学习和目标实现上;③ 通过构建一种纽带关系来帮助高层管理者提高自己的能力,接受新的挑战,并减轻他们的孤独感;④ 选拔和培养合格的领导者,使组织成功应对高层领导的继任问题。Bassett(2001)通过比较开发范围区分了导师制和教练制:导师制更多倾向于职业生涯开发,一般不在学习者和他们的管理者或评估者之间展开;然而,教练制被认为能够使得个体提高他们的绩效,主要是用于技能开发领域。West 和Milan(2001)从任务视角指出了开发技能教练和绩效教练的区别:开发技能教练的任务是创造学习的条件,提高学习者技能,而绩效教练的任务则是帮助学习者提高绩效。

4. 工作分配(Job assignment)

工作分配可以为领导者提供学习机会。在大多数组织中,以领导力开发为目的而进行的系统化的和深思熟虑的工作分配是非常流行的。许多管理者将工作经历看作学习的首要途径。研究发现,相关工作的分配和经历对于个人来说是最好的领导力开发实践之一(Fulmer,Goldsmith,2000)。为领导者提供大量挑战性的工作经历,可以帮助开发领导力才能以支撑企业文化并为将来的职位提供候选人。开发领导力的工作分配行为包括工作轮换、专门分配、团队项目、全面分配等。工作分配中的任务要具有挑战性并含有多种任务,以便逐步提高责任和能力要求,开发领导力。

第五节 职业经理的创新能力与内部创业能力

现代企业面临的经营环境越来越复杂。一方面,跨国经营的趋势越来越明显,整个市场竞争呈现出明显的国际化;另一方面,消费者的需求愈加个性化,导致不确定性的增加。此外,高新技术的迅猛发展提高了生产效率,缩短了产品更新换代的周期,加剧了市场的竞争。为了对内发挥集体智慧的优势,对外响应市场竞争的需要,企业的职业经理应增强创新意识,具备一定的创新管理能力。

一、职业经理的创新能力

(一)创新与企业创新能力

英国经济学家和思想家,被誉为"经济学之父"的亚当·斯密(1732—1790)在《国富论》中指出,经济增长是以劳动分工深化为基础的社会经济组织结构自发演进的结果。因为劳动分工深化,导致技术进步和生产率提高,从而促进了经济的增长。可见,亚当·斯密时代有了最早的创新理论萌芽。最早开创性地提出了"创新思想"的是美籍奥地利经济学家熊彼特。他于1912年在代表作《经济发展理论》中指出,"创新"是经济发展的根本现象。按照熊彼特的定义,创新就是建立一种新的生产函数,把一种从未有过的生产要素和生产条件的"新组合"引入生产体系。创新主要包括以下五种情况:引进一种新的产品或赋予产品一种新的特性;引入一种新的生产方法,主要体现在生产过程中采用新的工艺或新的生产组织方式;开辟一个新的市场;获得原材料或半成品新的供应来源;实现任何新的产业组织方式或企业重组。熊彼特描述的五种创新,大致可以归纳为三大类:一是技术创新,包括新产品的开发,老产品的改造,新的生产方式的采用,新供给来源的获得,以及新原材料的利用;二是市场创新,包括扩大原有的市场份额及开拓新市场;三是组织创新,包括改变原有的组织形式以及建立新的经营组织等。

创新能力的概念是由Burns 和Stalker(1961)首次提出,最初是被赋予经济和管理学上的意义,用来表示"组织成功采纳或实施新思想、新工艺及新产品的能力"。巴顿(Barton,1992)认为:"企业创新能力的核心是掌握专业知识的人、技术系统能力、管理系统能力及企业的价值观。"

（二）职业经理在企业创新能力培育中的作用

作为拥有专业管理知识和技能的职业经理，在企业创新能力培育中发挥着重要的作用。一是领导与组织的作用。作为企业或部门的领导者或管理者，职业经理可以通过组织的再设计，将所管理的部门分解成多个团队或者任务小组，在组织上保证创新活动的开展；促进部门、团队和小组内外部之间的相互交流，克服创新的潜在障碍。二是支持的作用。职业经理应充分利用组织与部门的资源，对创新进行支持。应合理设计工作流程、安排工作时间，使下属和员工有时间思考创新、有空间实践创新；要最大限度地给予财政上的支持，激励创新意愿、奖励创新成果、包容创新失败。职业经理日常工作中对创新的支持，有助于培养下属和员工积极创新的意识。三是示范的作用。职业经理的示范作用是指职业经理在所管理领域积极引入和实践组织所需要的创新。通过职业经理的努力和示范，营造创新文化，重塑下属和员工的价值观，使组织富有创新力。职业经理在企业创新能力培育中的示范作用需要职业经理个人有较强的创新能力。

（三）职业经理创新能力的内涵与内容

1. 职业经理创新能力的内涵

创新是建立企业竞争优势的有力手段，它能够为企业带来高额回报。但是，创新过程通常是充满风险与不确定性的过程，此时，在一定的环境条件下，职业经理的创新能力能有效降低企业创新活动中的风险，是影响企业发展的重要因素。

职业经理的创新能力是指职业经理赋予企业资源以新的创造财富的途径的能力。表现为职业经理在企业经营活动中能善于敏锐地观察企业管理中的问题，提出大胆的、新颖的设想，并进行周密论证，拿出可行的方案以付诸实施。职业经理的创新能力是职业经理能力的一个重要方面。

职业经理创新能力的内涵有三个方面：① 职业经理的创新能力是对企业创新要素的整合能力。企业创新要素涉及技术、组织、文化、制度、流程等各个方面。② 职业经理的创新能力是一种持续创新。职业经理的创新能力是不断地领导和管理下属和员工从事创新实践活动。③ 职业经理的创新能力是一种协同效应。职业经理的创新活动是创新要素间的协同创新。

2. 职业经理创新能力的内容

职业经理的创新能力主要由观念与思维创新能力、制度创新能力、技术创新能力、市场创新能力、组织创新能力五个方面组成。职业经理的创新能力是以观念与思维创新能力为先导，制度创新能力为前提，技术创新能力为关键，市场创新能力为途径，组织创新能力为保障的。

职业经理的观念创新能力主要是指职业经理在创新活动中的创新意识与态度。职业经理的思维创新能力是指职业经理在创新活动中的创造性思维的广度与深度。观念创新能力与思维创新能力有着紧密的联系，都受知识的影响，主要通过智商、情商等个性心理特征表现出来。在经济全球化的大背景下，职业经理的观念和思维模式也必须发生根本性的转变，循规蹈矩、冷静有余而创新不足的思维模式，显然不能适应时代发展的要求。

职业经理的制度创新能力是对企业进行产权制度、治理制度和管理制度创新的能力。既包括对现有制度变革的影响力,也包括对新制度的设计能力。产权制度和治理制度创新能力是制度创新能力中的重要部分。产权制度的创新将导致新的更有效的资源组合形式,而治理制度创新影响相关利益者权益。因此,职业经理往往对企业产权制度和治理制度的创新显示出更大的热情。但产权制度创新和治理制度创新是在宏观制度创新的基础上进行的,会受到政治、经济、社会等宏观环境的限制。虽说管理制度创新也是受很多因素影响,但职业经理在其管理部门的管理制度设计上,是有较多的创新影响力的,特别是人力资源职业经理。

职业经理的技术创新能力和市场创新能力是指职业经理的技术革新和市场开拓的能力。这两种能力各自是生产职业经理和营销职业经理的关键创新能力。职业经理的技术创新能力使得其所服务的企业能在激烈的竞争中保持技术竞争的优势,而职业经理的市场创新能力则将企业的成果不断带入新旧市场,并在新旧市场上拓展创新,使企业保持市场竞争的优势。

职业经理的组织创新能力是指职业经理通过重新构建组织以使企业获得竞争优势的能力。当作为一个组织的企业面临着技术和市场等不断创新时,必须及时调整组织及其结构,积极采取变革措施,提高效率。职业经理的组织创新能力既包括领导所属部门创新共享新愿景,营造企业文化,调整组织结构,促进沟通的能力,也包括与其他部门或企业的沟通协调能力。

二、职业经理内部创业能力

（一）创业与内部创业

创业的本质是创新,其核心在于超越既有资源限制而对机会的追求(Stevenson,1999)。杰夫里·提蒙斯(Jeffry A. Timmons)所著的创业教育领域的经典教科书《创业创造》中的观点是,创业是一种思考、推理结合运气的行为方式,它为运气带来的机会所驱动,需要在方法上全盘考虑并拥有和谐的领导能力。科尔(Cole,1965)认为,创业是发起、维持和发展以利润为导向的企业的有目的性的行为。

最初的创业学的研究主要集中在新建公司,而传统的战略管理则更热衷于对已建公司的研究。创业活动主要包含两种:现存组织外部的创业活动和现存组织内部的创业活动,即独立创业(或个体创业)和公司创业。对于公司创业,又可进一步从不同角度予以描述,如内部创业、外部创业、创新、战略性更新等(如图 7.2)。

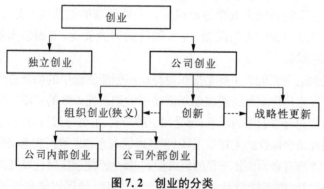

图 7.2 创业的分类

20世纪80年代,美国的一些企业出现了鼓励和支持员工创业的新现象。Miller(1983)第一次提出了公司创业的概念。随后,公司创业战略的概念不断发展演进,出现了许多新的专业术语。例如,内部创业,公司业务新拓(corporate venturing)等。美国学者 Gifford Pinchot 在详细考察了 3M、IBM、GE 等公司在这方面的实践之后,提出了"员工内部创业"的概念。员工内部创业是指企业内部员工在企业的支持下进行创业经营活动,并与现有企业共担风险、共享收益的创业模式。

Carrier(1996)认为,内部公司创业是指为提高组织盈利能力和促进公司竞争地位,在已建公司内部创造新业务的过程。内部创业是指在已建公司内开展的活动,包括:新业务开拓,以及其他的革新活动,诸如开发新产品、新服务、新技术、新管理技能、新战略和新竞争方式。

理论界对内部创业的概念界定一直以来都有两种:一种是宽范畴的界定,即认为内部创业就是在现有企业内部的创业活动;另一种是窄范畴的界定,强调内部创业是从事某类"创造新业务"的活动的过程,用现存组织内的创业资源及雇员进行新业务建立活动。

(二)职业经理的内部创业能力

职业经理离开公司,个人创业会使得职业经理身份发生变化,成为创业者,虽说这样对个人和社会是有价值的,但却是大多数现有企业不鼓励的。而职业经理的内部创业可以满足多方利益者需求,职业经理内部创业能力的提高可以为个人、企业和社会创造价值。

职业经理的内部创业能力是指职业经理利用企业的创业资源在企业内部创造新业务的能力,主要包括机会识别能力、资源整合能力、组织管理能力、关系能力、战略能力和承诺能力。机会识别能力是指采用各种方法,探索并发现市场机会的能力。资源整合利用能力是指整合利用各种资源,开发落实商业机会的能力。组织管理能力是指组织协调各种内外部资源,以及团队建设、员工培训和控制等方面的能力。关系能力是指能否建立个体对个体,或个体对群体的良好互动关系的能力。战略能力是指能否制定和执行企业既定战略的能力。承诺能力是指能否保证对企业主、供应商、员工、顾客等各种利益共同体的承诺。

职业经理内部创业能力的提高需要良好的国家政策和法律环境,需要社会的鼓励和提倡,需要企业的资源和内部制度的支持。就职业经理个人来说,要提高内部创业能力,还需注意以下几个方面。首先,要勇于扮演内部创业家的角色。内部创业家的角色介于创业家与经理人之间,其特征变量为:在公司中从事创业活动的人、被公司所雇佣、要承担一定的财务风险。其次,要有内部创业精神。内部创业精神代表了一种在现有组织之中发掘机会,并组织资源建立新事业,进而创造市场新价值的一种历程。最后,要勇于创新。内部创业的本质是创新。创新是企业隐性知识及显性知识的最主要来源,职业经理的创新能力和公司的战略行动相契合,可以有效地提高职业经理的内部创业能力。

思考案例

杨元庆的人生三部曲

2006年6月初,柳传志宣布退出联想集团,专心于联想控股,将联想彻底交给了杨元庆。自2001年4月柳传志将"联想未来"牌匾交给杨元庆起,已经过了五个年头。在这五年里,柳传志在背后默默地观察着杨元庆的一举一动。在经历了销售市场的严冬之后,在实施了TOP计划后,在经历了并购风潮之后,在杨元庆独立经历了各种成功和失败后,柳传志终于放心地将联想彻底交给了杨元庆。联想的创始人和精神领袖柳传志的身影渐渐远去,杨元庆一步步走到了联想的前台。

当有人询问柳传志为何在关键时刻起用如此年轻的杨元庆担当如此重任时,柳传志回答:"我研究他已经很久了。"在多年来的大小场合上,柳传志多次说"感谢元庆",现在看来,似乎是在为后来的传位作铺垫。联想确实应该感谢杨元庆,在国产PC销售持续下滑,联想遭遇前所未有的挑战的时候,杨元庆这个销售奇才使联想PC销售持续增长,扭转了联想的局势,确立了联想PC在全国电脑市场的牢固地位。也就是在这个时候,杨元庆在柳传志的心目中取得了不可动摇的地位。

入职联想

1988年,联想从来自全国的500个应聘者中公开招聘了58名员工,杨元庆作为其中之一进入了柳传志的视野。杨元庆的名字出现在联想的员工名单上也许是个偶然,但是从那一天起,杨元庆与联想紧紧联系到了一起。杨元庆从销售员到跨国公司的董事长的成长史,也就是联想的发展史。有人说,杨元庆是个奇迹;有人说,杨元庆的运气好得出奇;也有人说,杨元庆有超人的悟性,再加上超出一般的刻苦,终于成就了人生的辉煌,也附带着将一家企业领到了巅峰。

杨元庆的第一个职位是销售代表,首先推销的是使用INTEL 386芯片的SUN工作站。杨元庆对客户的出色服务和良好的反应引起了柳传志的注意。1992年杨元庆被任命为计算机辅助设备部(CAD)的总经理,他带领着他的团队,奔波于以中关村为中心的北京电脑世界,在推销惠普公司的绘图仪的同时,也推销"代理"这个对当时的中国人来说还比较陌生的概念。他成功了,两年后CAD部的销售业绩增长了九倍以上。

1993年底,杨元庆在写给柳传志的一封信里谈到了对联想管理制度的看法,显示了理性思考能力,给柳传志留下了深刻印象。1994年柳传志在医院的病床上对前来探望的杨元庆说:"你还是留下来。"柳传志留住了打算出国深造的杨元庆,任命他为联想微机事业部的总经理,把从研发到物流的所有权力都交给了杨元庆。杨元庆挑选了18个骨干组织成一支后来被称为"大渡河18勇士"或"18棵青松"的团队,在国产电脑销售持续下滑的时候,担当起了挽救市场的使命,坚定地踏上了真正的联想之路。在综合研究了市场之后,杨元庆确定了低成本战略,改变了联想的命运,使联想电脑踏上了光辉之途,也开启了他自己的联想之旅。从1994年起,联想微机几乎每年都保持

100%的增长速度。联想电脑跻身中国市场三甲之列,杨元庆也被称为销售奇才。1995年杨元庆被任命为联想集团助理总裁。1996年,联想电脑飞跃至中国台式机市场第一名,杨元庆晋升副总裁。杨元庆被称为联想的发动机。

杨元庆平时温文尔雅,甚至有点腼腆,但他也有执拗的一面,一旦认定了的道理,绝对不妥协,甚至不惜得罪前辈。这样的性情中人,可以作为大将,但是不太合乎元帅的要求。柳传志注意到了这一点。1996年年初的一次会议上,柳传志毫不留情地批评了杨元庆,并在第二天给杨元庆写了一封信,在这封信中,柳传志让杨元庆明白了如何在工作中调节性情,明白了忠诚的重要性。杨元庆似乎在一夜之间成熟了,他被媒体称为燃烧的冰,既充满火力,又异常冷静。他一面展望未来,一面预料到了风险和危机。他的性格变得敏捷而又内敛,刚硬而又含蓄,以大局为重,适合守业期的联想,他的稳健成熟作风是维持联想常青基业之所需。他有一次对媒体说:"我不是没有个性,甚至有时会比柳总强。但对一个现代化的企业来讲,个人的个性并不重要。"

"联想未来"

2000年5月,在联想的新财年誓师大会上,柳传志将绣有"联想电脑公司"和"联想神州数码公司"的两面大旗传授给了杨元庆和郭为。联想一分为二,杨元庆分得联想的名号和90%的财产,80%的员工和业务收入。2001年4月20日,在联想集团2001新财年誓师大会上,杨元庆从柳传志手中接过了一块刻着四个镏金大字"联想未来"的牌匾,也接过了联想,《联想之歌》飘荡在会场上,也飘荡在杨元庆的心里,他开始联想未来。

从冲锋陷阵的将军转型为运筹帷幄的元帅,就要总揽全局。还是在2000年,在考察完国际著名IT公司后,杨元庆和几位副总裁举手宣誓,要在10年内成为全球领先的高科技公司,进入全球500强。2001年他接过联想的战旗后,马上确定了未来三年的发展目标,联想将实现营业额50%的递增,到2003年达到600亿元人民币,三年后投入20亿进行研发。10年后,20%～30%的收入将来自国际市场。他要打造一个国际性的IT企业。

但是情况有了变化。也就在杨元庆登上总裁之位的这一年,联想的业绩出现了下滑,电脑市场任务没如期完成,互联网业务FM 365业绩不善,在大批裁员后不久关闭。至2003年,联想PC的国内市场占有率从30%下滑到28%,2004年第一季度更跌到24%。联想的行业龙头地位开始动摇。2004年8月,杨元庆自降薪金一半以示自责。经济学家郎咸平认为杨元庆缺乏正确的企业家思维,从而导致联想频繁的战略错误。但是柳传志认为这些错误是联想可以接受的错误,印证着杨元庆的成长,认为杨元庆的部署和运作"有眼光",坚持认为联想的交接班交接得很好,联想需要杨元庆这样有闯劲的、"踩5步就跑"的领导人开辟新的联想之路。联想就是要敢于联想,既然是联想,当然就有不合乎常规之处。杨元庆在2003年接受媒体采访时表示:"通过一个冬天的洗礼,让自己除掉这样的浮躁,使自己的心态更加健康,我觉得,这是一个很好的收获。"2004年联想总结教训,开始做减法,淡出IT服务、网络、软件领域,重新聚集力量于PC。这促成了新的世界第三大PC厂商的诞生。

这次波折并没有影响杨元庆实践他的联想理念:"服务的联想,高科技的联想,国际化的联想。"在2001年4月20日公布的三年规划中,杨元庆强调:"产品技术要成为未来联想利润的支柱;服务将成为联想的利润组成,成为公司员工血液中的DNA。"首先是技术。有了核心技术才有百年老店。"若产品缺乏独创的技术,要从别人手里抢份额也相当不容易。"联想投入了大量资金进行研发。2002年底联想以技术创新者的姿态举办了名为Legend World 的IT会议,杨元庆提出了"无线终端无缝互联"概念,也就是关联互用。关联技术被杨元庆称为核心竞争力。

　　有了核心竞争力,就要加入竞争,不仅要在国内竞争,还要在世界上竞争。杨元庆将目光投向了国际市场,开始了联想的世界之旅。国际化的第一个棋子是加入第六期国际奥委会全球合作伙伴(TOP)团队。经过三年的酝酿,2004年5月,联想花费了6 500万美元,换回了"中国首家奥运全球伙伴公司"的金字招牌,实现了自己的奥运梦想,成为奥运全球合作伙伴。联想员工的名片上多了一个奥运五环标志。加入奥运游戏是联想国际化的重要一步,对当时的联想来说也是一针强心剂。很多人对联想加入TOP提出疑问,认为利用得早了,因为联想的业务主要集中在中国以及少数的几个国家,营业额仅仅30亿美元,电脑又不像可口可乐、柯达等快速消费品那样适合奥运推广。但是杨元庆表示,奥运是联想国际化的平台之一,迟早要用,那就不如现在就用。

　　杨元庆承认,他自2001年接任总裁之后所学到的东西超过过去十几年的积累。"什么东西能做,什么东西不能做,什么东西虽然很好但是不能现在做,现在已经学会把它分清楚。"

　　反过来说,有的东西虽然现在做不合适,时机未到,但是仍然要做,因为机遇一闪即逝。并购IBM就是这样的例子。2004年12月的第一个周末,联想首次成为西方媒体关注的焦点,联想收购了IBM的PC业务,当时联想的年收入是30亿美元,而IBM是130亿美元。杨元庆担任新联想的董事长,沃德成为新联想的CEO。在当时,华尔街的分析师和业界的评论家对于并购并不看好,这次并购被比喻为蛇吞象游戏。连柳传志都有点担心。

　　但是不需要担心。杨元庆在并购整合IBM的过程中充分显示了高瞻远瞩的决策管理能力。杨元庆对于董事长和外籍CEO之间的关系强调了坦诚、尊重和妥协三个词,正确地处理好了个中关系。富有特色的双CEO架构的联想管理模式,顺利解决了IBM管理层和联想决策层之间的分歧,将新联想整合带来的震荡降低到了最低限度。这是杨元庆思考和尝试的结果,显示了杨元庆的领导魄力。2005年5月1日并购交易完成,杨元庆出任联想集团董事局主席。90天后IBM在65个国家的电脑业务被彻底分离,10月初合并成首款新产品Think Pad Z60T问世,11月1日并购后首个季度营业额比上年同期增长404%。2005年12月8日联想集团与IBM在北京举办了联姻一周年庆祝活动,杨元庆表示,在过去的一年中,联想通过不懈的努力,"交出了一份令人满意的答卷",整合完满,业绩突出,而团队融合、文化融合的成效更为卓著。用杨元庆的话说,联想开始抛掉"草鞋",穿上了时尚的"皮鞋"。

　　2005年12月21日联想董事会在美国的纽约临时总部宣布更换总裁,事先没有半点征兆,很神秘,连柳传志都感到意外。但这次更换显示了杨元庆的魄力和头脑,聘请沃德是整合过渡期所必须,在完成了消解并购阵痛的使命后,自然要让位给新的开拓者。

2005年对于杨元庆来说绝对值得缅怀,兼并了IBM的个人电脑业务,玩转了让人提心吊胆的蛇吞象游戏,对首席执行官进行了变更(戴尔高级副总裁阿梅里奥代替沃德)。从并购、整合到换帅,杨元庆逐渐摸索出了驾驭这辆巨型战车的规律,给联想这辆高速行驶中的战车更换了轮子。

在中国市场上游刃有余的联想,在国际市场上要面对另一个不同的天地,国际化的道路才刚刚开始。对此杨元庆有清醒的认识。2005年10月底,杨元庆在日本东京表示,在当前困难重重的商业环境中,联想必须具有乌龟精神:"联想就像是乌龟,我们可以在艰苦的市场环境中超过'兔子'。我们已经成为一家国际化企业但我们仍然要像乌龟一样学习如何生存,如何在本土和国际市场都获得胜利。"在"博鳌亚洲论坛2005年会"上,杨元庆说出了联想国际化之路的感想:国际化是突破增长的必然,企业的国际化不能是为了国际化而国际化,应该是为了实现企业的增长而考虑国际化,国际化的内在动力是企业的增长。这与企业发展规律有关,企业发展的曲线不可能永远一直向上,到了一定阶段,完成了一个战略目标,必然放缓走一段平路,如何突破增长的天花板就成为企业必然面临的难题。

后来柳传志也承认,将杨元庆推出是"拼命赌上一把"。在很多人认为"杨元庆危了"的时候,柳传志还是说:"在这种情况下,他已经做到了他该做的。年轻,总是还有机会。"柳传志评价联想的贸工技路线与华为比,是在从平稳的南坡爬喜马拉雅山,而业界人士认为联想的国际化是撑杆跳,"能跳得最高,也最具难度"。

"无限风光在险峰"

2006年11月,杨元庆在联想集团第九届大中国区核心顾委会上做演讲的题目是"无限风光在险峰"。

在2006年年底,有记者描写"惊天大收购"两年之后的杨元庆,说他面色红润,语调轻松,连鬓角的白发也少了一些。杨元庆向媒体表示,在刚开始并购时,心里七上八下的,不知道会发生什么意外,在第一阶段的整合取得成功后,心情终于平静下来了。

在大并购喧嚣过后,在艰难的整合之后,联想面临着新一轮发展的问题。虽然通过并购IBM的PC业务进军海外市场已经过了两年,但国际化的具体工作才刚刚开始。如何开拓海外市场,如何完全融入世界大市场,从而最后完成向国际化公司的质的转变,是杨元庆和他领导的联想集团要思考的问题。2006年的联想,已经是中国第一大、全球第三大PC制造企业,但是其地位的确立仍然依赖于在中国市场的盈利。在2006至2007财年第二季的财报中,联想在欧洲、中东及非洲区销量只上升了5%,在亚太区表现与2005年同期持平,但在美洲区下降了9%。中国市场的竞争日趋激烈,海外市场开拓异常艰难,在这样的情况下,为了保持业务的高增长,联想不得不在节流上下工夫,全球范围的裁员成为节约支出的重要手段之一。

作为中国最大的PC企业和全球第三大PC企业的领航人,作为迄今为止中国PC企业第一个在国际化的道路上大胆走出第一步的策划者,杨元庆达到了一个职业经理的荣耀顶峰,但也正是在这样的时候,杨元庆要为联想和自己的未来作出新的定位。

经过两年的努力,联想集团并购IBM的PC业务后的第一阶段的整合目标已经达到,用户和员工基本上稳定了,业务没有出现大的滑坡,现金流没有出现问题,并购的海外业务开始盈利,这让杨元庆悬着的心放了下来。杨元庆创造性地以"信任、尊重、妥协"的原则推进东西方两个企业巨人的文化融合,杨元庆领导的联想集团相继从老对手戴尔那里挖来8位高管,组成了"联想+IBM+Dell"的"混血团队",虽然分析师们认为联想的分销、戴尔的狼文化和直销、IBM的平均主义企业文化水火不容,但杨元庆却坚信水火不容的企业文化和营销模式的冲撞激荡,会产生奇异的效果。

但真正的"巨大的变革"才刚刚开始,要使并购的海外业务获得高增长,使整个联想的盈利水平达到老联想时期的健康状态,要付出超乎寻常的努力。在全球市场积极推进联想中国的双业务模式(针对消费者和中小企业的交易型模式和针对企业客户的关系型模式),被杨元庆视为实现第二阶段目标的关键。

交易型模式在印度和德国试点的成功,使杨元庆对联想在两到三年内达到第二阶段的目标充满了信心。在2006年杨元庆亲自率队在德国推广的交易型业务模式取得的满意成绩,使杨元庆感到中国的交易型模式可以说是放之四海皆有效的商业模式,不仅仅对新兴市场,对于成熟市场、发达国家也是如此。

除了营销模式之外,企业的生存环境也许更为重要。虽然杨元庆多次大声疾呼,联想是一家真正意义上的国际化公司,是一家完全市场化的企业,也是一家具有高度社会责任感的企业,希望各国政府和企业给予联想同等的待遇,但是联想在欧美市场的生存环境并没有明显的改善。这对联想的国际化无疑是一个严峻的考验。

许多中国公司的海外失意,说明了国际化的艰难和世界市场竞争形势的严峻。联想当然不能排除在外,但是杨元庆认为,联想的国际化并不仅仅是个理想,最重要的是有实力作后盾,中国市场的成熟业务模式及其向海外的复制试验,使联想在国际市场的竞争中多了不少胜算。杨元庆之所以对联想的未来充满信心,还因为一开始就明确了目标,那就是在全球范围内打造Lenovo品牌,这是国际化的基础,也是国际化的最终目标。在那场价值17.9亿美元的收购中,联想获得了IBM商标的五年使用权以及ThinkPad商标的永久使用权。但是在杨元庆看来,IBM和ThinkPad商标不过是Lenovo品牌孵化加温器。从一开始利用IBM稳定客户,到都灵冬奥会期间高调推出Lenovo 3000,再到2006年11月在针对个人和中小企业用户的ThinkPad产品上将全部打上"IBM-Lenovo"双品牌,再到2006年年底大型企业客户可以选择在产品中去除IBM标识,显示了杨元庆去除IBM印记、创立Lenovo品牌的决心。

也正是联想在海外开拓的艰难,说明了联想在海外仍然有很大的盈利空间,关键在于找到成功的营销模式,关键在于国际业务的成本结构、组织结构和供应链的改善,这需要耐心和时间。"只要你想"是联想的新传播主张,只要插上梦想的翅膀,一切都有可能。新联想的国际化之路刚刚开始,而杨元庆还年轻,他的联想之路也刚开始,路很漫长,但远处有好风光。

资料来源:改编自李明军《透视中国经理人的成长历程:联想少帅杨元庆》,北京:中国商业出版社,2007年08月

【讨论题】

1. 杨元庆是如何获得柳传志的厚爱的？柳传志重用杨元庆有哪些风险？
2. 杨元庆入职"联想"前具备哪些素质能力？入职"联想"后，柳传志对他进行了哪些方面的培养？
3. 杨元庆在"联想集团"并购 IBM 的 PC 业务后是如何打造企业文化的？

本章思考题

1. 简述 Katz 的管理技能模型。
2. 初级职业经理的执行能力有哪些主要内容？
3. 简述中级职业经理管理沟通能力的影响因素与提高方法。
4. 什么是战略思维？如何提高高级职业经理的战略思维能力？
5. 试述高级职业经理领导力开发的内容与方法。
6. 简述职业经理创新能力的表现与内涵。
7. 试述职业经理创新能力的主要内容。
8. 什么是内部创业能力？有哪些方面内容？如何提高职业经理的内部创业能力？

===== 本章情景模拟实训 =====

职业经理的沟通能力

王箐雅是公司新上任的部长。刚上任的第三天上午，就遇到下属王主任来诉说财务部不给报账的牢骚，并请求王箐雅协助沟通。王箐雅考虑到这是自己第一次为下属解决难题，并亲自陪同王主任去财务部沟通。恰巧财务部李部长去北京开会，王箐雅便电话联系了李部长。李部长电话里恭喜王箐雅升迁之余，答应会特事特办，说他会与会计主管沟通，让王主任下午再来。

下午3点，王箐雅在办公室准备明天部门会议的材料时，王主任又怒气冲冲地赶来抱怨财务部的官僚作风，说财务处的小刘罗列了一些理由，怎么也不肯报账（这会影响王主任的项目进展），并坚持需等李部长开会回来……

请问：如果你是王箐雅，下一步你该怎么办呢？

第八章 职业经理的开发

学习目标

1. 了解并熟悉职业经理开发的概念、类型、功能。
2. 理解职业经理开发的影响因素。
3. 了解职业经理培训的含义、作用及特点。
4. 理解职业经理培训的内容和方法。
5. 理解职业经理职业规划和职业管理的内涵和过程。
6. 理解组织发展中的职业经理开发。

引导案例

制度先行 有效实现"三个提升"

中国石化催化剂有限公司是中国石化催化剂生产、销售和管理的责任主体,经过15年专业化发展,已经成为国际知名、亚洲最大的炼油化工催化剂生产商、供应商和服务商。公司近年来效益连创新高,利润较重组成立之初提升了近5倍,劳动用工由成立之初的5 500人压减至现阶段3 700人,降幅达32%,劳动生产率提高近105%,公司生产经营管理呈现持续良好发展态势。

加快"三能"机制建设,三项制度改革见实效

持续滚动"三定",有效实现"三个提升"。一是提升机关管理效率。公司机关通过业务职责梳理和工作分析,积极开展岗位工作量化评估,明确各岗位A/B角设置,机关编制由99个减至90个,工作饱和度和岗位责任意识进一步增强。二是提升机构管理水平。按照"精干高效、服务发展"的原则,大力推进机构专业化、扁平化改革,两级机构总数由改革前的184个减至146个,减幅21%,公司中、基层领导人员数量由502人减至425人,减幅15%,"瘦身健体"取得良好成效。三是提升定员管理水平。公司在对标一流、确立中长期目标定员的基础上,建立动态化定员调整机制,实现连续7年每年净减员百人以上,较"十三五"初减幅28.6%,劳动生产率较"十三五"初增长70%以上。

突出制度先行,推动"三能"机制有效形成。制定印发领导人员能上能下、退出现职管理等制度,加大末位淘汰力度;完善横向贯通机制,将专业水平高的领导干部转聘到专业技术岗位。针对员工能进能出问题,与南化公司研究建立业务承揽日常管理及考核机制,完善"双方共管、合作共赢"管理模式;深化"双严"专项治理,加大劳动合同期满考核终止和违纪解除力度。针对薪酬能增能减问题,修订公司绩效考核管理制度,建立以工效联动为主的考核分配一体化协同机制,加大工资总额分配与企业效益、劳动生产率、人工成本利润率挂钩力度,在部分单位试点生产装置管理模式改革,建立"业绩升、工资升,业绩降、工资降"的调控机制,引导基层单位从"争工资"向"挣工资"转变。

加强内部统筹,建立人力资源配置平台。积极完善人力资源统筹调配的激励政策,通过阶段性调动、交流任职、挂职培养等多种形式,采取异地补助、租房补贴、激励性年金等举措,有效盘活用工存量。今年初,公司对通过阶段性调动方式、在过去两年间对异地支援催化剂抚顺分公司建设的一批技能操作人员进行表彰奖励。这不仅有效解决了单位间人力资源余缺矛盾,也为公司完善机制、促进内部人员流动积累了经验,强化了公司"一盘棋"理念。同时,公司积极搭建各单位之间、企业和员工之间多形式的双向选择平台,促进内部人才流动和能力提升。

加强领军人才队伍建设,实施人才强企工程和培训开发

拓宽成长通道,优化提升高层次人才队伍结构。公司持续开展中高层级人才职位选聘工作,加大高技能人才选拔力度。通过创新设立选聘和考核量化评价标准,首次将成果奖项、荣誉称号、年度考核结果纳入评价考核加分范畴,对候选人实施全方位评价,专业技术和技能人才领军方阵进一步拓展。组织实施第二批公司专家聘期考核,因聘期考核不合格解聘专家职位3人,形成能上能下常态化机制。

突出选用结合,积极搭建专家作用发挥平台。公司首次提出探索建立专家积分制考核管理机制,与聘期考核双轨运行。同时,召开专家座谈会,启动"专家上讲台"活动,组建公司专家服务团队,着重发挥各领域专家(包括退出现职干部)在项目管理、技术把关、人才培养等工作中的作用。

提高引才质量,加大优秀青年人才储备力度。一是积极实施毕业生"1×4"融入计划,即在毕业生招聘阶段(第一面),通过提供食宿、交通等便利条件,增强对企业的认同感;在毕业生入职阶段(第一周),科学设计新员工培训课程体系,增强融入企业的使命感;在毕业生见习阶段(第一年),全面实施"导师带徒"制度,增强与企业共成长的仪式感;在毕业生合同履行阶段(第一份合同期),开展素质能力提升轮训,增强扎根企业的归属感。二是健全高层次科研人才引进机制。遵循"搭平台、给名利、解后顾之忧"的指导思想,制定体检疗养、科研津贴、租房补贴、科技成果提成奖励等"人才14条"引进激励措施,使成果显著、业绩优秀人才的晋升渠道得到拓宽、成长空间得到拓展,确保人才引得进、留得住、用得好,9名新引进博士被认定为公司"首批高层次人才",受到即时激励,产生了积极反响。三是搭建业务竞赛与人才储备平台。今年公司组织全员HSSE管理和创新创效两项业务竞赛,通过竞赛锤炼了队伍、提升了能力、培养了人才、加大了储备,为公司安全环保、科技创新与"两个能力"建设输送新鲜血液。

选培年轻干部,建设高素质专业化干部队伍

突出重点培养,形成两级干部后备梯队。一是从制度层面解决制约年轻干部成长问题。公司优化调整管理职位层级晋升空间,减少晋升基层、中层管理职位台阶,加快基层年轻干部成长,逐步做大中层年轻干部备选基数。2018年以来新提拔的科级干部中,35岁以下占55%。二是加大符合条件的中层年轻干部选拔力度,更加注重年龄和专业结构的优化,2017—2019年新提拔的中层领导人员75后占38%,80后占10%,45岁以下干部比例逐年提高,中层领导人员年龄结构逐步优化。三是加大年轻后备干部的培养力度。一方面,公司组织开展多方面内容的干部在职培训,积极推进分(子)公司之间、机关与基层之间、行政与党务之间的干部交流、挂职锻炼等,如2018年竞争性选拔6名技术骨干到北京有限公司交流任职两年,打破资历、跨单位任职等传统壁垒,为优秀年轻干部干事创业提供舞台。另一方面,大力做好中层年轻后备干部的推荐和管理,积极选派参加集团公司、公司各类培训,注重在工作中压担子。公司现有中层后备干部中,40岁以下超过55%。

突出能力建设,大力推进领导人员素质提升工程。一是加大干部交流力度,制定重要领域重点敏感岗位轮岗交流办法、异地交流领导人员待遇规定等制度。二是加大领导人员培训力度,今年以打造"三强"干部队伍为目标,组织两期中层干部轮训班。

资料来源:改编自陈飞宇《催化剂公司:制度先行,有效实现"三个提升"》,
载于《中国石化》,2019年11期

引导案例显示,用人是识别人才和培养人才的有效途径之一。我们知道,优秀的职业经理人才会给企业和社会创造价值,那么如何培养职业经理人才?这既需要短期培训,又需要长期开发。职业经理需要结合自己的兴趣和能力特点做好职业规划,而企业则要根据企业发展需要和员工特点做好职业管理。员工的职业发展是企业人力资源开发的重要方式,是"做事中培养人才"的体现。另外,企业在发展中,会涉及组织结构调整和组织变革,这也是企业职业经理开发的重要途径。本章重点讲述职业经理开发的概念、类型、功能和影响因素,职业经理培训和资格认证,职业经理职业规划和职业管理以及组织发展中的职业经理开发。

第一节 职业经理开发概述

一、职业经理开发的概念

(一)职业经理开发的定义

职业经理开发是组织中人力资源开发的重要组成部分。由美国培训与开发协会(ASTD)资助的派特·迈克莱甘于1989年的研究成果表明:人力资源开发(HRD)是综合运用培训与开发、职业开发和组织发展来提高个人、团队以及整个组织的绩效的活动。学者Gilley and Eggland认为,HRD是指"组织中安排的有计划的学习活动,经由提升绩效与个人成长,以改善工作内容、个人与组织"。学者Smith认为,HRD是指"决定发展和改善组织中人力资源最佳方法的一种程序,以及经由训练、教育、发展与领导等行为,有计划地改进绩效和人员生产力,以同时达成组织与个人目标"的做法。职业经理开发的概念正是由人力资源开发的概念引申出来的。职业经理开发可以看成是综合运用培训与开发、职业开发和组织发展来提高职业经理知识、技术和能力,改变他们的态度和行为,最终提高职业经理个人、团队以及整个组织绩效的活动。

（二）职业经理开发的内涵

职业经理开发包括以下三方面含义：首先，职业经理开发的对象是职业经理的知识、技术、能力和态度等。其次，职业经理开发有多种方法，如精神动力的开发方法、技能的开发方法、创造力开发方法等。精神动力的开发方法主要是增强人的主观能动性，调动人的自觉性、积极性和主动性，挖掘人的潜力，发挥人的实际作用。技能开发方法是指通过系统的培养和训练，使受过一定基础教育的个人，掌握从事某种职业所需要的专业基础知识、使用知识、工作技巧，以及一定的社会职业规范和准则，从而形成或增强参与社会劳动的资格和能力。创造力开发方法是培养创造力思维的方法。最后，职业经理开发是一项复杂的系统工程。职业经理既是开发的主体，又是被开发的客体。同时开发过程既受到主观因素的影响，又受到客观因素的影响。

二、职业经理开发的类型和功能

（一）职业经理开发的类型

职业经理开发是一项全面提高职业经理素质的系统工程。职业经理的核心问题就是开发问题。职业经理开发是通过开发职业经理的潜能来提高职业经理的质量，亦即提高职业经理的素质，以创造更大的价值，促进经济、社会的发展。

按照开发内容来划分，职业经理开发包括知识的开发、技能的开发、能力的开发、态度的开发等。按照开发时间来划分，职业经理开发包括短期培训、中长期开发。按照开发对象来划分，职业经理开发包括初级职业经理开发、中级职业经理开发、高级职业经理开发。按照开发目的来划分，职业经理开发包括基本素质开发、特长素质开发、个性发挥型开发。基本素质开发，是根据企业内各种职务的要求分析、工作内容分析与职业经理个人开发需求的分析，确定一些共同而基本的知识、技能、能力与品性素质，运用于开发实践活动，成为职业经理开发活动过程中一般性与规范性的指导方针与具体目标。特长素质开发，是根据职业经理已形成的较为突出或十分缺乏的知识、技能、经验能力与品性素质，设计相应的开发内容与目标，其目的在于扬长避短与取长补短。职业经理开发的目的之一，就在于就地取材、取长补短，在最短时期、用最少花费开发出职业经理的现实生产力；目的之二，是发挥优势、弥补不足，使职业经理更具生产力，更具战斗力与竞争力；目的之三，是促进职业经理现有生产力的发展，使之提高到新水平。所有这三个目的，都是与特长素质开发目标取向相一致的。个性发挥型开发，是根据每个职业经理已形成的生产力、个性素质以及所在的具体生产环境条件，最大限度地引导与激发其行为表现与个性发挥。个性发挥取向更强调被开发者的创造性、方法性与个性化。

（二）职业经理开发的功能

1. 促进社会发展

在现代市场经济条件下，企业对社会生活的影响日益深入，在经济社会发展中发挥着越来越重要的作用。简单地说，企业承担社会责任，对于和谐社会建设、企业的发展壮大都具有重要的意义。而作为企业中一个重要角色的职业经理，其能力的充分开发同样对经济发展、社会进步、文化建设有着特有的价值和贡献。首先,职业经理若能履行其社会责任,维护职工合法权益,实现经济、社会与环境的全面、协调和可持续发展,对于保护资源和环境,实现企业和社会的可持续发展,将发挥不可替代的重要作用。其次,职业经理的开发和提升有利于提高企业绩效、降低企业经营风险。这不仅可以促进经济社会的良性发展,还有助于实现个体利益与企业利益的双赢。最后,职业经理素质和能力的提升,还有助于营造良好的企业文化,进一步推广到社会的大环境中,对于构建和谐社会,形成健康向上的社会文化都起到了一个基础性的作用。

2. 提高企业的竞争力

职业经理的开发产生了两种效果:一是提高了企业管理绩效,二是通过反馈进一步增强企业对职业经理进行开发的投入动机。这样企业中的整个职业经理开发系统进入一种良性循环状态。企业中这一健康积极的职业经理成长环境也能很好地避免环境变化或者人员流动引起的能力危机。通过对职业经理的开发和管理,企业可以把最具有竞争力的技能和技术以及社会关系等资本留在企业中,构建企业的核心竞争力。

3. 提升职业经理的素质和价值

首先,职业经理的开发能够提升其各方面的综合能力,包括规划能力、决策能力、用人能力、协调能力、创新能力、应变能力等。其次,职业经理的开发还有助于职业经理健康的职业心态、自知和自信、宽容和忍耐、开放和追求等个性品质的形成。最后,职业经理的开发有助于进一步挖掘其自身的潜力,为职业经理提供一个不断成长的机会。

> **知识拓展**:职业经理开发属于企业人才开发领域,很多国家都将企业人才开发纳入国民终身教育体系。终身教育是指人在一生各阶段当中所受各种教育的总和,包括教育体系的各个阶段和各种方式,既有学校教育,又有社会教育;既有正规教育,也有非正规教育。终身教育主张在每一个人需要的时刻以最好的方式提供必要的知识和技能,终身教育思想目前已成为很多国家教育改革的指导方针,美、英、韩等国已经以社会教育法、终身教育法等形式进行立法。

三、职业经理开发的影响因素

(一)内部因素是职业经理开发的根据

职业经理开发的内部因素,是指职业经理主体的内在素质。作为职业经理个体开发的内在因素,是指其内在素质:生理和心理因素。具体来说,既包括先天的遗传因素,即人的机体从上代继承下来的解剖生理特点,如机体的机构、形态、感官和神经系统特点等;又包括后天的思想品格、道德结构、智能要素(包括知识、技能和能力)、身体素质等,即德、识、才、学、体五个要素。与先天因素相比,后天因素是派生的,它最初是由带着全部先天因素出生的主体与环境相互作用的产物。

作为社会职业经理总体开发的内在因素,是指职业经理总体的内部素质,包括职业经理总体的结构、功能、特点、水平,以及构成该职业经理总体的诸个体素质等。职业经理总体的内在素质包含职业经理个体的内在素质,但不等同于职业经理个体的内在素质。

(二)外部因素是职业经理开发的必要条件

所谓职业经理开发的外部因素,是指影响和制约职业经理开发的外在系统。概言之,即职业经理主体(包括个体和总体)所处的客观环境。环境包括自然环境和社会环境。职业经理主体总是以某种方式存在和发展于环境体系之中。外部的社会需要是职业经理内部矛盾产生的基础。职业经理内在素质的形成和提高,有赖于外部因素的影响,职业经理内在素质的发挥,也离不开外部因素。

(三)实践是职业经理开发的决定因素

1. 实践在职业经理开发中的关键作用

人的活动是人的发展内外因相互作用的中介。人的活动按其内容性质来分,分为三个层次:第一层次,是指人作为生物体所具有的生命活动;第二层次,是指人作为人类所特有的心理活动;第三层次,是指人作为社会成员所从事的各种实践活动。其中,生命活动渗透于心理活动和实践活动之中,心理活动和实践活动又时时刻刻影响着生命活动。在人的发展和成才过程中,内在素质和外在环境之间的相互作用都得通过人的实践活动才能实现。所以,实践活动才是主体成才的关键。职业经理的才能是实践活动的结果,离开了实践活动,就不会有任何知识和变革现实的实践。实践确实是职业经理才能的源泉。

2. 实践在职业经理开发中的定向作用

不同类型职业经理,需要不同领域的实践活动。就每个具有正常的生理素质和机能的人来说,往往存在着获得各种才能的可能性。但是究竟哪一种可能变成现实,则完全取决于后天的实践。而要成为某方面的专门人才,则要取决于后天的该方面创造性实践活动。因此,实践活动决定着职业经理才能的发展方向。

3. 实践在职业经理开发中的检验作用

才能是职业经理的基本特征。不同类型的才能,标志着不同类型的职业经理。而各类职业经理的才能,均在各自的实践活动中得到体现。只有当主体的才能和成果受到实践检验并得到确认时,才能证明是成功的职业经理。实践条件越难,水平越高,职业经理的层次也越高。离开实践的检验,就无法判断职业经理的真伪和层次。实践在职业经理开发中有重要的检验作用。进行职业经理素质开发,既要重视外部生存条件的创设,也要重视经理自身素质的提升,同时要鼓励主体积极进行实践活动。

第二节 职业经理培训与资格认证

一、职业经理培训的概念

(一)培训的含义

什么是培训?从字面理解,培训是指培养和训练,既包括知识和技能的传授,也包括实际操作方面的模拟或训练。Noe(2001)认为,培训是指公司有计划地实施有助于雇员知识、技能或对工作绩效起关键作用的行为的活动。Ivancevich(2005)认为,培训是为雇员提供信息、技能和对组织及其目标理解的过程,培训帮助雇员把他们的工作做得更好。Dessler(2007)认为,培训是给新员工或现有员工传授利于其完成本职工作所必须的基本技能的过程。

可见,培训是一种有目的、有计划、持续的、系统的活动过程。培训的最终目标是实现企业员工个人发展和组织绩效的提升或组织发展的双赢。

(二)职业经理培训的含义

职业经理培训是组织为职业经理传授知识、培养技能、端正工作态度的系统的、动态的活动过程。其培训的对象分为初级职业经理、中级职业经理和高级职业经理,培训的主要方面包括转变管理理念、传授管理知识、改进工作态度、提升管理能力及技能等,培训的效果分为组织和职业经理个人:一方面,将培训结合企业的价值观和行为准则,以宣扬企业文化并提升企业的整体绩效;另一方面则是实现职业经理个人的成长和发展。职业经理培训与普通员工培训相比,更受到高层的重视,时间长、投资多、培训效果也得到更多的关注。

二、职业经理培训的目的和内容

(一)职业经理培训的目的

职业经理培训的最终目的,是提高未来组织的核心竞争力与最终的工作绩效,直接的目的是让现有与未来的管理者具备必要的知识、技能与观念,树立愿意并乐意为本组织发展服务的正确价值观与态度,满足组织持续发展的管理要求,使这些人能顺利完成组织内的社会化与角色化的任务与过程(萧鸣政,2004)。职业经理培训有利于企业管理者更好地领导、管理下级,建立积极向上的企业文化,提高企业的效益,提高企业竞争力。

具体来讲,职业经理培训的目标主要有以下几个方面:① 提高其解决问题的能力;② 提高其从上一级看问题的能力;③ 提高其集体活动的配合能力;④ 提高其交涉、联系的能力;⑤ 提高其领导、指挥的能力;⑥ 提高其以事业为重的思想素质;⑦ 提高其主动精神;⑧ 形成规范的人力资源开发方法,激励员工奋发向上,为企业储备经理人才。

(二)职业经理培训的内容

职业经理培训的内容涉及多个方面,包括知识、技能、能力和态度等。从技能和能力方面来讲,恰当授权、创新变革能力、战略规划技能和沟通交流能力是常见而又重要的培训内容。

1. 授权能力培训

职业经理的工作是要与下属和员工一起更有效率地完成工作任务,因而恰当授权,充分发挥团队和员工作用显得十分重要。授权能力培训是常见的培训内容。职业经理在授权时除了要学会根据战略要求、任务性质和人员特点做出恰当的授权安排外,重要的是要学会尊重和信任他人,树立自信。按照沙克尔顿(Shackledon)的观点,一位能够授予权力的职业经理必须具备的首要品质是尊重和信任。如果职业经理不尊重员工,也不相信员工有能力制定明智的决策,那么试图实施任何一种权力授予体系都没有任何意义。对被授予权力的团队而言,对团队进行成功管理的职业经理必须相信团队的潜力,并能够发现员工的长处与短处,切实依靠员工力量。第二个重要的品质是职业经理自己的信心。如果职业经理认为对组织的价值来自于控制或指导别人,那么他很可能发现授予别人权力对自己来说是一种威胁。然而,在一些成功的权力授予的团队里,似乎不存在这种危险,也就是说并不会把职业经理架空。通过鼓励员工接受更多的挑战,为他们自己的工作开辟新的途径和方向,这就是职业经理的新作用。

2. 创新变革能力培训

创新是发展的动力之源,是职业经理个人和组织提高竞争力的有效手段。美国杰出企业家布莱德说:"在竞争激烈的商业社会,唯一的生存之道就是持续不断的创新。"职业经理最重要的使命就是创新,创新是职业化精神的生命力。企业的发展和职业经理个人的成功取决于创新的能力和变革的速度。企业只有改革创新才能谋求出路,这就要求职业经理必须对企业现状、未来企业发展战略和生存环境三者之间进行科学理性的分析,在组织的并购重组、流程再造、产业链重整等重大变革过程中,从人力资源角度采取配合行动,提高对组织变革的适应能力,妥善处理组织变革过程的各种人力资源问题,推动组织变革进程。

3. 战略规划能力训练

随着企业的发展,职业经理管理的功能发生了很大变化,由此,职业经理管理的角色也从一个消极被动的"跟随者",转变为积极主动的"合作者",英国学者迈克尔·阿姆斯特朗提出"商业伙伴"和"战略家"是职业经理扮演的两大重要角色。由于战略规划能力的不足,很多职业经理对如何发挥"战略家"的职能知之甚少,从而无法发挥自身真正的价值。

4. 沟通交流技能培训

企业发展中的管理和变革需要企业员工的支持。科特说:"如果没有成千上万的人愿意提供帮助,企业变革就不可能实现,如果不进行大量的、有说服力的沟通与交流,就永远无法赢得员工队伍的身心。"这就是说,在日常管理工作中,职业经理应注重沟通与交流的能力,与员工保持良好的人际关系,尤其是企业在变革的时候。职业经理就是要培养成通过与员工交流,仔细倾听,听到未能表达的或是不敢表达的声音。这使得沟通交流技能培训成为职业经理培训的常见和重要内容。

三、职业经理培训的方法

培训的方法很多,关键在于灵活地运用,不能主观教条地选择培训方法,应注重摸索何种方法比较容易被接受,且具有相当的吸引力,能够保证学员真正获得知识和本领,寓教于实践。采取最合适的方法或将各种培训方法优化组合、配合运用,才会取得理想的培训效果。

在针对职业经理培训方法的选择上,企业应根据不同的实际情况,根据受训者的特质,考虑不同方法的优缺点,选择合适有效的方法。一般来说,对于职业经理各项能力的提升培训,宜采用外聘讲师的公司内部培训、内部"导师"的公司内部培训以及工作中学习等方法。

(一)外聘讲师的公司内部培训

企业从外面聘请有经验的老师进行内部培训。这样做的好处是可以针对影响公司绩效的迫切问题量身定做。"他山之石,可以攻玉",外聘讲师可以给企业带来解决问题的新思维、新方法。而且企业外聘讲师的内部培训形式可以讨论企业的保密性敏感问题、互动性强、训练强度高、技能提升快,目前越来越受到企业的欢迎。正如人们常说"外来的和尚会念经",企业领导"借"外部讲师之口传达自己的敏感理念,会有不一样的效果。企业外聘讲师对管理者进行培训主要可以采用情境模拟、商业游戏、行为塑造等方法。一般来讲,对于10人以上的培训,聘请讲师进行企业内部培训的性价比是最优的。企业内部培训成败的关键在于讲师的实战经验和讲授技巧。

(二) 内部"导师"的公司内部培训

一种方法是在企业内部寻找某一方面的专家或权威来做临时导师。这种方法要注意以下的问题:第一,要保证内部专家权威认真对待内部培训课程,花足够的时间和精力,有足够的内心动力去准备并实施这一"额外"的工作;第二,最好该专家权威在教材准备、教学工具、测试表格、案例选择、授课技巧方面都是内行。如果能够做到这些,企业内部专家是较好的选择。在惠普、康柏等公司,非常注重培养和选择合适的企业内部培训专家作为兼职讲师,取得了不错的效果。

另一种是由内部"导师",即直接上级的日常辅导,这是所有培训形式中最常见的培训形式。上级不管有多忙,都不能推卸辅导下属的责任。企业文化、价值观念、员工忠诚都是在不知不觉的日常传授中形成的。上级的日常辅导对下属技能的提升起到关键的作用。在不少公司中,还使用除直接上级之外的"导师制"(Mentoring)。因为不是直接上级,可以谈到很多敏感话题。"导师"得到的是自己领导能力的锻炼和提高,教育他人的心理满足感和实实在在的额外收入;"学生"得到的是"一对一""手把手"的教练辅导和实实在在的能力提升。

(三) 工作中学习

"On Job Training"是公司非常提倡的学习方法。理论学习、课堂教学的内容,只有在实践中应用才会有切身体会,才能转化为自觉的习惯。职业经理在工作中遇到了问题,可以马上向别人请教,或者查找资料学习,经过一段时间的思考和努力并解决问题之后,这将成为自身的经验积累。管理者通过有意识给下属一些具有挑战性的工作,可以锻炼其特定的能力。公司也可以通过短期出国工作等形式,使中高层职业经理更深地理解跨文化交流的特点和跨文化管理的重要性。通过委任跨部门的临时项目,可以提升中高层经理跨部门沟通和项目管理的能力。

另外,在职业经理的培训和开发的技术方法上,还可以采用诸如指导计划、敏感性训练和多样化培训等方法。

(1) 指导计划。指导计划是可以为指导双方带来收益的培训方式,以集中、有效的方式提高技能为目的。在一个支持性的环境下,参与培训的职业经理可以和指导者讨论与工作相关的问题,由指导者来提供怎样处理问题的咨询;这种培训方式以提高和发展为导向,指导者可以告诉参与培训的职业经理怎样在工作中提高绩效;参与培训的职业经理会更加关注职业,指导者可以给予被指导者更具有挑战性的工作分工,并增加他们同高级主管之间的接触机会来帮助被指导者为将来的晋升和职业生涯发展做好准备。

（2）敏感性训练。为了提高参加培训的职业经理对自己行为以及他人行为的洞察力，接受敏感性训练使得职业经理比较容易作为团队的成员与其他成员和睦相处、协调工作。敏感性训练要求受训者在训练中公开表达情感，对态度和行为进行坦率而公正的讨论，努力达到提高人际敏感性的目的，鼓励受训者真诚地相互交流对各自行为的看法并说明其引起的情绪反应。

（3）多样化培训。为了更加有效地利用组织的人力资源以适应跨国公司员工多元化趋势，职业经理要接受多元化的培训项目，目标是提高管理者的知觉性、知识、理解力，以引起态度的转变和技能的提高。一般来讲，参加培训的职业经理首先需要完成一套问卷，问题包括对不同雇员的相似性和差异性的认识、典型的交流方式、对弱势群体的管理、归因风格和管理风格等；然后进行全体讨论，重点是怎样消除对其他人的歧视和孤立等问题，最后根据问题提高知觉性以改变工作中的行为。多样化培训同样强调从各种不同的人获取信息的方法以及怎样以适当的方式进行沟通交流，这样有助于提高职业经理的教练和指导技能、给予绩效反馈的技能、解决人际冲突的技能等。

四、职业经理自我培训的设计

（一）树立自我超越的职业发展观

学习型组织理论的代表人物彼得·圣吉说过，"自我超越的意义在于创造，而不是反应，来面对自己的生活和生命"，自我超越包含两项行为，首先是不断理清到底什么对我们最重要，其次是不断学习如何更清楚地看清目前的真实情况。在迈向目标的过程中，知道自己现在身在何处是非常重要的。职业经理的职业发展使命要求职业经理能够在愿景的引导下，通过持续学习，不断实现一次又一次的自我超越。

（二）进行自我学习规划

在逐渐成熟的知识经济时代和更为激烈的企业竞争环境中，职业经理需要不断学习，不断更新自己已有的知识体系，不断优化自己的技能结构。终身学习是这个时代对职业经理提出的至关重要的要求。职业经理通过终身学习获得更有效的职业技能和更开放的职业思维，才能够实现自身人力资本的持续增值，才能通过促进企业劳动生产力的提高实现自我价值。这就要求职业经理进行自我学习规划，有阶段有重点有步骤地进行自我学习。有研究数据显示，只有18.6%的国有企业人力资源经理对自己有自我知识管理规划，而多达81.4%的经理则缺乏这方面的规划。这个数据从一个侧面反映出国有企业人力资源经理的自我发展意识还很淡薄。因此，当前我国企业的职业经理迫切需要加强自我发展意识，进行自我学习的科学规划。

知识拓展：加速主义理论认为，工作与生活之间的区别正在消失，工作已经弥散到即将出现的社会工厂的方方面面。加速主义推进的是更为现代的未来——是新自由主义在本质上无法创造出来的另一种现代性。社会的加速有三个面向：第一个面向是科技的加速；第二个面向是社会变迁的加速；第三个面向是生活步调的加速。在"加速主义"的社会发展背景下，职业经理更需要树立终身学习理念并构建终身学习策略。

（三）通过积极实践实现自我提升

从成功学的角度来看，人才成功是认识加实践的结果，就是我们通常所说的"知行结合"。知识和能力是职业经理的专业性表现，然而，行动对于事业成功有着直接的现实意义和价值。职业经理只有在实践中才能实现认识的深化和解决，重塑职业经理行为。职业经理需要积极投入到职业经理的实践当中，以问题为出发点，深入学习先进技能，然后回归实践进行试验和检验，在促进企业发展的同时，使职业经理的自身职业素质得到提升。

五、职业经理资格认证

（一）职业经理资格认证的含义

职业经理资格认证是指权威机构对职业经理的知识、技能、能力和态度进行职业素质测评，并颁发不同等级证书以证明其资质的过程。权威机构既有行业自发性组织，也有政府支持或设立的组织。职业经理市场发达的国家的认证机构一般为行业自发性组织。我国的职业经理认证工作是为了贯彻落实党的十六届三中全会明确提出的"人才强国"战略和中共中央、国务院《关于进一步加强人才工作的决定》中提出的"发展企业经营管理人才评价机构，探索社会化的职业经理资质评价制度"的指示精神而开展的一项重要工作。其内容是根据现代企业对经营管理者的要求，通过规范的、科学的培训和评审，对在企业和社会其他经济组织中从事经营管理工作的人员品德、知识、业绩和能力等方面的基本素质进行提升和认定。认证工作是各级政府完成工作任务、实现总体经济目标、提供人才保障的重要举措，也是企业经营管理人才队伍建设的重要组成部分。这项工作由人事部门牵头或组织，企业经营管理协会协助，聘请有关专家组成评审组织，制定不同层次职业经理的任职资格条件、标准，进行不同层次职业经理的资格评定。近年来，高级职业经理的认证工作伴随着各级政府的领军人才、高层次人才等其他认证工作有序开展。

"资格证"须经统一考试，通过能力倾向测评、心理测验、专家评议等手段，取得合格后作为执业或应聘的条件之一。持有资格证书的人，在职业经理市场中进行双向选择，应聘上岗。建立职业经理资格认证制度，是按照市场经济发展规律促进经理人职业化、市场化和管理科学化的重要措施，它是建立现代企业制度的客观必然要求。

（二）职业经理资格认证的作用

建立职业经理任职资格认证制度是衡量职业经理的专业水平，确定职业经理应享有的各种待遇，稳定职业经理队伍，逐步实现经理"职业化"和职业经理"市场化"的重要措施之一，是完善职业经理聘用制的基础和前提。职业经理市场具有资源配置功能，使不同的经营能力在市场上体现出不同的"价格"。作为给不同的经营能力"定价"的依据，一整套严密、科学的资格认证体系非常必要。资格认证应包括职业经理的信用状况、经营业绩记录、专家提供的能力测评等诸多方面，可以据此衡量从业人员的专业技能和道德水准。

对社会而言，通过社会化、科学化、规范化的认证工作可以搭建一个企业经营管理人才评价、培训和交流的平台，有助于逐步建立被社会广泛接受的，企业经营管理者在品德、知识、能力和业绩等方面的职业标准,推动从业诚信体系建设,并通过他们有效的企业经营活动,推动社会经济的发展。

对企业出资人而言,企业的职业经理通过认证可以使出资人更清楚地了解为企业工作的经营管理人员的各方面素质,更合理、更科学地使用各类人才,同时有助于提升整体经营管理水平,有利于企业在更高的平台上参与国内外激烈的市场竞争。

对职业经理个人而言,通过认证,可以与现代企业经理人任职标准相比较,更明确地认识到自己在基本素质上的优势和不足,并通过认证培训和能力提升训练,丰富企业管理知识,提高综合能力,在更大程度上被出资人认可;还可以在参加认证的过程中,通过教与学的互动,同行之间的互相学习与交流,得到更多宝贵的实际工作经验和信息,提高自己的经营管理业绩,从而得到市场和社会的认可;同时,认证机构将为参加认证的人员建立以诚信、业绩、能力等方面资料为主要内容的个人从业档案,并存入认证机构所建立的人才信息库,根据企业需求和个人情况,择优推荐到重要的工作岗位。

(三)当前我国职业经理资格认证制度

1. 认证的标准、方法和内容

职业经理资格认证采用的标准是由中国企业联合会、中国企业家协会组织中既有扎实的理论功底又有丰富的企业管理实际工作经验的专家研究制定的,标准内容全面、科学,在很大程度上反映出了我国企业对经营管理者的基本要求。在内容和方法方面注重对经营管理者业绩考核和实际能力的评价,在各项认证指标权重分配方面比较科学,比如不同级别的认证,各项评审指标的权重分配各有侧重,对高级别职业经理的评审,更注重业绩和能力。

2. 推广方式

职业经理资格认证工作一般采取行政推动与市场化推广相结合的方式来进行。一般来说,前期由各市委、市政府相关部门制定相应的政策和标准,国有资产管理部门和主管部门根据企业发展的需要,有计划地组织推荐肩负国有资产保值、增值责任的国有及国有控股企业中的主要经营管理骨干人员参加认证。对于各市企业经营管理人才队伍的另外一个重要组成部分,非国有企业和其他社会经济组织中的经营管理者,则由认证管理部门、认证机构和认证培训机构采取广泛宣传和市场化推广等方法,使这部分企业出资人和经营管理人员理解认证对企业、个人和社会发展的作用,从而吸引他们自愿参加。

3. 采用两证制

一般各市认证工作实行"两证"制,在采用中国职业经理人资格培训认证(CPMQ)作为主要评审依据的基础上,认证管理机构组织各市相关单位从事组织、人事工作的资深人员和企业界、相关研究机构专家组成的评审委,在业绩评价和能力评价方面进行本地化完善和实用性内容补充。通过认证的人员,将被同时授予相应等级的企业经营管理者任职资格证书和职业经理资格证书。这种认证方法既反映了国内通用职业经理的普遍素质要求,也反映了各市对经营管理者要求的地区化特点。

4. 认证制度的指导思想

当前我国职业经理认证制度建设的指导思想主要有以下几个方面:

第一,政府引导。根据社会和企业的需求,由政府部门提出推行职业经理资格认证的指导性意见,制定相关政策,规范职业经理的培训和认证市场。

第二,依托行业。联合行业主管部委和行业协会,根据行业和不同所有制企业的特点,制定职业经理培训规范,为工业、建设、商业、交通、外贸、信息产业等行业培养职业经理。

第三,面向社会。提倡鼓励符合条件的有志于从事经营管理职业的社会个人、求职从业人员自愿自主参加职业经理资格认证,营造起职业经理准入的市场氛围。

第四,市场化运作。以中国企业联合会、中国企业家协会为主体,联合各类培训机构,整合社会培训资源,发挥各类培训机构(包括国外机构)的积极性和作用,自筹投入与研发资金,自担风险,建立起合理、公平的利益分享机制,使职业经理资格认证可持续发展。力求使这一认证具有市场公认的品牌效应,形成职业经理培训产业。

第三节 职业经理的职业发展

一、职业经理职业发展的概念与影响因素

(一)职业经理职业发展的概念

职业经理职业发展是确保在职业经理个人职业目标与整个组织的目标一致的基础上,实现职业经理个人与组织需求之间的最佳匹配。职业发展包括职业规划和职业管理。职业规划是从个人角度设计职业发展,职业管理是从组织角度管理职业发展,是组织人力资源开发的重要途径。

职业经理职业发展的形式多种多样,但主要可分为职务变动发展和非职务变动发展两种基本类型。职务变动发展又可分为晋升与平行调动两种形式。晋升是职业发展的常见形式,晋升是成功的标志,对晋升的渴望是一种积极的动机,它会使职业经理在工作中创造出更好的业绩,特别是对处于职业规划早期和中期的职业经理而言,其激励效果更明显。平行调动虽在职务级别上没有提高,但在职业规划目标上可以得以发展,从而为未来的晋升做好准备。非职务变动发展也越来越成为职业经理职业发展的重要形式,特别是随着经济状况的变化,组织机构呈现出扁平化,结果是组织机构削减管理层,晋升的空间越来越小。为留住大量有才干的职业经理,组织机构不得不对成长和成功的真正含义做出建设性的思考。职业规划的成功可以以横向调整的形式实现,通过工作丰富化在"原地成长"。具体而言,非职务变动发展包括工作范围的扩大、改变观念以及方法创新等内容。如果职业经理的能力提高了,但没有组织结构的变化和高一级的职位空缺,可以通过拓宽职务责权利的方法,使其职业生涯得到发展,即使其职务内容丰富化,并给予相应的待遇。改变观念以及工作方法创新都可以提高个人的工作能力,改善个人的工作业绩,使其本人得到激励和鼓舞,同样是职业发展。

(二)职业经理职业发展的影响因素

职业经理的职业发展既受到来自政策、社会等宏观因素的影响,又受到来自组织和职业经理自身特点等微观因素的影响。

（1）宏观影响因素包括政府的政策环境支持、公平的竞争环境、良好的监管约束机制以及营造一种诚信的职业经理道德环境等。Burt(1997)考察了社会资本对职业发展的影响,他在研究当中指出社会资本可以提高行动效率,如加速信息交换、降低交易成本等,特别是当人力资本与财力资本充裕的情况下,社会资本往往是职业经理有效发展的关键因素。Seibert(2001)等人从实证的角度考察了社会资本对职业经理职业发展的作用机制。他们构建了职业生涯成功的社会资本理论模型,考察了最终影响职业发展成功的作用过程。结论显示,职业经理的职业规划成功其实是受到社会资本中所蕴含的网络利益的影响。

（2）在组织影响因素方面,组织的性质、发展阶段、效益、企业文化等都是影响职业经理发展的重要因素。职业经理个人的职业生涯规划和组织的职业生涯管理是企业整个人力资源职业规划的两个极为重要的方面。职业经理的前途和流动,有赖于组织实施的职业管理。在组织提供的有效职业管理中,要创造一个高效率的工作环境和达成引人、育人、留人的企业氛围;让职业经理从一般走向优秀、迈向卓越,并将自己的聪明才智"奉献"给组织;形成职业经理与组织紧密联系的关系。

（3）来自职业经理个人的影响因素主要包括职业经理的智力、受教育程度、工作经验、职业变更、任职期限、自我实现、反思、工作探索、职业控制、人际网络等。

二、职业经理的职业规划

（一）职业经理职业规划的概念

职业经理的职业生涯规划并不是一个单纯的概念,它和职业经理的家庭、组织以及社会存在密切的关系。随着职业经理价值观、家庭环境、工作环境和社会环境的变化,每个职业经理的职业期望都有或大或小的变化,因此它又是一个动态变化的过程。对于职业经理来说,职业生涯规划的好坏必将影响整个生命历程。我们常常提到的成功与失败,不过是所设定目标的实现与否,目标是决定成败的关键。个体的人生目标是多样的：生活质量目标、职业发展目标、对外界影响力目标、人际环境等社会目标。各个目标之间相互交织影响,而职业发展目标在整个目标体系中居于中心位置,这个目标的实现与否,直接引起成就与挫折、愉快与不愉快的不同感受,影响着生命的质量。

职业经理的职业规划是指职业经理的个人发展与组织发展相结合,在对职业经理个人和内外环境因素进行分析的基础上,确定职业经理的事业发展目标,并选择实现这一事业目标的职业或岗位,编制相应的工作、教育和培训行动计划,对每一步骤的时间、项目和措施作出合理的安排。职业规划,是职业生涯规划的简称,就是对职业生涯乃至人生进行持续的、系统的、计划的过程,它包括职业定位、目标设定、路径设计三部分内容。通常所说的职业生涯设计实际上是指对职业通道的设计。

（二）职业经理的职业路径

职业路径是指个人或组织的自我认知、成长和晋升的计划和管理方案。职业路径在帮助职业经理了解自我的同时使组织掌握职业经理职业需要,以便排除障碍,帮助职业经理满足需要,通过帮助职业经理胜任工作,确立组织内晋升的不同条件和程序对职业经理职业发展施加影响,使职业经理的职业目标和计划有利于满足组织的需要。职业路径设计指明了职业经理可能的发展方向及发展机会,职业经理可能沿着所设计的发展路径变换工作岗位。对职业经理个人来说,良好的职业路径设计是职业规划的关键环节,能激发个人的工作兴趣和工作潜能。对组织来说,提供良好的职业路径安排则有利于组织吸收并留住最优秀的职业经理。因此,职业路径的设计对个人和组织来讲都十分重要。下面主要介绍几种职业路径设计方式,包括传统的直线型职业发展路径、螺旋型职业发展路径、横向型职业发展路径、跳跃型职业发展路径以及双重型职业发展路径。

1. 直线型职业发展路径

直线型职业发展路径是指职业发展中就从事一种职业,不断学习和提高专业技能,积累经验和资历,只在这个职业的一系列职位中发展,如主管、总监、副总监。直线型职业发展路径只有一个通道——个体做垂直运动,职业发展目标就是晋升,其职业发展需要个人努力,更需要组织栽培。

2. 螺旋型职业发展路径

螺旋型职业发展路径是指职业发展中从事两种以上职业,不断学习和提高多种技能,培养灵活的就业能力,不断积累提升人力资本,在不同职业甚至不同行业中寻求发展。螺旋型职业发展路径的通道不明晰,关键是满足心理成就感,运动方式是螺旋式上升。职业发展主要靠职业经理个人设计与管理。

3. 横向型职业发展路径

横向型职业发展路径是指职业发展中的横向职位变动。横向职位变动可以使工作具有多样性,使个体焕发新的活力、迎接新的挑战。虽然没有加薪或晋升,但职业经理可以增加自己对组织的认识,获得新的职业经验,为今后可能的职业升迁提供坚实的基础。

4. 跳跃型职业发展路径

跳跃型职业发展路径是指在职业生涯中职务等级或职称等级不是依级晋升,而是越级晋升。跳跃型职业发展路径可用较短的时间到达较高职业高度,但跳跃型职业发展路径不是一种普遍适用的路径,它需要特殊的机遇或个人特别的努力。

5. 双重型职业发展路径

单线型职业发展路径只能有一个职业发展通道——或是管理型职业发展路径或是技术型职业发展路径。双重型职业发展路径有两个可以相互跨越的职业发展通道,职业经理可设计选择职业发展的方向。该路径的设计是让管理层级和技术等级在各个水平上有可以比价的报酬、责任和影响力。在行政职务阶梯上的提升意味着可以具有更多制定决策的权力,同时承担更多的责任;在业务(技术)能力阶梯上的提升意味着可以具有更强的独立性,同时拥有更多从事专业活动的资源。走双重型职业发展路径的大多为专业技术型的职业经理,他们可以从技术生涯路径和管理生涯路径中选择最适合自己兴趣和能力的职业发展路径,减少改变职业通道的成本。

(三)职业经理职业规划的步骤

1. 自我评估

主要包括对职业经理个人的需求、能力、兴趣、性格、气质等的分析,以确定什么样的职业比较适合自己和自己应具备哪些能力。

2. 生涯机会评估

生涯机会的评估包括对长期机会和短期机会的评估。通过对社会环境的分析，结合本人的具体情况，评估有哪些长期的发展机会；通过对组织环境的分析，评估组织内有哪些短期的发展机会。

3. 生涯目标确定

职业规划目标的设定，是职业生涯规划的核心。职业经理事业的成败，很大程度上取决于有无正确适当的目标。目标的设定，是在继职业选择、职业生涯路线选择后，对职业目标做出的抉择。其抉择是以自己的最佳才能、最优性格、最大兴趣、最有利的环境等信息为依据。职业生涯目标的确定包括人生目标、长期目标、中期目标与短期目标的确定，它们分别与人生规划、长期规划、中期规划和短期规划相对应。

4. 制定行动方案

制定行动方案是把目标转化成具体的方案和措施。这一过程中比较重要的行动方案有职业规划发展路线的选择、职业的选择、相应的教育和培训计划的制定。

5. 评估与反馈

职业规划的评估与反馈过程是个人对自己的不断认识过程，也是对社会的不断认识过程，是使职业规划更加有效的有力手段。

三、职业经理的职业管理

（一）职业经理职业管理的概念

职业经理的职业管理是组织为职业经理设计的职业发展、帮助计划。职业管理中，组织将员工视为可以增值而非固定不变的资本，通过员工职业目标上的努力，谋求组织的持续发展。职业管理有别于职业经理个人制定的职业计划，带有一定的引导性和功利性。

组织对职业经理实行职业管理的关键在于尽力促使员工的职业目标与组织目标一致。员工个体的职业规划是职业管理活动的基础。组织在了解员工的职业发展需要后，可以制定相应的政策和措施帮助员工，向他们提供相应的机会，引导和指导员工在进行职业规划时考虑组织目标。只有员工的职业规划目标同组织目标方向一致，才能有效引导员工成长，为组织培养经营管理人员提供人才储备。职业管理中职业技能的提高可以带动组织整体人力资源水平的提升，职业管理中的组织的政策、财力和物力投入可以看成是组织的投资。

（二）职业经理职业管理的特征

1. 职业经理职业管理是组织为其职业经理设计的专业化系统管理

职业经理职业管理是组织帮助职业经理完成自我定位，鼓励职业经理将职业目标同组织发展目标紧密相联，尽力安排职业机会的过程。该过程是由组织发起的，通常由人力资源部门负责，所以具有较强的专业性、系统性。组织的职业管理比个体的职业规划更正式、更系统。

2. 职业经理职业管理必须满足职业经理和组织的双重需要

与组织内部一般的奖惩制度不同，职业管理着眼于帮助员工实现职业计划，即力求满足职工的职业发展需要。要实行有效的职业管理，必须了解职业经理在实现职业目标过程中会在哪些方面碰到问题,如何解决这些问题,职业经理的漫长职业生涯是否可以分为有明显特征的若干阶段,每个阶段的典型矛盾和困难是什么,如何加以解决和克服,另外,组织需要是职业管理的动力源泉,无法满足组织需要将导致职业管理失去动力源而中止,最终导致职业管理活动的失败。因此,职业经理的职业管理必须满足职业经理个人和组织的双重需要。

3. 职业经理职业管理形式多样、涉及面广

组织对职业经理职业活动的帮助和支持,既包括为其开设各类培训、咨询、讲座等提高职业能力的活动,也包括建立和完善组织的人事政策,如规范职业评议制度、建立和执行有效的内部升迁制度等。职业管理过程自招聘职业经理进入组织开始,直至职业经理流向其他组织或退休而离开组织。职业管理涉及职业计划、职业培训、职业考核等职业活动的各个方面,涉及面广。

(三)职业经理职业管理的有效性标准

职业经理职业管理的有效性标准是组织职业经理职业管理中进行评估的重要标准,为组织职业管理的成功实施提供了基础。

1. 达到职业经理个人和组织目标

职业经理个人目标包括:高度的自我决定,高度的自我意识,获得必要的组织职业信息,加强职业经理成长和发展,改善目标设置能力等。组织目标包括:改善管理者与员工的交流,改善个人与组织的职业匹配,加强组织形象,建设管理人才库等。

2. 成功的职业管理项目

职业管理项目包括:职业经理的职业培训课程,职业经理参与职业讨论,职业经理职业规划的实施指导,组织的职业安排行动(提升、跨部门流动等),组织或部门继承人的确定。

3. 绩效改进

职业管理的绩效改进主要包括离职率和旷工率降低、士气改善、添补空缺的时间缩短、内部晋升机会增加等。

4. 态度改善

职业经理的态度是否改善是职业管理是否有效的标准之一。主要包括:职业经理对职业工具和实践的评价,如参加者对职业讨论会的反映、对工作布告系统的评价等;职业系统可觉察到的益处;职业经理表达的职业感受,如对职业调查的态度;职业经理职业规划技能的评价;组织职业信息的充足性评价等。

(四)职业经理职业管理的实施

1. 职业经理的组织评估

职业经理的组织评估是要利用相应的信息对职业经理的能力和潜力作出客观公正的评估。这些信息主要来自对职业经理的绩效评估,也包括反映职业经理的受教育状况和以前工作经历等信息的人员记录。组织对职业经理个人的评估通常应由人力资源管理者和职业经理的直接管理者共同进行。除此之外,对职业经理职业管理的组织评估还必须综合考虑职业经理自身的特性,这主要是指职业经理个人对自己的能力、兴趣、气质、性格以及自己职业发展的要求等进行分析和评价,以确定自己合适的职业生涯目标和职业生涯发展路径。

2. 职业信息的传递

职业经理要确立现实的职业发展目标,就必须知道可以获得的职业选择和职业发展机会,并获得组织内有关职业选择、职业变动和空缺的工作岗位等方面的信息。组织要及时为职业经理提供有关组织发展和职业经理个人的信息,增进职业经理对组织的了解,包括职位升迁机会与条件限制、工作绩效评估结果、训练机会等,帮助职业经理了解自己的职业发展通道。

3. 职业咨询

职业经理的职业咨询是指组织职业管理中整合职业经理职业规划过程中不同步骤的活动,它是伴随整个职业生涯发展过程的多次或连续性咨询活动。在职业发展过程中,有可能出现许多职业经理无法预测或必须面对的难题,如职位升迁、跳槽、职能转换、人际关系等。职业咨询可以为职业经理解决职业发展中的困惑,为职业经理作出明智选择提供参考意见和决策支持。

4. 职业道路引导

职业道路引导可定义为一系列包括正式与非正式教育、培训及工作体验的开发活动。这些开发活动有助于职业经理进入更高一级的职位。职业道路引导指明了组织内职业经理可能的发展方向及发展机会。组织内职业经理可以沿着组织的职业道路来适时调整自己的职业目标及行为。

第四节 组织发展中的职业经理开发

一、职业经理开发与组织发展的相互影响

职业经理开发与组织的发展是相互影响的。一方面,职业经理开发的目的是促进组织发展,组织发展是企业组织活动(包括职业经理开发)的结果。另一方面,组织发展对于职业经理开发也有多方面的影响。

(一)职业经理开发对组织发展的作用

职业经理开发是通过提升组织职业经理的人力资本价值,进而促进组织发展。职业经理开发对于组织发展的作用是由职业经理与组织及组织发展之间的关系决定的。

企业组织是围绕企业经营目标而协调各种人力资源分工与协作的开放性系统。职业经理是企业所雇佣或为组织目标服务的一种人力资源,职业经理加入企业是因为企业能够为其提供所需要的工作、发展及价值实现机会,并使其获得内在及外在的薪酬。企业组织的特性在于能够把分散的个别职业经理通过组织机制凝聚成整体力量去实现组织与个体的目标。因此,职业经理与组织的关系是一种整体与个体的关系,也是一种互为目的与手段的关系。职业经理是构成组织的具有活动性及创造性的要素。企业组织的战略、文化和组织模式是作为协调人员分工与协作的组织机制而存在的,本身并不具有智能和创造性。职业经理行为是组织行为的基础,它促成了组织的柔性、组织与环境的匹配和组织目标的实现,是影响与决定组织发展的关键因素。职业经理行为对组织发展的作用大小取决于职业经理的知识、技能和能力水平,即职业

经理的人力资本价值。

企业组织能否发展的关键在于组织所拥有的职业经理人力资本价值能否与组织发展的要求相适应。职业经理开发活动是旨在提升职业经理人力资本价值以满足个人及组织需要的活动。职业经理开发对于组织发展的作用体现在其能够提升组织人力资本存量，以满足职业经理与组织发展的动态匹配。因此，职业经理开发是促成组织发展的重要手段或措施。

（二）组织发展对职业经理开发的影响

组织发展构成了职业经理开发的场景，组织发展对于职业经理开发的影响表现在组织发展对职业经理开发产生促进或者阻碍作用。组织发展的这种影响是从组织与职业经理开发的关系决定的。

对于具体的企业组织而言，职业经理开发是在特定的组织模式下进行的。因此，职业经理开发不可避免地受到组织因素的影响及制约。这些组织因素包括组织的架构、岗位设置、组织的文化、组织所能提供的平台及组织所拥有的资源。从组织架构方面来看，职业经理开发活动发生于特定的组织架构，不同的组织架构对于职业经理开发有着不同的影响，如在典型"金字塔"式的科层结构下，企业的职业经理缺乏自主决策和自主管理的权力，这会对培训的迁移和效果产生不良的影响，进而会影响到职业经理开发活动的效果。从组织文化的角度来看，组织文化决定着职业经理开发活动的频率与力度。企业文化内在地规定着企业如何看待职业经理的开发，如何处理组织与职业经理的关系，以及企业人力资源的行为方式。如果企业文化是强调人力资源的重要性和职业经理的成长和发展，那企业会把在职业经理开发方面的投入看作是投资，相应的就会重视职业经理开发活动并加大这方面的资源投入力度。如果企业文化中具有强调平等、学习、参与和合作的特质，处于其中的职业经理会有自我开发和学习的主动性，这对于职业经理开发活动的开展无疑有着很大的促进作用。从企业组织的平台及资源来看，职业经理开发是面向当前及未来的人力资本投资活动，而职业经理人力资本投资则需要相应的投资成本，这主要包括资金、时间和人力资本等方面的投入，还有工作的岗位、晋升及发展的机会等方面的投入。企业是否重视对职业经理开发的投入，是否具有投资于提升组织人力资本水平的物质资本及人力资本，对于职业经理开发活动能否顺利开展有着很大的影响。

企业组织的结构、文化、组织平台及资源影响着职业经理开发，这种影响一方面表现为有助于企业组织职业经理的开发，甚至组织因素本身就能够起到开发职业经理才能的作用；另一方面，这种影响可能是不利于甚至是阻碍职业经理开发的。克服这种不利的影响则需要寄望于组织发展，通过组织发展来扫除职业经理开发的组织因素的障碍。因此，组织发展对于职业经理开发的影响是通过改变特定发展阶段的组织要素而得以体现，通过组织发展解决组织的问题进而促进职业经理开发。

企业发展对职业经理开发的影响表现在开发时机的选择上。企业在发展过程中要不断融资。而不管通过哪种途径融合金融资本（特别是股权稀释化融资），必然伴随着与社会人力资本的融合。因为融资表明企业规模的扩展，业务的增多，技术含量的提高以及经营活动的半径扩大等。这时企业内的人力资本供应，特别是经理人员的供应必然相对不足。因此,吸纳和开发职业经理就成为企业成长的关键所在。实际上,在企业的创业阶段,由于企业规模小、人员少,创业者的管理能力足以维系企业成长。但当企业步入快速成长期之后,受多方面因素的制约,管理能力常常供给不足,造成管理能力缺口,不利于企业的成长。此时,就应该引入和开发职业经理资源(见图8.1)。

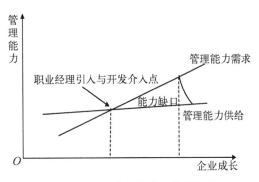

图8.1 企业成长与管理能力需求

组织发展对职业经理开发的影响还表现在组织目标对职业经理开发的导向作用。目标一致理论认为,处于群体中的个人,只有在个体方向与群体方向一致的时候,个体的能力才会得到充分发挥,群体的整体功能水平也才会最大化。如果个体在缺乏外界条件或者心情抑郁的压制状态下,就很难在工作中充分展现才华,发挥潜能。个体的发展途径也不会得到群体的认可和激励,特别是在个人方向与群体方向不一致的时候,整体工作效率必然要蒙受损失,群体功能水平势必下降。个人潜能的发挥与个人和群体方向是否一致之间,存在着一种可以量化的函数关系。当职业经理个人发展目标与组织发展目标一致时,个人潜能得到充分发挥,个人的行为容易受到组织的认同和肯定,形成良性循环。当两者不一致时,个人的潜能受到抑制,组织的发展受到影响。在不改变组织目标的主流方向的情况下,企业的管理者可以在长期的实践过程中,不断总结,调整校正实现组织目标的手段、方法,以便职业经理个体目标的满足,从而充分发挥个体的潜能,保证组织目标的实现更加健康、持久、可持续。

二、企业生命周期不同阶段的职业经理开发

企业生命周期一般有初生、成长、成熟与衰亡期四阶段。企业生命周期是企业发展过程中的现象,是企业难以摆脱的规律性特征,是对企业发展的轨迹与未来趋势的描述与预测。Adizes(1989)在著作《企业生命周期》中提出了各阶段企业的行为特征,提出了预测、分析及诊断企业文化的工具(PAEI)。PAEI是组织不同阶段中决定企业持续成长的四个主要动因,Adizes称之为制定决策的四种管理角色,可以用来分析企业文化、决策风格或管理人员的风格。这四种管理角色分别是:P角色——目的性强,为企业创造短期利益;A角色——行政管理方面,用来提高企业短期效率;E角色——创新,为企业带来长期效益;I角色——整合,带来的是长期效益。这四种管理角色囊括了解决企业长短期效率和效益问题的管理力量。并且,它们之间的关系是相当微妙的,有协同,也有竞争。比如A与I的关系,A相对机械、规范,而I强调中心、较灵活、有弹性。二者有时是矛盾的,但又可以相互补充和支持。企业作为一个独立的"生命体",只有协调这四种管理角色,才能保证系统运营的顺畅,促进企业健康持续成长。这也意味着管理者要适时调整决策和管理风格,顺应企业发展的需要。

从职业经理开发的角度来看,在企业生命周期的不同阶段,企业内外部的环境就

会发生变化,企业的战略也就会发生改变,企业的成长目标会随之改变,每个阶段的特征会对企业职业经理的素质要求有所不同,这些影响因素的共同作用,会对组织的结构、技术、策略及人员造成改变,同时这些因素的改变,会使企业适应了外部环境的变化、企业的业绩优化、业务增长、利润增加,从而促使企业不断成长,达到新的阶段。

(一)初生期的职业经理开发

在创建初期,企业面临的主要是生存问题,产品能否打开市场决定企业的生死存亡。在这一阶段,企业推出的产品或服务如果能在市场上站稳脚跟,就能进入稳定发展阶段。处于这一时期的企业,管理人员较少,公司的主要事务一般由经营者一个人决策,创业的局面打开之后,公司的状态开始转变,业务量不断增大,员工人数不断增加,各种问题和挑战也不断出现。公司的工作开始由创业特征转向管理特征,事事都要靠创业人直接监督的局面已无法继续,这就是所说的"领导危机"。此时就需要建立一个管理团队,通过专业化的职业经理去指导员工工作,引导员工执行决策层的决定。这一阶段职业经理最亟需的能力也是最重要的能力便是控制,以保持员工队伍的稳定性,特别是关键的、掌握企业核心技术员工的稳定性,对企业下一步发展具有重要意义。同时,在这一时期职业经理的行动力、执行力和行政能力对推动组织的发展至关重要。

(二)成长期的职业经理开发

成长期是企业积累资本、迅速发展的时期,企业未来的发展规模和发展方向在很大程度上取决于企业在成长期的举措。在战胜领导危机的过程中,企业逐步建立起规范集权式的功能型组织——直线职能制,经营的重心开始由产品和市场转向内部管理,企业组织及其管理体系也开始走向正规化,而自身也得以发展到生命历程的下一阶段。开始时,这样的组织结构是适应企业内外条件的,所以有一段较长的稳定发展时期。但企业规模在不断扩大,产品群在不断增多,市场在不断拓展,事业范围也更加广阔,上层领导的集权管理与中层管理者的自主决策要求开始形成矛盾,也即所谓的"自主危机",自主危机的表现及特征包括:企业关键人物流失、公司凝聚力下降、特权阶层滋生。

因此,在这一时期的职业经理开发有着特殊的要求。此阶段职业经理的行动力、执行力和行政能力已相对成熟,而对创新和冒险能力、整合人际关系和横向协调的能力的开发逐渐被认识到并提上日程。首先,要培养职业经理战略眼光,学会授权,在组织中形成一种民主决策的氛围,激励员工积极参与决策。其目的就是在企业中建立快速灵活的反应模式,决策能够迅速地下达并付诸实施,顾客及市场的反馈信息能够迅速上传,以便企业领导者做出正确的决策。其次,要开发职业经理的协调控制能力。职业经理需要寻找到一种机制去控制和协调各部门而不直接受高层的监督,以使组织的所有组成部分都能联系和协调在一起。再次,要开发职业经理的整合能力。要促使职业经理关注企业内部业务流程的优化和员工素质的提高。企业应重视积累战略性资源,努力培养自己的核心竞争力,设法不断延长自己处于成长期的时间。

(三)成熟期的职业经理开发

企业发展到成熟阶段,企业的各项机能都达到了相对完善的地步。企业通过引进分权事业部制,把日常经营管理权限下放到较低的管理层次,得以克服自主危机而进入成熟阶段。分权制给事业部带来了灵活性,同时调动了下层经理和员工的积极性,推动了企业进一步发展。同时,不断壮大成长的事业部也使企业高层领导开始感到对高度分权的各事业部的经营活动难以控制。这时,就产生了"控制危机"。

在这一情境下,为了形成良好的计划、组织、管理开发和控制系统,职业经理也应改变他们的方法和能力,从"实干家"的角色转变为专业的管理人员,对企业进行规范化的管理,一旦一个企业完成了向专业化管理企业的过渡,这个企业也就从以企业家精神为主导的阶段转向了以职业经理专业化管理为主导的阶段。

进入到成熟期的企业,职业经理的行动力、执行力和行政能力得到提升之后,整合人际关系和横向协调的能力也得到了充分的开发,但创新和冒险能力显得相对不足。

(四)衰退期的职业经理开发

为了解决事业部制所带来的企业僵化问题,企业还必须进行组织变革。这时企业通常的做法是引入矩阵式组织结构。成熟期企业突出的表现就是创新精神的衰减,但竞争环境的变化却对规模庞大的成熟期企业提出了更高的创新要求。创新的供给和需求一旦失衡,企业将不可避免地走向衰亡。由成熟走向衰亡并不是企业成长的必然归宿,有很多企业通过自我革新超越了衰退期,其发展也得以进入再兴阶段。爱迪斯先生说:"成长和老化既不取决于企业大小,也不在于时间长短。百年老企业仍可灵活如初,年仅十岁的企业却可能官僚无比。"这一时期的职业经理也面临两种选择:一种是转型;另一种是提升组织及自身的创新能力,领导组织进行变革,使企业的发展进入一个再兴时期。这一时期,职业经理单纯的行动力、执行力和行政能力已远远不能满足组织发展的需要,为了通过组织变革使企业再次进入一个兴盛时期,职业经理需要引领组织战略和目标的调整,应对组织结构、流程和人员角色的改变以及组织文化和环境的重整,所以职业经理的创新和冒险能力、整合人际关系和横向协调的能力在这一时期需要充分地开发。

三、组织变革中的职业经理开发

随着组织环境的变化,组织需要不断变革。通过组织自身的不断调整,企业既要适应环境的要求求得生存,也要形成进一步发展的动力。组织变革是组织为了适应内外部环境变化,对其组成的各个要素进行调整、改变和创新,从而更好地实现组织目标的过程。组织变革是组织发展的重要手段和环节,对维系组织生存、促进组织健全发展、体现组织本质特征具有重要意义。在组织变革中,职业经理扮演多种角色,这些角色扮演为职业经理的开发提供了平台。

(一)职业经理在组织变革中的角色

1. 发起人

职业经理可能会作为组织变革的发起人和领导者。这时,职业经理的素养和价值观,在很大程度上决定了企业组织变革的成败。职业经理的能力高低将对企业的组织变革计划、组织、控制和实施起到关键作用。这就要求企业在甄选时注意职业经理特质与企业现状,如结构、流程、人员和文化等方面能否匹配。正是基于这种匹配关系,职业经理对企业变革的影响力才能发挥作用。

作为发起人的职业经理应该具有果敢的个性,需要具备积极热情的工作态度、敏锐的洞察力以及强烈的变革意识,有较强的变革决策和组织能力。在变革中,作为发起人的职业经理需要认真分析变革的各种风险,在变革团队的沟通中确保发出同一种声音,鼓励变革持续有序地进行。

2. 代理人

变革代理人是变革的重要角色,Marks(2000)认为,变革代理人有三种,即高层领导者委员会、转轨管理者和转轨任务团队。而 Harari(1999)提出了成为变革代理人的 11 条原则,其中包括让顾客引导变革过程、根据顾客反馈和跟进讨论、制定标准指标和流程、允许坚持不懈快速持续和公开地前进等。

扮演代理人角色的职业经理,变革过程对其要求很高。他们的工作包括诸多方面,如组织变革领导和执行小组、防止官僚主义的干预、鼓舞和调动直接参与改革人员的积极性。

变革代理人需要不断了解变革现状,接受建议和意见,需要有良好的实施变革的能力;要为企业的未来塑造远景,将为何需要变革、变革的成本效益等与变革参与者进行沟通;对变革中的阻力要积极引导、说服教育;要能了解与检视整个变革管理的规划与执行;要对组织结构和业务流程有再设计的能力。

职业经理在组织变革中应重视文化因素,重塑企业文化。组织变革不仅仅是简单的企业发展方案设计,还包括组织文化的改造。在不断的文化改造过程中,需要职业经理从个人的改造做起,改变员工的价值观与营造支持变革的态度。此外,组织变革除了针对组织成功关键因素的结构面、文化面进行改造,还应进一步提供给员工工作态度改善和学习成长的机会。职业经理在变革管理上,应致力于员工能力开发为导向的管理改善活动,使企业逐渐成为学习性组织,对环境有动态适应能力,保持持续竞争优势。

3. 受影响者

组织变革涉及结构和流程的再造,这就可能使得职业经理成为利益受影响者。作为受影响者的职业经理,如果发现企业主变革决心的真切,那么最好的策略是积极响应变革,从变革受影响者的角色转化为合作者;如果发现企业主对变革持有犹豫不决的态度,则需谨慎行事,因为,变革发起人和倡导者的犹豫不决可能会直接导致变革失败。

(二)组织变革中职业经理的能力开发

1. 领导能力

变革过程中,领导能力是变革领导者对下属和员工施加影响,积极实现组织变革目标的重要能力。领导者可以在变革过程中决定怎样利用权力来影响别人对待变革的态度,也可以发现那些需要他们加强权力的领域。极少有变革领导者在第一次领导变革时就进展顺利。对变革的规律缺乏了解,缺乏推行变革的方法,会导致变革实施的效率低下,甚至影响变革的顺利进行。从这个角度来说,作为变革的发起人或代理人的职业经理有必要参与专题研讨,接受培训,特别是通过变革成败经验的总结,来获得变革者所需要的能力。通过培训,职业经理能够认识自己的角色和地位,从而在变革组织中明确职责和权限,提升变革的角色意识和技能,充分发挥自己在变革中的作用。此外,变革中的职业经理还必须具备的领导能力包括:能清晰地认识组织变革的需要,促成变革的发生;能提出将构建什么样的组织的愿景目标,并将此传播到组织中,与员工充分沟通,并激励和指导员工实现这一愿景目标等。

> **知识拓展**:以人工智能、大数据和物联网为标志的第四次工业革命促进了共享制企业的发展。随着移动互联网和人工智能等技术的发展,大批以平等、合作、分享为基础的新型组织出现,传统企业也开始去行政化和层级化,网络型(N型)结构开始流行。当代企业理论认为,共享网络背景下,企业的性质和边界不清晰,所有权、控制权和经营权分享下的N型组织结构亟需理论与实践创新。N型组织的职业经理领导力开发正面临全新的挑战。

2. 创新能力

组织变革的领导者和代理人角色需要对变革的原因、内容、目标、策略有充分的理解,对组织的结构、流程、人员和文化有新的设计,这给职业经理的创新思维和创新能力提供了充分的开发机会。职业经理要发扬变革管理中的创新精神,就是要抓住机会,不断寻找、创造出持续的竞争优势。通过适时的组织变革创造新的竞争优势,保证在原有竞争优势被侵蚀之前产生新的经济盈利性的支撑点,从而使企业在时间的维度上具有持续存在的竞争优势。持续的创新可以构建企业的优势链,从而保证企业优势的连续性。

在变革管理中,职业经理需要持续地搜集和过滤信息以获取有关产品、技术、流程和制度的新思想,需要对预期变革状态有创新性估计,需要对变革方案进行创新式设计和实施,这些都会使职业经理的创新能力得到极大的开发。

3. 沟通能力

组织变革的实施需要激发组织成员对组织变革产生认同感和参与感。实现这种认同感和参与感需要让组织成员了解变革,拥有变革的意愿,降低对变革的抵制。这一切有赖于变革管理者与组织成员的沟通。组织变革中的职业经理的沟通能力能使职业经理及时了解员工对变革的看法,听取员工对变革的建议,引导员工为变革作出努力,提高变革的总体质量。

组织变革的意愿取决于变革领导者能否创造一种变革需求,而这种变革需求的产生不能仅仅依靠组织中的正式的权威,职业经理的说服力和感召力在激励变革和消除变革抵制方面起着至关重要的作用。尤为重要的是,职业经理对员工进行变革预期状态的灌输需要大量的、深层次的沟通。人们不仅需要了解预期状态,还要知道预期状态对他们的工作和生活的影响。如果没有良好的沟通能力,职业经理在变革管理中会陷入僵局。

开发职业经理沟通能力时需要注意的方面有:使沟通的过程简单而真诚,不要过于复杂,也不要太做作;在沟通之前一定要做好准备,尤其是要理解人们的真实感受;要注意解决人们心中的焦虑、混乱、愤怒和不信任的情感;要消除沟通渠道中的障碍性因素,保证重要信息能够畅通无阻;使用新技术(比如说内部网、通信卫星等)来帮助人们沟通。

4. 学习能力

变革管理中需要寻找变革机遇和整合组织资源。职业经理的知识存量和增量都将影响到发现机会的能力和整合资源的效果。因此,不断开发职业经理的学习能力,才能提高发现机会的能力和整合资源的能力。换而言之,组织变革中寻找机遇和进行资源的整合配置过程为职业经理提高学习能力提供了舞台。

组织变革从某种意义上讲就是一种创新,而创新是建立在人们所拥有的现存基本知识存量之上的,创新主体的知识积累决定着以后创新活动的方向。所以组织变革中的创新要求需要开发职业经理的学习能力。

在组织变革中,职业经理在识别信息,面对不确定性进行决策,亦即在承担风险和不确定性的过程中,对其自身各方面的知识和能力都提出了很高的要求,同时不论对于变革的成功还是失败,职业经理都要从组织和自身两方面进行分析和思考,进行不断的总结和学习,这些都是组织变革为提升和开发职业经理学习能力提供的机会。

思考案例

可口可乐公司的"职业经理"生产线

如何让员工找到在公司内部的上升空间是困扰很多公司的问题,可口可乐为内部公司人的成长开出了自己的秘方:对员工进行"从摇篮到坟墓"的全程培养。

可口可乐公司算是一个庞然大物,到 2011 年,算上合资装瓶厂的职工,这家全球最大的碳酸饮料公司在中国拥有约 4.8 万名员工,其中,中国公司的管理人员有 1 000 余人。

6 年前,可口可乐中国公司制定了一个长期战略计划,希望迅速提升业务发展速度,但公司发现员工并不具备实现这一计划的能力。中国区的业务相对较新,很多管理人员的技能需要内部培养,这需要更有远见的投入。"我们需要一个长期的规划,从内部去发展员工,培养他们慢慢提升到一个更高的位置。"可口可乐中国区副总裁,可口可乐大学校长穆志全说。

作为一名可口可乐公司的职员,你不必过分担心;如果你是一名管理培训生,可口可乐为你准备了一个完整的三年培养计划——6 个月的适应培训,18 个月的核心部门轮岗,12 个月的岗位工作;而作为一名基层经理或者中高层经理,你会得到中期或者短期的在职培训课程,国内公司或者国外公司的轮岗机会。此外,幸运的话,你还可能被介绍到一位收费每小时 400~500 美元的公司外部"导师",作为你的职场领路人……

叶颖就拥有这样一位导师——2010 年 8 月,可口可乐中国公司为时任浓缩液厂供应链经理的她聘请了一位外部职场导师,这是一个在香港工作的美国人,曾经开过公司,也做过管理者。公司特意安排了一位女性导师,因为她更理解女性在职场中遇到的压力。她将帮助叶颖"从一个具体操作者成为一名管理者"。这包含了两方面,"如何从管事到管人"以及"如何鼓励他人"。两人约定计划为期一年,每一个月见一次,每次约 4 个小时。"作为领导者,是否需要非常强硬? 但这不是我的作风。"叶颖说出自己的一些困惑。"你要先做自己,然后建立自己的风格。"导师与她分享自己的经历与心得,这给了叶颖不少启发。除了为她引进一个外部导师,更早的时候,可口可乐已经为作为浓缩液厂厂长后备人选的叶颖量身制定了一个培训计划。两年前,在考量她是否合适继任厂长职位时,老厂长鲍铁军给了叶颖一个机会,"爱尔兰厂的全球采购经理空缺,你愿意去吗?"

在可口可乐,这样的机会属于再试培训项目——按照员工的职业发展计划,以及根据主要管理层的评估,将适合的机会提供给适合的培养对象。可口可乐浓缩液厂为装瓶厂提供罐装生产所需的浓缩液,爱尔兰厂正是可口可乐全球最大的浓缩液厂。与供应链经理在日常工作中马上要解决的诸如"原料是否到货""库存如何平衡"的动态问题不同,全球采购经理需要为公司选择长期供应商,考虑公司五到十年长期业务的发展。

叶颖接受了挑战,开始了为期一年的爱尔兰厂全球采购经理的轮岗工作。除了工作内容不同外,她还要面对陌生的国度与文化,下属全是老外,而且都是各个领域的专家。

2009年4月,轮岗开始了。作为团队领导,叶颖要求自己经常询问下属对自己的反馈,并制定了计划,每月找一名下属沟通。第一个月,就遇到了文化上的不同。在与下属沟通的时候,她询问自己有没有什么可以改进的地方,他们说她太安静,太沉默。原来,爱尔兰人通常开会时都是抢着发言,出于礼貌,叶颖从不打断发言者。双方意识到这是文化上的差异后,每次开会到最后,下属们总会说,让我们听听你的想法吧,把时间留给叶颖。

在与这些时不时口里蹦出"玉米期货是多少蒲式耳"的专家们磨合中,叶颖丰富了自己在跨文化合作中的经验,也使她从供应链经理这样的专业人员向领导者转变。"作为一名领导者,不可能样样精通,必须信任下属。"

在经历了爱尔兰的轮岗培训与外部导师计划后,今年8月,叶颖被提升为新一任浓缩液厂厂长。此时的她,已经渐渐地找到了自己的风格,"不那么强势,会比较多和团队沟通。我的风格就是相信团队的力量"。

与叶颖的培训经历相似,可口可乐大中华地区营运总监翁海新也曾被派往印尼等地轮岗培训。2009年,他也有了一位自己的外部导师。导师是一位美国人,曾经做过导演,目前是上海一家咨询公司的创始人。

不管是叶颖还是翁海新,为了让这些高级经理级别以上的员工有更好的发展,可口可乐费尽心思。海外轮岗,可口可乐不仅要妥善安置好员工,还需要为员工家属做出适合的安排,以免除后顾之忧;外部导师,通常的市场价格是每小时400~500美元,除了价格昂贵,经验丰富的外部导师是市场上的稀缺品,需要精心物色——可口可乐的人力资源部门会随时留意市场上的外部导师资源,根据不同导师的经验、资历以及特色做出评估,推荐给公司的未来领袖们。

程羲2009年年底接受的这场为期五天的封闭式培训课程,名为"五个金环",是可口可乐公司与外部培训顾问公司一起合作,为年轻管理者量身定做的一项领导力培养。"五个金环"等培训课程从2005年左右开始在可口可乐公司内部进行。这些课程会针对一些一线经理的工作状况、遇到的挑战、个人发展的需求，提升一线经理的领导力。

针对程羲等这些年轻管理者的类似培训项目让可口可乐中国公司最近六年基础人员流动率降低了50%，中层内部提拔比例也大幅提高，六七年前，绝大部分的中层职位依靠外部招聘填补，目前这个比例下降接近一半，外部招聘和内部晋升的比例持平。

在现实中，程羲是可口可乐公司的助理运营经理，即将升任运营经理，负责可口可乐系统中的西安装瓶厂。这个工作并不轻松，西安装瓶厂有1 200位员工，管理层也有十多位，管理层们的平均年龄约为四五十岁，经验丰富。

可口可乐实行的是特许经营模式。因此，像程羲这样的运营经理就像是连接可口可乐公司与装瓶厂之间的一座桥梁。在日常工作中，程羲需要将可口可乐的战略与西安装瓶厂的管理层密切沟通，转化成可以在当地实施的计划。

升任前的培训，让程羲觉得颇有启发，"看待问题的角度变了，过去总希望大家在立场上达成统一，现在更多的思考如何结合各方的利益点，寻找达成一致的方法"。约有20位可口可乐公司的一线经理参加了培训。这些通常有着5～10年工作资历，带领至少1～3个下属的一线经理正是"五个金环"课程的培训对象。

除了一线经理，那些有潜力成为高级经理的员工同样是重点培养对象。2008年，管理培训生李晟在进入公司后不久，就被安排了为期两个月的昆明装瓶厂工作。在那里，她不仅直观地看到了一瓶可乐是如何从瓶胚、吹塑、罐装到成为成品，而且熟悉了装瓶厂的运作系统。回到公司，又先后在商业领导力部门、特许经营领导力部门以及市场部进行了为期一年半的深度轮岗。

可口可乐公司对李晟这样的管理培训生，有一套完整的3年培养计划：第一阶段，约6个月，是公司导入课程及对可口可乐运营系统的全面及深入的了解；第二阶段，为期18个月，培训生在不同的核心部门轮岗工作，分别由高级经理担任他们的导师，协助实施不同的项目；第三个阶段，为期12个月，根据培训生的工作表现、个人兴趣和业务需求，公司最终落实他们的工作部门，并在该部门工作一年。

在可口可乐，导师计划项目不单单针对高层领导者，也不局限于外部导师。内部导师计划针对一些有潜质的员工，导师则通常由具有丰富的工作经验和人生经验、乐于发展他人的员工担任。

2010年年初，程羲升任运营经理不久，他的导师计划开始了，可口可乐大中华区运营总监翁海新成为了他的导师。

"不仅是同事，更像是朋友。"程羲说。他还记得第一次面对面聊天，是营运部门在马来西亚沙巴开会时。在这之前，在西安的他常给在上海的翁海新打电话请教业务，得知开会时能见到导师，程羲马上与翁海新约好见面聊天。

程羲与翁海新约在了附近的小酒吧。程羲直接问出了心中所虑："公司业务发展很快，我要不要去公司外地部门工作？"当时的他正面临着职业发展的困惑。翁海新并没有直接回答，而是讲起了自己去印尼轮岗的经历。

"不要在乎别人的眼光，去追寻自己最想要的是什么。"翁海新告诉程羲，虽然在印尼不仅要适应陌生的环境,生活上也会受到影响,但是工作能力得到了锻炼,自己的职业道路走得也更加扎实。

这种朋友似的聊天让程羲对自己的职业发展有了更多的思考。那天,直到小酒吧快打烊了,两人才离开。除了在职业发展上获得帮助,程羲认为自己在看问题的角度上也获益匪浅。有一次,程羲负责的西安地区销售量产生了波动,压力非常大。翁海新告诉他,除了分析遇到的挑战外,也要考虑到老板以及其他利益相关者会怎么看待。

"你行的",翁海新的鼓励让程羲心情放松了许多。

翁海新自己也经历过这种必要时的肯定。1997年加入公司后,翁海新从运营部门的助理做起,2000年,开始负责厦门装瓶厂。当时,上任运营经理刚刚离职,"本来还在想新经理来了如何协作,得知公司准备给我机会时,很忐忑,怀疑自己是否做好了准备,不是很自信。"

不久,时任南区总经理的穆志全到厦门考察市场,翁海新去接机时,穆志全问了他几个问题,翁海新觉得自己60%的问题都没答出来,心想"这算考核失败?"

然而,在接下来和穆志全一起拜访装瓶厂的管理层时,心里忐忑的他被穆志全的一句话鼓舞了,"在装瓶厂面前,你才是可口可乐的人"。

穆志全成为了翁海新的第一位导师,从印尼回来后不久,穆志全问他"如果你从现在这个位置去另一个管理位置,你觉得自己还缺少什么?"在翁海新眼中,穆志全总是那个不断激发他前进的人。

"在可口可乐,一直有人在帮助你成长。"叶颖说。

程羲2004年加入可口可乐公司,在进入公司前四年内换了两份工作,而在可口可乐公司已经工作超过七年了,"还是一直觉得有新鲜感"。

这是穆志全乐于见到的。他在可口可乐工作近30年了,在中国工作了13年。"过去10年,我们更多是把有才华的人员从外面招进来;现在,我们希望从公司内部发展他们,这样可以建立更多的忠诚,也为人们建立更长远的职业规划。"

可口可乐也在把公司的培训延伸到各个利益方:如沃尔玛这样的重点客户以及装瓶伙伴们。可口可乐大学于2006年成立,如今,可口可乐装瓶厂中60%的员工已经经过了这个CCU关于业务中心经理的培训。"他们的素质技能构成了可口可乐的业务基础。"

2011年10月,可口可乐亚太区在中国、新加坡、越南、马来西亚等地区进行了一项新的针对中层管理人员的培训计划——"喜马拉雅计划",希望培养亚太区的未来领袖。对可口可乐来说,这些新鲜的年轻人就是公司的未来。

资料来源:改编自顾燕萍《可口可乐制造:内部公司人成长秘方》,

载于《第一财经周刊》,2011-11-10

【讨论题】

1. 请根据案例整理程羲、翁海新、叶颖、李晟四位职业经理在可口可乐公司受到的职业培训时间表。

2. 可口可乐公司如此不惜代价培养经理人,如果有人要跳槽怎么办?

3. 企业选用中高层管理者是内部培养还是外部招聘更好?

本章思考题

1. 什么是职业经理开发?请结合自己的理解,谈谈职业经理开发的功能。
2. 试述职业经理开发的影响因素。
3. 职业经理培训的含义是什么?职业经理怎样进行自我培训设计?
4. 简要介绍当前我国职业经理资格认证制度。
5. 简述职业经理职业发展的影响因素。
6. 简述职业经理职业管理的步骤。
7. 试述不同组织生命周期中职业经理能力开发的重点。
8. 在组织变革中,职业经理主要有哪些能力能够得到开发?

本章情景模拟实训

职业经理的学习风格

成人学习理论认为,一个人的学习风格是基于他偏爱的学习方法。学习方法是指学习过程中个人对信息收集和处理的定位。有四种基本的经验型学习类型:具体经验(感觉);抽象概念化(想);思考性观察(观察);主动实验(做)。基于这些学习类型,人们会形成四种学习风格:① 集中的(想和做):注重问题解决、实际运用;② 分歧的(感觉和观察):强调价值观、不同解决途径;③ 同化的(思考和观察):强调推论、理论解释;④ 适应的(感觉和做):强调实施计划、投身新的经历。

请问:如果你在企业从事职业经理工作,你会更倾向于哪种学习风格?为什么?

第 九 章

职业经理评估

 学习目标

1. 了解职业经理评估的概念、功能、目的、主体与客体。
2. 理解职业经理评估的内容。
3. 了解职业经理的声誉评估概念和声誉评估模型。
4. 理解职业经理的价值和价格确定模式。

═══════════ 引导案例 ═══════════

华泰又换总裁了

公司人梦寐以求的"总裁"职位,在华泰汽车控股集团却像受到了诅咒。在过去的9年,先后有6位高管在这个职位上黯然辞职或者被调离。

接替离职创业的前任刘志刚,全面负责管理和销售工作的侯海靖实质上是华泰汽车集团的第7任总裁。但他的新职位却是华泰汽车控股集团常务副总裁兼华泰汽车控股集团总经理。7月7日,华泰集团正式宣布这个消息。

"像华泰汽车这种更换总裁的速度还真不多见。"IHO Auto 大中华区高级汽车分析师黄方庆对《第一财经周刊》说,虽然快速发展的中国市场对职业经理的要求很高,但也应该对他们有足够的耐心,"这是浮躁的中国汽车市场的一个极端表现"。

从北汽福田副总裁任上加盟华泰汽车的侯海靖和刘志刚一样是个"空降兵"。今年40岁的侯海靖曾在通用工作了10年之久。和侯海靖同时加入华泰汽车的还有新任制造管理中心总经理彭凌晨、营销公司总经理管宇和动力总成工程的研究院院长韩志玉等7人。这7名新任高管与原来的两位华泰元老徐恒武和赵毅,组成新的华泰汽车管理团队。

不过侯海靖和他的团队想要让华泰汽车有所作为并非易事。管理团队的频繁更换让华泰汽车的营运一片混乱。在侯海靖掌舵前的6月底,华泰汽车还因为数据造假被中国汽车工业协会"踢"出了家门。而在两个月前,因为没有兑现和荷兰世爵签署的向萨博提供3 000万欧元的可换股贷款,华泰汽车被排除在萨博的新合作伙伴之外。这桩"闪电婚姻"让华泰汽车在与世爵草签协议之后宣称的"国际汽车集团战略"成为一纸空谈。

虽然华泰在11年前就和韩国现代汽车集团合作,涉足汽车业,起点很高。但今年前4个月,华泰汽车旗下主打产品SUV圣达菲的上牌量只有5 090辆,而被寄予厚望的轿车元田B11,半年仅售出2 000余辆。这些微不足道的销售数据甚至不及后起的比亚迪的一个月的销量。

"华泰要是在汽车领域专心点,现在的销售额应该能达到60万辆。"一位离开华泰的中层管理者对《第一财经周刊》说,"汽车项目只是华泰的一颗棋子,靠它在房地产和煤矿等行业换得资源,然而华泰并未将获得利润再投资汽车行业"。

"如果新的管理团队能在开发符合市场需求的产品和核心技术上持续投入,在中国这个需求旺盛的市场,华泰汽车不是没有出路。"黄方庆说。不过侯海靖想要在华泰汽车呆得久远点,除了提升业绩,或许还要摸清老板张秀根的秉性,在他手下,前6任总裁的最长任期也不过两年,"因为他不相信任何人"。

华泰汽车历任总裁

第一任

2002—2004年,张才林

任职前:北京吉普销售公司总经理

现职:吉利集团成都公司总经理

第二任

2004—2005年,李广凡

任职前:金杯通用高管

第三任

2005—2006年,高凤有

任职前:华泰汽车副总经理

第四任

2006—2008年,徐恒武

任职前:昌河集团董事长兼总经理

现职:华泰汽车副总裁,欧意德动力集团总裁

第五任

2008—2010年,童志远

任职前:北京奔驰执行副总裁

现职:沃尔沃汽车集团中国区首席执行官

第六任

2010—2011年,刘志刚

任职前:华晨金杯总裁

第七任

2011年,侯海靖

任职前:北汽福田副总裁

资料来源:选自刘翔《华泰又换总裁了》,
载于《第一财经周刊》,2011-07-25

引导案例显示,职业经理在企业中的权力影响、任职期限等诸多方面涉及职业经理评估问题。职业经理评估过程中的影响因素很多。例如,如果委托人对企业的行业

发展前景、职业经理的诚信和能力等抱有疑问,亦或委托人个人存在偏见,那么职业经理评估的实际结果与职业经理的个人预期结果会偏差很大。实际上,由于职业经理评估的目的多样、内容广泛、方法难易等原因,职业经理的评估具有复杂性、动态性等特征。鉴于职业经理的素质能力评估在前面章节有所阐述,本章主要讲述的内容包括:职业经理评估的概念、目的、内容和标准;职业经理的声誉评估;职业经理的绩效评估;职业经理的价值评估和价格确定模式。

第一节 职业经理评估概述

一、职业经理评估的概念

随着现代人才评估在西方发达国家的发展,评估的技术工具不断成熟,职业经理的评估技术和方法也在实践中不断发展。西方对经理人员的评估真正始于20世纪60年代,其标志是评价中心技术的出现。20世纪60年代前,对管理人员的评估较少,评估方法也只限于心理测量等一些还不成熟的技术,评估的信度和效度也都比较低,因而对经理人员的评估比较少,不流行。20世纪60年代后,评价中心技术的出现改变了这一格局。评价中心技术采用情景模拟、无领导小组讨论等多种方式对管理人员进行评估,大大提高了评估的准确性,尤其适合对高层管理者的评估,这使得对经理人员的评估成为可能,对职业经理的评估才真正的开始展开了。目前美国每年有数十万人接受评价中心的评估,其中绝大多数是经理和高级管理人员及其候选人。美国率先发起的企业经营管理者任职资格认证,在西欧和日本等市场经济发达的国家也受到重视。我国国家人才管理系统已将国际经理人联合会IMU推行的职业经理资质认证IPM体系纳入人才管理系统中,尝试通过对经理人的评估体系建设来规范和发展职业经理评估工作,为我国的经理职业化提供评估方面的制度支持。

职业经理评估并非是简单的职业经理资格认证。职业经理评估,是指评估主体从特定的人力资源管理目的出发,运用各种测量技术,收集职业经理在主要活动领域中的表征信息,对职业经理的素质、声誉、绩效和价值等方面进行全面系统的评估,以求对职业经理有客观、全面、深入的了解,从而为职业经理选择、开发、管理提供科学的决策依据。

二、职业经理评估的功能和目的

(一)职业经理评估的功能

对职业经理进行公平公正的评估,能推动经理职业化进程,完善职业经理制度;有助于企业选聘合适的职业经理;有利于企业家与职业经理之间信任的建立;有利于激励和约束职业经理行为;有利于提升职业经理队伍的整体素质等。

1. 完善职业经理制度,推动经理职业化的进程

职业经理评估,要有一系列的程序和规则,需要构建职业经理评估制度。职业经理评估制度是一个综合体系,既有企业对职业经理的评估制度,也有职业经理市场评估制度。职业经理评估制度是职业经理制度的一个重要方面。因此,职业经理评估,

有利于完善职业经理制度,推动经理职业化的进程。另一方面,经理职业化进程中需要完善职业经理市场建设,职业经理市场交易时需要职业经理提供个人职业素质、职业能力、以往业绩的资质证明,这需要对职业经理的素质、能力和绩效进行评估。客观的职业经理评估能够为职业经理人才在市场中充分流动创造条件。可见,职业经理评估还通过完善职业经理市场建设来推动经理职业化进程。

2. 有利于企业选聘合适的职业经理

职业经理综合评估体系的构建可以从以下几个方面帮助企业对职业经理进行甄别:首先,职业经理的职业资格等级证书是其职业能力的证明。职业资格是有关组织对从事某一行业的工作人员基本条件的客观规定。对于个人来说,职业资格是一张进入社会、以专业知识和技能服务于社会并取得薪酬的准入证,反映任职者的水平;对企业来说,职业资格是岗位工作要求的客观形式,也是对从事该工作人员的要求和考核标准,并具有依照职业规范向有关部门进行申诉的权利;对社会来说,职业资格是允许个体进入特定劳动力市场的一种法律许可或社会承诺,并由此完成"企业人"向"社会人"的转变。职业经理职业资格等级证书是其进入企业的"门槛"标准。因此,企业可以将职业资格等级作为评估职业经理素质的依据之一。其次,职业经理胜任素质评估可以帮助企业了解职业经理的能力与素质,从而判断其能否胜任岗位工作,以便作出正确的决策。另外,职业经理个人信用系统可以提供其金融借贷、公共消费等方面的信息,企业可以了解职业经理是否有不良记录。

3. 有利于企业主与职业经理之间信任的建立

在市场经济条件下,企业主与职业经理之间的相互信任是企业成功引入职业经理的关键。信任的建立是一个过程,需要很长的时间,并在很大程度上影响着企业的发展速度与企业的规模。企业内部人的融合是制约企业扩展速度的重要因素。

建立企业主与职业经理之间信任的途径主要有法律机制、感情机制和声誉机制。法律机制是指双方签订合同,如果职业经理有欺骗行为,就会受到惩罚。如果预期惩罚大于欺骗所得,职业经理就不会选择欺骗行为,就会赢得企业家的信任。感情机制是偏好的内在化。职业经理对企业家的感情系数、血缘关系、相处时间的长短等都是影响感情的因素,培养感情也就是培养信任。声誉机制源于重复博弈,在多次重复博弈中,人们更多考虑的是合作的长期收益,而非短期的一次性好处。如果有更多的机会进行长期合作,人们就更有可能放弃短期利益诱惑,相互之间就会有更多的信任。

职业经理评估对信任的影响正是通过信任建立的法律机制、感情机制和声誉机制起作用的。实际上,职业经理评估是法律机制的凭证,是感情机制的依托,是声誉机制的佐证。

4. 有利于激励与约束职业经理的行为

职业经理的声誉评估使职业经理不仅要考虑当期薪酬最大化,更重要的是考虑上期业绩、声誉对下期薪酬的影响,以便形成自我规范与约束行为的机制。在竞争性的职业经理市场上,职业经理的市场价值决定于其过去的经营业绩。从长期来看,职业经理必须对自己的行为负有完全的责任,因此即使显性激励不充分,职业经理也会积极努力工作,因为这样做可以改进自己在职业经理市场上的声誉,提高未来收入。

（二）职业经理评估的目的

职业经理在企业中承担着经济（绩效目标）和非经济（诚实经营等）方面的责任，他们的价值在于对利益相关者有贡献。他们的工作过程就是一个为利益相关者创造价值的过程。企业对职业经理进行评估的目的就是促进职业经理更好地为利益相关者创造价值，实现价值增值。

具体说来，职业经理评估的目的是为了促进企业招聘录用、培训开发、薪酬设计、奖惩、人员配置等相关人事决策，实现企业战略目标，满足利益相关者需要，提高职业经理的个人能力和素质，最终达到企业利益相关者和职业经理双赢的目的。

三、职业经理评估的主体和客体

（一）评估主体

评估主体，是进行评估活动的行为主体。只有确定了评估的主体才能进一步确定评估的客体和评估的方法。一般来说，企业所有者聘请了职业经理代理自己经营管理企业，他需要知道自己聘请的职业经理把企业经营管理得如何。因此，企业所有者是职业经理评估的评估主体。随着现代企业制度的建立、外部经营环境的变化，越来越多的群体和个人的利益受到企业利益的影响。因此，从一定意义上说，企业已不仅仅是股东的企业，而成为"社会的企业"，利益相关者的利益开始受到广泛关注。利益相关者包括所有可以有效影响企业财富或被企业有效影响的个人或组织，不仅包括对企业提出经济要求权的主体，还包括债权人、政府、社会，等等，所以，在职业经理评估时还要能够反映不同利益相关者的期望。因此，与企业存在经济利益的各方，也都可以作为职业经理评估的主体。

（二）评估客体

评估客体，是指评估对象。任何一项评估活动都是针对某一特定的对象进行的。企业的价值创造是一个相当复杂的过程，同样的财务资本，委托给不同的职业经理，所产生的价值可能会有很大不同；同样的财务资本，在不同的时期，委托给同一个职业经理，所产生的价值可能也会有很大不同。职业经理评估活动的评估对象就是职业经理及其行为。当然，职业经理的价值是建立在企业价值有所增加的基础之上的。因此，对职业经理进行的评估需要建立在对企业的经营成果进行评估的基础之上。

四、职业经理评估的内容

职业经理的能力与素质在短时间内难以改变，职业经理的工作努力程度和诚信度等也受到职业经理个性的影响。在职业经理招聘选拔过程中，企业和职业经理的信息是不对称的，职业经理可能通过欺骗、夸大自己的能力等来获取企业的信任，从而得到应聘的职位。企业如果能够充分了解职业经理的相关信息，就可以提高招聘的质量，实现有效招聘。为此，企业事先必须了解各职位职业经理的任职资格条件，在甄选和试用期中加强对职业经理的评估。

职业经理评估的内容是多方面的，主要有声誉评估、素质评估、绩效评估等。职业经理的素质评估主要是对职业经理知识、技能、能力和态度等方面的评估，前面章节已有论述，本章主要阐述声誉评估、素质评估和绩效评估。

（一）声誉评估

职业经理的职业发展是一个连续的过程，职业经理的声誉可以在一定程度上预测其未来工作绩效和职业发展的成败，声誉评估是一种综合评估，信用评估是声誉评估的重要内容。信用评估的内容包括个人信用评估和职业信用评估两方面。企业在招聘选拔职业经理时有必要对其进行背景调查，了解其声誉。调查的主要内容包括核实以往任职经历和相关证照的真实性、了解以往的工作表现与业绩、离职的原因等。尤其是其职业信用、职业操守方面的信息（如是否有违法犯罪记录等），以判断其是否有资格被雇用。声誉评估需要从多个途径了解职业经理声誉。银行等金融企业、政府主管部门、顾客等企业外部利益相关者与职业经理的交往过程中为了对职业经理行为进行监督与约束，拥有职业经理声誉方面的相关信息。因此，声誉评估时可以寻求银行等金融企业、政府主管部门、顾客等企业外部利益相关者的帮助。

（二）素质评估

素质是具有或者完全具有某种资格的状态或品质。素质是个体的潜在特征，它与一定工作或情景中的、效标参照的、有效或优异的绩效有因果关系。素质可以分为五个种类或层次，由低到高分别为：动机（个体想要的东西）、特质（个体的生理特征和对情景或信息的一致的反应）、自我概念（个体的态度、价值观或自我形象）、知识（个体所拥有的特定领域的信息、发现信息的能力、是否能用知识指导自己的行为）和技能（完成特定生理或心理任务的能力）。其中，知识和技能素质是可以看见的、相对较为表层的个人特征，而自我概念、特质和动机素质则是个性较为隐蔽、深层和中心的部分。职业经理的素质评估就是指按一定的评估标准、规范的程序对职业经理进行专业知识、职业技能与经验、职业操守等方面的评估。素质评估的用途广泛，如素质评估可以用来确定职业经理是否具备必备的职业资格，即进行职业资格的认证，也可以作为招聘的依据，还可以作为基本薪酬评定的工具。

（三）绩效评估

企业选择职业经理的最终目的是实现企业的增值，所以经过一系列的素质和声誉评估，选聘的职业经理到任以后，他们是否真正胜任工作也是委托人关心的问题。因此，需要由利益相关者定期对其工作表现及绩效进行评估，委托人据此作出相关人事决策。

职业经理绩效评估的时间选择随职业经理的层级有所变化，对高层职业经理评估期限应相对延长（如3～5年），重点在于长期激励。中层职业经理和基层职业经理的评估期限应相应缩短，一般来说，中层职业经理的绩效评估主要考评年度绩效，基层职业经理的绩效评估期限以季、月为宜。

五、职业经理评估的标准

所谓"评估标准"，就是评估参照系统，也就是评估主体作出价值判断所参照的标准。评估标准的确立是进行评估活动的基础，只有将职业经理及其行为的相关信息与其他客体的信息进行比较，才能对职业经理及其行为作出更加客观、有效的评估。当然，评估标准是在一定前提下产生的，具有相对性，它也会随着社会、经济等宏观环境和企业内部的微观环境的变化而变化。

在职业经理的评估过程中，评估标准通常有以下五种：预算标准法、同业标准法、时间序列标准法、标杆标准法、经验标准法。

（1）预算标准是指以事先制定的目标、计划、预算、定额等预定数据作为评估的标准。通过实际完成值和预定数据的对比，发现差异，判定价值。优点在于，由于预算具体、准确，又是量化标准，所以以预算作为评估标准，通常具有较好的可比性。缺点是，由于编制预算成本过高以及未来不确定性和预算编制者的局限性，以预算作为评估标准，又具有一定的不合理性。

（2）同业标准是指以一定区域内职业经理群体的数据为样本，选取平均水平或优秀水平作为评估标准。优点是可以提供有效的奖励，促进绩效水平的提高；可以剔除共同的客观因素的影响，更加客观地评估职业经理的价值情况。缺点是数据的收集比较困难。

（3）时间序列标准是指以本企业职业经理评估指标的历史数据作为样本，计算各类指标的历史水平，作为评估标准。基期标准不能过高也不能过低，因此往往存在一个权衡的问题，所以往往与同业标准结合使用。

（4）标杆标准实际上是同业比较法的一种特殊形式，指选择知名企业的知名职业经理作为评估基础。优点是可以有效激励职业经理，为职业经理提供了一个可信、可行的奋斗目标及改进的思路。缺点是比同业标准法更难获取全面的数据。

（5）经验标准是指根据长期的企业发展和职业经理发展的规律和实践，由在企业经营管理领域有丰富经验的专家、学者，在经过严密分析研究后得出的有关指标标准或惯例。优点是简单易行。缺点是要求专业素质强、实践经验丰富的专家参与，且主观性较强，缺乏说服力。

在对职业经理进行评估的过程中，为了保证评估的客观公正、合理有效，在考虑评估标准数据取得成本的基础上，要结合具体实际情况，以一到两种标准为主要标准，综合考虑其他标准来对职业经理进行评估。

第二节　职业经理声誉评估

一、职业经理声誉评估的概念

声誉在牛津词典中解释为"某人和某事的特征和性质的一般概念"。《韦氏大词典》将声誉界定为，"声誉是一种猜想、一种估计，是其他人对一个人、一件事或一种行为所持有的估计——无论是可赞许的还是不可赞许的。声誉是主体（个人、团体或组织）在公众头脑中所留下的一个总体印象，是行为主体各方面行为能力的综合反映"。

职业经理的声誉既是其长期成功经营企业的结果，又是其经营管理能力的一种证明。职业经理的声誉评估是企业主、利益相关者等评估主体对职业经理及其行为在公众心目中总体印象的评价，是职业经理及其行为的综合反映。

从某种意义上说,职业经理声誉机制是信用管理的一种机制。因为声誉是一个人的承诺值得信赖的程度,表现为他人对其偏好或行为可行性信任的概率。如果交易者在多次交易中选择了失信,声誉机制的惩罚将使其付出高昂的代价。对职业经理而言,如果职业经理在与企业委托人的重复交易中信用表现良好,必然导致较高的声誉水平,反之亦然。因此,职业经理声誉评估也能在一定程度上反映职业经理的信用情况。

二、职业经理声誉评估模型

在职业经理的理论研究中,学者们主要研究了高级职业经理,特别是 CEO 的声誉评估模型。CEO 的声誉是指 CEO 在经营活动或与之相关的活动中所获得的名声、荣誉、信誉等,包括政治声誉和职业声誉,具体由 CEO 获得的荣誉称号、社会地位、职业道德和取得的业绩组成。实际上,CEO 声誉就是 CEO 在日常活动中,由于其自身的能力、品质、与利益相关者良好的关系以及职业道德等因素从而获得的评估。由于对声誉的理解不同,CEO 声誉评估模型的构建存在差异。以下介绍几种有代表性的声誉评估模型。

(一) 米尔本的 CEO 声誉评估模型

米尔本(Todd T. Milboum)在 CEO 内部、外部声誉评估模型的基础上充分考虑到外部环境特别是宏观经济环境对结果的影响,引入了行业的平均收益率这个因素,以消除整个行业状况萧条对 CEO 声誉抵损的影响。

I 行业中 J 公司 CEO 的声誉用公式表达为:

$$\text{I 行业中 J 公司 CEO 在 } T \text{ 年的声誉} = (R_j - R_z)/\delta$$

其中,R_j 表示在 CEO 任职期内该公司平均月度资产收益率;R_z 表示在 CEO 任职期内该行业平均月度资产收益率;δ 表示在 CEO 任职期内该行业平均月度资产收益率的标准差。$T \in (1,3,5)$ 分别代表每隔 1 年、3 年、5 年对 CEO 的声誉评估一次。

此外,米尔本还从另外三个方面对该模型进行了修正:① CEO 的任期。CEO 的任期越长,表示董事会对他的评估越高。② CEO 的招聘方式,即是由外部招聘还是内部提拔。外部招聘的 CEO 往往被认为比内部提拔的管理者更有能力。因此,也被认为拥有更高的声誉(Himmdberg and Hubbard,2000)。③ CEO 的名字在各种商业报刊杂志中出现的次数。如果一个 CEO 在本行业内业绩卓著声名远扬,那么相比其他 CEO,他将有更多的机会接受采访,因而他的名字也会更多地出现在各种媒体特别是商业类报刊杂志中。米尔本建立的模型虽然克服了 CEO 内部、外部声誉评估模型的缺点,把所有的被评估者都限定在一个行业内,却与目前许多公司都是跨行业多元化经营的现实情况相矛盾,同时这个模型与 CEO 内部、外部声誉评估模型一样都缺乏可操作性。

(二)《财务世界》的 CEO 声誉评估模型

从 1975 年开始,《财务世界》开始对各个领域内公司的 CEO 进行声誉评估。《财务世界》的评估标准除了其他评估模型都有涉及的财务绩效和外部环境,还首次包含了 CEO 的一些个人特征,如社会责任、伦理道德等。该评估主要基于以下四条标准来进行评价:① 在该CEO任期内,使用各种标准化的评估工具来衡量企业财务绩效状况是否处于行业的领导地位;② 当出现不利状况时,是否仍能使公司保持高速成长或者维持原来稳定的发展状态;③ 是否能够创建一支高效的管理团队,能够在创造性地解决公司各种事务同时也注重良好的道德标准;④ 不仅仅关心公司的绩效和利润,还能为行业、社会和国家做出明显贡献。从《财务世界》的CEO声誉评估模型开始,后来的有关管理者声誉评估研究中个性因素越来越成为评估的一个重要方面。

(三) CEO声誉形成的"五阶段模型"

莱斯利·盖恩斯-罗斯(Leslie Caines-Ross)和她的同伴花费了大量的时间和精力来研究CEO声誉和企业成功之间的联系,最终根据CEO的形成过程建立了CEO声誉形成的"五阶段模型"。该模型通过对CEO的职业生涯进行分解,明确阐述了其声誉的形成过程。

第一阶段。又称为倒计时阶段,在此期间CEO还没有到企业上任,但是已经开始考虑上任后组织中现有人员的安排、计划的调整、各职位所需的合适的人员等问题,即开始为将要上任的企业计划未来。就职业生涯的发展来说,在这一阶段,CEO主要是为这一段新的职业生涯进行计划,为自身的发展搭砌台阶。

第二阶段。是指从上任到任职满100天这个阶段。这个阶段对于CEO声誉的形成是五阶段中最为关键的时期,在这个时期内他必须用较短的时间处理好前任遗留下来的种种问题、用实力和行动赢得企业各利益相关者特别是员工和董事会的支持以及制订好企业长期发展的计划。

第三阶段。是指从上任100天到1年的这个阶段。渡过了第二阶段的艰难时期后,在此阶段企业的各项活动都开始步入正轨,新的计划、新的行动等也都逐步地得以实行。因此,即使此时企业内部的问题仍未得到完全解决或发生明显变化,但所有利益相关者都能看到企业的进步,并能切实感受到公司在新的CEO领导下正向着正确的方向前进。

第四阶段。这个阶段是CEO的声誉初步形成的阶段。经过1年以上的努力,采取一系列有效措施后企业现状得到改善,因此与第三阶段相似,即使此时企业的绩效并没有得到明显的改观,由于所有的利益相关者能感受到企业正确的前进方向,此时所有利益相关者对于CEO都能给予一个较为客观的评估。

第五阶段。此阶段又称为声誉的修正和改造阶段,即在第四阶段末CEO声誉形成的基础上,通过一系列其他行动对其声誉进行强化与巩固。

(四) 贝尔的CEO声誉评估模型

2001年贝尔(Tom Bell, Jr)展开了一项对CEO声誉的调查,调查对象涉及CEO、证券分析师、新闻媒体人员以及政府官员等,调查方式是访谈法。通过对调查结果的总结分析,一方面得出CEO声誉占企业声誉的40%左右;另一方面建立了一个CEO声誉评估模型。该模型从七个方面对CEO的声誉进行评估,分别是关注国际市场、关心顾客、诚信、前瞻性、领导管理团队、包容变化和交流。在该模型中,贝尔认为最关键的因素是"关心顾客"。模型虽然突出了客户的作用,但是,模型的缺陷在于,该模型中过于重视CEO的一些个人特征、行为等因素而完全忽视了CEO创造股东财富的能力。

第三节 职业经理绩效评估

一、职业经理绩效评估的概念与理论观点

（一）职业经理绩效评估的概念

绩效评估的概念是从绩效的概念发展出来的。人们对绩效的理解有不同的观点。一种观点认为，绩效主要是结果，如伯纳迪恩（Bernadin,1995）和凯恩（Kane,1996）认为，绩效是在特定时间范围、在特定工作职能或活动上生产出的结果记录。另一种观点重视过程，认为绩效主要是行为表现，如默菲（Murphy,1990）提出，绩效是一套与组织或组织单位的目标相互关联的行为，而组织或组织单位则构成了个人工作的环境；伊尔根和施奈德（Ilgen and Schneider,1991）指出，绩效是个人或系统的所作所为；坎贝尔（Campbell,1993）认为，绩效可以被视为行为的同义词，它是人们实际采取的行动，而且这种行动可以被人观察到。绩效应该包括那些与组织目标有关的，并且是可以根据个人的能力进行评估的行动或行为。他分析了不以任务或目标达成等结果作为绩效的原因：首先，许多工作结果并非必然是由员工的工作带来的，可能有其他与个人所做工作无关的其他因素带来了这些结果；其次，员工完成工作的机会并不是平等的，而且并不是在工作中所做的一切事情都必须与任务有关；最后，过度关注结果将使人忽视重要的过程和人际因素，使员工误解组织要求。第三种观点则是重视人的潜能因素，认为绩效是人的潜能的发挥，应将以素质为基础的员工潜能列入考核范围，关注员工的潜在能力与绩效的关系，关注员工素质。

职业经理的绩效评估，是指对职业经理的工作业绩进行考核和评定，即根据工作目标或一定的绩效标准，采用科学的方法，对职业经理的工作完成情况、职责履行程度等进行定期的评定，并将评定结果反馈给职业经理的过程。与绩效评估概念紧密联系的概念是职业经理的绩效管理。职业经理的绩效管理是从投入产出角度关注职业经理的绩效，代表着一种观念与思想，代表着对于职业经理绩效相关问题的系统思考。职业经理的绩效管理的根本目的是为了持续改善组织和个人的绩效，最终实现企业战略目标。

> **知识拓展**：绩效管理是管理者确保员工的工作活动以及工作产出能够与组织的目标保持一致这样一个过程。绩效管理系统由三个部分组成：绩效界定、绩效评估和绩效信息反馈。绩效管理需要根据任务和员工特征，采用指导或指令式的目标设定，激发员工动力或增加员工压力去实现具有挑战性的目标，提高员工价值创造能力，实现组织绩效的提升。

（二）职业经理绩效评估的理论观点

1. 财务指标导向的评估

在对职业经理进行绩效评估时，应重视财务指标。这种观点是一种传统观点，也是影响力最大的观点。这种"成则为王，败则为寇"的观点认为，职业经理考核的标准

主要是企业的经济效益,如资产的安全增值、所有者权益的实现、员工收入的提高等;绩效不良甚至造成企业亏损和资产流失的责任应由经理来承担,从而形成职业经理的优胜劣汰。为使职业经理考核规范与有效,需要建立起相应的选拔机制、激励机制、监督机制与考核机制,中高层职业经理的考核主体应由董事会承担。

2. 工作成果评估与行为业绩评估

另一种观点认为,职业经理的业绩评估应该由只重视工作成果的考核转向对职业经理完成工作的行为、过程,对其行为业绩的评估。应包括职业经理的职务内容、关键责任、成果目标、完成目标的一系列行为等一整套指标体系的动态评估。具体的指标体系应该包括道德品质、企业文化塑造、战略规划、财务成果、人力资源规划、与利益相关者关系等评估。

3. 综合评估观点

与上面的观点不同的是,综合评估观点认为,职业经理业绩的评估不仅仅是董事会关注的财务指标或工作行为,应将职业经理的评估纳入一个更广泛的范围,应考虑员工和客户方面的绩效。平衡计分卡评估体系是综合观点的代表。

二、职业经理绩效评估方法

职业经理的绩效评估方法主要有交替排序法(排队法)、因素排序法、成对比较法、强制分布法等相对考核法和关键事件法、叙述法(评语法)、目标考核法、图表尺度法(量表评估法)、行为锚定(定位)考核法、强制选择量表法等绝对考核法。这里仅介绍关键绩效指标考核法、平衡计分卡等现代绩效评估方法。

(一) 关键绩效指标考核法

客观公正的评估需要评估要素的整合。职业经理的关键绩效指标(Key Performance Indicator,KPI)考核方法是将企业宏观战略目标决策经过层层分解产生的可操作性的职业经理的工作目标,是职业经理执行宏观战略决策效果的监测指标。关键绩效指标是对企业运作过程中关键成功要素的提炼与归纳,并通过对组织内部某一流程输入、输出端的关键参数进行设置、取样、计算、分析,衡量流程绩效的一种目标式的量化管理指标。因此,KPI是把企业战略目标分解为可运作的操作目标的工具,其目的是建立一种机制,将战略转化为内部的过程和活动,从而不断增强企业的核心竞争力并持续发展。KPI强调对企业业绩起关键作用的指标,它提供了一种思路:对职业经理的绩效管理应该抓住关键绩效指标,通过关键绩效指标将职业经理行为引导到企业战略目标方向上来。关键绩效指标体系作为一种系统化的指标体系包括三个层面的指标:一是企业级KPI,是通过基于战略的关键成功要素分析得来的,具有方向性、指导性的作用;二是部门级KPI,是根据企业级KPI、部门职责、业务流程分解而来的,具有具体性、操作性的特点;三是个人KPI,是根据部门KPI、岗位职责和业务流程演化而来的。这三个层面的指标构成了企业关键绩效指标体系。通过KPI体系的建立,把企业的总战略和战略目标通过自上而下的层层分解落实为部门、经理和员工个人的具体工作目标,将企业战略转化为内部过程和活动,从而确保战略目标的实现。设定职业经理关键绩效指标的一般程序为以下几个方面:首先,找出关键成功要素(Critical

Success Factor, CSF),这是对企业的成功起关键作用的某个战略要素的定性描述,是制定关键绩效指标的依据,并由关键绩效指标具体化、定量化,从而使之可以衡量。其次,建立评估指标。评估指标是评估职业经理的维度,及确定CSF后从哪个维度对其进行考核。最后,建立职业经理绩效评估标准,并确定数据来源。

(二)平衡记分卡

1992年,哈佛大学商学院罗伯特·卡普兰教授和复兴方案公司总裁戴维·诺顿在《哈佛商业评论》上发表了一篇名为《平衡计分卡——提升经营绩效的评估方法》的论文。1998年3月,二人合作出版了《平衡计分卡》一书,较系统地介绍了平衡计分卡的思想。平衡计分卡作为一种新的战略导向的绩效评估方法,在企业界得以推广,并应用到职业经理的绩效评估中来。其最突出的特点是将企业的愿景、使命和发展战略与企业的业绩评估体系联系起来,将使命与愿景转变为具体的目标与评估指标,以实现战略与绩效的有机结合。平衡计分卡是以企业的战略为基础,并将各种衡量方法整合为一个有机的整体,它既包括财务指标,又包含顾客因素、内部流程、学习和成长等非财务指标,使组织能够一方面追踪财务结果,另一方面密切关注能使企业提高能力并获得未来增长潜力的无形资产等方面的进展,这样就使企业既具有反映"硬件"的财务指标,同时又具备能在竞争中取胜的"软件"指标,从而使股东、管理者、雇员目标和行动达到一致。

用平衡计分卡评估体系设计经理人的业绩评估指标时,往往把企业的财务目标分解到具体项目;通过分析与顾客有关的业务流程来设计顾客满意类指标;从企业价值链上的可控指标寻找内部经营方面的业绩指标;学习与成长类指标主要关注职业经理技能的培养,包括职业经理培训效果等指标。

第四节 职业经理的价值构成与价格决定

一、职业经理的价值及其构成

(一)职业经理价值的内涵

1. 风险收入

最早关注企业经理价值并进行系统研究的经济学家是法国早期庸俗政治经济学代表人物萨伊,他在《政治经济学概论》一书中,第一个明确承认企业家和经理是与传统生产三要素并列的第四个要素,萨伊当时称企业家为冒险家,认为企业家由于承担了把三个传统生产要素结合在一起时要冒的新风险,因而他除了获得本人投资的利润外,还应得到一笔管理企业的报酬。萨伊把企业家的价值主要用风险收入来解释。虽然职业经理面临的风险程度远远低于企业家,但比起专业技术人员和普通员工,职业经理行为还是具有一定的风险,因此风险收入是职业经理价值的一个可能内涵。

2. 边际收益

主流的马歇尔经济学认为企业家(包括职业经理)是具有主动解决经济现实中不均衡过程所带来难题的典型。在根据需要恰当地供给并使之平稳的过程中,企业家要进行生死的搏斗,付出艰苦的劳动。他们以自己的创新力、洞察力和统帅力,发现和消除市场的不均衡性,合理选择和组合生产要素,采取高效率的生产方法,根据需要适当地组织生产,在潜在的生产要素和潜在的消费者之间架起桥梁,创造交易机会和效用,企业家担负起了促使竞争发生作用的高效率过程,承担着市场结构的全部负荷,是介于体力劳动者和消费者之间的中间人。马歇尔以医生、律师这种以知识为职业的人为例,说明企业家作为中间人的价值。他认为由于医生、律师缺乏建立营业上交易关系所需要的特殊资质,自己经营业务时往往浪费自己难得的才能,而且也得不到优厚的收入,而如果有某种中间人来代理他们交涉业务,那么他们不仅可以增加收入,而且也能为社会作出更多贡献。中间人的价值即这两个利益增量的和,经济理论中的企业经理就是生产要素卖方与产品买方的中间人,职业经理价值的一个内涵就是职业经理个人的边际收益。

3. 企业利润

在对经理价值的独特认识上,熊彼特认为资本主义固有的发展,正是从这种经济体系内部改变自身情况的过程,而推动这一富于活力的程序运动的正是企业经理的革新行为。熊彼特把企业经理的劳动视作位于金字塔式生产结构的顶部的具有决定生产力方向和规模机能的指导性劳动。指导性劳动的本质意义在于对旧的生产方式进行创造性的破坏,重新组织并实现新的、更有利的生产方式,在经济结构内部不断地进行革命突变,从改变环境本身的能动体系中去达到追求利润的目的。熊彼特一方面承认企业向组织性方向发展,自然缩小了把所有功绩归于个人才能的英雄式事业机会,另一方面用企业经理劳动的特殊性即生产要素的新组合来说明企业经理的价值。在经理价值的解释上,熊彼特在自己与马克思理论体系相对称的理论中,把利润归于企业经理完成新组合的结果,而不是剥削剩余劳动价值的结果,因此可以认为熊彼特是用企业利润来定义和衡量经理价值的,这种解释接近于马歇尔的边际收益论。

(二)职业经理的价值构成

职业经理作为一种特殊的"商品",必然有其特殊的价值和价值构成。职业经理的价值是由其学识、经验、能力和业绩等因素决定,在长期企业经营实践中形成的。主要包括以下三个方面:

1. 职业经理的人力资本价值

职业经理所拥有的人力资本,即其各方面经营管理才能的总和,是自身素质的一种综合表现。职业经理的这样一些经营管理才能的取得,本身就需要一定的物力、财力投入,如教育费用、培训费用等,这种投入具有风险性。同时,职业经理的经营管理才能作为一种资本,又是可以带来价值增值的价值,即为企业带来利润。所以,相对于市场上的其他商品,职业经理的人力资本价值是一类比较特殊的价值。

2. 职业经理的劳动绩效价值

职业经理的劳动绩效价值即职业经理通过自身经营管理才能的发挥和劳动的付出为企业所带来的利润的增加、劳动生产率的提高、市场占有率的提升等各方面所创造的价值的总和。

3. 职业经理的社会贡献价值

为了使企业资产得到保值增值，职业经理人的活动需要为企业带来经济效益。同时，为满足利益相关者的需求，职业经理也为社会创造了一定的社会效益和贡献，这种社会效益的总和即为职业经理的社会贡献价值。

职业经理的价值构成，影响着职业经理市场价格机制的形成，主要包括三个方面：首先，职业经理的价格受其投入的人力资本的影响。投入的人力资本越多，价格就越高，反之就越低。其次，职业经理的价格受其经营绩效高低的影响。最后，职业经理的价格应该能反映其社会贡献价值，反映市场的供求变化。

二、职业经理价格确定的模式

职业经理的报酬可以理解为经理的价格。职业经理价格是职业经理价值的反映，职业经理价格的确定应该反映职业经理经营管理工作的回报。在职业经理发展的历史实践中有多种确定职业经理价格的模式，每种模式都有一定的经济学理论依据，或是几种理论的综合结果。

（一）成本定价模式

职业经理人力资本是一种有代表性的人力资本。根据人力资本理论，人力资本的价值可以用形成人力资本形态过程中的一切投入或成本来表示。职业经理人力资本的形成过程中的教育、培训、健康、获得教训和经验的损失或支出等都是成本。采用成本定价模式使经理的报酬有一个客观依据，易于为社会所接受，能刺激职业经理个人自我投资及职业经理人才的形成和成长，但对职业经理这个特殊职业，这种定价模式有一定的缺陷。当职业经理人力资本形成的成本与职业经理的能力不匹配时，这种报酬制度或者对企业或者对经理是不公平的。其次，在操作上，企业主和职业经理对成本的范围和计量会有不同的理解。一些在企业经营过程中很重要的要素，如经理的直觉能力这种特殊资本的取得的成本简直无法界定和衡量。对有些以个人天赋获得成功的职业经理，采用成本定价会低估职业经理在企业发展中的作用。另外，还有些成本是企业主直接或间接支付的。因此，成本定价具有复杂性。

> **知识拓展**：报酬和薪酬是两个不同的概念，报酬是指一方对另一方投入后所得的回报，可以是物品或钱财等。薪酬是员工因向所在的组织提供劳动而获得的各种形式的酬劳，包括货币薪酬与非货币薪酬。职业经理的报酬除了薪酬以外，还可能是因为投入了资本而获得的股份红利，或是投入了技术专利获得的专利费等。一般说来，当期获得的股权激励是一种薪酬（因为劳动业绩而获得），当获得股票后保持持有（可以卖但没卖）所得的红利则不属于薪酬的范畴。

（二）收益折现模式

收益折现是确定人力资本价值的一种主要方法，这种方法相比成本定价模式更适合于企业经理定价。收益折现模式是把职业经理在退休前每年对企业的贡献估计出来并折算成现值和，以此来确定职业经理的价格。收益折现模式对认识和理解企业经理的价格,促进企业职业经理阶层的兴起和制定相关政策都有一定的价值。但这种定价模式的缺点是准确性较差,企业生产经营存在多种风险和不确定性,估计下一年企业经理的贡献已经十分困难,更何况估计今后若干年职业经理的贡献。

(三) 买方垄断定价模式

当职业经理价值得不到有效检验,职业经理市场存在相对较多的供给者却只有单一买者时,职业经理市场处于所有者或买方垄断这种特殊的市场状态,买方单方面决定经理价格。一些国有垄断行业的企业所处的职业经理市场就近似这种买方垄断市场,国家作为国有资产的所有者,是国有企业经理市场的唯一买者。由于卖方不能选择买方,从而丧失讨价还价的权利,买方从自己利益出发所决定的经理的价格水平往往具有随意性,缺乏客观尺度,随所有者或买方意志变化而变化。所有者决定模式形式上以劳动价值论为基础,但由于经理经营的特殊性,复杂劳动和创造劳动以及风险和责任程度等劳动内容难以计量,也难以比较。因此,经理价格的最终确定会背离劳动价值论,比如对难以计量、比较的劳动部分不加区别,统一定价,从而形成人为的职业经理价格。

(四) 均衡价格决定模式

均衡价格决定模式是发达资本主义国家经理价格决定的主流模式。作为一项生产要素,当职业经理市场成熟而有效时,职业经理市场上职业经理的价格能够客观而准确地反映经理个人的价值水平。当然,就像整个市场机制存在盲目性,职业经理价格由市场决定有时也会发生扭曲和失效,当市场中职业经理供给不足时,经理的价值会被高估。这种扭曲的直接后果是职业经理不能胜任本职工作,决策失误,造成企业亏损甚至破产。另一种情况是当职业经理市场供给超过需求尤其是严重超过需求时,经理价值又会得不到充分体现,即经理价值被低估,低估的程度取决于供给超过需求的程度。

(五) 最优价格决定模式

根据边际原理,理论上最优的经理价格发生在经理的取得成本即支付给经理的报酬或经理价格与经理所产生的效益相等的时候。所以,最优的经理的价格就等于经理的边际收益。如果一个企业原来的利润是100万元,而新经理加入后,利润变成500万元,可以认为这个经理的边际收益就是400万元,理论上,这个经理的最优价格就是400万元。这是十分理想化的一种解释,事实上,这种经理价格决定模式的困难之处在于不能正确确定经理的边际收益,整个企业的收益中有多少是经理个人的贡献,这是很难确定的。没有其他企业员工和管理层正确执行职业经理的决策和意图,企业利润不可能实现。因此,严格地讲,以上关于经理边际收益的分析其实只是一种假设。用边际概念分析职业经理最优价格的另一个局限是企业客观上只能有有限数量的经理,经理的数量不可能像产品一样在一定的范围内不受限制。从这种意义上看,实践中职业经理价格难以用最优价格决定模式来确定。但是,边际概念有助于理解职业经理报酬水平问题。

思考案例

美国的CEO为何如此高薪

您去年有没有得到像样的加薪？不用跳槽，不用为升职而竞争，也不需要比同行表现更出色，就能获得28%的加薪，您意下如何？

如果你是一家标准普尔500(S＆P500)公司的CEO，而你去年的工资却只涨了28%，那可真是不值一提，因为在你的同行中，有一半人的加薪幅度都超过了你。

美国的失业人数多达数百万，可无论经济状况是好是坏，美国的CEO们总能得到加薪。原因何在？简而言之，就是许多人的支持，还有一些细微的差别。

以下是美国CEO们获得加薪的几个步骤。

第一步：在确定薪酬时，忽略全球基准。

尽管业务外包会使非CEO高管们的薪酬受到负面影响，甚至影响就业；但美国CEO的薪酬大幅上涨，在某种程度上来说，是因为公司董事会没有将他们的薪酬水平与全球的同行进行对比。

例如，埃克森石油公司(Exxon)的董事会在确定CEO的薪酬时，并没有参考其他跨国能源公司的薪酬设置。

而沃尔玛公司(Wal-Mart)董事会则只是将其CEO的薪酬与其他美国企业的CEO进行对比，却没有把世界零售企业中排名第2的家乐福(Carrefour)、排名第3的麦德龙(Metro AG)，或者排名第4的特斯科(Tesco)作为参考对象。

忽视同行业标准会带来什么影响呢？

努诺·费尔南德斯、米格尔·费雷拉、佩德罗·马托斯和凯文·墨菲近期开展的一项研究显示，在2003年到2008年期间，美国CEO们的平均薪酬是其他国家CEO们的两倍。而且，在根据公司规模和行业进行调整后，相比国外同行，美国CEO们的薪酬依然高出80%。

第二步：让老板相信，CEO的薪酬不需要根据绩效来确定。实际上，他们在确定薪酬的时候，完全可以忽略绩效。

每次，当听到有人说CEO的薪酬采取"按绩效支付"的原则，我们可能都会信以为真。但费尔南德斯及其同事们的研究显示，美国CEO的薪酬达到其全球同行的两倍，并不是因为他们表现非凡。（另外一项研究也证明，美国CEO的薪酬与他们的工作绩效没有太大的关系。）

既然跟绩效没有什么关系，那究竟是什么推动了CEO的薪酬上涨呢？

第三步：获得股权。

研究结果显示，美国CEO们的薪酬之所以高人一等，主要是因为美国的CEO获得了高水平的股权薪酬，其中包括公司股票和股票期权。

但事实还不止如此。

第四步：为继续占有这个肥差，要让机构股东相信，以股权形式支付CEO薪酬对他们有利。

研究显示,如果公司有美国的机构股东,董事会更有可能提供高水平的股权薪酬(从而推高薪酬总额)。美国的机构股东要求更多按股权支付薪酬,因为他们认为提供股票和股票期权等薪酬奖励,可以提高 CEO 的绩效,并使薪酬与绩效挂钩。但事实却并非如此。

如果公司——以家族企业为例,由内部股东控股,而不是机构股东,那么内部股东能够"把 CEO 的薪酬控制在较低水平"。这样的公司有一套"更好的制度"。费尔南德斯认为,与机构股东相比,内部股东能更好地控制 CEO。

第五步:由独立委员会确定 CEO 的薪酬。

费尔南德斯及其同事的研究显示,不论公司的规模大小,公司董事会中独立董事的人数越多,CEO 的薪酬便会越高。这听起来是不是不合常理? 表面看来,确实如此,但实际上,独立董事对机构股东的利益更为敏感。

如果美国的机构股东希望更多以股权形式支付薪酬,独立董事极有可能把机构股东的想法付诸实施,进而使美国的 CEO(与其他国家 CEO 相比)获得超高的薪酬。费尔南德斯表示,董事们开出"更高的股权薪酬",是为了"回避(责任)问题。"

第六步:确保公司在美国上市。

费尔南德斯认为,美国正在向其他国家输出其薪酬制度。外国公司在美国上市后,公司的 CEO 薪酬也会上涨。

第七步:利用法规增加薪酬,证明提高 CEO 的薪酬符合股东的最大利益。(这么做看上去确实是"为了"股东。)

如何才能做到呢? 利用法规和会计惯例,证明提高 CEO 薪酬是符合规定的。

例如,1993 年,美国国会立法,规定公司高管基本薪酬一百万美元以上部分,公司不能申请减免税收。该项立法通常被认为是导致 CEO 激励性工资提高的因素之一。

另外一个推动因素,是美国以往采取的与股票期权相关的会计惯例。过去,通过股票期权的形式向高管发放薪酬的成本不必记入公司的损益表。这种会计方法使公司的损益表更好看,因为股票期权薪酬不会作为开支出现,因此这种会计惯例通常被认为是造成 CEO 激励性工资提高的一项关键因素。

而且,高管薪酬咨询公司 James F. Reda and Associates 的创始人兼执行董事詹姆斯·里达预测,新《多德-弗兰克法案》(*Dodd-Frank Act*)要求利用图表对比高管的薪酬与绩效,这将成为美国公司提高 CEO 薪酬的另外一个借口。

他表示:"公司会把这作为提高薪酬的口号",而且公司可以"采取任何方式随意分析那些信息。"里达认为,如果一个绩效指标不合适,他们就会换其他标准进行对比。

里达预测,五年内,美国 CEO 的薪酬将在目前水平基础上再翻一番。

采取以上七个步骤,就可以像美国 CEO 一样获得高薪。不过,我辈不是 CEO,要想复制这些做法并非易事。

当然,公司董事会也可以采取其他措施,对表现优秀的 CEO 进行激励和奖励,而且公司确实应该关注这一问题。全美企业董事协会(National Association of Corporate Directors)与薪酬咨询公司 Pearl Meyer & Partners 五月份发布的一份调查显示,

"33%的受访对象把'挑选与股东价值创造相一致的绩效目标'作为董事会的首要任务"。

或许,机构股东也可以重新考虑他们的需求。提供更高的股权薪酬对他们来说是否值得?他们到底想释放什么信号?

或许,更高的薪酬也不见得对CEO本身完全有利。因为这意味着公司财库中能用来为你加薪的资金更少了,也意味着公司无法取得更好的业绩,更多员工失业,更不可能招聘新人来替你分担日益繁重的工作负担。

或许,我们现在需要做的,除了埋怨,还有更多。希望美国的"高薪传染病"不会蔓延得太远、太快。

资料来源:改编自 Eleanor Bloxham:《破解美国CEO高薪之谜》,
载于 HRoom 网站,2011-07-16

【讨论题】

1. 造成美国CEO普遍高薪的主要原因是什么?这种状况和职业经理评估依据是否吻合?
2. 美国是企业职业经理制度比较成熟的国家,经济危机暴露了他们的企业高管薪酬设计的漏洞,这种现象说明什么?
3. 你如何看待我国企业对职业经理的股权激励?

本章思考题

1. 什么是职业经理评估?职业经理评估有何功能?
2. 简述职业经理评估的主体和客体。
3. 职业经理评估包含哪些内容?
4. 试述CEO的声誉评估模型。
5. 简述职业经理的价值及其构成。
6. 举例说明职业经理的成本定价模式。

═══ **本章情景模拟实训** ═══

职业经理的考核

A公司是一家大型商场,公司包括管理人员和员工共有500多人。由于大家齐心努力,公司销售额不断上升。到了年底,A公司又开始了一年一度的绩效考评,因为每年年底的绩效考评是与奖金挂钩,大家都非常重视。人力资源部又将主管的考评表发放给各部门经理,要求部门经理在规定的时间内填完表格,再交回人力资源部。

老张是营业部的经理,他拿到人力资源部送来的考评表格,却不知该怎么办。表格主要包括了对主管工作业绩和工作态度的评价。其中,工作业绩一栏分为五档,每一档只有简短的评语,如超额完成工作任务,基本完成工作任务等。由于年初种种原因,只确定了部分主管的业绩目标,而一些受不确定因素影响很大的主管的业绩目标并没有清楚地确定下来。因此,在对未定目标的主管业绩考评时,无法判断谁超额完成任务,谁没有完成任务。工作态度就更难填写了,由于平时没有收集和记录主管的工作表现(感觉大家都差不多),到了年底,仅对近一两个月的事情有一点记忆。

由于人力资源部又催得紧,老张只好在这些考评表上勾勾圈圈,再加一些轻描淡写的评语,交给人力资源部。想到这些绩效考评要与奖金挂钩,老张感到如此做有些不妥,他决定向人力资源部建议重新设计本部门主管人员的考评方法。

请问:如果你是老张,你会如何完成这次主管人员的考核工作?

第十章

国有企业的职业经理

 学习目标

1. 了解国有企业的制度环境和制度改革。
2. 了解并熟悉国有企业职业经理选择的要求和方式。
3. 理解国有企业监管制度的演变及国企职业经理监管的多元路径。
4. 理解并描述国有企业职业经理的激励方式及原则。

=== 引导案例 ===

白培中"赔"大了

如果不是家中被劫匪造访,山西焦煤集团前董事长白培中也许正在总结2011年山西焦煤集团的安全生产成果及完成的经济指标,部署2012年的工作。但目前这些工作已由其继任者任福耀接任,任为阳煤集团原董事长,在白培中被免职几天后,接任焦煤集团董事长一职。

这宗发生于2011年11月12日的入室抢劫案因一封匿名邮件爆料而引发了舆论关注,该邮件称两名劫匪在白培中家中盗走价值5 000万元的财物,劫匪于案发10个小时后被抓获。

40天后,白培中被免去山西焦煤集团董事长和党委书记的职务。本报记者近日赴太原采访该案,试图找出案件背后的利益链条,还原白培中在山西焦煤集团的作为。

劫案始末

知情人士介绍,白培中家被盗之时,只有其妻子李彩亭及保姆在家。李彩亭刚生过一场大病,出院不久,行动不便,家中由保姆照顾起居。

两名劫匪趁保姆下楼之际,威胁其返回打开白培中的家门。入室后,劫匪绑住保姆,白妻因行动不便而没有被绑束。劫匪在白培中家中仔细翻找财物,耗时5个钟头。

然后,两人携财物驾驶着李彩亭的车从高速公路逃往河北。由于没有更换车牌,两人于10个小时后便在石家庄被捕归案。

知情人士对本报记者表示,两名劫匪之所以在作案后敢于堂而皇之地开着李彩亭的车逃走,是因为坚信其抢劫的是对方非法获取财产,对方不敢报案。而且,此前山西省就有官员家中被劫后,选择不报案。

太原市警方拒绝透露两名劫匪的身份,接近太原警方人士对本报记者称,两名劫匪是白培中家所在小区汇锦花园的保安,最初是用假身份证进入小区的保安公司工作。在职时一向对小区内的住户十分热情。由于经常帮助小区的住户搬送东西,很多住户都见过这两人。

官场白培中

白培中1963年生人,在这宗盗窃案之前,白培中的仕途可谓一帆风顺。

在担任山西焦煤集团董事长之前,白培中先后任霍州煤电集团有限责任公司董事长、山西忻州市副市长。

2006—2008年,在白培中担任忻州副市长期间,其主要负责工业及安全生产等工作。2006年11月5日,忻州地区曾发生47人死亡的焦家寨矿瓦斯爆炸事故,但白培中并未受到该事故影响,并于2008年4月出任山西焦煤集团有限责任公司董事长。

白培中上任不到一年,山西焦煤集团下属屯兰煤矿发生瓦斯爆炸,死亡70余人,白培中被行政记大过处分。2010年3月,山西焦煤集团参股建设的王家岭煤矿发生透水事故,38人遇难,但由于该矿主要由中煤集团的队伍进行建设和管理,山西焦煤集团及白培中未受到牵连。

不仅如此,由于白培中在营救矿工过程中担任井下被困人员升井总指挥,调动山西焦煤集团在西山煤电、霍州煤电、汾西矿业的救援队伍前来支援,其表现受到了山西省的高度认可。

而在2011年,白培中获得了一个难得的晋升机会。这缘于山西省副省长任润厚的淡出,使得山西省需要一名官员接手副省长的职位。执掌山西第一大企业的白培中在这一竞争中被认为机会最大。

焦煤白培中

白培中由于执掌山西第一大企业,其手中掌握很大权力和资源。接近白培中人士对本报记者表示,白培中工作能力受山西省肯定,对于巩固山西焦煤集团在省内的地位发挥了很大的作用,但他为人强势、说一不二,也因此在工作中树敌。

白培中就任山西焦煤集团董事长之时,正值山西省煤炭资源整合之际。2009年初,山西省下发《关于进一步加快推进煤矿企业兼并重组整合有关问题的通知》,山西焦煤集团公司兼并重组整合小煤矿的工作正式启动。山西焦煤集团在这样的形势下共整合158座小矿,整合后保留67座煤矿,井田面积576.76平方公里,储量84亿吨,产能7 035万吨/年,其余91座矿井全部关闭。

白培中将其任职阶段定义为山西焦煤集团的转型发展期,各项指标大幅提高,发展步伐明显加快。2010年,山西焦煤集团原煤产10 129万吨,销售收入1 020亿元。2011年上半年,山西焦煤集团在煤炭主业继续增长的同时,非煤产业实现收入333.82亿元,同比增加49.08亿元,增幅17.24%,占总收入的53%。在山西省属五大煤炭集团中,山西焦煤实现利润排名第一。"十二五"期间,山西焦煤集团公司规划实现产量翻番,达到2亿吨以上,增量的约2/3主要还是靠资源整合矿井。

除此之外,山西焦煤集团还在打造煤化工、煤制天然气、发电、焦化、瓦斯利用、煤机、煤制油等业务板块。在山西的"十二五"规划纲要中,煤层气产业和现代煤化工产业被列入战略性新兴产业,山西焦煤集团则将煤化工作为"十二五"期间的转型重点。

一面进行煤炭资源整合,白培中另一方面极为重视安全生产。山西焦煤集团下属西山煤电人士对本报记者表示,白培中在山西焦煤集团期间,各个煤矿的井下设施的升级改造投入巨大。"原来井下都是光线昏暗、坑坑洼洼的,这几年改造之后井下已经像酒店大堂一样了。"该人士对本报记者说。

焦煤利益链

2008年4月,在白培中上任山西焦煤集团董事长之时,他曾表示,要贯彻为民、务实、清廉的要求;以保持党同人民群众的血肉联系为重点加强作风建设;以完善惩治和预防腐败体系为重点加强反腐倡廉建设。

但在巨额不明来源财产面前,彼时的承诺已显黯淡。

上述知情人士则表示,白培中手中握着巨大的权力和资源,有很多途径可以获得非法收入。

在山西焦煤集团内部人士眼中,这些途径当中最有可能的是人事变动。"严格意义上,白培中什么都能管,但最重要的还是人事。"山西焦煤集团下属企业人士对本报记者说,"白培中妻子刚出院没多久,就有人利用这个机会去探望和走动"。

据了解山西煤炭资源整合工作的人士介绍,在整合小煤矿的时候,大型煤炭企业未必按时把资金交付给小煤矿矿主,而在这时则可以名义上暂停小煤矿生产,而实际当中默许这些小煤矿继续生产,其获得的利润则可以冲抵大型煤炭企业的应付资金。这也就意味着,大型煤炭企业不必支付这部分资金,而这部分资金的去向则由企业自己支配。

在煤炭销售上,山西焦煤集团作为中国目前规模最大、品种最全的炼焦煤生产企业,有大量可供支配的煤炭资源。在如何分配这些资源、以怎样的价格销售上,有很大的操作空间。此外,由于白培中上任以来,山西焦煤集团大规模进行矿井的设备升级和信息化改造,而在大量的井下设施采购过程中,也就存在着寻租的空间。

2008年以来,山西省在焦煤领域反腐力度加大,接连破获焦煤领域腐败案件。截至2010年底,全省共查办案件2 185件,处分2 353人,清缴各类违法违纪违规资金304.14亿元。而白培中案则搭上了山西省2011年焦炭反腐的末班车。

资料来源:改编自段心鑫:《传山西焦煤董事长白培中被双规 晋升副省长前夕发盗案》,载于凤凰网资讯网站,2012-01-05

案例显示的是一个国有产权政府代理中的腐败问题。国有企业的产权属国有,由政府代理监管,政府又委托官员或职业经理代理,这里存在二重代理。另外,我国的国有企业经历多阶段的制度变革,其中不免有历史遗留问题。因此,国有企业的职业经理面对比民营企业或跨国企业更复杂的制度环境。国有企业职业经理的选择有特殊要求,监管需要制度完善,激励机制需要考虑国有企业的社会责任。本章主要讲述国有企业的制度环境和制度变革,国有企业职业经理的选择、监管和激励。

第一节 国有企业的制度环境与制度改革

一、国有企业的定义与存在逻辑

(一) 国有企业的定义

从所有权角度讲,国有企业是指企业的资本全部或部分属于国家所有,并为国家通过资本纽带实施直接或间接控制的企业。联合国对国有企业的定义是:公共所有或公共控制的公共股份有限公司,或者是大型的非股份有限单位但其把大多数商品出售给公众的企业。按照国际惯例,各国把政府或公共机构拥有半数以上股份的企业称为国有企业。但有的国家把政府及其所属机构参与经营的企业也作为国有企业,尽管国家拥有的股权可能并没有超过半数。如德国把政府参股达25%以上,其他股东均为小股东的大企业视为国有。在新加坡国家控股公司控制国有企业中,国家资金参与的份额有的仅占10%左右。

在我国,国有企业是20世纪90年代国营企业改称的。传统观点认为,国有企业是产权属于国家所有并由国家经营管理的企业。在社会主义国家中,是全民所有制经济的企业形式。在资本主义国家中,部分国有企业也由国家直接经营,它是资产阶级控制下的国家资本主义经济。在法律上,根据我国《全民所有制工业企业法》第2条和《全民所有制工业企业转换企业经营机制条例》第2条分别规定,国有企业是依法自主经营、自负盈亏、独立核算、自我发展、自我约束的社会主义商品生产和经营单位,是独立享有民事权利能力和承担民事义务的企业法人。

在传统的计划经济体制下,企业的生产经营活动直接受国家计划支配,在中国经济体制改革中,国家所有权与企业经营权逐步分离,国家原则上不再直接经营企业,而是由企业自主经营、自负盈亏。但随着国有企业股份制改革的深入,国有企业的概念发生了变化,有了广义和狭义之分,狭义的国有企业是指企业财产所有权全部属于国家、依法具有独立法人资格的企业,一般是指依照《企业法》登记设立的全民所有制企业,但也可能是依照《公司法》的有关规定登记设立的国有独资公司。广义的国有企业则是指国家或者政府可以根据资本联系,对其实施控制或控制性影响的各种企业,包括全民所有制企业、国有独资公司、国家控股的有限责任公司和股份有限公司。

(二) 国有企业的存在逻辑

国有企业不仅存在于曾经实行或者正在实行计划经济体制的国家,而且也存在于发达的市场经济国家,甚至在20世纪60年代左右还曾经出现世界范围内的国有化浪潮。计划经济体制中的国有企业和市场经济中的国有企业存在逻辑是不同的。

在传统的社会主义计划经济体制中,国有企业存在的逻辑基础就是计划体制。按照马克思主义经典作家的设想,要克服资本主义经济的无政府状态就必须实行计划经济,而国有企业是计划经济的现实经济基础,为了实行计划经济就得把全社会的所有企业(至少是大多数企业)都改造成国有企业,只有全社会企业都通过国有制的形式消灭了私有制,计划经济才能得以实现。计划经济体制下,国有企业是一种普遍实行的一般企业制度。

在市场经济体制中,国有企业并不是计划经济的逻辑产物,而是为了某些社会政策目标而建立的一种特殊企业组织形式,是国家直接干预经济的一种方式,是弥补市场缺陷的一种手段。国有企业存在的逻辑基础是弥补市场失效。在市场经济国家中,国有企业不是一般的企业,是少数特殊的企业。

作为转轨经济国家,我国国有企业正处于转轨过程,改革的初始状态是传统计划经济的国有企业制度,改革的目标模式是市场经济的国有企业制度。

二、国有企业制度环境的概念与影响

(一)制度与制度环境的概念

要了解什么是制度环境,首先要理解何为制度。把制度作为经济学的研究对象始于制度经济学派。其代表人物之一凡勃伦认为,制度实质上是个人或社会对有关的某些关系或某些作用的一般思想习惯。换言之,制度无非是一种自然习俗,由于习惯化和被人广泛地接受而成为一种公理化和必不可少的东西。新制度经济学(New institutional Economics)则对制度进行"成本-收益"的分析,认为土地、劳动和资本要素只有在制度的结构中才能发挥功能,因而对制度影响经济行为的分析应处于制度经济学的核心地位。诺思认为,制度是一个社会为人们发生相互关系而设定的一系列规范。关于制度究竟是什么,制度经济学家没有统一的定义,但有一点相似:即他们都认同制度是一个社会为人们发生相互关系而设定的一系列规则,是对人们行为的一系列制约。因此,制度的基本作用就是诱导人们的行为决策,并通过人们的具体决策来影响一个社会的经济绩效。

顾名思义,制度环境即事物所处的社会的一切制度构成的背景,而不是指其他非制度性的东西。当制度发生变迁时,"环境就是制度创新主体的政治、经济、法律、社会的背景。在某种意义上,它构成了制度主体创新的约束条件"。制度环境与制度主体、制度创新的关系可简单地表示为:

$$制度环境 \xrightarrow{变迁信息} 制度主体 \xrightarrow{创新形式} 制度创新$$

制度经济学认为,制度环境是一系列用来建立生产、交换与分配基础的基本的政治、经济、社会和法律规则,它构成了人类政治交易行为或经济交易行为的基础性激励机制。因此,国有企业的制度环境就是指建立国有企业生产、交换与分配的基本政治、经济、社会和法律规则。

(二)国有企业制度环境的影响

如果把国有企业的定位、功能以及产权制度、国有资产监管制度作为国有企业系统,那么国有企业系统以外的其他制度可视为国有企业的环境。国有企业制度环境主要包括政治制度、法律制度、经济制度和社会文化制度等四个方面。

国有企业的制度环境决定了国有企业的内部制度,特别是内部治理结构。作为特定的制度安排,国有企业的内部治理结构不可能存在于真空中,国有企业内部治理结构的形成或选择必然要受制于其所处的外部制度环境。正如林毅夫等人(1997)所指出的,国有企业内部治理结构虽然是必要和重要的,但与充分竞争的市场机制和外部制度环境相比,仍然仅仅属于派生的制度安排。国有企业内部治理结构的选择仍然取决于国有企业所处的制度环境。

国有企业的制度环境不仅影响国有企业的内部制度,还对国有企业经济行为、对国有企业的生产和经营产生深远的影响。首先,从政治制度来看,国有企业与政治环境密切相关。政治环境对国有企业经济行为的影响往往带有强制性。政治制度从如下几大方面对企业产生影响:它能决定谁拥有公司;一个公司究竟能发展到多大规模;公司生产什么才能盈利;公司如何筹措资本;谁拥有资本并进行投资;管理者或雇员如何看待自身以及彼此之间的关系;公司内部如何进行权力分配。对于国有企业而言,政治环境对其经济行为的影响就更为深刻和明显。作为国有产权的所有权代表,各级政府拥有强大的力量来影响国有企业的经济活动。在国有企业,政府往往会干涉甚至决定企业经营者的任命、薪酬与企业的决策。

其次,从法律制度来看,作为被用来规范和约束国有企业的经济活动的一系列法律法规,必然会对国有企业的经济行为产生较大的影响。例如,我国新劳动合同法的颁布,对国有企业人工成本有较大的影响,这些成本包括用工制度设计的直接成本、人力资源管理成本、纠正以往违法行为的成本、违反劳动合同法的成本、潜在的人工成本等。法律制度因素往往和政治制度因素交错扭结在一起,共同影响国有企业的生产和经营。

再次,从经济制度来看,市场体系是影响国有企业经济行为的最为明显的因素。市场是国有企业生产经营活动的主要场所,市场体系的完善程度在很大程度上影响着国有企业的经济决策。如产品市场的竞争给国有企业的生产和经营造成了极大的外部压力;经理人市场的完善程度决定了国有企业的选择机会和成本。

最后,从社会文化制度来看,社会文化制度一系列非正式规则对国有企业经济行为的影响往往是间接的。但不能忽视这方面的影响。正在进行中的文化体制改革必将影响一些国有企业的效益,甚至影响某些国有企业的存亡。

> **知识拓展**:公司法、税法、证券法、会计法、合同法等法律法规对职业经理行为产生重要影响。如公司法规范了董事会与经理层的授权关系;税法涉及个人所得税、公司所得税政策,特别是股权激励的税收政策;证券法规范了公司在证券市场信息披露以及高管薪酬披露;会计法规范了会计资本、会计成本和会计利润等概念的内涵和外延;合同法涉及主体双方权责利的界定与实现。

三、改革前我国国有企业的制度环境

新中国成立后,随着社会主义改造的完成和社会主义经济建设的发展,社会主义的政治制度、以计划管理为特征的集中计划经济体制、法律制度和社会文化制度逐步得到确立和发展。以下主要介绍改革前国有企业的经济制度环境和政治制度环境。

（一）改革前国有企业的经济制度环境

新中国成立初期，我国国民经济结构极不完整，为了尽快提高工业化水平，政府选择了以重工业优先增长带动整个工业化进程，并实现经济发展的发展战略。优先发展重工业的发展战略的制定，逻辑上导致了高度集权经济体制的生成。这种高度集权的经济体制是一种以资源的集中配置和使用为特征的体制，是为了减少市场机制的不确定性，集中资源推进工业化目标的实现。

为了达到预期效果，需要构造一个以国有企业制度为基础的微观方面的体制，这种体制有两个重要的特征：一是排除非国有经济成分，尽可能形成单一的公有制的企业制度结构。因为只有这种单一的企业制度结构，才能满足高度集中计划的要求，不致扰乱计划经济的正常秩序。国家通过没收官僚资本、改造民族资本和进行大规模经济建设，逐步形成了在国民经济中占主体地位的国营企业制度。二是把企业的生产和经营都纳入计划经济的控制中。当时国有企业没有独立的经营决策权和发展目标，而是作为一个单纯的生产单位隶属于其主管部门。企业的厂长是国家干部，由上级行政部门任命。企业的各项经济活动过程和结果完全受国家控制，企业所有生产和经营活动，包括要素投入、产品生产和销售、人事调整和发展计划等生产经营行为，都是通过接受国家和上级主管部门所下达的各项计划指令来实施的。企业生产所需要的资金、物资由国家统一计划调拨，所需要的劳动力由国家计划配给，企业生产出的产品由国家收购。企业的任务就是执行国家的计划指令，完成国家下达的各项计划任务。

（二）改革前国有企业的政治制度环境

新中国成立以后，由于历史与现实的诸多因素，选择了走"苏俄"的社会主义政治制度道路。为适应集中计划经济体制的需要，我国在政治体制上进行相应的调整。当时政治体制的一个特点是形成了便于直接干预经济的政治体制。1953年，国家设立了国家计划委员会，负责国民经济综合计划、社会发展计划和重要生产要素分配与配置计划的制定。国家计划委员会作为制定全国经济计划的中枢，每年编制全国经济发展的详细的年度计划，下达到各地区、各部门执行。为保证国民经济计划的组织落实，国家分别设立了若干综合经济部门与专业管理部门，如设立国家经济委员会负责生产的计划编制与组织实施，设立若干工业部分别负责各工业部门生产计划的编制与组织实施等。而且对于物资、资金和外贸外汇都进行集中统一管理体制，国家主要采用集中方式对能源、原材料等重要物资在全国范围内实行统一分配，由国家计划委员会统一编制和下达全国统一物质分配计划。

四、国有企业的制度改革

1978年十一届三中全会正式提出改革前，我国国有企业问题重重，既有计划经济体制方面的原因，又有企业内部组织与管理机制的原因。改革开放以后，我国国有企业改革与国有资产管理体制的改革同时展开，紧密相关，并构成我国整个经济体制改革的中心环节。其主要目标是要适应经济体制与经济增长方式的根本性转变，完成战略性调整和改组，形成比较合理的国有经济布局和结构，建立比较完善的现代企业制度,以提高市场竞争能力和抗御风险能力,发挥国有企业在国民经济中的主导作用。为了达成这个目标,国有企业进行了一系列的改革探索,经历了五个主要阶段。

(一)放权让利阶段

放权让利阶段,国有企业改革的主要目标就是扩大国有企业的经营自主权,提高国有企业的生产效率。从整个经济转型时期的国有企业制度变迁的进程来看,放开经营权是国有企业所有权和经营权分离的最初探索,是国有企业产权结构调整的起点。通过放权让利,国有企业从原来的行政机构的附属地位转变为具有一定经营自主权和相对独立利益的经济实体,在一定程度上实现了政企分离;国有企业拥有对企业部分利润的分配支配权,调整了企业与职工的生产积极性。

在放权让利的基础上,国有企业的委托代理关系逐步形成,厂长在国有企业中心地位和法定代表人的地位重新得到确立。厂长作为受托人经营国有资产,而企业党组织的工作重心则转移到党的建设、思想政治工作和贯彻党的路线方针上来。随着国有企业职工代表大会的建立,职代会及国有企业工会的地位和权力得到明确,在国有企业管理中获得了一定的话语权和决定权。同时,国有企业也获得了一定的人事管理权和干部任免权,出现了国有企业干部能上能下,工人择优录取、按贡献大小分配的状况,国有企业的传统行政管理模式得到了一定的改变。

放权让利式改革是在保持以行政命令配置资源,以完全计划指标的情况作为主要考核尺度不变的条件下,更多地运用物质刺激的手段来激发企业完成计划指标的积极性。但是,放权不足则企业仍然缺乏优化资源配置的自主权,放权太多又造成内部人控制,因此,放权让利式改革一直处于"放—收—放"的循环之中,难以真正解决国有企业的问题。

(二)承包制模式阶段

在国有企业主管部门的要求下,我国国有企业开始实施国有企业的承包经营责任制。国有企业实行承包制,国有企业的财产仍然属于全民所有,企业依法取得法人资格,对国家授予其经营管理的财产享有占有、使用和依法处分的权利,并承担相应的民事责任。企业管理实行厂长负责制,厂长是国有企业的法定代表人,在企业中处于中心地位,全面负责企业的生产经营管理。根据承包合同的规定,厂长的主要职权包括:决定或报请审查批准企业的各项计划;决定企业的行政机构的设置;提请政府主管部门任免或聘请、解聘企业其他行政领导干部;制定企业的重要规章制度;提出国有企业工资调整方案、奖金分配方案、福利基金使用方案和其他有关职工生活的重大事项的建议等。

在承包责任制度下,政府与国有企业之间的关系通过承包合同固定下来,双方的责、权、利关系明确,各自的行为受到合同和法律的调整与制约。这种承包制度,减少了政府对企业的经营性、非常规性的行政干预,传统的国有企业的所有者、经营者和职工之间的关系格局被打破,企业生产积极性得到了极大的提高。

但是,承包责任制也存在很多的问题。首先,对企业的经营者的激励不足。事实上,企业仍然处在企业主管部门的行政性约束之下,无法摆脱其作为国有资产所有者的行政干预。国有企业的承包条件是国有企业厂长和政府谈判中确定的,而政府部门与企业的地位是不平等的,最终承包合同总是显得不合理。国有企业的承包者并没有真正取得企业的剩余控制权和剩余索取权。其次,政府对国有企业难以约束与监督。由于国家和企业的目标是不一致的,信息也是不对称的,这使得政府对企业的承包者和职工的机会主义行为难以进行有效的约束和监督,其他的原因还有:国有企业千差万别,政府既不可能制定统一的行为标准,也无能力对每个企业进行全面监督;国家与企业的关系仅仅被限定在企业向政府上交税利的简单关系上,对承包经营行为没有形成有效的市场约束、财产责任和法律约束;由于国家财政、金融和价格等方面的宏观经济政策的不断调整,导致承包经营合同经常修改、不断变更,最终导致政府对企业的行政干预又重新强化。

(三)建立现代企业制度阶段

1993年召开的中国共产党十四届三中全会,提出将国有企业改革的目标确定为建立现代企业制度。同年,我国颁布了《公司法》,并规定了有限责任公司、国有独资公司、股份公司等企业类型,为国有企业的改制提供了可供选择的模式。从1994年起,国务院确定了100家现代企业制度试点,各地方政府也确定了2 600多家现代企业制度试点,此后,公司化改革有序进行。通过公司化改革方式将国有企业改制成为国有独资公司、国有控股或参股的有限责任公司或股份有限公司。

完成国有企业的公司改制后,产权制度有了很大的变化。国有公司拥有处置公司财产的各项权利,完全支配公司资本的实物形态的机器、设备、厂房和流动的货币形态资本,并以其全部法人财产依法自主经营、自负盈亏。国家作为国有公司的所有者退居到股东的地位,其入股国有公司的资本转化为股权,以股东方式行使出资人的权利。这些权利主要包括:享有资产收益、参与重大决策和选择管理者等权利。

国有企业改制为现代公司后,国有企业的治理制度发生了重大变化。厂长负责制转变为股东(大)会、董事会、监事会和经理层为一体的法人治理结构。具体而言,其变化包括:首先,领导体制的变化。企业原实行厂长负责制,建立以厂长为中心的生产经营管理系统。在公司化改制后,股东大会成为公司的权力机构,决定公司的重大事项的决策。在国有独资公司中,国资委依法行使股东大会的职权,成为实际上的权力机构;董事会成为公司的执行机构,负责公司日常事务的管理和决策;监事会成为公司的监督机构,受公司股东会或国资委的聘请并对股东会或国资委负责,负责对董事会及经理层进行监督。其次,管理者的变化。企业的管理者由厂长变为总经理,厂长是上级任免的,对上级负责;而总经理是公司党委审查,股东推荐,董事长提名,董事会聘请的,并要对董事会负责。此外,原来的厂长是企业法定代表人,而公司的董事长是公司的法定代表人,总经理则在董事长的授权范围内对外代表公司。

国有企业完成改制后,企业管理制度也发生了很大的变化。例如,原来的国有企业召开厂长办公会议和党政联席会议时,随机会议较多;在公司中,会议必须按照公司章程的规定来进行,股东会议、董事会会议、监事会会议都必须遵循严格的权限规定和时效规定,都必须经过法定或议定的表决程序。

(四)层级制和市场化并举的国有企业改革

国有企业在现代企业制度理论的指导下取得了一定的发展,虽然中国国有企业数量多、规模大,但是"大而不强"的问题就显现出来了,片面强调"放权让利"已经不能推动国有企业的长远发展,仅仅只靠市场"无形的手"带动国有企业快速做大做强也是不现实的。2003年第十届全国人民代表大会第一次会议批准的国务院机构改革方案和《国务院关于机构设置的通知》宣布成立国务院国资委,在层级制理论的指导下利用政府的宏观调控加强国有企业尤其是中央企业的战略重组。

在这一时期国有企业治理主要从两个方面进行改革:一方面是采用层级制治理,在现代企业制度理论的指导下,国有企业重组持续发展,但是涉及关乎国民经济命脉的核心企业,由于其规模大、牵涉的关系复杂,往往很难实现优质企业重组。为了实现打造具有国际竞争力的国有大型企业、打造行业排头兵的目标,国务院和地方国资委作为出资人,依据中央出台的一系列行政法规,促进中央企业之间以及中央企业和地方优质国有企业进行战略重组。到2007年底全国国企重组取得了进一步的发展,基本完成政策性破产工作,2010年底,全国国有企业80%以上进行了公司制改革,国有企业进一步加大重整组合力度,国有企业的规模实力得到显著提升;另一方面是引入市场化治理理论,虽然层级制治理一定程度上减轻了国有企业战略重组中的成本负担,但是国务院国资委指出企业尤其是中央企业战略重组不能不考虑实际情况,不应用行政手段强行使双方重组合并,而应通过市场调节,围绕企业主体产业推动产业链价值链重组、横向联合以及专业化合并,在市场规律的指导下,进一步完善企业法人治理结构,推动董事会、股东会、监事会的构建,允许员工持股,通过专业途径选聘职业经理人,进一步放宽国有企业经营自主权和决策权。2007年全国开始在省属国有企业建立外部董事制度,完善外派监事会的工作机制,对企业内部"三项制度"进行改革,推动国有企业建立择优录取、能者上庸者下、企业和员工双向选择的用人用工制度,建立员工报酬与绩效挂钩的薪酬制度,全员劳动合同制基本完成。在层级制和市场化理论的指导下,这一阶段的国有企业治理改革是政府与市场联合调控的集中体现。这使得中国国有企业的经济效益在这一阶段得到显著提升,许多企业在2008年国际金融危机后快速跻身世界500强。

(五)多种形式的国有企业混合所有制改革

经过改革开放后几十年的发展,国有企业的发展取得了质的突破,但是在国有企业治理方面仍然存在许多问题。例如,代理人素质不高,董事会、监事会制度不健全,激励机制不完善,等等,这些问题需要新一轮的国有企业治理改革措施来解决。

国外的混合所有制发展已接近成熟,为中国国有企业混合所有制改革提供了许多借鉴经验。以日本国有企业混合所有制改革为例,日本根据国有企业的不同性质采取不同的措施,对于电信电话公司,日本以法律规定政府持股不得低于三分之一;对于涉及公共安全和信息安全领域通过法律明确国有份额的绝对持股比例,以确保政府的直接干预。另外,日本还在这些企业中引入私人以及外国投资者,提高企业的经营效率,确保企业按照市场规律运作。我国的国有企业改革也在借鉴国外先进经验的同时,立足本国实际,贯彻中共中央关于国有企业混合所有制改革的精神不动摇,以正确理论为指导,取其精华、去其糟粕,努力探索适合中国国有企业混合所有制改革的实践道路。

近些年的国企混合所有制改革主要体现在以下三个方面：一是采取分类改革的措施，对不同类型的企业采取不同的改革措施，摒弃过去国企改革"一刀切"的统一模式，强调因企制宜，针对公益性企业和竞争性企业分别采取不同的改革制度；二是强调混改体系的系统改革。国家制定和颁布了一系列有关国有企业治理改革的法律政策和文件，即"1+N"政策，包括《关于完善中央企业功能分类考核的实施方案》《关于进一步完善国有企业法人治理结构的指导意见》《关于改革和完善国有资产管理体制的若干意见》，等等，根据中央发布的深化国有企业改革的政策文件，全国各地根据实际相继出台国企改革"1+N"文件，在实际操作过程中，高度重视企业改革操作过程以及企业改制的重要环节的规范性，重视对企业改革过程中的监督；三是和市场化改革同步推进。国企混合所有制改革越来越重视市场化改革，深入考虑市场环境要素，所使用的政策和手段也更加向法律和市场化方向靠拢，市场化色彩在近几年的国企治理改革实践中更加凸显，在中国法律法规的约束下，利用市场手段，稳步推进国有企业混合所有制改革。

五、改革后国有企业制度环境变迁的集中表现

尽管由计划经济向市场经济转轨的过渡时期远未结束，与市场经济的基本框架也相距甚远，但是，改革后国有企业的制度环境已经发生了诸多变迁，有了一些集中表现。

（一）行为主体由理性的非经济人向理性经济人转变

改革以前行为主体并不追求经济利益最大化，当然这并不意味着行为主体是非理性的。事实上行为主体也是理性的，只是因为在过去的制度结构下最大的经济利益并不能给行为主体带来更多的效用或福利。在经济利益不能给行为主体带来较大效用或福利的情况下，行为主体通常追求劳累最小、闲暇最大、声望最高等其他目标。这可由"出工不出力""磨洋工""立榜样、树典型""官本位"等术语频繁使用，以及这些术语所反映的事实司空见惯而证实。可见，以前的行为主体是理性的非经济人。改革后，"钱不是万能的，但没有钱是万万不能的"观念早已深入人心。在一定范围内，"钱就是命，命就是钱"的说法也颇有市场。市场化进程与行为主体对经济利益的追求是一致的。行为主体已由理性的非经济人转变为理性的经济人。

（二）从集权到分权的变迁

改革以前，我国实行的是高度集权的制度结构。在国民经济的生产、分配、流通方面的主要权力都集中在中央各部委，企业的设立、投资、生产经营、工资利润分配也由国家统一安排和政府主管部门集中管理。不仅经济方面，而且政治、文化、意识形态方面都是以高度集中、统一为特征的。

高度集中统一是一种极端化的制度，无论改革的方向如何都必须首先从这种极端中走出来，这决定了改革以"放权让利"起步。我国改革实践是以渐进的方式放权的，这可由小宫隆太郎在1984年因中国企业缺乏自主权而得出"中国不存在或基本不存在企业"的结论得到验证。虽然放权是渐进的、缓慢的，其间还有收收放放的反复，但毕竟经历了多年的放权历程，现在已打破了集中统一的局面。例如，完全对立的理论

和观点频繁见诸报端;国有企业管理中出现了"内部人控制"。尽管仍然是"政府干预下的内部人控制",但毕竟企业的自主权已经相当大了。由集权到分权的转变造成了一个对国有企业意义重大的结果,即国有企业实际上已经成为相对独立的企业。

(三)利益集团分化

利益是一个效用函数,就某一时期静态考察而言,人的利益由物质收入、非物质收入、闲暇这三维变量构成。改革以前,我国社会各阶层的利益相对来说比较协调,利益一致程度比西方国家大得多。当然,这并不是公有制下人人都是所有者的结果,这实际上是由集中统一的制度、理性的非经济人、共同贫穷的现实几方面共同作用的结果。经过几十年的改革,社会阶层明显分化,社会集团利益日益凸现。首先是所有制结构多元化中崛起了一大批与国有企业竞争中具有有利条件的个体私营企业、三资企业;其次是分化出了一些大大小小的利益集团。集团利益分化对国有企业改革有重大影响。抽象地讲,改革,人人拥护,但当改革涉及自己和本集团的利益时,总是设法阻止改革或使改革方案在实施中扭曲。

2015年《中共中央、国务院关于深化国有企业改革的指导意见》中提出:"要贯彻全面从严治党方针,充分发挥企业党组织政治核心作用,加强企业领导班子建设,创新基层党建工作,深入开展党风廉政建设,坚持全心全意依靠工人阶级,维护职工合法权益,为国有企业改革发展提供坚强有力的政治保证、组织保证和人才支撑。"近年来,在深入贯彻全国国有企业党建工作会议精神的前提下,国务院、国资委提出要将企业生产经营与坚持党的领导、加强基层党建深度融合。协调推进并提升党的基层建设的标准化和规范化程度,推动党建方法创新,企业党委和主要负责人进行基层党建的意识强,注重理论指导与研究,能够准确把握中央大方向不动摇,真正将公司的基层党建融入多元化治理之中,真正做到用党建促发展,从而为深化企业改革、实现高质量发展、提升国有企业的综合竞争力提供有力保障。

第二节　国有企业职业经理的选择

改革开放30多年来,我国采用市场化的改革途径,借鉴了发达国家市场经济的成功经验,不断探索,促进了市场经济的整体演进。在我国的经济发展中,作为国有资产的管理者与经营者的国有企业职业经理群体也不断成长和壮大。由于国有企业职业经理担负着重要职责和作用,国有企业职业经理的选择有自身的程序和方式。

一、国有企业选择职业经理的必要性

从宏观意义上讲,国有企业选择职业经理是由国有企业的制度环境决定的,是由政治制度、经济制度、法律制度和社会文化制度综合决定的。就微观企业层面,国有企业选择职业经理是国有企业构建核心竞争力、完善自身内部治理结构、提升管理水平等方面的需要。

(一)国有企业构建核心竞争力需要职业经理

随着社会主义市场经济体制的建立和完善以及以"小政府、大社会"为目标的政府

改革和职能转变，国有企业所面临的市场竞争愈发激烈。国有企业与其他类型的组织一样，要生存、发展，就必须要有效利用各种资源，就必须为相关利益者创造价值，这一切有赖于核心竞争力的构建。

影响国有企业核心竞争力形成的一个主要因素就是人才因素。职业经理正是以经营管理为职业，以提高组织管理水平、增强竞争力为目标的职业管理人才。国有企业要构建核心竞争力必须选择职业经理。

(二) 完善国有企业公司治理结构需要职业经理

国有企业存在委托代理关系，存在如何降低代理成本，维护委托人利益之类的问题。国有企业的内部治理结构是指一整套控制和管理国有企业运作的制度安排。根据国有企业自身的特点，国有企业的治理结构可以借鉴非国有公司治理结构。要从根本上规范国有企业的治理结构，避免其丧失自治性而沦为政府的附属物，要真正履行国有企业的责任，发挥国有企业在国民经济中的作用。国有企业的公司治理制度，是以所有权与经营权分离为前提。所有权与经营权分离必然引出委托-代理关系，其结果必然是像其他企业一样聘用职业经理负责组织的日常管理工作。

(三) 国有企业的管理专业化和管理创新需要职业经理

随着社会、经济的发展，国有企业所从事的活动领域越来越广泛，其中不乏专业性很强的领域。长期的计划经济体制使得中国现在相当多的国有企业具有浓厚的官办色彩，工作人员不少是政府机构改革时的分流人员或者是离退休人员，国有企业机关化、行政化倾向明显。这种旧有的用人制度状况造成了"外行领导内行"，工作方式因循守旧、缺乏创新，管理策略失误等现象。国有企业应对这些挑战的有力措施就是管理专业化。正是管理的复杂化、技术化、专业化催生了国有企业的职业经理。

从管理创新的角度讲，国有企业选择职业经理也是非常必要的。管理创新是指创造一种新的更有效的资源整合方式。这种方式既可以是新的有效整合资源以达到国有企业目标和责任的全程管理，也可以是新的具体资源整合及目标制定等方面的细节管理。国有企业要增强生存和发展的能力，就必须要进行管理创新。管理创新是国有企业成长和发展的内在驱动力，能够降低交易成本，提高经济效益，推动组织的可持续性发展。而职业经理则在国有企业的管理创新中处于支配地位。职业经理是国有企业创新环境的营造者，也是整个国有企业创新活动的组织者和控制者，还是国有企业管理创新责任的承担者。

二、国有企业选择职业经理的要求

国有企业正在逐步形成产权多元化的格局，这就要求职业经理的选拔要突破行政封闭系统，逐步从任命式、调配式选拔转向竞争性选拔。在对国有企业的职业经理进行选择的过程中，一般应遵循以下要求：

首先，严格选择标准。国有企业职业经理的道德和素质要求是多方面的。一般来说，符合市场经济要求的职业经理要具备强烈的创新意识、强烈的风险意识、坚实的自立能力、神圣的代理使命感等。对于国有企业而言，由于担负着促进社会经济发展和为公众服务的使命，故应重视选择服务意识强、道德水平高、对物质利益追求相对有限的职业经理。标准的制定要符合国家的法律和法规,接受国有资产所有者和企业职工代表大会的监督。此外,选择国有企业职业经理的标准要有针对性,要根据国有企业的实际,把最合适的人选放在最合适的位置。

其次,公开竞争、公平竞争和公正竞争。公开竞争,就是坚持市场化运作,将组织经营状况、经营目标的要求、应聘者职业条件和职业经理职业报酬等内容向社会公开发布,实现跨行业、跨地区、乃至跨国的职业经理人才选择。公平竞争,就是为所有自愿的应聘者提供公平竞争的机会。只要是符合任职条件的,都可办理报名登记手续,都受到公平的对待。公正竞争,就是要保证选聘的客观性、科学性,要制定一套规范的程序,设立选聘监督人员,公开测评结果。

最后,实施层层筛选,择优录用。对应聘人员的个人材料进行审查,并通过观察、调查等多种途径了解其政治素质、职业道德和能力特征,初步筛选进入下轮竞争的应聘者,以便达到"多中选好";根据企业制定的选用标准,采取笔试和面试的方式,综合考察其经营管理能力和专业知识,通过测试达到"好中选强";坚持党管人才与落实董事会依法选择经营者相结合,由董事会召集具有全面性和权威性的评审委员会,负责最后的审定工作,听取员工的意见,由评审委员会当众公布各候选人得分情况和排名顺序,综合分析,最终确定其需要的职业经理,做到"强中选优"。

三、国有企业职业经理的选择方式

股份公司中董事会选择经营者的方式主要包括四种:内部接班、内部竞争、突然政变和广泛选择。这四种经营者选择方式各有优势和劣势,并不存在适应于所有企业的最优方式。当前我国国有企业中选择职业经理的典型方式包括:政府官员调任、企业推荐政府审批、同行业相互调动、国资委选聘等。

(一)政府官员调任

无论是计划经济时期还是现在的市场经济,都有一些大型国有企业的职业经理来自政府部门。政府官员外派大型国有企业作为职业经理的收入远远高于公务员的收入。大型国企职业经理的人事安排成为政府官员的福利补偿。福利性补偿的职业经理任命有如下几个特点:首先,一般发生在大型国有企业,尤其是大型金融公司。其次,被任命为国企职业经理的政府官员年龄偏大,一般都在50岁以上。最后,任期较短。职业经理更换之后的任期不会太长,因为根据我国的法律,60岁是绝大多数人退休的年龄。

(二)企业推荐政府审批

在计划经济体制下,厂长和经理的选择要经过中组部、企业工委的层层审批才能最后确定。在当前向市场经济转轨时期,国有企业拥有经营自主权,拥有人事用工权。但受传统习惯的影响,在进行一些地方垄断性强的国有企业的职业经理的选择时,还是需要地方政府公开或私下同意。这种方式往往是国有企业先推荐人选,后经政府审批。

(三)同行业相互调动

近些年来,政府主管部门(国资委)将其所管辖的同行业不同企业职业经理同时互换的案例时有发生。如 2004 年电信业国企高管的互换、2009 年岁末国有大型银行高管的大换班等。政府同时更换或对调同一行业不同企业的经营者，既可以在一定程度上减少高管腐败的机会，又可以避免行业内部恶性竞争，促进行业良性发展。同行业职业经理的相互调动一般不会给资本市场带来较大的波动。因为毕竟职业经理来自同行业的其他公司，了解相关专业技能和经验，并不会改变公司原有的发展战略。

（四）国资委选聘

中共国资委在 2004 年 12 月颁发了《关于加快推进中央企业公开招聘经营管理者和内部竞争上岗工作的通知》，提出了公开招聘企业职业经理和内部竞争上岗工作的改革思路，并规定了选择的程序和步骤。公开招聘主要包括四个阶段：准备阶段、报名和资格审查阶段、考试阶段、组织考察和确定聘用阶段。这种选择方式只能是半市场化的选择方式。虽然政府开始面向市场选择国有企业的职业经理，有严格的选拔程序，公开招聘，扩大了选择范围，增加了选拔过程的透明度，而不再是"空降兵式"的直接行政任命。但是，政府仍然是职业经理选择的控制者，企业不能自主决定职业经理的变更。

> **知识拓展**：选聘职业经理人应该与企业战略相适应。战略人力资源管理权变理论的代表人物 Delery 和 Doty(1996)认为，选聘职业经理人应该与企业战略相适应。采用进攻型战略的企业往往应该采用基于内部选拔的方式，这样有利于维持企业员工士气，提升职业经理人忠诚度，进而更好地获取企业核心竞争力；而采用防守型战略的企业，因为面临较大的生存压力，应该采用更加灵活的人力资源雇佣政策来降低人工成本，其中重要的一条就是采用更加灵活的市场化选聘措施。

第三节 国有企业职业经理的监管

国有企业职业经理的市场化、规范化，无疑是深化国有企业改革、建立现代企业制度的必然要求。随着职业经理群体的发展壮大，无论是职业经理的主观诉求，还是现实社会的客观发展要求，都有必要完善经理的监管机制，实现健康发展。从法理上讲，国有企业的产权所有者是共同体成员，即一国所有公民。这在客观上导致国有企业产权必须由政府代理。国有企业产权的政府代理，为国有企业职业经理的监管带来了复杂性。

一、国有企业产权的政府代理

当国有企业产权被政府代理时，共同体成员作为初始委托人追求的目标是福利函数最大化或社会总产出最大化，而政府作为代理人追求的目标则是多重的，而且是交错混杂的。社会总产出最大化的实现可以增加国家税收，并通过再分配渠道提高初始委托人的福利。政府在税收增加的驱动下具有提高产权结构效率的动机。同时，政府作为一个利益集团,为了实现垄断租金最大化,为不同的利益集团设置不同的产权,从而导致低效率产权结构的长期存在。在政府代理下,具体行使国有产权的自然人是并非拥有剩余索取权的政府官员,他们的控制权由等级规则来界定,与其承担风险的能力及受控资产的营运效率并不直接相关。具体实施代理行为的政府官员的效用函数显然又不同于初始委托人及国家的目标,它包含了薪水、公务津贴、声望、权势、庇护、机构的产出、变革及管理机构的便利性等变量。政府应是依法行政,但由于信息的非对称性及政府对立法和执法部门的控制,行政管理效率的基础是较弱的。因此,政府的行政代理会产生经济意义上的代理问题,政府官员在行使国有产权时可能存在偷懒和搭便车动机,如力求在公众对其提供的服务需求的约束下,通过不断扩大预算,膨胀行政机构,实现自身效用最大化。

在非对称性信息的条件下,为监管代理人的行为,初始委托人必须要为事先识别和事后监管代理人的活动支付很高的信息费用,但他们不是剩余的直接索取者,从而不能等比例和直接地从他们的监管活动中获益。即使初始委托人具有监管动机,但由于法律限制其转让剩余索取权,因此,他们也没有可能通过运用"脚"投票的方式解除与代理人的合约关系,以惩罚代理人的机会主义行为。初始委托人不仅间接监管能力很弱,而且由于国家对公共产权的代理并非来源于初始委托人的直接授权,而是依据于政权的力量,所以初始委托人既不能选择代理人和合约的内容,也不能实际行使"一人一票"制的直接监管方式。实际上,国家一旦取得公共产权的代理权后,便拥有生产性资源的剩余索取权和控制权,公共产权的第一等级的委托代理关系,不仅是想使国有制成为全民所有制的帕累托效率改进,而且是要实现对全民所有制的一种完全替代。

二、政府的监管行为

由于委托人与代理人效用函数的不一致性,代理人有可能利用委托人的授权和自己的信息优势采取机会主义行动,如代理人在经营中的偷懒、渎职,以及与生产者"合谋",共同对付委托人,导致国有资产大量流失等。为了保护国有产权,委托人就需要在订立和实施代理合约时分别来识别代理人的条件禀赋和监管其代理行为。然而,由于履行出资人、委托人职能的政府并非是一般意义上的追求利润最大化的资本所有者,而是追求多元化目标的行政机构,这就会影响委托人的监管行为。因此,虽然政府的监管行为有着一定的作用,但政府监管行为有其自身的不足,主要有以下几个方面:

首先,在监管目标方面,政府作为履行国家管理职能的行政机构,在实施所有权约束时自然不会仅考虑国有资产的保值增值,而是综合考虑政治、经济、军事等目标,这与成为真正的市场主体的企业的利润最大化目标和代理人的努力方向是不完全一致的。

其次,在监管动机方面,在国有产权的经济代理关系中,代表国家具体行使委托人职能的政府官员拥有选择和监管代理人的投票权,但他们的收入水平并不直接与监管努力程度相关,而且自身财富及投票行为与企业效率关系又不确定。无风险的"廉价投票权"的存在表明,履行委托人职能的投票人也可能像代理人一样存在道德风险,如疏于监管,放纵代理人的偷懒行为,由盲目投票引起的决策失误,甚至被代理人收买等。

再次,在监管成本方面,在剩余索取权不可转让条件下,委托人只能主要依赖直接观测来度量和监管代理人的行为。直接监管的有效性在很大程度上依赖对代理人努力程度信息的获得,由于信息具有非对称性,不仅需为此付出高昂的信息成本,而且委托人设置具体明晰的激励约束规则,使代理人缺乏必要的自由选择空间,对多变的市场环境做出灵活反应的能力减弱,企业行为僵化,从而导致约束成本增高和负面影响扩大。

三、国有企业监管制度演变

(一)国有企业内控体系的演进

我国在1993年人大八届五次会议上通过了《中华人民共和国公司法》(以下简称《公司法》),并于1994年7月1日起施行。《公司法》明确规定了有限责任公司和股份有限公司的股东会、董事会、监事会的设置及其权责关系等。2017年5月,国务院办公厅印发的《关于进一步完善国有企业法人治理结构的指导意见》明确指出,坚持深化改革、党的领导、依法治企、权责对等的基本原则。2018年10月,国务院国资委新闻发言人就中央企业2018年前三季度经济运行情况举行发布会上说,目前全国国有企业公司制改制完成的企业占比达到94%。国有企业公司制改制的基本完成,意味着《公司法》规定的内控体系的基础环境已在国有企业中基本建立。

2008年4月,财政部、证监会、审计署、银监会、保监会联合发布了《企业内部控制基本规范》,自2009年7月1日起在上市公司范围内施行,鼓励非上市的大中型企业执行。该基本规范确立了我国企业建立和实施内部控制的基础框架:一是科学界定内部控制的内涵,强调内部控制是由企业董事会、监事会、经理层和全体员工实施的、旨在实现控制目标的过程;二是准确定位内部控制的目标,要求企业在保证经营管理合法合规、资产安全、财务报告及相关信息真实完整、提高经营效率和效果的基础上,着力促进企业实现发展战略;三是合理确定内部控制的原则;四是统筹构建内部控制的要素,构建了以内部环境为重要基础、以风险评估为重要环节、以控制活动为重要手段、以信息与沟通为重要条件、以内部监督为重要保证,相互联系、相互促进的五要素内部控制框架;五是开创性地建立了以企业为主体、以政府监管为促进、以中介机构审计为重要组成部分的内部控制实施机制。

2019年11月,国务院国资委印发《关于加强中央企业内部控制体系建设与监督工作的实施意见》,对中央企业内控体系建设与监督工作提出规范性要求:一是建立健全内控体系,实现"强内控、防风险、促合规"的管控目标;二是加强内控体系有效执行,聚焦关键业务、改革重点领域、国有资本运营重要环节以及境外国有资产监管,加强重要岗位和关键人员在授权、审批、执行、报告等方面的权责管控;三是强化内控信息化刚性约束,将信息化建设作为加强内控体系刚性约束的重要手段,实现经营管理决策和执行活动可控制、可追溯、可检查,有效地减少人为违规操纵因素;四是四是加大企业监督评价力度,促进内控体系持续优化;五是加强出资人监督,全面提升内控体系有效性。

(二)国有企业外部监督的发展

国有企业外部监督不是指企业外部人员的监督,而是与现代企业制度体系自身形成的监督相对应的,具有中国特色国有企业特征的一些监督,如党委、纪委、巡视、审计、国有股东派驻的监事等对国有企业的监督。

1. 党委的监督

国有企业是中国特色社会主义的重要物质基础和政治基础,是党执政兴国的重要支柱和依靠力量,坚持党的领导、加强党的建设是国有企业的"根"和"魂",是我国国有企业的光荣传统和独特优势,所以国有企业党委监督的意义重大。我国《公司法》第19条规定:"在公司中,根据中国共产党章程的规定,设立中国共产党的组织,开展党的活动,公司应当为党组织的活动提供必要的条件。"2017年10月24日,党的十九大修改通过了《中国共产党章程》,其中第33条第2款规定:"国有企业党委(党组)发挥领导作用,把方向、管大局、保落实,依照规定讨论和决定企业重大事项。国有企业和集体企业中党的基层组织,围绕企业生产经营开展工作,保证监督党和国家的方针、政策在本企业的贯彻落实,支持股东会、董事会、监事会和经理(厂长)依法行使职权。"因此,不论是公司法层面还是党章规定层面,都对党委会参与公司治理提供了法律层面的依据。目前,国有企业基本都修改了《公司章程》,把党委监督内容、方式等具体方面写进了章程。2020年1月,中共中央印发的《中国共产党国有企业基层组织工作条例(试行)》提出,全国国有企业现有基层党组织80多万个、党员1 000多万名、在岗职工4 200多万人,办好国有企业,使党的领导、党的建设在企业精神、领导力、队伍建设等方面发挥着重要作用。坚持和加强党对国有企业的全面领导,明确党组织研究讨论是董事会、经理层决策重大问题的前置程序,实行"双向进入、交叉任职"领导体制,充分发挥国有企业党委(党组)把方向、管大局、保落实的领导作用,确保企业广大党员干部职工始终听党话、跟党走,确保国有企业的国有资产牢牢掌握在党和人民手中。文件强调,借口建立现代企业制度否定或取消党的领导无疑是错误的,但把党组织直接作为企业生产经营的决策和指挥中心也不符合企业党组织的功能定位。

2. 纪委的监督

国有企业纪委是上级纪委派驻的机构,但不同于专职监事。一般情况下,纪委与国有企业联系更紧密,纪律人员的待遇由国有企业支付,纪委在国有企业有组织机构、有人员,除纪委书记由上级委派,其他人员都是国有企业内部人员;而专职监事则只有一人,不从国有企业获得报酬。纪委工作的重点是督促企业各级党组织落实全面从严治党主体责任、加强对企业各级领导班子和领导干部的日常监督,运用监督执纪"四种形态",抓早抓小、挺纪于前,重在查处问题。总体上讲,纪委监督是事后监督,重点就"犯事"的人员进行查处,其关注的重点是党纪国法的遵守情况和"八项规定"等方面的执行情况。

3. 巡视和审计

上级党委的巡视和审计部门的审计则是根据工作需要,定期或不定期地进行,他们不长期进驻企业,而根据工作需要,进驻企业一段时间。巡视有专项巡视和全面巡视,审计也是有专项审计和全面审计,但总体来讲,巡视重在遵守党的纪律,对落实党风廉政建设主体责任和监督责任等情况进行监督,而审计重在财务方面。

4. 国有股东派驻监事的监督

外派监事会制度的前身是1998年设立的稽查特派员制度，1999年党的十五届四中全会后过渡为外派监事会制度。外派监事会制度是相对于内设监事会制度而言的，《公司法》规定，国有资本控股公司、国有资本参股公司设立监事会，为区别于外派监事会，通常将国有资本控股公司和国有资本参股公司依据《公司法》设立的监事会称为内设监事会。2000年发布《国有企业监事会暂行条例》，在该条例中规定了国有企业监事会的设置和人员来源、国有企业监督的内容和重点以及国有企业监督的方式等。国有企业外派监事一般只有一人，待遇在国资委领取，重在日常监督和事前监督。

2018年3月，根据第十三届全国人民代表大会第一次会议批准的国务院机构改革方案，不再设立国有重点大型企业监事会，相关职责划入审计署，这是我国国有企业监督体制的再一次变革。目前，国有企业外派监事工作主要有两种方式：一是划转到审计部门，如中央企业外部监事全部划转审计署；二是国有企业设置内部监事会，如江西省的做法。

四、国有企业职业经理监管的多元路径

（一）完善监事会的定位与功能

现代企业法人治理体系包括股东会、董事会、监事会和经营管理人员，他们各司其职，促进公司的快速发展。如果设计的监事会偏重于监督职能，甚至夸大监督职能，公司的发展与自己毫无相关，这是偏离了现代公司治理的基本内涵。在国有企业的监督体系中，监事会相对于其他方式来讲，优势就在于其是公司治理体系的重要组成部分，不是"啄木鸟"。监事会与巡视组、纪委、政府审计相比，具有法定的办案、查案的职能，就是找问题线索，追究责任，而巡视、政府审计工作人员在企业只是特定的一段时间，办完案就走，不会与公司人员朝夕相处。对监事会的设计要定位准确，对监事的考核，不能仅仅是监督的企业是否有风险发生，因为还要看监督的企业是否发展，发展得怎么样。《国务院国资委以管资本为主推进职能转变方案》提出，坚持依法监管，按照有关法律法规规定，建立和完善出资人监管的权力和责任清单；坚持搞活企业，依法落实企业法人财产权和经营自主权，激发企业活力、创造力和市场竞争力。

（二）重视提高职业经理自身素质

对国有企业的监督而言，职业经理自身素质是基础、根本和内因。防君子不防小人，无论设计多么完善的监督体系，有多么充足的监督力量，都很难防止某些职业经理"挖空心思"的舞弊行为。

由于一些职业经理直接接触国有企业资金，如财务部长可以直接调用国有企业资金，因此国企中的一些职业经理侵吞国有企业资金具有天然的便利性。虽然国有企业内控体系有不相容职务分离原则，但是，如果职业经理失去道德底线，他们转移国有企业资产仍有很多机会。因此，需要加强职业道德建设，防范风险。

（三）规范内控体系建设与运作

2019年11月，国资委印发的《关于加强中央企业内部控制体系建设与监督工作的实施意见》（下文简称《意见》）中对上述两个方面有了要求。《意见》明确规定，要强

化集团管控,中央企业主要领导人员是内控体系监管工作第一责任人,负责组织领导建立健全覆盖各业务领域、部门、岗位,涵盖各级子企业全面有效的内控体系;要提升内控体系信息化水平,逐步实现内控体系与业务信息系统互联互通、有机融合,逐步探索利用大数据、云计算、人工智能等技术,实现内控体系实时监测、自动预警、监督评价等在线监管功能,进一步提升信息化和智能化水平。

在微观层面上,我们应切实把"国有企业领导人每天及时掌握的资金进出情况、应收帐款帐龄情况和营收及利润情况"作为强制规定,那么当天的异常变化就会引起警觉,迅速查办。无论企业规模多大,业务多么复杂,只要每天掌握资金的进出,就可以有效防止资金损失风险,尤其内部人员盗转风险,如果再结合每天掌握的应收帐款情况和营收情况一起对比考虑,就更能收到好的效果。风险无小事,每天掌握这些数据和报送数据信息,核心是要形成制度,固化这种报送体系。国有企业应通过互联网+以及云计算、大数据等现代信息技术更新内控体系,实现国有企业管理扁平化,提高响应速度,推进内控体系信息化建设。

(四)突出国有企业职业经理监督工作重点

目前的央企和省属国有企业大多结构复杂、规模巨大,有些企业子公司层级达到八九个,数量达到上百个,许多企业年营业收入达到几千亿元,甚至几万亿元。对企业党建、董事会运行、企业生产经营、项目投资等进行全面监督全程监督的工作量巨大、任务繁杂。因此,对国有企业职业经理的监督工作要重点突出,主次分明,不能"眉毛胡子一把抓"。要聚焦关键业务,改革重点领域、国有资本运营重要环节以及境外国有资产监管,重点强化采购、销售、投资管理、资金管理和工程项目、产权(资产)交易流转等业务领域各岗位的职责权限和审批程序,形成相互衔接、相互制衡、相互监督的内控体系工作机制,加强经济运行动态、大宗商品价格以及资本市场指标变化监测,提高对经营环境变化、发展趋势的预判能力,防止风险由"点"扩"面",避免发生系统性、颠覆性重大经营风险。

第四节 国有企业职业经理的激励

激励(motivation)是指一种驱动力、诱因或外部的奖酬,激励的目的是提供一种行为的动机。激励机制是公司治理的核心。所谓激励机制,是指组织系统中,激励主体通过激励因素或激励手段与激励客体之间相互作用关系的总和。设计国有企业职业经理激励机制,源于职业经理不是国有企业的所有者或完全所有者,职业经理的利益与所有者的利益不相一致或不完全一致,职业经理的行为不能直接观察等假设。科学的激励机制能够有效降低职业经理的机会主义或道德风险倾向,降低代理成本,确保公司治理目标实现。

一、国有企业职业经理激励方式

激励包括物质激励和精神激励,物质激励又分短期激励和长期激励。短期激励主要包括年薪制、福利和津贴等;长期激励主要包括股票激励和期权激励等。精神激励主要包括事业激励、权力激励、声誉地位激励、升迁与解职威胁激励、道德情感激励等。建立激励机制时，不仅要考虑职业经理的物质激励，对职业经理的精神激励同样不可忽视。

（一）国有企业职业经理物质激励

1. 月薪制和月薪加奖金制

月薪制和月薪加奖金制一直以来是我国国有企业采用的主要薪酬形式。月薪一般与职业经理的业绩无关，能够满足职业经理的基本生活消费，但只能体现保障作用，难以产生激励效果。奖金虽和经营者的业绩挂钩，但却是一种短期激励，只评价和奖励职业经理过去一年的经营行为，因而容易导致短期行为。

2. 年薪制

目前在西方发达国家，职业经理的报酬一般通行年薪制。所谓年薪制，就是以年度为计算单位决定工资薪金的制度。实行年薪制的企业，职业经理收入基本上由基薪和风险收入两部分构成，基薪主要是根据企业生产经营规模和效益水平，并参考本地区和本企业的职工平均收入水平来确定，其职能是保障职业经理的生活需要；风险收入则主要是根据本年度经济效益状况（主要考核指标是销售利润率、资本金利润率）来确定，风险收入的主要职能是激励职业经理提高企业经济效益。实行年薪制的企业一般还同时建立了风险基金制度，即由职业经理交纳一定的风险抵押金，用于部分抵补由于决策失误和经营不善给企业造成的损失，使职业经理真正承担一部分经营风险。

职业经理收入年薪制是目前国际上通行的做法，实行年薪制可以较好地体现企业职业经理的工作特点（一般企业的生产经营周期和财务周期都是以年度计），可以比较完整客观地反映职业经理的工作绩效；实行年薪制在工资分配关系上突出了企业家人力资本的重要性，体现了职业经理在企业中的地位和作用；同时，实行年薪制，职业经理个人收入与企业经济效益挂钩，体现了利益、责任、风险一致的原则，在激励机制中又加进了约束机制的成分。

由于年薪制中，职业经理报酬以年度为计算单位，这样，职业经理报酬实际上主要取决于当年经营效益状况，而企业生产经营是一个长期的过程。因此，年薪制又往往从另一方面促进了职业经理行为的短期化。为了弥补这一缺陷，许多企业又通常辅之以股票期权制。

3. 股权激励

经理股票期权激励（Executive Stock Option）作为一种长期激励机制，萌芽于20世纪70年代的美国，在90年代得到长足的发展。从世界发展趋势来看，经理股票期权的规模及比重越来越大。它是从员工持股计划中分离出来的，是公司股东（或董事会）给予高级管理人员的一种权利，持有经理股票期权的高级管理人员可在规定时期内行权，以事先确定行权价格购买本公司的股票。在行权前，经理股票期权持有者没有收益；在行权后，持有者获得潜在收益（股市价与行权价之差）。在适当时机出售所得股票获取现金收益，它比现金方式的奖励有更大的激励作用，并把未来的收益与企业发展和股市紧密结合起来。

经理股票期权主要理顺了三种关系：第一是理顺了公司经营者与股东之间的委托

代理关系;第二是理顺了对称的收益与风险关系;第三是理顺了个人收益与资本市场的关系。因此,企业职业经理在任期和行权期内比较重视优化决策,减少短期行为,提高效率和创新,这种行为对公司有正面作用,从而使激励作用更加明显。

在我国,也已开始对经理股票期权进行探索性的实施,在北京、上海、深圳、武汉等地都有国有企业探索采用这一新的激励形式。从实践情况来看,经理股票期权机制正在受到上市公司越来越多的关注,经理股票期权激励是国有企业激励改革的方向。但是,经理股票期权激励在我国的探索实施,并不是水到渠成的事物,若要使它发挥出最优的效果,还有许多条件尚未具备,在实施过程中也出现了许多问题,这些课题还有待于我们今后进一步去探索。

经理股票期权是对公司管理者实行的一种长期激励机制。它授予公司管理者(和员工)一定数量的认股权。授予对象可以在某一期限内,以一个固定的执行价,购买一定数量本公司股票的权利。获得经理股票期权的人员可以按预先确定的买入价格(即行权价格,或称执行价格)购买本公司股票,而后在高价位抛出以获得收益。

在性质上,经理股票期权与通常所说的股票期权不同。一般来说,股票期权是一种可供市场投资者在证券市场进行交易的金融衍生产品。作为金融衍生产品,具有较大的市场风险性、较强的流动性、以小博大的投机性。而经理股票期权则不同,它主要是作为一种激励措施,授予公司管理人员在未来某一时期以一定价格认购本公司股票的权力,以对公司管理人员起到长期激励之作用。

经理股票期权的作用主要有:长期激励管理者与员工,防止短期化行为;对成长性企业节约用于奖励的现金;协调管理者与所有者利益;留住人才。

借鉴国外经理股票期权计划的经验,对促进我国国有企业改革与发展具有积极意义,它有助于把国有企业管理者的个人利益与国有企业长远发展利益更加紧密地结合起来,更有助于培养职业企业家阶层,有助于国有资产保值增值。目前我国正在探索和实践经理股票期权计划,在探索和实践过程中,存在着股票市场有效性问题,经理股票期权行权时股票的来源问题,与现有法律法规相衔接的问题,经理股票期权的管理问题等。

(二)国有企业职业经理精神激励

除以物质激励外,还应对职业经理实行精神激励。职业经理的人生目标追求往往不仅反映在其物质利益上,真正的职业经理一般都有强烈的事业心,追求功成名就,所以,对他们的激励仅仅注重物质利益是不够的,还需要一定的精神激励机制。

精神激励的方式主要是:事业激励、权力激励、声誉地位激励、控制权激励、升迁与解职威胁激励、道德情感激励等。

1. 职务晋升

在有层级组织形式的公司中,职业经理的工资级别或薪酬标准常常与其职位的级别挂钩。在职位级别间,收入的差别相对职位级别内部的收入差别要更为重要。

职务晋升是许多企业的主要激励机制,在绩效考核报酬政策实际缺失的情况下,职务晋升激励的重要性揭示了通过晋升机会提供的激励必须比短期的货币性奖励带来的激励成本更低或更有效。职位提升不仅意味着职业经理地位的提高、工资和在职消费的增加,更主要的是可以满足人们心理对社会地位的需求。职务晋升,既是对职业经理以往经营业绩和能力的肯定,又把新的重托、信任和发展机遇赋予职业经理,为其施展才华和抱负提供更大的舞台。

对国有企业职业经理给予提升激励,还可以通过将优秀的职业经理提拔为政府官员来进行。在中国的传统文化中,从政在社会公众心目中是水平、能力和社会地位的象征。因此,肯定国有企业的职业经理追求从政这种体现人才价值的方式要比单纯取消国有企业职业经理行政级别,建立终身以企业家为职业的企业家制度更符合中国传统文化的实际。而且政治追求本身还是一种有效的约束机制,它可以使得具有这种情结的人因为更看重将来的发展而严格自律,积累政绩。在国外,资本家或金融寡头可以竞选议员,弃商从政;在国内,民营企业的企业家可以参政、议政,国有企业的经营者理所当然也可以从政。事实上,我们的各级党政机关也非常需要经历过市场经营大潮锻炼过的,懂经营、善管理的国有企业的经营管理者来加以充实。

行政晋升激励的弊端是容易导致人们的"官本位"思想,许多职业经理可能会出现行为扭曲。而且,行政晋升对大多数职业经理来说是不可能的。因而,行政晋升不能作为普遍的激励手段,只能针对特殊的企业、有突出贡献的职业经理。

2. 声誉激励

在管理学中,声誉激励被认为是一种重要的激励手段,也代表着一种新的管理思潮。从管理学的角度来看,追求个人的良好声誉是职业经理成就发展的需要,或者说是尊重和自我实现的需要。在马斯洛的需要层次理论中,给予职业经理一定的风险报酬并不是一种终极的激励约束手段,而只是满足了企业家的缺乏型需要。职业经理甘冒风险,并非仅为了得到更多的报酬,而更期望得到高度评价和尊重,期望有所成就,通过成功经营企业来证明自己的才能和价值,进而赢得身边群体的承认和尊重,获得个人的良好声誉,达到自我实现。报酬激励在一定程度上代表了对其社会价值的认可和衡量,但不能完全替代良好的声誉给职业经理带来的心理满足。因此,如果我们承认马斯洛的自我实现需要是人类最高层次的需要,那么声誉才是一种终极的激励约束手段。

职业经理追求良好的声誉从经济学的角度还可以理解为职业经理对人力资本增值的预期。一般来说,职业经理人力资本的收益率和增值率最终取决于企业的经营状况。企业经营得不好,就意味着职业经理人力资本的贬值,甚至会带来失业。这一点以日本最突出,由于受终身雇佣与年功序列制的传统影响,本企业职业经理跳槽极为困难,业绩差会导致其终生不得翻身甚至失业。职业经理只有通过好的经营业绩树立起好的职业声誉,使他的人力资本的价值得到实现甚至增值。因为在经营成功者任期期满后,良好的职业声誉使他会受到众多的资产所有者的高薪聘用,委以高职。

由此可见,声誉是职业经理的一种无形人力资本,良好的声誉有利于职业经理在未来的职业生涯中获得高的报酬,不好的声誉可能断送与人进一步交往的机会。因此,声誉能够满足人们追求长期利益的需要,尤其是那些对未来收益期望值较大的职业经理,对声誉的欲望更强烈。总之,声誉的价值体现在声誉可以作为一种信号,它既能给拥有者带来社会成就的满足感,又能给拥有者带来经济上的长期利益,因而,声誉能够成为重要的激励手段。

3. 控制权激励

虽然在标准的经济理论中,权力(Power)配置和转移是不重要或不相干的(哈特,1998),但在管理学家看来,权力是一种巨大的激励力量(McClelland,1976)。作为控制权,它是指当一个信号被显示时决定选择什么行动的权威(张维迎,1995)。按照产权理论的分析框架,企业的控制权可以分为特定控制权和剩余控制权,特定控制权是指那种能在事前通过契约加以明确的控制权,即在契约中明确规定的契约方在什么情况下具体如何使用的权力,剩余控制权则是指那种事前没在契约中明确界定如何使用的权力,是决定资产在最终契约所限定的特殊用途以外如何被使用的权利(Hart & Moore,1990)。

职业经理控制权激励机制是一种通过决定是否授予特定控制权(法律意义的经理代理权)以及选择对授权的制约程度来激励经营者行为的制度安排。从本质上看,职业经理控制权激励机制是一种动态调整职业经理控制权的决策机制;决策的内容包括是否授予控制权、授予谁和授权后如何制约等;决策的结果在很大程度上影响着职业经理的产生、职业经理的努力程度和行为。在现代企业,这种制度安排或决策机制表现为股东大会、董事会、经理人员和监事会之间的权力分配和相互制衡关系,构成了即所谓的公司治理的核心内容。

对于我国国有企业而言,职业经理的控制权问题具有特殊的内涵。与西方现代企业不同,我国现实经济中的国有企业不是在契约基础上形成的,没有最初的企业契约,"剩余权"无法界定,这也就是为什么国有企业清楚界定"剩余权"十分困难的原因(周其仁,1997)。同样,国有企业中也就无法界定特定控制权和剩余控制权。然而,国有企业的正常运转,一定存在相应的控制权。这种控制权表现为排他性使用企业资产、对企业的生产经营活动进行管理决策的权力等。在传统的公有制社会中,不存在私人财产及其收益使用权,社会成员所拥有的公有财产的控制权大小决定了其收益多少,进而决定了激励程度。如果说私有产权是按资产界定产权,那么,传统公有制经济中的产权界定规则就是"控制权界定产权"(曹正汉,1998)。因此,公有制社会成员的根本激励在于控制权激励,通过"控制权回报"激励社会成员的行为。这也就是为什么国有企业的职业经理报酬虽然很低,但其位子却仍然能够吸引和留住人的原因。与薪酬的激励规则不同,"控制权回报"不是以企业效率目标为考核标准,更多的是以政治、公平目标为导向。

二、建立国有企业职业经理有效激励机制的基本原则

(一)国情出发原则

建立现代企业制度,促进国有企业发展,是国有企业改革的目标。适应现代企业制度要求的职业经理报酬制度,是多元化的年薪制,从我国国有企业现有的经营者报酬制度向多元化的年薪报酬制度过渡,是建立国有企业职业经理有效的报酬机制的核心内容。但由于我国国有企业实际情况千差万别,十分复杂,这种过渡很难一蹴而就,不仅涉及企业之间的可比性和企业职业经理报酬的公平性问题,涉及企业职业经理的选择、激励约束制度的全面改革问题,还涉及整个社会收入分配体制的改革。因此,这

项改革的推进,虽可借鉴国外的先进经验,积极引入并推广股权激励机制,但绝不能生搬硬套,必须结合我国国有企业的实际情况,在明确目标的前提下,逐步探索一套适应我国国有企业职业经理的有效的激励机制。

(二)企业分类原则

分类设计国有企业职业经理报酬激励机制,必须明确企业的目标是什么,因为企业的目标决定了激励企业职业经理的方式。如果目标不明确,根本无法确定企业职业经理的业绩考核指标、行为标准,更无法建立对企业职业经理的有效激励机制。因此,企业职业经理的激励机制必须与企业目标定位、分类改革相结合。也就是说,对于兼有社会效益、经济效益双重目标的国有企业和以经济效益为主的国有企业而言,其职业经理激励机制设计的特点是有所不同的。

(三)报酬与绩效挂钩原则

企业职业经理的贡献必须通过其工作绩效表现出来。而经理人员获得的报酬则主要应取决于他的劳动成果。坚持报酬与绩效挂钩的原则,正如法约尔指出的:"激励设计问题就是决定报酬该对产量作出怎样的敏感反应。"否则,将难以解决激励不相容的委托代理矛盾。在国外企业的实践中大多都坚持了报酬与绩效挂钩的原则,而在我国,有49.01%的高级经理人员认为其收入水平与经营业绩不密切或者毫无关系,这一对比应引起我们的重视,并迅速加以调整、改进。

(四)重视长期性激励原则

科学确定职业经理的多元化报酬结构,重视激励长期行为,充分调动职业经理的积极性和创造性。根据保险收入和风险收入最佳匹配的激励原则,职业经理的报酬结构应该多元化,既包括固定收入(如固定工资或基薪部分),也包括不固定或风险收入(如奖金、股票等形式的收入);既含有现期收入,也含有远期收入(如股票期权、退休金计划等形式)。设计这种形式多元化的职业经理报酬方案的必要性在于,不同形式的收入对职业经理行为具有不同的激励作用,能保证职业经理行为的规范化、长期化。我国企业高层经理人员的收入形式比较单一,资料显示,现阶段采用最多的仍然是固定工资和奖金,激励经理人员长期行为的报酬形式如经营者持股、股票期权等形式,还应用得不多,因此结合企业的具体情况设计各种形式的激励经理人员长期行为的报酬形式是十分必要的。

(五)坚持效率优先、兼顾公平原则

在报酬结构多元化的指导思想下,必须具体考虑每个经理人员报酬结构中的各种收入形式所占比例以及考核经理业绩的指标选择:如果企业间具有可比性,可以按照一定的标准进行分类,根据不同类型的企业情况进行设定;如果企业情况非常复杂,不具有可比性,要根据企业的具体情况来单独设计,不能强行划一。特别要注意经理报酬与本企业职工平均工资的比例问题,因为处在市场经济初级阶段的我国,如果经理收入过高,容易激化经理与职工的矛盾,形成社会问题;如果经理报酬太低,又无法激励职业经理,所以在设计职业经理激励约束机制时必须结合企业的实际情况,既考虑效率,又兼顾公平。

(六)多种激励机制相结合原则

注意报酬激励与其他激励(控制权激励、声誉激励等)形式的有效匹配和组合。由于人的需要的多元化、多层次,更由于职业经理所从事的管理决策工作的特殊性,仅仅依靠报酬机制对经营者的行为进行激励是不够的。正如现代企业理论所揭示的,只有依靠物质激励与精神激励的有效组合,才能有效地解决职业经理的激励问题。因此,需要建立多元化的报酬制度,优化多种激励机制的匹配和组合关系。也就是说,改革现有的职业经理报酬制度,还必须同步推进改革国有企业的职业经理产生制度、培育经理市场、规范法人治理结构等多项制度创新活动,以实现对国有企业职业经理激励的目标。

思考案例

黑白陈久霖

赔了5.5亿美元,他坐牢觉得冤,全国人民也觉得冤,中航油的债务到2008年才还完,那都是大家的钱呀。

错。哪里有黑白?那只是颜色概念,不是存在形态。黑白混杂是什么颜色?——灰,陈久霖是灰的。甚至名字也是灰的,与时俱进呢。陈久霖是原名,就像他原任中航油新加坡公司总裁;如今他是中国葛洲坝国际工程有限公司副总经理,名字也改为"陈九霖"。

陈久霖是湖北黄冈浠水人,家贫。他是村子里唯一一个考上北京大学的,学越南语。陈久霖的传奇相当雷人,1997年他在新加坡以21.9万美元起步,2003年将奄奄一息的中航油打造成总资产近30亿美元、净资产超1亿美元的巨头,并在新加坡上市。中航油是乖孩子,2004年入选"道·琼斯新加坡泰山30指数"(Dow Jones Singapore Titans 30 Indexes)。显然,陈久霖的成功离不开组织的栽培。昔日中航油新加坡公司业务只占中航油集团的2%。陈久霖赴新后说服母公司,将石油运输企业转型为石油贸易公司。3年后,中航油的采购量占到了母公司系统全部用油量的98%,独家垄断大成。

陈久霖把自己当成公家人,自己的行为就是国家行为,赚钱是国家的,亏损也得政府兜着。陈认为,"中航油是海外中资企业的一面旗帜",陈当然就是旗手喽。政府对旗手也很照顾,在新加坡,陈是著名的打工皇帝,2002年获得税后个人薪酬为490万新元,当年1新元约为4.8元人民币。

中航油有垄断进口权,本可轻松赚钱,但旗手要干大事业,做期货。当时,中国只有7家央企被允许以套期保值为目的做国际期货交易,中航油集团不在其中。此外,中航油集团内部也有严令,损失的最大上限是500万美元。于是,陈久霖选择了一个新加坡市场和中国央企监控的空白点——场外交易期权合约。不幸陈久霖做反了,卖出石油看涨期权。随着石油价格一路上涨,到2004年3月28日,中航油出现580万美元账面亏损。好个陈久霖,"越赌越亏,越亏越赌",最后账面实际损失和潜在损失总计约5.5亿美元。陈久霖被新加坡初级法院判刑4年。

当时,中航油有两条路,破产清盘或注资重组。按理,中航油新加坡公司是有限责任公司,自有资本只有1.45亿美元,亏损5.5亿美元,当以清盘为上策。但麻烦的是,控股中航油的是中国国有资本。赔掉中航油?赔掉中航油集团?而市场是把整个中国国资看成一个板块,以降低对国资的估值作为回敬。如果因为中航油的丑闻,在国资海外上市定价时低那么一丁点,那是什么代价?相比之下,5.5亿美元就是小菜一碟了。

还是要救,在组织的关怀下,国航参股中航油,国内6家银行延缓对中航油的1.2亿美元贷款的追讨,工行牵头向中航油注资。公家的事,大家商量着办。

在新加坡樟宜监狱度过1 035天后,公家人陈久霖出来了。看见天日,他第一个感觉是委屈,要向组织"讨个说法",责任不应一人承担,中航油做石油衍生品交易,是经过集团董事会、证监会和民航局批准的,而定罪的主要起因之一的股票配售也经过批准。

其实,陈久霖觉得冤,全国人民也觉得冤,中航油的债务到2008年才还完,都是大家的钱呀。

对于陈久霖的复出,据报道,国资委人士表示,国资委与此事无关,葛洲坝国际公司属于特大型央企中国葛洲坝集团公司的二级企业,其副总不属于国企高管,国资委不管,陈的任命完全是企业行为,"无论从程序上、规则上,都是合理的"。

国资委官员还推崇陈久霖的才能。但当年中航油出事后,大家都说陈久霖"既不懂期货,也不懂石油"。

不要再纠缠陈久霖的复出了,那话早搁下了:"说你行你就行,不行也行。"2009年初,在陈久霖出狱的前一天,东航因航油期货套保巨亏62亿元,随后国航宣布套保巨亏68亿元,之前还有中信泰富、中国远洋等国企暴露了金融投机衍生品亏损,却也没见谁进去呀。而要想拿掉你,分分钟,甚至包括非公人士。范跑跑在民办学校都呆不住,而张悟本至今也不知道他犯了什么罪,他的悟本堂是谁拆的。

天地皆灰。颜料里有一种"高级灰",陈久霖是高级灰,范跑跑和张悟本只是一般的灰。

资料来源:改编自王安《黑白陈久霖》,
载于《中国青年报》,2010-06-30

【讨论题】
1. 陈久霖在中航油任职期间,其权利和责任是否对称?
2. 国有企业有没有职业经理?他们要不要经受职业经理市场的检验?
3. 国有企业管理改革的大趋势是什么?

本章思考题

1. 简述国有企业的存在逻辑。
2. 国有企业经历了哪几个阶段的改革?改革后国有企业制度环境有何集中体现?
3. 国有企业职业经理的选择有何要求?
4. 国有企业职业经理的选择方式有哪些?
5. 试述我国国有企业监管制度的演变。
6. 建立国有企业职业经理激励机制要遵循哪些原则?

本章情景模拟实训

国有企业职业经理的股权激励

近些年来,中央企业不断深化收入分配制度改革,积极探索资本、管理、技术等要素参与分配的方式和途径,逐步实施股权激励和员工持股等中长期激励方式,鼓励和引导企业负责人,科研、管理和技术骨干等通过参与股权激励计划,将个人利益与企业长期业绩提升紧密结合,有力地促进了中央企业改革发展,取得了积极成效。国有企业实施中长期激励的方式主要有三种:国有控股上市公司股权激励、国有科技型企业股权和分红激励以及国有控股混合所有制企业员工持股。

国有控股上市公司股权激励

国有控股上市公司的主要激励工具为股票期权、股票增值权和限制性股票。主要政策依据包括:《国有控股上市公司(境外)实施股权激励试行办法》(国资发分配〔2006〕8号)、《国有控股上市公司(境内)实施股权激励试行办法》(国资发分配〔2006〕175号)、《关于严格规范国有控股上市公司(境外)实施股权激励有关事项的通知》(国资发分配〔2007〕168号)、《关于规范国有控股上市公司实施股权激励制度有关问题的通知》(国资发分配〔2008〕171号)以及《上市公司股权激励管理办法》(中国证监会令第126号)等。

股票期权——股票期权计划是公司内部制定的面向高级管理人员等不可转让的期权,给予经理人在某一限期内以一个事先约定的固定价格来购买本公司股票的权利,如果经理人在期限之中达到了事先规定的某些条件(业绩目标),则可以按照事先规定的条件行使购买股票的权利。

适合采用股票期权模式的企业包括:企业所处的行业竞争性较强、人力资本依附性较强、处于创业期或者快速成长期,建议使用股票期权计划激励经理人。例如,中国食品采用股票期权作为股权激励工具,股票来源为从资本市场回购或定向发行。

股票增值权——股票增值权和股票期权类似,其区别在于股票期权在行权时需要先购买约定数量的股票再卖出后才获利,而股票增值权在行权时不用买卖股票,而是由公司直接将行权股票实际价格与授予的行权价之间的差价直接支付给激励对象,支付的方式可以是现金、股票或"现金+股票"的组合。

股票增值权的优势在于,此种模式并未涉及所有权和控制权的变更,而是一种保值增值的优选方案,因此比较适合国有企业,但要求企业的现金流比较充裕。例如,交通银行香港上市后,对高管人员的股权激励采用的就是股票增值权激励模式。

限制性股票——限制性股票是指公司为了实现一定目标,将一定数量的股票以较低折扣价格授予激励对象,只有当完成预定目标后,激励对象才可行权并从中获利。

限制性股票计划的特点是更加看重业绩,上市公司授予激励对象限制性股票,在激励计划中规定激励对象获授股票的业绩条件、禁售期限,比较适合商业模式转型的企业或者快速成长期的企业。例如,中国联通股份有限公司推行混合所有制改革,在引入腾讯、百度、京东、阿里巴巴等战略投资者同时,对7 000多名核心员工采用了限制性股票激励计划。

国有科技型企业股权和分红激励

国有科技型企业股权和分红激励可以分为两种:一是股权激励;二是分红激励。激励对象侧重于企业核心科研人员、重要技术人员和经营管理骨干等。主要政策依据包括:《关于在部分中央企业开展分红权激励试点工作的通知》(国资发改革〔2010〕148号)、《国有科技型企业股权和分红激励暂行办法》(财资〔2016〕4号)、《关于做好中央科技型企业股权和分红激励工作的通知》(国资发分配〔2016〕274号)、《中央科技型企业实施分红激励工作指引》(国资厅发考分〔2017〕47号)等。

股权激励——是指国有科技型企业以本企业股权为标的,采取股权出售、股权奖励、股权期权等方式,对企业重要技术人员和经营管理人员实施激励的行为。股权出售,应按不低于资产评估结果的价格,以协议方式将企业股权有偿出售给激励对象。股权奖励的激励额,应当依据经核准或者备案的资产评估结果折合股权,并确定向每个激励对象奖励的股权。企业股权出售或者股权奖励原则上应一次实施到位。股权期权方式实施激励的,应当在激励方案中明确规定激励对象的行权价格,企业应当与激励对象约定股权期权授予和行权的业绩考核目标等条件。

分红激励——是指国有科技型企业以科技成果转化收益为标的,采取项目收益分红方式;或者以企业经营收益为标的,采取岗位分红方式,对企业重要技术人员和经营管理人员实施激励的行为。企业实施分红激励所需支出计入工资总额,但不受当年本单位工资总额限制、不纳入工资总额基数,实施单列管理。

国有控股混合所有制企业员工持股

主要激励工具为以增资扩股、出资新设方式开展的员工持股。激励对象侧重于在关键岗位工作并对公司经营业绩和持续发展有直接或较大影响的科研人员、经营管理人员和业务骨干。按照2016年8月国务院国资委、财政部、证监会联合发布的《关于国有控股混合所有制企业开展员工持股试点的意见》(国资发改革〔2016〕133号)规定的条件,国务院国资委在中央企业三级公司以下选择10家企业开展试点工作。

试点企业基本具备如下条件:一是充分竞争的商业类企业;二是股权结构合理,要由国有股东、非公资本和员工股东构成;三是治理结构和管理基础较好;四是企业要有较强的独立性,利润、营业收入90%以上来自集团外部。在试点对象选择上,体现了科技型企业优先和综合改革导向。中央企业的10家企业中有6家是科技型企业,7家企业是改革试点企业。试点企业选定之后加强指导企业制定方案,具体落实试点的工作。

总之,建立企业中长期激励机制,是调动企业高级管理人员和科技人员积极性、深化企业收入分配制度改革、探索管理、技术等生产要素按照贡献参与分配原则的举措,有利于调动技术和管理人员的积极性和创造性,推动高新技术产业化和科技成果转化。

资料来源:周丽莎《国有企业实施中长期激励方式研究》,载于《经济参考报》,2018-09-03

请问:如果你是某国有科技型企业的职业经理,你愿意接受股票期权的激励方式吗?结合国企混合所有制改革背景,谈谈你对国企职业经理股权激励制度安排的看法。

第十一章

家族企业的职业经理

 学习目标

1. 了解家族企业的概念、治理结构及制度变迁。
2. 理解家族企业职业经理的引入成本和效用。
3. 了解家族企业职业经理的激励与约束模式。
4. 理解家族企业职业经理与企业主的合作与冲突的根源与形式。

===== 引导案例 =====

像母亲样的保姆：一个企业老板的期盼

本人创业十几年，从事零售连锁经营模式，如今连锁店近70家，其实从拥有5家店开始，就开始启用职业经理，第一任职业经理用了五年，中间用了几个都在试用期三个月不到就停止了，第二任即现任今年已经是第四年了，说实在的，职业经理的启用让我们企业从一开始就走向正规化、制度化管理方向，作为老板也相对轻松了很多，公司能迅速发展壮大，与他们的角色定位密不可分。但是仔细想来，这条路其实走得也很艰辛，公司对老板而言，就如同自己的亲生骨肉，而职业经理始终就像保姆一样，只负责孩子的吃喝拉，却从来不懂得心疼孩子和关注孩子的未来。职业经理普遍还是在扮演着消防员的角色，成不了安全员。

第一任职业经理能力很不错，在制度建设、企业文化建设方面颇有一套，思维敏捷，影响力强，但是最大的缺点就是自私、不敬业、无情、管理刻板、缺乏人性化。属于那种一下班老板员工就别想找的类型。因为这种思想的传播，企业文化慢慢变得偏离"我们是一家人"的方向，员工慢慢也变得极端自私、无情。意识到这种情况的严重后果，所以在合同到期便终止了合作。多年过去了，回头想想，对他总是一半感激一半困惑，功过六四分。也许那时我们都年轻，彼此都不懂得如何包容和沟通。

第二任职业经理，人很敬业，执行力很强，交际水平高，积极主动，属于那种非常为公司着想的人，脾气性格好，但是缺点是影响力偏差，有点优柔寡断，略缺高度，在大是大非面前缺乏判断力。对于他这样的人，要加强监督和管理，多指导和培养，多让他去学习和交流，扬长避短。我知道人本质是天生的，改变一个人的本性是很难的。我们用人就应该用人的长处，不该抓着他的缺点不放。当然，同时也要努力让企业逐步建立一套完善的岗位职责、工作流程和行为规范等规章制度。总之，让企业依赖制度而存在，而不是依赖人，做到真正因岗设人，而不是因人设岗。但在现实中，管理职业经理与处理同职业经理的关系始终是矛盾的,走得太近不行,离得太远更不行。全世界的管理都是"心腹式"的管理,中国式的管理更需要人情味、人性化的管理,所以老板和职业经理人,经理人和员工,在管理方面注定是矛盾的。现实中,十全十美的,做到忠孝两全是很难的,所以此刻深刻理解什么叫"伴君如伴虎",老板伴手下,也如同与狼共舞,与牛共寝,总之都是悲哀!难怪古代帝王常常感叹"满城文武竟无可用之才",更难怪古代皇帝常常打下江山就杀功臣。确实,现实中,职业经理如何在不同时期定位好自己的角色,摆好自己的位置就是门艺术了。但是,目前适合中国职业经理成长的土壤明显不成熟,同时老板队伍素质普遍也参差不齐。希望我们国内的 MBA 教育乃至各种类似高端教育,应该把职业人的综合素质教育尤其是品德、职业素质放在首位,为中国的企业培养出更多的商业精英。中国只有有了优秀的职业经理,才会有更多的优秀企业出现。

　　两任职业经理更多的是属于高管,属于辅佐型,算不上真正意义上的专业职业经理。而对于我本人来讲,我发自内心,我想要真正的职业经理,我愿意全部放权,我更愿意全力退出,幕后做投资人,做真正的"东家",期待有一个好的"掌柜"出现。我更愿意拿出一些股份给他们,目的是把彼此的利益长久捆绑在一起,保证职业经理的长久利益和稳定性。

　　如今对职业经理和一些高管就是采取这种方式,第一步是年底分红,第二步期权,第三步是法人股,和许多民企老板不同的是,我非常愿意有钱大家一起赚,带领员工们一起走向富裕。就好比我的孩子,我希望找的阿姨最终是在孩子心中就像自己的母亲一样,将来阿姨老了,孩子孝敬阿姨如同孝敬自己的父母一样,大家真正成为一家人。但是我发现,不管用什么样的激励机制,不管他的利益和效益关系有多么密切,职业经理、高管普遍还是靠天吃饭的思想,他们对业绩的关心始终是被动的,也就是说,企业的痛始终是痛在老板的心里,职业经理永远不会拿企业当自己的孩子来疼,加上中国企业众多的现实案例,让我非常清楚明白,真正意义上的职业经理道路在目前这样的社会环境下根本就不可能实现。找个优秀的职业经理几乎是不可能的,能找到合格的就已经是万幸了。想做王石那样潇洒的老板几乎是不可能的,所以做中国的企业家注定是非常艰辛的,企业家的路注定是一条不归路……我们大家共同努力吧!痛并快乐着,学会享受着困惑和矛盾过程,未来一定会越来越好。

资料来源:改编自匿名《老板如何用好职业经理人:永远没有答案的不断尝试》,
载于找同行网,2011-07-22

　　引导案例显示的是家族企业主对职业经理的要求。家族企业主与职业经理的目标有相同的方面,但又不一致,这决定了家族企业主与职业经理的关系是合作与冲突的纠结。从历史上看,成功的家族企业离不开职业经理的贡献,同时,也培养了许多优秀的职业经理。在不同的历史时期和成长阶段,家族企业的治理结构不同,总是伴随着制度的变迁。家族企业中职业经理的引入既有效用也有成本,引入模式也有多种。家族企业职业经理的激励、约束机制的构建与家族企业文化有关,与国有企业职业经理的激励、约束机制不尽相同,有其自身的特点。本章主要介绍家族企业的治理结构与制度变迁、家族企业职业经理的引入、家族企业职业经理的激励机制和约束机制以及家族企业主与职业经理的合作与冲突等。

第一节 家族企业的治理结构与制度变迁

一、家族企业的概念与类型

(一) 家族企业的概念

在我国,家族企业的概念最早见诸费孝通的言论。费孝通(1948)认为,中国乡土社会采取了差序格局,利用亲属的伦常去组合社群经营各种事业,使这基本的家变成了民族性的。在乡土中国社会中,家并没有严格的团体界限,这社群里的分子可以依需要,沿亲属差序向外扩大。正是中国人这个"家"概念的宽泛性,使得华人家族企业拥有融合社会资本的能力以及成长的独特性。改革开放以后,我国新兴家族企业的历史虽然不长,但企业蓬勃发展的现象也已经引起了人们的高度关注,一些学者也提出了自己对家族企业的定义。就世界范围来看,由于家族企业是一种最基本、最普遍的经营形式,活跃在社会经济的各个角落,有许多经济学、管理学和社会学的学者对家族企业进行概念界定和研究。Donnelly(1964)、Barnes 与 Hershon(1976)、Gersick (1977)、钱德勒(1987)、叶银华(1999)、储小平(2000)、潘必胜(1998)等学者都曾经对家族企业进行了界定与分析。

Donnelly(1964)认为,在同一家族中至少有两代人参与这家公司的经营管理,并且这两代人衔接的结果使公司政策与家族的利益和目标有相互影响的关系,满足以下条件中的一个或者多个,即可归类为家族企业:家族成员在公司的职务涉及其在家族中的影响地位;公司与家族的整体价值融为一体;家族关系影响到继承经营管理权的关系;现任或前任董事长或总经理的妻儿位居董事;即使家族成员不正式参与公司的经营管理,他们的行为却影响到这家公司的信誉;家族成员以超越财务的理由,认为其有责任持有公司的股票;家族成员凭借与公司的关系,决定个人一生的事业。Barnes 与 Hershon(1976)认为,家族企业是企业的所有权由一个人或一个家庭的成员所控制,而且家族成员或其后代所管理的企业。钱德勒(1987)认为,家族企业大部分出现在企业初创阶段,在家族企业里,企业首创者及其合伙人(和家族)一直掌有大部分股权,他们与经理人员建立紧密的私人关系,且拥有高阶层管理的主要决策权,尤其在有关财务政策的制定、资源分配和高阶层人员的选拔管理方面。从钱德勒的观点来看,家族企业可以认为是由创始者创立的,由家族成员掌握和控制全部或者大部分的所有权和经营控制权的企业组织形式。按照他的观点标准,传统的个人企业即两权合一的企业就是家族企业,即使是合伙关系,只要资本股权掌握在少数个人或家族手中,这种企业就可归类为家族企业。Gersick(1997)的观点是,不管企业是以家庭命名还是有好几位亲属掌管着该企业的高层领导机构,都不能由此判定该企业是家族企业,能确定家族企业的是家庭拥有企业所有权,也就是说,所有权是否掌握在创办企业的家庭成员手中才是划分家族企业与非家族企业的唯一标准。潘必胜(1998)认为,当一个家族或数个具有紧密联盟关系的家族拥有全部或部分所有权,并直接或间接掌握企业的经营权时,这个企业就是家族企业。他还根据家庭关系渗入企业的程度及其关系类型,把家族企业分为三种类型:所有权与经营权全部为一个家族所掌握;掌握着不完全的所有权,却能掌握主要经营权;掌握部分所有权而基本不掌握经营权。

台湾学者叶银华(1999)提出使用临界控股比率的指标来判定家族企业。也就是说,具备以下三个条件的企业就可判定为家族企业:一是临界持股比率小于家族的持股比率;二是家族成员或具二等亲以内之亲属担任公司董事长或总经理;三是公司家族成员或具二等亲以内的亲属担任公司董事席位不少于公司全部董事席位一半。储小平(2000)支持叶银华的上述定义,并进一步认为应该从股权和经营控制权的角度把家族企业理解成一个连续分布的情况,从家族全部拥有两权到临界控制权的企业都是家族企业,一旦打破了临界控制权的界限,家族企业就蜕变为公众公司。Miller 等(2005)认为,不管是在公众公司还是在私人企业,一个家族如果控制了大部分的股份和投票权并且有一个以上的家族成员占据关键管理职位,这样的企业就判定为家族企业。

这些学者对家族企业研究的角度主要有:从主体来看,有强调创业者个人的,又有强调家庭团队的;从内涵来看,有强调股权(产权)的,有强调所有权(控制权和剩余索取权)的,又有强调管理权的;从数量范围来看,有强调全部拥有的,有强调大部分的,又有强调临界控制的;从代理关系来看,有强调企业家本人及其家族的,又有强调代际传承的。虽然这些学者在家族企业概念界定时的角度和细节上有所不同,但大部分学者都强调家族成员的所有或控制。因此,家族企业可以定义为,由创业者创立,由家族成员拥有或控制全部或部分企业所有权和经营控制权的企业组织形式。

此定义的内涵主要有两点:一是家族成员对所有权的绝对或相对控制。家族企业早期阶段,家族成员一般会拥有绝对或大部分的所有权。随着家族企业的发展,股权会逐渐稀释,可能拥有相对控股权,但只要仍拥有经营控制权,也可视为家族企业。二是对经营控制权的最终拥有。一般来说,当家族成员拥有绝对或大部分的所有权时,大多会拥有最终决策权,也就是经营控制权的最终拥有。当家族成员拥有相对占优的所有权时,如果没有最终控制权(如对董事长或总经理无权任命),企业即使以家族冠名,仍不能称之为家族企业。

(二)家族企业基本类型

家族企业在不同发展阶段中,家族成员的所有权程度以及在企业内部治理结构中的介入程度和控制程度会不相同。按所有权和经营控制权的拥有程度,家族企业可以分为古典家族企业、混合型家族企业和现代家族企业三种基本类型(见图11.1)。

1. 古典家族企业

在古典家族企业,家族成员拥有绝对或大部分的所有权,同时,家族成员以血缘关系为纽带对企业实行全面控制,企业所有权和经营权合为一体,财产权高度集中于家族成员,家族经济与企业经营完全融合。按照麦迪思的企业生命周期理论,在企业发展的诞生期、婴儿期和学步期阶段,这种形式的家族企业在企业数量中占主导地位,组织形式以独资企业、合伙企业为主。

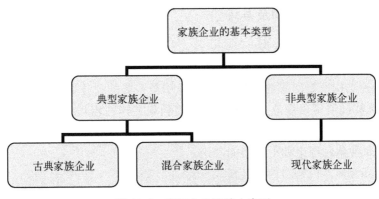

图 11.1　家族企业的基本类型

2. 混合家族企业

混合型家族企业中家族成员仍然拥有绝对或相对数量的所有权,但经营控制权较低。混合型家族企业一般采用股份有限公司形式,其中有部分公司成为上市公司。家族利益通过家族成员对公司实行有效的控股来维护,公司根据法律规定的现代公司制度设置了管理制度,公司的经营权部分转移到职业经理手中,实际运作中家族通过"用手投票"机制参与公司的管理。在目前中国社会中,许多处于学步期、青春期的家族企业以这种形式出现。

3. 现代家族企业

在现代家族企业中,家族成员相对控股,经营控制权较低,但拥有最终控制权。与完全的现代公司制相同的是家族成员的经营控制权较低,甚至很低。不同的是,家族成员拥有相对控股权和对经营控制权的最终拥有,仍有权决定董事长和总经理的人选,仍然是家族企业的一种形式。这种公司的初始发展往往是古典家族企业,在公司成长过程中,企业规模经济的需要导致企业经过多次增资扩股,股权相当分散,由于资本市场的约束和国家法律的完善,公司的治理结构不断规范,在法律程序和实际经营管理中完全符合现代企业制度。这类企业一般存在于市场经济发达、法律体系完善的西方国家,如美国的福特公司,日本的松下公司、丰田公司,德国的奔驰公司等。

> **知识拓展**:在现代家族企业股权与经营权分离的过程中,往往经营权受到削弱的原高层管理人员会获得薪酬补偿,而经营权未受到削弱的原高层管理人员并未获得薪酬补偿;经营权削弱程度越高,原高层管理人员所获薪酬补偿越多。经营权薪酬补偿可能会在提高公司治理水平的同时保留对原高管的有效激励,有利于公司运营效率的提升以及公司绩效的改善;经营权薪酬补偿也可能是控制权争夺中的内耗,造成公司资源的浪费和运营效率的损失,降低公司运营效率,恶化公司绩效。

二、家族企业的治理结构及其评价

（一）家族企业的治理结构

所谓企业治理结构，就是指界定企业中最主要的利益主体的相互关系的有关制度。企业治理结构所要回答的问题，就是企业中最主要的利益主体的相互关系如何界定，采取什么样的制度来规范企业中最主要的利益主体的相互关系，即企业中最主要的利益主体之间的组合方式。研究家族企业治理结构的观点较多，影响较大的是三环模式理论、15种角色理论和平行结构理论。

1. Gersick 等人（1997）的三环模式理论

三环模式指由企业、所有权和家庭构成的三个独立又相互交叉的家族企业系统。这一概念最早是由 Gersick 等在《家族企业的繁衍》一书中提到的，并用三个环把它表示出来。家族企业里的任何个体，都能被放置在由子系统的相互交叉构成的七个区域中的某一环（如图11.2所示）。同企业仅有一种联系的人应该在第1区域（家庭成员）或第2区域（所有者）或第3区域（全部雇员）。是家庭成员但不是雇员的所有者应在第4区域，同时处在所有权和家庭两个环内。在企业工作但不是家庭成员的所有者应在第5区域。家庭成员在企业工作但不是所有者的应在第6区域。既是家庭成员又是雇员的所有者处在中心区域7。三环模式具有严密的理论性和实用性，它明确了家族企业中个人或组织的职责和权利的界限。

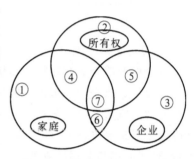

图11.2 家族企业的三环模式

2. Neubauer 等人（1998）的15种角色理论

家族企业作为一种家族与企业交叠、文化与经济渗透的经济形态，其治理和成长问题较公众公司复杂得多。Neubauer 等人（1998）研究表明，家族企业比非家族企业面临更加复杂的公司治理结构。如图11.3所示，非家族企业仅仅面临由所有者、董事会与经营者3个治理结构所组成的7种角色定位，包括企业主、董事会、经营者、企业主—董事会、企业主—经营者、董事会—经营者、企业主—董事会—经营者；而家族企业却还要增加家族因素，从而导致家族企业面临15种复杂的角色定位。

Leach 等人（1999）的研究表明，家族在企业发展中的现在以及未来作用与企业主、董事会（组成、功能与目标）以及管理者（能否与上一代、这一代、下一代所掌握的所有权与管理权分离，能否有能力吸引有才能的非家族成员担任高级经理）三者之间能否整合，能否构建一个优化的企业治理结构是家族企业成长的关键所在。这需要家族企业的家族成员的智慧与努力，需要家族企业的家族成员来证明家族企业生存和发展的价值。正如 Gadbury（2000）认为的那样，家族企业区别于其他企业的特点在于家族应成为企业发展的原动力。

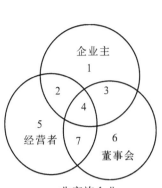
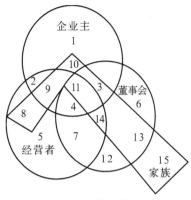

a. 非家族企业

1. 企业主
2. 企业主—经营者
3. 企业主—董事会
4. 企业主—经营者—董事会
5. 经营者
6. 董事会
7. 经营者—董事会

b. 家族企业

1. 企业主 2. 企业主—经营者
3. 企业主—董事会—家族
4. 企业主—经营者—董事会
5. 经营者 6. 董事会 7. 经营者—董事会
8. 经营者—家族 9. 企业主—经营者—家族
10. 企业主—经营者—家族
11. 企业主—经营者—董事会—家族
12. 经营者—董事会 13. 董事会—家族
14. 经营者—董事会—家族 15. 家族

资料来源：苏启林，欧晓明.西方家族企业理论研究现状.外国经济与管理，2002(12)：6-12.

图 11.3　非家族企业与家族企业治理结构比较

在激烈的竞争中，任何企业只要在治理机制的某一方面处于劣势，就会在长期的竞争中输给治理机制完善的对手。对家族企业来说，好的治理结构截然不同。拥有有效治理结构的家族企业更可能做出战略计划或传承计划，总的来说，这些家族企业成长更快、存活更久。

3. Randel S. Carlock 和 John L. Ward(2002)的平行结构理论

Randel S. Carlock 和 John L. Ward(2002)将家族理事会引入家族企业的治理结构中来(如图 11.4)。家族理事会由企业的家族成员组成，讨论家族企业事务，发挥家族在企业中的积极作用。家族理事会的成员都是家族成员，而董事会的成员不一定都是家族成员。董事会关注于企业的生存和发展，并不一定考虑家族的作用。家族理事会和董事会是一种平行结构。平行结构既有其可取的一面，同时也存在一定的缺陷。家族理事会与董事会的平行存在有利于及时地接收并处理信息资源，提高处理信息的效率，进一步有利于公司的有效治理。然而，两者的并存又容易导致多头领导，造成治理的混乱。

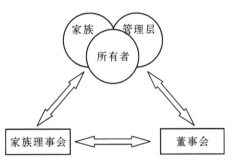

资料来源：苏启林.家族企业.北京：经济科学出版社，2005：15.

图 11.4　家族与企业管理的平行结构

（二）家族企业治理结构理论的评价

Berghe 和 Cachon(2001)认为，上述对家族企业治理结构的分析仅限于企业主、董事会、管理者与家族的讨论，是不全面的，应分为五个层面对家族企业的治理结构进行研究：第一个研究层面，也是最简单的分析方法，仅研究董事会。第二个层面，集中在企业主、董事会与管理者的"公司治理三角"上，外加家族因素，这是许多研究者的分析角度，主要讨论代理问题。第三个层面应用更全面的整体观点审视当代社会经济环境中的网络组织，这个研究层面较第二个层面放大到雇员、供应商和顾客（被视为企业公民）上，当再放大到政府、环境和社会时，便开始进入第四个研究层面，即强调企业对可持续发展所担负的责任。最后一个研究层面是，按照全球化观点，将经济制度、文化、价值和规范纳入公司治理结构中。Berghe 和 Cachon(2001)的看法较为宏观和全面，但将第三层面的政府、环境、社会因素以及第四层面的制度、文化、价值和规范因素纳入治理研究中的操作性较差，因此我国家族企业的治理结构的理论和实践宜在第二层面或加入第三层面的雇员因素，是一种现实性选择。当然，适当考虑我国的政治和文化因素对家族治理结构的理论和实践必定大有裨益。

三、家族企业的制度变迁

广义上看，家族企业的制度变迁，是指家族企业所有的制度变迁，主要包括产权制度变迁、治理制度变迁和管理制度变迁。狭义地看，是所有权和经营控制权制度变迁，是一个企业所有权和企业控制权逐渐在创业家族范围以外重新优化配置的过程。

（一）家族企业制度变迁的类型

一般意义上，制度变迁是制度的替代、转换与交易过程，是一种效益更高的制度（目标模式）对另一种制度（起点模式）的替代过程。制度变迁有两种类型：诱致性制度变迁和强制性制度变迁。诱致性制度变迁指的是"现行制度安排的变更或替代，或者是新制度安排的创造，它由个人或一群（个）人，在响应获利机会时自发地倡导、组织和实行"。强制性制度变迁是由政府命令、法令以及各项政策导入所推动的制度变迁。家族企业的制度变迁也有这两种类型。

1. 诱致性变迁

所谓诱致性变迁，是指一种自上而下因预期外在利润存在而引发的由微观个体发动的制度变迁，具有自发性，这种变迁一开始是局部的，由个体创新，然后开始推广、流行，最终被社会所普遍采用。家族企业的诱致性制度变迁是指家族企业主主动响应环境变化，主动将企业所有权和经营控制权逐渐在家族范围以外重新优化配置的过程。

D.诺斯认为，制度创新的诱致性因素在于创新主体期望获取最大的潜在利润，"正是获利能力无法在现存的安排结构内实现，才导致了一种新的制度安排（或变更旧的制度安排）的形成"。所谓"潜在利润"就是"外部利润"，即在新制度安排中存在的，而在现有制度安排中无法实现的利润。随着家族企业规模的扩大，企业所无法实现的外部利润将愈显提高，企业主进行制度变迁的主动型需求也愈发强烈。当企业主进行这种尝试性制度变革后，获得了潜在利润，会进一步强化这种制度变迁的模式。

2. 强制性变迁

强制性变迁则是国家进行的制度供给,是由政府命令、法令以及各项政策导入所推动的制度变迁。家族企业的强制性制度变迁是指国家强制家族企业主将企业所有权和经营控制权逐渐在家族范围以外重新优化配置的过程。如我国建国初的私营企业的社会主义改造便是这种形式。又如,现在某些地方政府重新将私有化的原地方医院收回,也属于这种形式。

D. 诺斯认为,制度的强制性变迁既是经济增长的源泉,又是同时导致经济衰退的根源。因为通过国家进行制度变迁除了有规模效应,克服"搭便车问题"外,还可弥补制度创新尤其是诱致性制度创新的不足,而且具有强制性和时效性。因此,可以较快地推动经济的增长。但是国家进行的强制性变迁也存在一系列问题,主要表现为统治者的有限理性约束、统治者利益集团的偏好、官僚政治下的独裁以及政治意识形态刚性等,所有这些决定了政府不可能、有时也不愿意提供微观主体所实际需要的一切好的制度。

(二)家族企业制度变迁途径

古典家族企业的形成是企业家族化的过程。古典家族企业形成后,其特点是经营规模和市场份额相对较小,大都从事技术含量低的传统制造业,企业内部的分工水平很低,企业在组织管理和利益分配上都服从于家族的利益,企业的兴衰与创业者个人及家族成员的成长及变化密不可分,会出现家庭分家而分企业的现象,削弱企业发展的能力,尤其在组织上的狭隘性使其难以招到和留住杰出人才,技术技能在企业内的累积也很困难。

由于古典家族企业制度的内在缺陷,随着生产力的发展、技术的进步以及政治和社会环境的变化,古典家族企业存在制度变迁的需求。古典家族企业的制度变迁的总体趋势是家族企业化或者说是去家族化,经历了两个主要阶段。第一阶段是从古典家族企业发展为混合家族企业。家族股份公司是混合家族企业的一种重要形式。第二阶段,是从混合家族企业发展为现代家族企业。现代家族企业离现代企业制度已经不远,家族企业的制度变迁趋势是家族成员的股权进一步稀释,经营控制权的最终放手,实现股权结构多元化、经营管理职业化,即建立现代企业制度,如有限责任公司和股份有限公司等。

大致说来,英、美的家族企业大多是现代家族企业,日本的家族企业有部分的现代家族企业。我国绝大多数家族企业还属于古典家族企业,少数起步早、发展迅速的企业已经是混合家族企业,只有极少数的企业是现代家族企业。

1. 从古典家族企业到混合家族企业

古典家族企业发展到混合家族企业,其产权制度、治理制度和管理制度都发生了变化。

(1) 股权制度演进

古典家族企业是家族企业的初期组织形态,企业主或其创业者身份可能不同,或是家长创业,家族成员参与,或是夫妻、父子、兄弟等家族成员共同创业,或是有朋友参与的泛家族式创业。古典家族企业形成后,其组织形态主要包括家族式业主制企业和家族式合伙制企业两种组织形态。在古典家族企业中,家族式业主制企业和家族式合伙制企业的产权结构存在一定区别:在家族式业主制企业中,家庭是一个产权共同体,而家族式合伙制企业存在多个产权单位,家族是多个产权主体的集合。

古典家族企业向混合家族企业的产权制度变迁的重要方法是股权对外开放。主要通过两种途径:一是公开上市。由于度过了创业期,企业的商业前景已经在相当程度上成为公众信息,外部投资者的风险大大下降。外部投资者在购买若干股份后成为家族公司的股东,拥有公司部分产权。二是内部股权开放。随着企业的发展,一些关键的技术人员和经营管理人才在企业中的作用越来越突出,家族除了高薪奖励以外,常常以股份作为激励的手段,使员工也持有一定数量的股份。

当古典家族企业以股份制为基础吸收外部资本,股权结构相对分散化后,混合家族企业的产权制度将会形成。混合家族企业强调公司的控制权掌握在有血缘关系或姻缘关系的人手中,因而在股权结构上,创业家族拥有绝对或相对数量的股份,掌握公司的控股权。股权在家族成员内部的分配,通常是创业者(家长)持有最大股份,并担任公司董事长,或者兼任总经理,其他家族成员(一般是直系亲属)持有少部分股份。

(2) 治理制度演进

由于混合家族企业的产权结构相对开放,家族地位相对下降,因而在治理结构方面也出现了新的特征,主要表现在两方面:一是初步形成企业管理人员来源多元化格局,企业管理开始走向社会化。与古典家族企业不同,混合家族企业的家族成员虽分布在公司的各个管理岗位,但所占比重相对下降。随着企业经营规模和业务范围的扩大、职能部门的增多、组织管理和管理技术复杂程度的提高,混合家族企业逐渐引进外部管理人才,尤其是职业经理。从事生产性等各种一般性管理工作的基层人员,多从企业内部提拔,是混合家族企业中较为稳定的一个层次。二是混合家族企业的治理模式具有浓厚的家族色彩,企业所有权安排以家族掌握不对称的剩余索取权和控制权为特征,即家族掌握部分索取权,但拥有企业控制权。公司董事会和监事会虽然经股东大会这一选举程序产生,但由于公司股份由家族掌管或家族持有公司较大份额的股份,因而董事会和监事会成员或由家族成员担任或在家族提名下推选产生,因此董事会和监事会所做出的决策将高度体现家族经营的意志。

(3) 管理制度演进

混合家族企业中的家族成员服从企业规章制度,企业进一步制度化,血缘关系由首要的人事关系变为次要的人事关系,但企业的组织、经营、管理大权仍牢牢控制在某一个或若干个家族手中。总经理、副总经理等重要职位由主要家族成员担任,而职业经理以及从内部提拔的基层人员大都被安排在非决策性和专业经验要求较高的岗位上。

2. 从混合家族企业到现代家族企业

混合家族企业的政策和家族的利益与目标有相互影响的关系。产权结构多元化,不仅引入了外部资金,还聘用了职业经理,突破了家族财务资本和人力资源的范围,同时又强调企业控制权和家族血缘、亲缘关系的结合。与古典家族企业相比,作为混合家族企业一种形式的家族股份公司,其家族成员的影响已开始减弱,但随着政治、经济、技术和社会环境的变化,混合家族企业有进一步制度变迁的需求。

(1) 股权制度演进

从股权结构上看,混合家族企业仍然持有绝对或相对多数的公司股份,而现代家族公司中,家族成员虽拥有相对多数股权,但由于股权进一步稀释,其绝对数量较少,已不处于明显占优地位。从股权组织形式来看,混合家族企业主要是股份公司,而现代家族企业主要是股份有限责任公司或股份有限公司。

家族股份公司向现代家族企业的转化过程是从企业发展急需的资本合作开始的。企业招股采用"有限责任"的方式进行,向股份有限责任公司转化。有限责任公司通过法律规定,确立了公司独立的法人地位,即成为法人企业。公司成为法人,意味着公司的财产能够从自然人财产中分离出来并取得独立地位,它是一种更优越的企业制度。但是由于有限责任公司采用内部招股的方式进行资本联合,股东的数量较少,且股权不能自由转让(至多只能在内部进行转让),因此所有者很难及时转移风险,这就限制了资本合作在社会范围内的扩展。同时,由于有限的资本联合使公司的所有权和经营管理权仍然可能结合在一起,这无疑使管理合作的扩展受到很大的限制。

当企业的进一步扩张与有限责任公司中的制度发生矛盾时,企业的发展便会突破有限责任公司的限制,向新的股份制企业——股份有限公司转变。股份有限公司同样是实行有限责任和具有法人地位的制度,不同的是采取了向全社会的公开招股,即通过在证券市场发行股票筹集企业股本资金的方式。这种筹集方式可使资本联合或合作真正扩展到全社会。当企业规模的扩大和企业经营复杂化到少数大股东的专门知识和管理能力不能胜任的时候,那就势必要求具有专业管理能力与经验的专门经营者取代少数股东的支配。这说明,资本的社会化和经营管理的专门化,必将导致股份公司内部最高管理层发生经营权与所有权分离。两权分离意味着在企业中形成了超越亲属和财产原则的管理合作,企业可以从全社会范围聘请优秀管理人员。家族企业要转化为股份制企业,除了要有足够强度的市场约束和资本需求以外,还必须要有某种放弃家族控制的伦理观念的建构。

(2) 治理结构演进

首先,企业不仅建立了现代企业制度,而且管理规范,严格按照现代企业制度的要求运作。其次,现代家族企业具有合理的企业治理结构。现代家族企业建立了相应的监督机制、激励机制和约束机制,一方面,改变了家长制管理,企业决策由个人决策转向组织决策,使决策更具有合理性;另一方面,加强了对企业主和经理人的制衡和监督,杜绝了企业经营管理中的随意性。另外,还有效地激励了经营层,打破了家族企业信息完全保密的格局。最后,现代家族企业引入了外部管理人员。与传统家族企业不同,现代家族企业的管理不仅限于家族内部成员及其亲属,而是从社会上招揽人才,以弥补家族内部成员和亲属在管理上的局限性。家族在掌握所有权和控制权的情况下,做到所有权和经营权的分离。

(3) 管理制度演进

现代家族企业的管理制度已经成为公司日常管理的内部法。由于引入了大量的职业经理,新的管理方法和管理技术不断得到采用,企业的管理制度也不断及时创新。企业的组织、经营与管理开始脱离家族控制。虽然家族成员仍从事经营管理工作,但企业核心管理位置的家族成员数量已经大为减少,甚至公司总经理也不再由家族成员而是由职业经理担任。

第二节 家族企业职业经理的引入

从宏观层面来讲,家族企业是否引入和怎样引入职业经理,涉及劳动力市场与物质资本市场的相互作用以及物质资本与人力资本的配置方式,并影响全社会的经济效率和工资水平,进而影响个体的职业选择和家族企业的组织演进。就微观层面来看,家族企业的职业经理引入问题,就是企业在选择职业经理作代理人与企业所有者之间利益的权衡问题。

家族企业的发展需要引入优秀的职业经理。德鲁克在《大变革时代的管理》中指出,家族企业要能生存和保持有效运作,在高层管理人员中,无论有多少家族成员,也无论他们多么出色,至少要有一位非家族成员。家族企业的职业经理的引入既需要发达的经理劳务市场、信息中介机构和信用评级机构的支持,也需要公司治理结构中相对完善的双边约束机制,以及第三方(非人格化)法律援助机制。

一、家族企业引入职业经理的效用分析

家族式组织和企业网络是经济组织的一种特征,这种特征本身是效率中性的,即家族式组织不一定是低效率的,在特定情况下甚至比市场或科层更有效率和竞争力。家族企业注重家族血亲和同乡关系,而不注重企业所有权和经营权的分离,并没有成为经济发展的障碍。家族成员的参与常常是创业最需要的低成本组织资源;家族成员更易建立共同利益和目标,从而更易进行合作;家族企业的性质更能保证企业领导的权威,有更强的凝聚力。但是,作为一种企业制度的家族制,更适合市场经济的初创阶段。家族企业突破家族式管理,通过引入职业经理,带来了新的思想和新的管理风格,并带来一定的分工效用和规模效用,这些对于企业的规范化管理和长远发展是大有裨益的。

(一)分工效用

委托代理理论认为,社会分工产生不同分工效果会带来比较收益。在经济活动中,两个及两个以上当事人,如果他们的知识结构、专业技能、实践经验和个人偏好等人力资产不同,各自通过分工努力提高人力资产的专用性,并有效地发挥其作用,他们都会获得由超额效用带来的比较收益,家族企业也不例外。随着企业规模的不断扩大,家族企业的复杂程度以及管理瓶颈,要求家族企业聘请具有专业技能的管理人才管理,解决家族企业的困境并降低管理成本。舍温·罗森在其文章《契约与经理市场》中用一个简单的数学模型证明了,在一个组织中,如果个人能力和控制的效率之间可以相互补充,将控制权分配给越多有能力的人,它就越有效率。

(二)规模效用

规模效用即由专业化发展形成规模效果所带来的规模收益。家族企业普遍依靠单个家族进行资本积累,引入职业经理可以加速资本积累和集中创造条件。按照法玛和詹森的观点:"当存在剩余索取者(股东)分散的场合,每个人都插手控制决策,那么

成本会非常大,在这种情况下,将控制决策权委托给他人,是有效率的。即使剩余索取者本人精通内部决策,为避免因多人参与决策而造成的无效率,也仍应将决策权授予他人,这种分离可以造成权力制衡,以限制代理人损害剩余索取者利益的权利……这时的利益将大于导致的代理成本。"这段话包含了如下意思:即使委托人能力不比代理人差,这种委托代理关系也会带来以下两个效益:规模扩大和风险分散效益。因为只有这样,更多的人为了企业的剩余索取权而投资企业,可以使企业规模扩大并且分散了公司经营风险。在这种情况下,职业经理的进入会使企业化解股东的矛盾而产生效用。即便是家族企业,股份通常也不是完全掌握在一个人手中,而是分别掌握在亲戚、朋友之中,同样存在化解股东矛盾而产生的效用。

二、家族企业职业经理引入的成本分析

委托人授予代理人决策权,要求代理人提供有利于委托人利益的服务,并且假定双方都追求效用最大化。但是,代理人并不总是根据委托人的利益采取行动,引入职业经理产生的成本分析是由于道德风险和逆向选择的存在,要取得代理效果必然要付出一定代价,这一代价称之为代理成本,如激励成本、监督成本、剩余损失成本等。

(一)激励成本

由于委托代理双方,即家族企业主和职业经理之间存在目标利益的差异,而这种差异性可能导致利益冲突,因此代理人在委托人监督不完善的条件下,有可能发生道德风险和逆向选择。相对于职业经理来说,家族企业主处于信息劣势。为了在这种信息不对称情况下使代理人努力工作,就必须有一套激励约束机制,其核心必须是在委托人与代理人之间形成一种利益共享、风险共担制度,让代理人拥有一部分剩余索取权,使代理人在追求自身利益的过程中,实现委托人利益最大化。由于双方目标的复杂性,单一的激励方式很难使委托代理之间达成目标一致,这就产生了激励组合问题。相对于其他人员,职业经理的激励成本是相当高的。首先,职业经理的机会成本高。职业经理一般都受过良好的教育,有敏锐的头脑等优势,属于社会上相对稀缺的资源,所以个人机会较多,为了吸引他们加入企业,所付报酬自然较高;其次,职业经理拥有信息优势,有可能发生道德风险和逆向选择,需要使用高报酬来使其与企业主保持目标一致。

(二)监督成本

激励是不能完全使代理人的行动按照委托人的要求行动,所以对职业经理的监督是必需的。当职业经理以自己利益最大化为目标时,往往会减少企业所有者的利润,这就存在委托代理问题。按照委托代理理论,因为经理人在公司中有较大的权力,而企业主与经理人存在严重的信息不对称,这就必然带来委托人对代理人的监督成本,这种监督成本有时是较高的,但与国有企业产权的两重代理相比,家族企业的委托代理关系相对比较简单,监督相对容易和有效,监督成本相对不高。

(三)剩余损失成本

代理人效用最大化决策与委托人效用最大化决策存在差异,由此造成委托人利益损失被称为"剩余损失",这也是一种成本,即剩余损失成本。虽然委托人设置了激励机制以及对职业经理的监督,使代理人尽量按照委托人的目标努力工作,通过激励措

施的设置来修正代理人的目标函数,但两个目标的差异仍然是存在的,不可能完全消除。所以,家族企业中的剩余损失成本总是存在的,但与国有企业相比,职业经理在家族企业中的目标要相对明确,而且家族企业的特性使其对经理人目标的修改要相对容易,这些都大大降低了剩余损失成本。

三、家族企业职业经理引入的权衡

随着家族企业经营难度的扩大,企业组织的扩大和复杂化,家族治理的局限愈发暴露,造成企业发展困难,当家族治理为企业所造成的利益损失大到一个可被明显观察到的程度时,企业可能会采取聘任职业经理的办法来解决;随着家族治理的内部协调成本越来越高,企业初期所特有的家族治理低成本优势逐渐消失,当治理成本高到一定程度,即家族治理的成本高于聘请职业经理所发生的代理成本时,就可能发生控制权向职业经理的转移。

随着家族企业规模的不断扩大,生产经营活动日益复杂,这时管理水平的高低直接影响着企业的发展壮大。创业者受时间、精力、经验以及知识有限性的约束,对企业的继续发展会越来越力不从心。这就要求企业补充代理能力,将创业者从日常经营活动中解放出来,而专注于企业的重大经营决策。这时,家族企业面临两种选择:或是雇用职业经理,或是任命家庭成员担任经理。如果任命家庭成员为经理,家庭成员之间的相互了解、彼此信任可以降低代理成本,家庭形成的内部规范也可以继续发挥作用。然而,由于家庭成员这样或那样的问题,家庭成员经理的期望能力低于职业经理。同时,随着企业生产经营活动的日益复杂化,家庭内部规范与企业正式规章制度发生摩擦甚至冲突的频率和强度将提高,从而使家庭内部规范在企业中的运行成本增加。一旦雇用家庭成员担任经理的收益不足以弥补其成本,家庭企业将考虑雇用职业经理。雇用职业经理的最大好处是选择范围大,经理的期望经营能力较高。其成本则包括:控制权与所有权分离所带来的较高的代理成本;规范职业经理行为的正式规章制度可能与引入企业的家庭内部规范之间存在矛盾甚至冲突。两种机制并存,摩擦成本是难免的,或者造成规章制度的削弱,或者是家庭内部规范失效,最严重的是两种机制都被削弱,不能顺利地发挥作用。

如果聘用职业经理所带来的成本的增加超过了其带来的好处,家庭企业将拒绝雇用职业经理。家族企业的最终选择将取决于这两种选择的净收益。不排除这样一种可能性:由于某些原因(如信任的缺乏),雇用职业经理的成本很高,大大超过其收益,家庭企业只能将经理的选择范围局限于家族成员。一旦在家族中找不到胜任者,家族企业可能被迫选择限制自身的规模以与有限的代理能力相一致。

四、家族企业职业经理引入的模式

(一) 直接引入模式

直接引入模式是指家族企业从职业经理市场中直接选择所需的职业经理,进而为本家族企业服务的模式,采用直接引入模式的代表性国家是美国(如图11.5)。美国家族企业采用直接从职业经理市场引入职业经理的背景条件是美国拥有发达的职业经理市场。其职业经理市场的职业经理具有较高的素质,能被客观评估,能充分流动。

图 11.5　美国家族企业职业经理引入模式

目前,美国有 75% 以上的企业属于家族企业。家族企业创造了美国 78% 的就业机会,雇用了劳动力市场上 60% 的就业者,创造了全美 GDP 总值的一半。经历了企业组织改革、所有权与经营权分离和经理人革命等体制改造,家族企业往往已在经营和管理方面比非家族的竞争对手更胜一筹。

美国是世界上最先实现企业所有权和经营权分离,从而建立起现代公司制企业制度的国家。美国家族企业引入职业经理来完成经营权的传承是很普遍的。如 1973 年,杜邦公司决定任命与杜邦家族毫无亲缘关系,同时也毫无化学专业知识和化工生产管理经验的欧文·夏皮罗为公司董事长兼首席执行官。杜邦公司董事会采取这一非同寻常的行动,一方面是由于杜邦家族在企业管理方面后继无人,另一方面则是由于 20 世纪 70 年代初美国联邦政府在公众的要求下开始对化学工业所造成的环境污染及化工企业的生产安全进行管制,董事会预见到政府的干预包括反托拉斯行动会加强。

(二) 引入培养模式

引入培养模式是指家族企业从通过家族内部的长子继承、家内培养、亲族甄选以及家族外部的外部引进、拟血缘引进等方式选取所需的职业经理,进而为本家族企业服务的模式。采用此模式的代表性国家是日本(如图 11.6)。

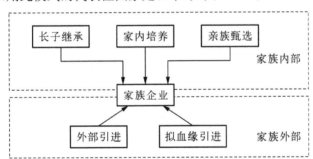

图 11.6　日本家族企业职业经理引入模式

在日本人的观念中,"家"的含义不仅仅是指居住的房子,还是指由所有生活在一起的成员,不仅包括现存的成员,也包括过去住在这个家的死者,以及尚未出生的成员,还包括长期居住于家中的非血缘关系的成员所共同组成的超血缘集团。日本人把家看成是以保持和继承家产家业为目的、以家名的连续性为象征、由父—子—孙这样的男子直系亲属继承的独自的社会单位,他们更倾向于把家看成是一个生命共同体,注重这个共同体的延续,因此对血缘相对而言看得不那么重。

日本家族企业的"大家族观念"使日本企业在家族继承人的选择上能够拥有更大的空间。如松下电器公司的创始人,被称为"经营之神"的松下幸之助在 1961 年将公司交给了他的婿养子松下正治(原姓本田),丰田家族第一代业主丰田左吉将丰田公司交给了他的婿养子丰田利三郎(原姓儿玉),丰田利三郎成为丰田公司的第一任社长。

第三节　家族企业职业经理的激励与约束

一、美国家族企业职业经理的激励与约束

美国职业经理阶层从1841年产生至今已有上百年的历史,培养了一大批高素质的职业经理,职业经理已经成为了一个成熟和完善的阶层,发挥越来越重要的作用。在长期的市场经济发展过程中,美国的职业经理市场制度建设日益完善,法律体系日益完备,为家族企业增加了丰富的信用资源,简化了交易程序,节约了大量的交易成本,提高了管理效率。因此,在家族成员机会成本较高的情况下,当公司发展稳定成熟之后,家族成员往往通过控股掌握公司控制权,而将日常经营管理交给职业经理去完成。正是这种长期不断的职业经理引入,使得企业形成了比较完备的职业经理激励方式和约束方式。

（一）激励方式

美国企业治理结构中最显著的特点是股权结构具有高度的分散性和流动性,而很多家族股东更关注公司股价的变动而非公司业绩和治理。治理公司的重担就落在职业经理身上。

美国家族企业对职业经理的激励方式主要包括基本工资、奖金、股票期权、股票四种方式。基本工资为职业经理提供基本的保障,其激励功能十分有限。奖金是一种基于公司业绩或者个人业绩决定的重要收入,这有利于职业经理在增加自己收入的同时提高股东的财富,但会使职业经理偏好短期行为,同时会诱使职业经理操纵股价或者其他考核指标。股票期权对职业经理有很强的吸引力,也有很强的激励作用。而股票激励指赠送或者以远远低于市值的价格将公司一定量的股票卖给职业经理。这种方法既可以减少公司现金的支出,又可以将职业经理的收入和公司股东的利益更紧密地绑在一起。

除了上述几种主要的激励方式以外,美国企业还采用诸如虚拟股票、股票溢价权、后配股、股份奖励、业绩股份、业绩单位以及补贴、招待费、福利计划、社会保险计划和退休金计划等多项激励措施作为补充和配合。

（二）约束方式

美国家族企业职业经理的约束主要有四种方式:一是被接管产生的约束。如果职业经理经营不善,导致股价下跌,公司就有可能被收购,新的股东大会会选择优秀的管理者来改善公司业绩,恢复企业的真实价值。二是来自经理市场的约束。活跃的经理市场的存在,使企业可以在很广的范围内选择更合适的职业经理。三是退休后"再就业"产生的约束。经济学家 Linck 和 Coles 发现,职业经理退休后继续留在公司董事会或被聘为其他公司外部董事的可能性与退休前公司的业绩表现呈显著的正相关。因此,为了能在退休之后仍保有"饭碗",职业经理必然会在任职期间保持良好的声誉和业绩,并且有效地防止了职业经理临近退休产生的各种"期满"问题(horizon problems)。四是被解雇产生的约束。职业经理一旦被解雇,向外界传递的信息就是其工作不称职,其人力资本就会随之极大贬值,以后他要再应聘经理的职位就非常困难了。

二、日本家族企业职业经理的激励与约束

据统计,自 20 世纪 90 年代以来,日本排名于世界 500 强的上榜企业数一直仅次于美国。丰田、索尼、松下、东芝、本田等著名的世界级大企业,都是在家族企业的基础上发展起来的,而今已是世界同行业的领头企业,更是日本企业和经济的形象与骄傲。

日本作为一个具有浓厚东方传统文化色彩的发达的资本主义国家,是以"家"理论作为家族企业发展的核心,严格地说,中国儒家学说是日本"家"理论的根源。然而,日本家族企业与华人家族企业的一个显著区别是日本家族企业并不特别注重成员的血缘关系。血缘会对日本家族企业成员的地位产生影响,但不起决定性作用。在日本,家族的延续看重的不是血缘、血脉的延续,而是家族名义的延续。与中国人对家族的延续注重生物学意义上的传宗接代相比,日本人更注重的是作为经济生活共同体的家的长久延续。正是因为这样的家族观念的存在,在日本的家族企业中,外人与家族成员受到的待遇大体上是平等的。企业中不仅能够大量地使用外人,而且企业的控制权也愿意放心地交给家族血缘关系之外的人。日本家族企业的这些特点决定着日本家族企业对职业经理的激励和约束方式与别国企业有所不同。

(一)激励方式

1. 内部晋升

日本企业人事制度的最主要的特征是"终身雇佣制"和"年功序列制"。因此,日本企业的经理人通常是在企业内部产生的,人员晋升是按照阶梯一步一步逐级提升的。

当一个人受雇于一家企业时,除非犯了严重错误,一般来说不会被企业解雇,即使公司发生严重的经济困难。如果员工由于能力所限,无力完成某项工作,公司也不会轻易解聘他,而是在公司内部另找一个合适的岗位安置他。终身雇佣制度维持了雇员稳定的工作和稳步的升迁,保障了雇员长期的福利,有利于培养员工的集体主义。作为对企业的回报,员工将企业看作是自己的家尽职尽责。

年功序列制即按年龄、学历和企业工龄而不是按能力来制定薪金和晋级的制度。日本的很多企业没有同工同酬的原则,薪金随着年龄的增长而稳步地增长,甚至和一些与工作完全无关的因素挂钩,比如是否要供养一个大家庭。这种制度安排是日本家族企业能够抛开血缘关系选择继任者和继任者对企业保持长久忠诚的重要保证。

2. 年薪

年薪由基本工资、奖金、退休金和特殊福利组成。基本工资是主要组成部分。对销售收入为 2.5 亿美元的公司调查显示,日本职业经理年薪中基本工资、奖金和特殊福利的比重分别为 57.8%、21.1% 和 11.1%。日本企业的经营者虽持有本企业的一定股票,但不准出售,其股票的收益和损失都非常小。

3. 职务消费

日本职业经理一般享受职务消费,这是日本职业经理的一种激励方式。年轻有才华的职业经理往往得到重用,在公司中有较高的职务,由于其资历不高,其年薪可能低于那些资历高的同事。作为一种补偿方式,他可以尽情享受丰富的职务消费。

（二）约束方式

1. 股权约束

在日本的企业中,法人的持股比例较高,而且法人之间相互交叉持股,金融机构持股比例一般要占总股份的46%左右。这样的股权结构决定了日本企业股票的流动性很低,股东更看重的是公司经营的好坏,持股的主要动机在于加强企业间的业务联系,通过稳定经营增加企业利润。公司相互持股甚至循环持股的结果是形成了一个经营者集团,即由相互信任、支持和配合的职业经理控制企业,使这些职业经理在公司中居于主导地位,这反过来制约着职业经理的行为,成为职业经理的一种约束方式。

2. 文化约束

日本企业对职业经理的管理中都带有文化约束的特征。文化约束是一种软约束方式。日本文化的核心体现为一个"忠"字,它是维系日本整个社会各个层次组织团结的基本精神力量。为了在竞争中取得优势,日本企业注重培养员工们的忠诚。一方面有严明的纪律和严格的要求,另一方面又有一种无形的约束和含蓄的控制,企业更侧重于通过树立信仰,灌输价值观念,潜移默化地影响员工的行为,使其自觉地与企业目标和要求保持一致。企业内稳定的人际关系,情感上的互动,是管理的主要手段。褒忠诚、贬背叛,成为日本社会的世俗心理,也造就了日本企业经理和员工们视企业为家,与企业同舟共济、荣辱与共的忠诚心态。企业经理和员工的高忠诚度带来了劳动力的低流动性,大大降低了企业的治理成本,对日本家族企业的成长有着积极的意义。

三、美国与日本家族企业职业经理的激励与约束模式比较

从激励方式上来看,美国模式主要采用高工资、高奖金和股票期权等物质激励,这种激励模式的短期效果较为明显;日本模式则采取荣誉、地位等精神激励为主,这种以终身雇佣制和年功序列制为基础的激励在长期来看比较有效。

从约束方式上来看,美国模式的约束有内部约束和外部约束两种方式,内部约束主要通过股东大会、董事会和监事会来实现,外部约束包括证券市场约束、职业经理市场约束、公司兼并的约束、金融机构的持股与监督、完善的法规和中介机构的监督等;日本模式对职业经理的约束主要通过对大股东的有效监督、交叉持股与集体决策、职业经理的终身聘用、职工参与制约束等方式来实现。

美国企业的激励措施虽然有效,但对经理人行为约束效率低。相比之下,日本企业是以投资者直接约束为主导,日本的主银行体制和法人持股制度使企业的主要交易银行和关系企业密切关注经理人的经营行为,对经理人形成了有效的监督约束。同时,日本企业重视的是对那些达不到经营业绩要求的经理人进行"惩罚",如果经营业绩指标合理,这种"惩罚"约束就转化为业绩激励。在日本,由于各个法人股东相互持股,持股法人不太关注股票的分红,而是着眼于长期利益及彼此间的长期交易关系和分工协作关系,以此保证自己的投资安全和长期发展。

四、我国家族企业职业经理激励与约束的现状与建构

我国家族企业已发展到一定规模,客观上要求所有权与经营权相分离,要求经营

权由职业经理来掌握。但目前大多数家族企业用人"唯亲不唯贤",企业两权没有实质性的分离,职业经理行为不能充分展现。要推动我国经理职业化进程,在制度建设方面需要有完善的职业经理内部激励与约束机制。

(一)我国家族企业职业经理激励与约束现状

1. 激励方面

20世纪90年代,我国一些具有开放精神的家族企业主开始引入职业经理,但由于薪酬水平较低,职业经理倾向于三资企业。21世纪以来,家族企业发展迅速,家族企业引入职业经理的薪酬大幅提高,甚至出现天价薪酬现象,家族企业对职业经理的物质激励方法、手段都有了明显改进,取得了一定的成效。然而,由于家族企业在激励机制上的特点及企业主自身素质的限制,使得物质激励没有得到充分发挥。很多家族企业中,业绩优秀的职业经理不一定获得高收入,业绩较差企业的职业经理却有不少获得极不相称的高收入。当然,与职业经理对家族企业所有者的贡献相联系的制度化薪酬机制的形成,不是薪酬机制本身所能解决的,与企业的治理结构等更深层次的问题有密切的联系。

在精神激励方面,职业经理作为雇佣人群特殊的一个群体,需要充分的精神激励,需要尊重、信任和支持,以便激发职业经理在工作过程中的成就感、责任感和创新精神。但目前的情况是激励不足。一些家族企业主普遍持有一种观念,认为职业经理既然是高薪聘请来的,定会给企业带来更高的收益。家族企业主在对职业经理实施激励的时候,很少考虑到其作为职业经理的特殊性精神激励需求,随意性较强且缺乏系统性,从而精神激励的有效性未能充分发挥。另外,一些家族企业主忽视了企业文化的激励功能,忽视了现代化企业文化的建设,这使得职业经理在群体意识、行为规范、环境形象等方面表现较差。

2. 约束方面

早在明清职业经理萌芽时期,我国家族企业主就开始探索对职业经理约束的方式和方法了。改革开放以来,通过多方长期努力,目前家族企业主对职业经理的约束意识有了提高,思想意识上已经完成从依赖人员约束到依赖制度和法律约束的转变;家族企业制度进一步规范化,制度约束作用已初步体现;职业经理市场监督体系建设取得长足进展,职业经理的法律约束体系已经在尝试构建,如新《劳动法》中就明确规定了劳动者的培训费用、保守商业秘密义务和限制竞业等方面的内容。然而,目前我国家族企业职业经理的约束还存在一些问题。

首先,我国市场体系不完善,特别是职业经理市场严重滞后。现阶段,家族企业主难以通过市场途径寻找、比较、更替代理人,往往依靠朋友、家人引荐等渠道去发现代理人,缺乏选择和比较的程序性和公正性。

其次,有关保护私有财产及职业经理的立法十分滞后,大大增加了委托人的代理风险。代理人败德行为的根本原因,在于个人利益最大化与法律约束软化之间的矛盾。目前,我国法律没有明确保护私人财产,职业经理对家族企业的资产侵害至今还没有列入刑法制裁的范围,委托人通过法律途径惩罚败德代理人的代价非常高昂。

另外,职业经理整体素质水平不高、企业制度存在缺陷、缺乏良好的社会信用环境等都是监督方面的难题。企业主职业道德的缺陷鼓励了职业经理的败德行为。企业内部对经理人的监督约束机制的缺陷,使得职业经理失信行为的收益远远高于失信行为的成本,从而变相鼓励不讲信用的职业经理的失信行为。由于缺乏良好的社会信用环境,企业主对未来的预期普遍不明朗,在把企业的经营控制权交与职业经理时,不得不慎之又慎,有时加大了对职业经理的猜忌,使得职业经理的约束复杂化。

(二)我国家族企业职业经理激励与约束模式的构建

美国的市场经济发展最为成熟,有完善而又发达的市场体系,主要通过股票期权的长期激励手段和完善的法律与市场约束机制来激励和约束职业经理;日本二战后虽然建立了一个完整的市场体系,但资本市场和经理市场都不太活跃,经理人缺乏流动性,这与日本的"终身雇佣制"和"年功序列制"的制度及历史文化因素有关。那么我国该如何构建时代需求的职业经理激励与约束模式呢?我国家族企业因为历史和文化的原因,有其自身的特点,不可能照抄和照搬别国的激励模式,要根据我国家族企业的传统与现状并结合发达国家的先进经验,构建适合我国家族企业的激励模式。

1. 激励模式构建

(1) 充分发挥传统道德文化的进步影响

我国传统文化中,儒、释、道三种教派的思想影响较为深远。儒家文化的积极入世、道家文化的灵活多变、释家文化的禅悟静修等进步思想,对每一个中国人的价值观都有巨大的影响。对职业经理而言,不仅仅是价值观,而是管理理念、管理方式、方法都受到影响。因此,我国家族企业职业经理的激励模式需要考虑传统道德文化因素,这种关注体现在三个方面:一是要关注激励对象,即职业经理的道德、价值观、管理理念等道德文化素质中的传统道德文化内涵。二是在激励方式选择时,特别是在精神激励方式的选择时要关注传统道德文化的影响。如重要聚餐时邀请职业经理配偶参加,给职业经理一种特殊身份和待遇,使职业经理家庭成员知觉到家族企业对职业经理的尊重和信任等。三是激励实施时要关注道德文化因素,如家族企业主在激励职业经理时要讲究仁义。

(2) 重视物质激励

即使在美国等发达国家,家族企业主对职业经理的激励方式也主要是重视年薪的物质激励方式。就人均 GDP 来讲,我国总体上仍是发展中国家,且地区发展不平衡,一些地区的职业经理面临很多的经济压力,有来自个人生存发展方面的压力,也有来自家庭亲友方面的压力。因而我国职业经理的激励方式中要特别重视物质激励。

要建立基于经济增加值的家族企业职业经理薪酬激励机制。经济增加值是公司业绩度量指标,是提取包括股权和债务的所有资金成本后的税后净经营利润。它考虑了带来企业利润的所有资本的成本,这是其与大多数度量指标最大的区别。基于经济增加值而建立的职业经理薪酬激励机制,可以影响一个公司从董事会到公司基层上上下下的所有决策,可以改变企业的文化。通过建立以经济增加值为基础的激励机制,可以有效地改善组织内部的工作环境,并帮助职业经理为企业主、客户和自身带来更多的财富。

要制定合理的年薪组合,需要把主要的因素综合考虑。年薪制薪酬组合可以包含基本年薪、收益年薪、股权收益、职位消费和保障收益。年薪组合要有弹性和空间，可以根据家族企业职业经理的需求特点、企业的具体实际情况、激励主体的不同需要来进行选择组合。

（3）加强家族企业制度建设

我国家族企业数量多，发展阶段不一，相当部分还是古典和混合型家族企业，现代家族企业数量不多。虽说在一定时期内我国家族企业还是多种形式并存的局面。但建立现代企业制度，完善公司治理结构是家族企业发展的趋势，因而要加强家族企业的制度建设，要从制度上保证职业经理激励机制的有效实施。丹尼尔·布姆利说："任何一个制度的基本任务就是对个人行为形成一个激励，通过这些激励，每个人都将受到鼓舞而去从事那些对他有益处的经济活动，但更重要的是这些活动对整个组织有利。"可见，建立合理规范的规章制度和完善公司的法人治理结构是解决委托代理问题和构建职业经理激励模式的重要途径。

（4）重视职业经理培训与开发

重视职业经理的培训与开发，积极帮助其自我成长。家族企业要加强学习型组织建设。组织和开展有效的培训、积极帮助职业经理提升自己，使职业经理在工作过程中不断地自我增值。职业经理素质和能力的提高使得职业经理能更好地从事经理工作，获得工作成就感，而成就感是最重要的激励动力。实际上，职业经理的教育和培训是最有效的长线投资，是家族企业以小投入来获取高收益的最有效方式，同时也使职业经理在企业中深切体会到了自我发展与被重视感受，从而对企业更加忠实。

2. 约束模式的构建

为了使职业经理人力资本价值成功实现价值增值，必须规范职业经理行为。对企业主和其他利益相关者而言，职业经理人力资本的作用是双向的，有正面影响，也有负面影响，因而必须对职业经理的人力资本作用进行约束。即使职业经理的道德素质很高，可以加大信任力度，但只有在约束保障下的信任才是健康的信任。对职业经理的约束方式可以分为内部约束与外部约束。

所谓内部约束，就是企业内部当事人双方之间的约束，即家族企业主与家族企业内部利益相关者同职业经理之间的相互约束。这种内部约束模式的构建应该是多种约束方式的组合，如采用公司的章程约束与聘用合同约束相结合等；企业增加退出成本约束与法律限制竞业约束相结合。

外部约束是企业外部因素对职业经理的约束，主要有法律约束和市场约束。法律约束方面，目前我国立法机构与行政部门要加强职业经理法律法规的建设，加大私有产权保护，对职业经理的地位及其责权利做出明确的法律规范。执法部门要加大《公司法》《证券法》《会计法》《反不正当竞争法》《质量法》《消费者权益保护法》等相关法律的执行力度，保护企业主权益，做到有法可依，违法必究，充分发挥法律的威慑效果。

市场约束方面，要建立职业经理人才的岗位职业证书制度，职业经理持证上岗；设计职业经理人才的测评制度，评定相应的等级；职业经理市场上应当形成完备的职业经理档案，对职业经理的受聘史以及受聘业绩、能力、道德等方面进行综合评价和记录；建立健全职业经理协会，加强职业道德建设和行业监督。

第四节　家族企业职业经理与企业主的合作与冲突

职业经理与企业主之间的合作与冲突的本质就是一场力量和权力之间围绕利益的较量。职业经理与企业主之间选择合作还是冲突，取决于双方的力量和权力对比。力量是影响双方关系结果的能力，是双方关系以何种形式表现出来的决定因素。力量分为劳动力市场的力量和双方对比关系的力量。权力是企业主拥有的决策和权威，即对职业经理进行指挥和安排，以及影响职业经理行为和表现的各种方式。拥有权力，使企业主在双方关系中处于主导优势地位，但这种优势地位也不是无可争议的，在某些时间和场合，可能会发生逆转。

一、职业经理与企业主合作与冲突的根源

职业经理与企业主合作与冲突的根源是指双方合作与冲突的本质因素。合作与冲突是表象，其本质因素可能不同，但也可能是同一种本质因素在不同条件下形成的表象。

（一）合作的根源

合作，是指企业主与职业经理要共同管理公司事务，并在很大程度上遵守一套既定制度和规则的行为。这些制度和规则是经过双方协商一致的，协议内容非常广泛，涵盖双方的行为规范、职业经理的薪酬福利体系、企业主的权益维护、对双方努力程度的预期、对各种双方违反规定行为的惩罚，以及有关争议的解决等程序性规定。劳动关系理论一般认为，合作的根源主要是"被迫"和"获得满足"。"被迫"是被动性因素，"获得满足"是主动因素。

1. "被迫"

职业经理的"被迫"是指迫于压力而不得不合作，即职业经理如果要谋生，就得与企业主建立雇佣关系。而且如果他们与企业主利益和期望不符，就会受到各种惩罚，甚至失去工作。家族企业主也可能因为家族成员能力欠缺等原因"被迫"与职业经理合作。相比较而言，职业经理比企业主更依赖这种雇佣关系的延续。而且从长期而言，他们非常愿意加强工作的稳定性、获得提薪和增加福利的机会。

2. "获得满足"

企业主愿意与职业经理合作的本质原因可能是因为欣赏职业经理的才华，或主动体现本人或家族的价值观等。而职业经理的主动性"获得满足"主要包括以下方面的内容：首先，职业经理基于对企业主的信任而获得满足。这种信任来自对立法公正的理解和对所有者权力的限制措施。其次，职业经理可以从工作中获得满足。即使有时会感受到工作压力、或者工作超负荷等，但他们仍然乐于工作。再次，企业主的合作也使职业经理获得满足。企业主出于自身利益考虑向职业经理做出的让步，特别是授权范围的扩大，在一定程度上提升了职业经理的满意度。

(二)冲突的根源

1. 冲突产生的内在根源

(1)客观利益差异

职业经理拥有企业相当一部分经营权,由于信息的不对称,他们在与外部处理关系时往往从自身利益考虑,常常会侵犯家族企业主的利益。职业经理由于基本不掌握股权,当他们面对企业大幅增加的利润诱惑时,往往会造成心理失衡,自己辛苦经营的业绩基本全都归于家族企业主而自己只得到很小一部分回报,他们往往会做出损害企业主利益的行为。而家族企业则为了使自身企业的利润最大化,往往与职业经理的利益出发点不同。

(2)雇佣关系的性质

在古典型和混合型家族企业里,占据重要管理岗位的一般都是家族成员,他们分布在企业的各个管理层面,基于家族企业特殊的血缘关系,他们往往有意或无意地形成一个非正式团体,在这种封闭的团体或圈子里,他们往往带有一种家的心理优越感,对外来人员往往比较排斥。认为职业经理始终是雇佣来的外来人员,这样便会打击外来人员的工作积极性,造成外来人员的心理契约违背和破坏,不愿同企业主共命运共患难,最终会严重影响家族企业的长远发展。

2. 冲突产生的外在根源

职业经理与企业主冲突的外在根源主要有广泛的社会不平等、职业经理市场状况、工作场所的不公平、工作本身的属性等。这些原因都不同程度地对职业经理的行为产生影响。需要注意的是,这些根源共同作用于双方关系所产生的影响,比它们单独影响的简单相加要大得多。这些冲突的共同存在和相互加强使冲突成为双方关系的本质属性之一。虽然冲突的根源使职业经理不愿意工作,但是合作的根源又使更多的职业经理选择了从事工作。从总体上看,世界上大多数职业经理在努力从事工作,这就是合作的根源发挥作用的结果。

> **知识拓展**:家族企业职业经理的职场排斥受职业经理特征、排斥者特征及情境特征的影响。职业经理特征中最主要的是政治技能;排斥者特征主要包括高层领导和同事的领地性,领地性是个体对物理对象或社会对象的所有权知觉的行为表达,主要包含身份导向标记、控制导向标记、预先防卫、反应性防卫四个方面的内容;情境特征主要是家族涉入,家族涉入企业往往体现在家族权力、家族管理、家族文化、家族意图等多个方面。

二、家族企业职业经理与企业主的信任与合作

在合作的诸多影响因素中,信任的作用独特,信任与合作往往紧密相连。家族企业发展的过程中形成了古典家族企业、混合家族企业和现代家族企业三种形式,不同形式的家族企业中,职业经理与企业主的信任与合作也发生着变化。

(一)古典家族企业的认同型信任与合作

在古典家族企业,企业所有权和经营控制权高度集中于家族成员。受资金等方面

限制,企业规模一般较小,经营相对单一。管理者主要由核心家庭成员构成,即使雇佣少数非家庭成员,其也被当作家庭成员看待。在这一时期,企业组织化程度低,尚未建立完善的规章制度,即便在形式上有了成文的规章制度,真正起作用的其实是家庭伦理道德支撑的认同型信任与合作。少数非家族成员的管理者(职业经理的雏形)由于被家族成员接纳,被认同为准家族成员,他们与家族成员长期共同生活、反复交流,彼此之间形成了高度的认同感。引致这种认同感的因素有很多,如拥有相同的偏好、共同的价值观、共同的目标和企业发展战略等。由家庭伦理道德规范支持的认同感使家庭成员之间可以充分信任与合作,大大降低了信息交流的成本,反过来又强化了认同型信任与合作。

(二)混合型家族企业的了解型信任与合作

由于家族成员内部融资无法克服所有者个人或家族群体偏好与企业市场价值最大化之间的矛盾。家族企业不得不将股权有限对外开放,与外部资本所有者分享企业的所有权和控制权。股权开放使得资金有了新的来源,家族企业迅速发展,企业规模的扩大使管理成本迅速上升,当引入职业经理带来的管理成本下降小于由此引起的代理成本上升时,职业经理引入的数量迅速增加,家族成员与职业经理开始分享剩余控制权。

在混合型家族企业中,职业经理主要占据了低层经理职位,中高层经理职位被家族成员垄断,重大经营决策控制权仍牢牢掌握在家族成员手中。为适应企业规模的扩大和管理复杂性的加强,逐渐形成了科层式的组织结构。由于职业经理数量的增加使得企业主难以将所有的职业经理看成是准家族成员。另一方面,也有一些职业经理不认同企业主的价值观和管理理念等个性特征。这时企业主与职业经理的信任与合作的建立要靠增加了解。由于企业制度建设还不完善,企业运作主要依靠了解型信任与合作为核心的非正式规则来调节企业内部关系。了解型信任与合作支持的家族企业通过不断地融合非核心家庭成员,不但可以实现分工水平提高带来的专业化收益,还能够享受了解型信任与合作带来的交易成本的节约。

(三)现代家族企业的基于法制的信任与合作

现代家族企业不断地融合社会资本(包括社会人力资本和社会财务资本),企业发展迅猛,企业大量引入职业经理。由于职业经理人数众多,企业主已无法靠了解来建立与职业经理的信任和合作。了解型信任与合作不足以支持企业的发展,需要有可以在更大范围内发挥作用的信任类型来降低交易费用、支持潜在合作的实现。这就是建立在法制基础上的社会信任。这种类型的信任与合作是建立在理性计算的基础上,源于对维系或切断信任所付出的代价和所带来的收益的权衡。信任的确定通常是基于信任存在所带来的收益及信任被破坏所带来的威胁。与社会信任相联系的"声誉"可以被理解为一种"抵押品",是人们为了把自己包装成是诚实可信的而进行的投资。中世纪商人法律制度(law merchant)的主要功能是通过储存、提供有关个人交易行为的信息从而使维持商人之间交易的声誉机制能更好地发挥作用。在漫长的演进过程中,商人们从商业实践中发展出来的博弈规则逐步被国家的法律制度所吸收,形成了西方现代的商法体系。有了这样的商法体系的支持,在互相不了解的人之间也可以实现合作。原来源于相互了解而得到的信息、达成的共识现在由于法律制度的支持同样也可以实现。这也就是说，由政府权力保障实施的法律部分地替代了原来交易者之间达成的显性或隐性的合约，从而能够降低交易成本，扩大合作范围。

现代家族企业中，中、高层经理职位也向非家族成员的职业经理开放，经营控制权大幅降低。现代家族企业的制度规范、企业内部法成为企业成员的行为准则。企业主与职业经理的信任与合作是基于企业内外法制的信任与合作。

三、家族企业职业经理与企业主的冲突

家族企业职业经理与企业主的冲突从本质上说是力量和权力的变化引起的，围绕着利益，以目标冲突、观念冲突、能力冲突、信用冲突等形式表现出来。也就是说，家族企业职业经理与企业主的冲突本质上是利益引起的冲突，冲突发生的条件是力量和权力的变化，冲突的形式有目标冲突、观念冲突、能力冲突和信用冲突等。

（一）目标冲突

家族企业主与职业经理双方矛盾冲突常常表现在企业主与职业经理双方短期利益动机过于强烈，缺乏长期的事业目标和价值认同。企业主与职业经理追求的目标往往是不相同的。企业主着重追求长远目标，追求的是积累和投资，更多考虑企业的长远发展；职业经理着重追求短期目标，追求的是分配和消费。企业主注重资本投入的产出效益，关心投资回报率、净资产回报率等财务指标；职业经理则更关注成长，关注规模效益，因为企业成长后规模的扩大无形中增加了职业经理的权力和利益，因而其更关注市场增长率、市场占有率等业务指标。

（二）观念冲突

职业经理倾向于将自己视为一种可以产生价值增值的人力资本，但在很多家族企业的观念中，职业经理仅仅是一个雇员，只是一种普通生产要素的投入而已，是企业的人力成本，即使是人力资本，也不一定肯定会增值，因为资本的增值具有不确定性。企业主认为，在新创造的财富中，他们作为货币出资人应该拿走大部分甚至全部的新增价值，职业经理只应该得到最初合约所规定的那些工资。而职业经理认为是他们的人力资本创造了企业的新增财富，他们理应参与企业新增价值的分享。

观念冲突不仅表现在企业主和职业经理对双方在企业中作用的认识上，还表现在价值观的差异、管理理念的分歧上，相对于目标冲突，观念冲突更难处理，因为观念不是一时形成的，观念的改变需要长时间的实践。

（三）能力冲突

能力冲突是企业主与职业经理冲突的一种常见形式。职业经理能力过低，未达企业主的预期，企业主感觉不到职业经理引入的作用，从而引发冲突；即使是能力符合职业经理预期，也可能因为信息不对称影响企业主的判断，低估职业经理的能力，或者对职业经理的能力导致的行为持抵制态度，引发冲突。当职业经理能力过高时，容易引起企业主的自卑感，因为企业主倾向于认为自己是主人；或者引发信任不足，因为职业经理能力过高，企业主可能无法驾驭职业经理，如果职业经理的道德素质不高，会加大企业主的风险。

(四) 信用冲突

家族企业主与职业经理的信用冲突是指一方对另一方信任不足导致的冲突。家族企业聘任职业经理,实质是授让部分控制权,而这有可能导致分权后的失控。因而家族企业主对授权后可能导致的风险、成本有很高的敏感度和预期。在现实中,职业经理损害企业主的权益时有发生。如果社会信用环境不良,即使职业经理道德水平较高,也容易引起企业主的信任不足。家族企业是一个依靠权威和内部忠诚来实现控制的企业,企业主可能在各部门安插"自己人"来充当"耳目",以此来降低信息不对称的程度和处理失控问题,或者降低授权力度。这一切又会反过来引发职业经理对企业主的不信任。

授权力度常被职业经理看成自己是否受信任的标志。然而,家族企业的授权带有随意性,缺乏制度规范,家族企业主的集权情结影响权力让渡。一些家族企业主在推进经理职业化的进程中,有着十分矛盾的心理与行为,一方面费尽苦心物色经理人,另一方面又不肯授让权力,即使授让了部分权力,又常常越权干预。

思考案例

黄光裕与陈晓之间的"爱恨情仇"

人物简介

黄光裕,1969年5月出生,祖籍广东汕头。20世纪80年代中,年仅17岁的黄光裕与长其3岁的哥哥黄俊钦,一道带着4 000元钱从家乡广东汕头北上,到内蒙古一带做贸易。一年后因不满当地人"轻易承诺疏于兑现",转战北京。半年后开始在北京珠市口经营一家面积不足100平方米的电器店——这就是国美电器连锁店的发端。1987年1月1日,"国美电器店"的招牌在这家小店的门前挂了出来。1993年,国美开始在北京地区增开多家门店。1998年,黄光裕成立了鹏润投资有限公司,总资产约50亿元。鹏润投资下属企业是国美电器(GOME)、鹏润地产、鹏泰投资。1999年,国美开始向全国扩张。

陈晓,1959年出生于上海南汇,早在1985年就进入家电销售行业,1992年担任某国营家电公司常务副总经理;1996年创建拥有控股的上海永乐家电,任董事长。

"蜜月"

经过十几年的发展,国美电器控股有限公司规模不断壮大,逐渐成为家电零售行业的第一品牌,创始股东黄光裕可谓功不可没。2004年,国美首先在香港实现上市。2006年7月,国美收购陈晓的"永乐",家电业"老大"和"老三"的结合,让陈晓和黄光裕走到一起,2007年,国美又收购了大中电器,此时的国美已经真正意义上成为家电连锁零售业的巨无霸,家电业的国美时代正式来临。与此同时,原永乐董事长陈晓被任命为国美新总裁(黄光裕任董事长),开启了国美"职业经理人"的新时代。黄光裕曾公开说,再也找不到更合适的总裁人选。

"犯事"

2008年11月19日,正值国美发展欣欣向荣之际,控股股东黄光裕因经济犯罪入狱,陈晓代理董事局主席,国美陷入一系列经济纠纷案件中。2009年1月16日陈晓正式出任国美董事局主席兼总裁,开始有了实权。但由于黄光裕案的不明朗,陈晓本人及国美管理团队,依然保持着对黄光裕的敬畏。不过,黄光裕被羁押之后,多次给国美管理层发出指令,通过强调其个人在国美的地位,要求国美采取有利其个人和减轻其罪责判罚的措施。但方案没有被采纳。

"裂变"

2009年6月,陈晓以个人财产作担保,引入机构投资者贝恩资本,成功带领国美走出危机,对公司也可谓贡献卓著。陈晓成功引入贝恩资本,救了国美却伤了黄光裕。陈晓在成功引入贝恩资本后,为巩固个人地位,对董事会成员和公司战略进行了大幅度调整,包括同意引入贝恩资本(亚洲分部)总经理竺稼出任董事、同意向贝恩定向发行15.9亿可转换债券等方案。这些重大举措陈晓逆大股东意志而行,引起了创始股东黄光裕的不满,两人逐渐产生了分歧和矛盾,并不断激化。客观地说,陈晓引入贝恩资本以及在高管激励的一系列措施上,未能与大股东黄光裕目标保持一致,成为后来二者决裂的直接导火索。

2009年7月7日,包括陈晓在内,105位国美管理层获得总计3.83亿股的股票期权。黄光裕得知后对董事会很不满,并要求取消激励机制,但没有被采纳。

面对陈晓的一系列决策,作为大股东的黄光裕显然不会坐视不管、听之任之。在2010年5月11日的年度股东大会上,身在狱中的黄光裕用手中的否决权连续投出五项否决票,否决了委任贝恩投资亚洲总经理竺稼等三人为公司非执行董事的议案,却遭到董事会的公开否决,矛盾至此公开化,从此正式拉开了"黄陈"控制权之争的序幕。

"一战"

2010年8月4日,由黄光裕全资控股的国美电器大股东Shining Crown提议召开特别股东大会,要求撤销国美在2010周年大会上通过的涉及增发的一般授权,并撤销陈晓执行董事和董事会主席、撤销孙一丁执行董事的职务。2010年8月5日,国美正式起诉黄光裕,要求黄光裕对国美违约责任进行赔偿,双方矛盾进一步恶化,伴随而来的是近一个月的"口水战"。至此"黄陈"二人宣告正式决裂,已无任何的挽回余地。对此,大股东黄光裕提议于2010年9月28日召开公司特别股东大会,双方进入了决战阶段。

2010年9月28日,国美在香港铜锣湾富豪香港酒店召开了特别股东大会,就董事会、高级管理人员、股东周年大会一般授权等议案投票表决,表决结果为,黄光裕提出的五项决议仅撤销国美电器于2010年股东周年大会上通过的配股、发行及买卖公司股份的一般授权一项获得通过。而包括撤销陈晓执行董事兼董事会主席职务,撤销孙一丁执行董事职务,委任黄氏代表邹晓春、黄燕虹执行董事职务在内的四项决议均遭否决,事件暂以陈晓留任董事会继续掌舵国美、黄光裕败北而告终。

"二战"

但陈晓由于增发股票的权力受到限制,他将随时面临黄光裕的反击。2010年12月17日,黄氏代表邹晓春和黄燕虹顺利进入董事会,黄氏嫡系进入了权力中心。

2011年2月底,贝恩资本亚洲区总经理竺稼与原大中电器总裁张大中会面。3月3日,香港证监会披露,香港高等法院已解除了对黄光裕妻子杜鹃发出的临时强制令,意味着黄氏将有增持股权的合适人选。

最终于2011年3月9日,国美电器的公告显示,陈晓3月10日起辞去董事局主席一职,并且不再担任执行董事,孙一丁也不再出任执行董事,但留任行政副总裁,张大中出任国美电器董事局主席,并担任非执行董事。消息人士透露,国美已由黄光裕妻子杜鹃和原国美首席财务官周亚飞掌控。公司的控制权重新回到了黄氏集团的手中。至此,国美控制权之争最终落下了帷幕,近五个月的争夺以前董事会主席陈晓的离开,黄氏家族代表进入董事会而结束。

尾声

2015年7月27日国美收购黄光裕578家未上市门店,黄光裕持股增至50.52%。

据京法网事消息,2020年6月24日,北京市第一中级人民法院根据刑罚执行机关的报请,依法裁定对黄光裕予以假释,假释考验期限自假释之日起至2021年2月16日止。公开信息显示,黄光裕2008年被拘,2010年因非法经营罪、内幕交易罪和单位行贿罪获刑14年,刑期从自2008年11月17日起至2022年11月16日止。此后,黄光裕获2次减刑共21个月,出狱时间应提前至2021年2月16日,前提是其没有获得更多减刑。

资料来源:改编自赵梦怡等
《公司实际控制人过度自信引发控制权危机——基于国美电器的案例分析》,
载于《财会月刊》,2017年17期

【讨论题】

1. 陈晓能获得第一回合胜利的原因有哪些?

2. 2011年3月,国美董事长陈晓出局,大中电器创始人张大中接任,并担任非执行董事。黄光裕在牢狱中最终打败了陈晓,你如何看待这个结果?

本章思考题

1. 什么是家族企业?家族企业的内涵是什么?
2. 简述家族企业的类型。
3. 试述家族企业制度变迁的路径。
4. 试述家族企业引入职业经理的效用与成本。
5. 简述美国与日本家族企业的激励和约束模式差异。
6. 家族企业职业经理与企业主的冲突类型有哪些?

本章情景模拟实训

家族企业职业经理的忠诚度

某民营电光源企业,经过九十年代末的飞速发展,在3年左右的时间,产值从3 000多万猛增到一亿左右,但随着行业竞争的不断加剧,企业规模停滞不前,企业效益明显滑坡。针对这种情况,老板决定采取强有力的措施,引进职业经理人,包括总经理和部分部门经理,这些职业经理人大多来自外资企业,拥有比较先进的管理理念。新的领导班子产生后,经分析认为主要原因是企业管理理念落后,管理方法无法适应现代企业的发展,于是开始进行大规模的管理整顿,大力推行了流程重组、绩效考核等一系列的管理措施,但经过一年的努力,老板发现企业内部矛盾激化,人员流失严重,不仅有老员工的流失,新引进人员的离职也很多,企业状况并未得到明显的改善,老板陷入了痛苦的思索。

请问:这家公司员工的忠诚度降低的主要原因是什么?如果你是这家企业原先的职业经理,你会离职吗?

第十二章 跨国公司职业经理及我国职业经理发展趋势

学习目标

1. 了解跨国公司的概念。
2. 理解跨国公司的治理结构和职业经理的本土化趋势。
3. 理解职业经理面临的挑战。
4. 了解并熟悉我国职业经理的发展趋势。

引导案例

寻找跨文化融合的"心灵开关"

2005年3月,我承担了一个很重要、很艰难也很伟大的工程,为东风日产有限公司乘用车公司进行《东风日产行动纲领》的编写工作。

当时的情况是,东风日产乘用车的经营效果与预期相比并不理想,员工敬业度调查显示,连续两年员工士气处于走低状态。原因很多,但最终大家还是归结到文化的认同上。中日合资之前的乘用车公司,是东风和台湾裕隆的合资企业,彼时的文化状态是:日产文化、东风文化、裕隆文化的势力和影响都在,但缺乏鲜明的主流文化,由于东风有限50:50的合资方式,乘用车公司是真正平等的合资企业——每个部门负责人都是中日各派一名,公司的日语翻译就有数十名。

但遗憾的是,无数的事实证明,妥协的、价值取向不分明的文化,甚至不如独裁文化,不可能造就优秀企业,东风日产当时的情况就是如此,市场的不认同就是最好的答案。在这样的前提下,合资公司想到,要制定一部公司的文化大纲、管理宪法,把没有想清楚的事情想清楚,把没有讨论明白的事情讨论明白,把没有形成共识的观点达成共识。

我所承担的工作,就是把全部管理问题显化,引导合资双方管理者思考问题、找到答案、达成共识。

通过对3个系统,11个维度,101个问题的梳理,我和我的团队提出了东风日产文化思考的"十大命题"。针对这些问题,我们进行了长达八个月的讨论。值得说明的是,其间,为了进行深入的讨论,乘用车公司全体中层以上干部数次放下手中的紧急工作,参与到观点的讨论甚至争论中,任勇副总经理、吉田卫总经理每次讨论都全程参加,中村克己总裁也曾专程飞来参与讨论。

经过多次讨论,中日双方终于都意识到,在每一个职能上的"举案齐眉",只是一种形式上的平等,而不可能实现"合资公司利益最大化",唯一的方式是相互尊重、充分发挥各自所长、取长补短、相互支持,首先把对方的利益视为自己的利益,最终才能实现自身所在企业利益的最大化。

这是一个似乎人类都懂得的、简单的道理,但在企业的实际应用中,由于合资双方所在的利益群体不同,实现起来就是一件异常艰难的工作。但值得欣慰的是,东风日产乘用车做到了。

经过十易其稿,《东风日产行动纲领》以中、英、日三国文字发行,东风有限董事长徐平先生、总裁中村克己先生双双为纲领写了序言。

解决了文化问题的东风日产,自2006年开始在中国乘用车市场可谓异军突起,一跃成为东风有限合资公司版图中最耀眼的明星。前国资委主任李荣融同志在参观东风日产时,用"不容易、不简单"形容其取得的成绩。"《东风日产行动纲领》,我是比较欣赏的。企业文化的结晶是竞争力,企业文化只有来源于企业、发展于企业,才能真正起到作用。每个企业都要有自己的文化,创造出自己的文化。希望东风日产不断锤炼,真正形成有自己特色的文化。"

有幸作为《纲领》的主要执笔人,负责了项目的全过程,是我咨询生涯中一件值得记忆的故事。但我仍然没有忘记思考,为什么这次跨文化的理念整合能够成功。

背后的原因,其实仍然是"共同的、现实的利益诉求",当时的合资双方,面临市场的不认同、面临内部的争议、面临各自母公司对合资项目的厚望,存在现实的、共同的、迫切的利益诉求,这就是:如何破解困局、达成共识、果断行动,取得业绩,得到市场认可⋯⋯这一结果是刚性的,倒逼所有的管理活动。

在东风日产期间,我们也在认真地学习雷诺-日产联合体总裁、车界奇才卡洛斯·戈恩先生的管理改革方略,是他,令百年的日产获得了重生。但我们当时其实没有更进一步地思考,一个西方教育背景的企业家如何使得民族性很强的日本员工认同他,难道仅仅是"戈恩流"的厉害,现在想来,还是"共同的、现实的利益诉求":日产危机日深,无论从管理层还是员工都深刻地意识到,不改革是死路一条,所以自然而然地加入到了支持戈恩的行列中。

假设今天我们再请戈恩先生整合一下比亚迪,虽然这个企业的规模、历史惯性都比日产小,但我想可能员工不一定能够认同,因为,比亚迪们发展态势良好,没有现实的利益诉求去听一个西方人教中国人如何管理,虽然他们可以听巴菲特教他们如何投资。

生命中所经历的三个故事,写起来不是那么轻松,但感受却是真切的。

跨文化整合,如果不能找到和按下心灵的开关,任何高深的理论、完美的技术都可能是纸上谈兵,知易行难。

资料来源:选自段磊《寻找跨文化融合的"心灵开关"》,
载于《东方企业文化》,2011-07-06

引导案例显示的是一个典型的**跨文化沟通与管理能力**的问题。跨文化的沟通与管理过程中,能够理解不同文化不等于能够适应不同文化。跨文化沟通与管理是跨国公司职业经理所面临的挑战之一。不同国家的跨国公司,受母公司所在国文化的影响,其治理模式是不同的,当跨国公司实施本土化战略时,有更多的本地职业经理加盟跨国公司。他们的绩效表现既受制于公司的经营发展战略,也受制于两种文化的融合,更受制于他们自己的国际化管理经验和技能。本章主要讲述跨国公司的概念与治理结构、跨国公司职业经理本土化、跨国公司职业经理面临的挑战以及我国职业经理的发展趋势。

第一节 跨国公司的职业经理

一、跨国公司的概念与治理结构

(一)跨国公司的概念

在1986年联合国的《跨国公司行为守则》中,跨国公司是指在两国或更多国家之间组成的公营、私营或混合所有制的企业实体,不论此等实体的法律形式和活动领域如何,该企业在一个决策体系下运营,通过一个或一个以上的决策中心使企业内部协调一致的政策和共同的战略得以实现,该企业中各个实体通过所有权或其他方式结合在一起,从而其中的一个或多个实体得以对其他实体的活动施行有效的影响,特别是与别的实体分享知识、资源和责任。

此后,经过长期争论,世界各国就跨国公司定义的三个基本要素取得了一致的意见。它们是:跨国公司是指一个工商企业,组成这个企业的实体在两个或两个以上的国家经营业务,而不论其采取何种法律形式经营,也不论其哪一经济部门经营;这种企业有一个中央决策体系,因而具有共同的政策,它反映企业的全球战略目标;这种企业的各个实体分享资源、信息并分担责任。但目前各国尚未就企业的动机、规模和所有权等问题取得一致意见。

1980年以来,邓宁、麦克库因、巴克列、卡索恩等西方专家教授提出一种新的看法:国际公司未必一定通过拥有海外股份而成为跨国公司,通过租赁和管理合同形式,同样可以成为跨国公司。在他们看来,某些形式的纯对外贸易(如租赁、特许、管理合同等)劳务公司,虽然没有传统定义所要求的海外股份或控制权,仍可以称为跨国公司。

简而言之,跨国公司可以定义为,以一国为基地,通过对外直接投资,在一个以上的国家或地区设立分支机构或子公司,从事跨越国界的经营活动的公司。

跨国公司一般是母国的企业集团(母公司)或控股子公司在海外进行投资,建立的海外子公司或者分公司。如果是集团公司直接投资的,它在考虑国外投资等决策时必然是从集团的整体利益出发的。如果是子公司投资的,由于子公司为集团公司所控股,子公司董事会里的大部分席位被集团公司所占据。因此,在决策时很大程度上也受集团公司的影响和制约,并服从企业集团的整体利益。另外,现今跨国公司许多子公司也早已成为企业集团。如韩国三星集团下属子公司三星电子就已经成为韩国超大型企业集团,并且稳定地进入了《财富》世界500强。因此,跨国公司海外子公司与母公司的关系一般情况下应看作是子公司与母国的企业集团的关系,跨国公司母子关系要更多地考虑子公司与企业集团的关系。跨国公司实际上是把企业集团的产权关系延伸到国外。国外子公司基本上是与国内母公司保持单线联系，各子公司之间的关系并不紧密。这种关系只是表明跨国公司在国外投资尚处于初级或成长阶段，成熟阶段的跨国公司国外子公司相互之间的关系会发生一些改变。

（二）跨国公司的治理结构

跨国公司中，母公司采取的治理结构和模式必然影响到整个集团，而母公司的治理结构又与一国的国情与传统习惯有关。世界各国各有不同的模式，因而母公司属不同国家的跨国公司，其治理结构差异加大。以下对美国、德国、日本等国家的公司治理模式的分析可以略窥一斑。

在美国，从公司内部治理结构上看，主要是以董事会为核心，董事会设有外部董事，以加强董事会对经营者的监督和控制。公司的首席执行官通常兼任董事长。美国公司是股东至上的理念，公司股东会是最高权力机构，日常决策委托给董事会，但是并没有监事会，主要采用外部审计制度，依赖审计予以监督，这要聘请专门的审计事务所，对公司予以独立审计。单从公司的内部治理来看，股东对公司的内部监控是比较弱的，公司经营者有着较大的经营自主权。在美国，对公司的监控主要依赖外部治理。二十世纪二三十年代的经济危机后，美国建立了商业银行与证券业分业经营的体制，这对美国公司的外部治理有着很大影响。由于商业银行不能从事投资银行业务，银行的股权投资受到严格限制，所以银行在企业中的作用和影响有限，美国公司主要通过发行股票和债券的方式从资本市场直接融资。这样公司的所有权结构上主要是机构投资者和分散的个人持股的股东。所以，美国公司所有权的特征就是分散。分散的股权使股东对公司的控制能力下降，导致公司外部治理相对完善。另外，公司的信息披露制度也很完备，社会对公司有监督的自由，这对防止内幕交易大有好处。事实证明，公司的外部治理是有效的，非常符合美国的国情。

在德国，公司治理制度就大不相同。德国公司强调的是为公司的利益相关者服务，公司的管理层是代表所有的利益相关者经营公司的，股东只是利益相关者之一。所以，在治理结构层面有自己的特点：一是德国公司雇员直接参与公司决策。德国强调终身雇佣和雇员在治理中的作用，这必然有力地鼓励雇员开发和提供企业特定的人力资本，有力地鼓励雇员对公司的忠诚。在德国，在具有500名雇员以上的企业，必须设立两层管理机构，即监事会和管理委员会。监事会负责任免管理委员会成员并对其监督，两个管理机构的成员不得交叉任职，不得重叠。如果公司雇员在2 000名以上，半数监事会成员须由企业的雇员组成，另一半由股东代表组成。管理委员会成员主要是由公司的资深管理人员组成。二是银行与公司联系密切，银行往往是公司的大股东，具有重要地位，同时也受到重视，许多公司章程规定，非银行股东行使的表决权不得超过总数的5%～10%。三是公司的外部治理不发达。在德国，外部市场对公司治理的约束较弱，上市公司的兼并与收购发生的比率低，信息披露质量较差，相关的法律与管制的架构松散。德国公司在治理制度上，非常强调银行的作用，银行作为融资者、咨询人、管理人以及高层管理部门的控制人，发挥着重要的作用，公司较少依靠外部资本市场，个人股份所有权不占重要地位，所以，德国公司的治理是社团主义的。

与美国公司的外部治理型不同,日本公司属于内部控制型治理模式。在治理结构上,股东大会是最高权力机关,它选举董事会并讨论通过企业的重大决策,董事会的绝大多数成员由公司内部人组成,实际上主要由公司的中高层管理人员组成,所以,公司的管理部门具有很大的经营决策权。这不同于美国公司董事会成员很多来自公司外部的情形。日本的银行往往既是公司的股东,又是主要的贷款者,它在企业经营管理者的内部监督方面发挥着重要作用,密切涉及高层管理人员的任免、咨询、商务合同,以及对企业的财务监督与干预。日本还有总裁俱乐部,它是由企业集团内部核心企业在相互持股基础上形成的一种非正式组织,其成员定期会晤、交流,对关联公司起到很好的监督作用。日本企业强调终身雇佣,通过特定资产和特定关系的最大化来建立人力资本,这一点与德国的理念相似。

可见,不同国家的公司,治理模式是不同的,这体现在跨国公司的母公司以及母公司与子公司的关系方面。母公司的治理结构,基本根据其所在国公司治理模式的框架予以架构,这并不因公司是否有海外业务而不同。在母公司与子公司的关系方面,总体上与国内公司间的母公司、子公司间的关系没有太大区别,但是考虑到子公司在东道国进行经营活动,其利益相关者也主要位于东道国,如果母公司只从自身利益来考虑,子公司及其利益相关者的权益势必会被漠视。所以,针对母公司对子公司的控制,也有相应的制约机制。同时,子公司在东道国还必须遵循东道国的国内法律规则,因而,其治理结构与国内公司相比会有所差别,对子公司少数股东保护的规则、对子公司及其利益相关者权益保护方面的制度会有东道国本土化的色彩。

> **知识拓展**:网络视角(Network Perspective)是理解和分析跨国公司子公司战略的一个重要视角,该视角认为跨国公司不是一个层级森严的庞然大物,而是一个由松散连接的个体组成的网络。子公司是网络中的成员,在与母公司联结的同时也具有一定独立性。子公司可以发展不依赖于母公司的独特能力和资源,通过这些独特能力的培养与资源的积累,子公司可以在一定程度上对母公司的决策产生影响。当子公司进行战略实施时,由于东道国是子公司的重要战场,所以除了获得母公司的支持(内部嵌入)以外,子公司也与东道国的其他参与者产生联系(外部嵌入)。

二、跨国公司职业经理的本土化

(一)跨国公司职业经理本土化的重要性

"成为本土化的跨国公司"是很多跨国公司的全球经营宗旨。本土化战略的成功实施关系到跨国公司在东道国、乃至全球的顺利发展。本土化战略包括品牌本土化、资源本土化、员工和管理层本土化、产品的研究发展本土化等。人才本土化,特别是作为管理人才的职业经理本土化是许多跨国公司全球战略的重要组成部分。跨国公司不可能把母公司企业文化照搬到东道国的商业和市场经济中,不得不考虑将全球化战略与本地文化相结合,这种结合首先要依赖东道国的人力资源。在一个全球化公司进行本土化实践的过程中,由于在实现本土化过程中,市场、员工、所处的政治、文化、法律等环境是本地的,接触的客户、合作伙伴和供应商大多也是本地的,需要合格的本地职业经理能帮助他们争取到参与一些大型项目的机会。在语言交流、文化背景、商业运作、财经政策等方面,本地职业经理在运作项目过程中更有其独到优势。本地职业经理进入跨国公司中高层进行管理,是企业全球化战略实施过程中,对企业组织行为和人力资源配置管理的一项基本要求。对跨国公司而言,只有理解和很好地实施职业经理本土化,才能成功实施企业全球化战略,使企业保持持续竞争优势。

(二)跨国公司职业经理本土化的选择

职业经理本土化是跨国公司人力资源管理的重要策略,本土化职业经理的配置需要结合跨国公司的长、中、短期发展规划和东道国职业经理资源的具体情况,涉及企业经营战略部署和职业经理本土化策略的匹配是否一致的问题。职业经理本土化的策略定位应和该企业的经营发展战略相结合。在不同专业的职业经理中,本土化的人力资源经理和市场营销经理由于更熟悉东道国的风土人情和市场需求,因而在职业经理本土化过程中表现出更多的优势。

跨国企业在东道国聘请本地职业经理主要有三种途径:一是聘请东道国的留学生;二是聘请曾经出国,有跨国管理经历的本地职业经理;三是聘请在东道国企业任过职的本地职业经理。三种方式各有利弊。很多公司都聘用外国留学生,就是因为他们有较高的素质,同时比较了解所在国文化,但他们往往缺乏管理企业的实际经验。曾经出国,有跨国管理经历的本地职业经理,比较了解所在国和东道国文化,但成本较高。东道国本地职业经理在国际化管理方面又存在不足。如何使这三种途径选择体现综合效果呢?一般的做法是先由国外的高级经理来管理,然后逐步聘请回国人员来管理,最后逐步考虑用本地职业经理人才来替代。

三、跨国公司职业经理面临的挑战

一个企业要想做好,需要在国际市场上与来自不同文化背景的公司合作,因此跨国公司的职业经理需要具有全球化的视野以及较高的跨文化管理能力。

(一)全球化视野

1. 拥有全球化的思维模式与战略眼光

跨国公司的全球化战略需要职业经理理解商业活动中全球化的影响。对经营主要选择在一国范围内的企业职业经理而言,全球化思维可能只是一种选择,但对于跨国公司的职业经理,这是一种必然的要求,其原因在于全球贸易量的急剧攀升和电子商务信息技术的迅速普及,使得市场全球化的趋势日益强烈。在此背景之下,跨国公司的职业经理必须具备开放式的视野和价值观,包容和重视多元化给组织带来的机遇。

需要指出的是,不仅是跨国企业的决策者和派驻国外的职业经理需要在全球化背景下思考和工作,那些拥有现实或潜在的外国客户、雇员或供货商的本土企业,或是管理跨地区性组织(组织的位置分布在同一国家不同地区)的职业经理,也应当具备全球化思维方式。

2. 掌握超越民族文化的知识与技能

跨国公司的职业经理会面对来自不同文化、种族、社会经济状况和宗教背景的员工和贸易伙伴。因此,具备某些特定知识、技能和才干,对其成功地处理全球性事务是必不可少的。如对民族间文化差异性的理解力;对国际商务、法律及劳动关系等知识体系的掌握;除母语以外其他语种的熟练运用;多元化事务管理中敏锐的洞察力及认知能力等。

在供职于美国花旗银行的 30 多位高层管理者中,1/2 的人掌握了除英语以外的其他语言,超过 1/4 的人除英语外还掌握了其他两种以上的语言。语言的背后是文化,领导者掌握除母语以外的其他主要语言,有助于其深入理解当地文化、价值观和风俗禁忌,这对于不同语言文化的深刻交流和市场开拓,都具有重要意义。

3. 具备全球化管理亟需的人格特征

近年来,研究者们在人格描述模式上形成了较一致的认识,认为大约有五种因素具有普遍性,同时对个体而言也较为稳定,它们是:外向性、随和性、尽责性、情感的稳定性、开放性或理解力。

上述人格特质的理解也被运用到全球领导者的研究之中,一项针对生活和工作在全球性环境下的人群的调查表明,"大五"人格中的所有因素,都与这些人的成功经历相关,也就是说,上述因素在一定程度上有助于全球性领导者成功地达成自己的目标和使命。Maxine Dalton 等人将五项个性特征与全球化管理所需的关键能力进行比较后也发现,高层管理者的管理绩效往往与其个性特征呈正相关关系(例如,具有高尽责性的个体将更有可能获得在其他文化氛围中进行商业活动的知识和技能)。因此,全球化的职业经理需要不断完善自己的人格特征。

(二)较强的跨文化沟通与管理能力

跨文化冲突是指不同形态的文化或者文化要素之间相互对立相互排斥的过程,它既指跨国公司在他国经营时与该国的文化观念不同而产生的冲突,又包含了在一个企业内部由于员工分属不同文化背景的国家而产生的冲突。正是由于存在跨文化冲突,随着跨国公司竞争的加剧,对职业经理的跨文化沟通与管理能力的要求越来越高。要提高跨文化的沟通与管理能力,首先必须理解不同文化。其次,只有感知不同文化,才能加强对不同文化的理解。最后,在理解与感知的基础上,提高适应不同文化的能力,这需要寻求合理的沟通方式和管理方式。

1. 跨文化的理解力

因文化不同而导致的行为方式、态度观念等的不同会以不同形态表现出来。但是要透过多样化的文化现象去理解其内在的文化蕴含并做出合乎理性的解释并非是一件轻而易举的事。不同文化归属的人之所以不容易沟通往往是由于对具体文化现象的理解不同,这种理解的分歧越大,人与人之间的文化冲突与隔阂也就越深。人们对自身所处的母体文化较为熟悉,而对于异质文化则较为陌生。当来自异质文化的个体组成一个团队时,因文化差异而带来的冲突与矛盾势必会影响团队内部凝聚力的形成和经营效率的提高。要理解异质文化关键要有一种换位意识,不能用惯常的方式以自己的文化为唯一尺度去衡量和理解其他文化。事实上并不存在一种绝对优秀的民族文化。只有客观、公正、全面地认识和理解异质文化,才能消除跨文化管理过程中的种种文化因素障碍。例如,欧洲人的私人时间和工作时间分得非常清楚。不论公司有什么事,哪怕是天塌下来也好,只要是在非工作时间都不允许工作打扰员工的私人生活。这与我国那种工作时间中难以解决的事情在私人时间解决更好的文化习惯有很大的差别。

2. 跨文化的敏感力

跨国企业的职业经理所面对的是形形色色带有不同文化烙印的个体,因而在不同国度、民族,在不同的时间、空间,沟通和管理实践不能采用单一的呆板模式。经理人要想实现有效的管理必须具备对文化高度的敏感力。所谓跨文化的敏感力是指对不同文化的感受能力。经理人不仅要对本土文化尽量熟悉同时也要对与生产管理活动相关的国家与民族的文化进行感知。一方面广泛了解企业市场营销的宏观文化环境,另一方面仔细观察企业内部所有员工的文化行为。通过感受文化,才能真正认知文化,才能提高对各种不同文化观念和文化行为的鉴别能力,为分析文化和理解文化奠定感性基础。

3. 跨文化的适应力

跨文化管理的最大特点就是跨越了不同的文化。在理解和感知文化的基础上要积极寻求既保留了自身文化优势又兼顾了相关文化特点的沟通和管理模式。不考虑文化的差异,而一味地沿用传统的沟通和管理方法,将在某种文化背景中行之有效的沟通与管理模式生搬硬套地移植到另一种文化背景之中,结果往往会适得其反。这就要求经理人必须树立文化适应的观念,能在全球和多元文化中从事经营和管理,善于与各种不同文化背景的人交往与共事。例如,一名在秘鲁子公司担任生产经理的美国人坚信美国式民主管理能够提高秘鲁工人的生产积极性。他从公司总部请来专家对子公司各车间的负责人进行培训,教他们如何征求工人的意见,并从中找出合理的部分加以采纳。谁知这种民主管理的方法推行不久,秘鲁工人就纷纷提出辞职要求另谋出路。在拉美文化中,人们敬重权威。工人们把上司看成主心骨,他们服从上司,而美国式民主管理动摇了上司在工人心目中的权威地位,被误认为是没有主见和软弱无能。这就是陷入文化误区所导致的管理失败。

> **知识拓展**:被称为"人类学之父"的爱德华·泰勒认为文化是一个复杂的整体,包括知识、信仰、艺术、道德、法律、习惯以及作为社会成员的个人所需要的其他能力。跨文化管理方面的杰出学者吉尔特·霍夫斯泰德认为,所谓"文化",是在同一个环境中的人民所具有的"共同的心理程序",各国文化差异的维度包括:权力距离指数,不确定性规避指数,个人主义/集体主义指数,男性化/女性化指数,以及长期/短期取向指数。

第二节 我国职业经理发展趋势

2020年5月4日是第101个青年节,《后浪》视频全网热播,有一份"90后"高管名单流传在网上,在目前A股市场里,共有10位上市公司的董事长为"90后"。其中,年龄最小的为顺灏股份董事长王钲霖,出生于1995年,是目前A股市场中最年轻的董事长。这些年轻人有一个值得关注的特点,所有的年轻人高管的位置无一例外都是家族继承,没有一位是职业经理人。

如果从世界范围来看,进入21世纪,职业经理团队早已成为推动公司全球扩张和引领新产业的主力军。尤其随着二十世纪九十年代中后期互联网技术的成熟、相关产业的崛起,具备市场敏锐性和冒险精神的职业经理人群体,不断创造新产品、新业态,成为新的行业的领军人物和佼佼者。

进入21世纪第二个十年,反全球化进程日益加速,更重要的是面临着人工智能的扑面而来,定制化的生产模式、制造业与服务业的界限日趋模糊、智能化的办公系统的使用、日趋扁平化的企业组织架构的建立,专业化的职业管理团队日益模块化、小型化和去中心化。职业经理人面临变革的时代。在我国90年代中期,职业经理人群体出现以后,其中佼佼者有互联网时代崛起的新浪的王志东,在新国有企业发展时期海尔的张瑞敏以及格力的董明珠,外资企业职业经理人的代表唐骏等,发展一波三折。

企业高管的家族化趋势对我国职业经理人发展有什么影响?大多数专业化的职业经理人会不会被人工智能所代替?就像自动化生产替代了熟练的产业工人,随着制造业与服务业的融合,我国职业管理团队会不会明日黄花?未来路在何方?

一、职业经理人发展的三个跳跃

大规模的贸易和制造、生产规模的扩大和长链条市场的开拓是职业管理阶层产生的土壤。在市场配置资源的条件下,通过丰富的管理技能而不是简单资本实力为企业创造价值,职业经理人群体出现在历史舞台。

职业经理人或许是新名词,但在我国山西票号就有职业经理人的雏形,由于票号运营的长链条和人才重要性,在内部管理而言,最早的山西票号东家与掌柜的区分,就形成了职业经理人的管理模式。在欧亚大陆的西边,五六百年以前的威尼斯共和国,随着地中海贸易圈的形成,也诞生了职业经理人群体,甚至包括现在所使用的公司这种企业组织方式、借贷记账法这种管理工具、以及金融票据都随着职业经理群体的使用,而成为全球贸易工具。

概括而言,职业经理人群体产生与发展经历了三个跳跃:建立在工商贸易基础上契约发展阶段即"用手投票阶段"、建立信息不对称前提下资本市场上外部约束为主的"用脚投票阶段"、建立在全面集成创新基础上的全球化的"创新发展阶段"。职业经理人发展的这三个跳跃是层层递进的,后一个阶段是前一个阶段发展的合理推演。

(一)建立在商业契约基础上的"用手投票"制度,是职业经理人诞生的首要条件

虽然最早的工商贸易,往往是有家族成员的参与,但随着工商贸易的规模与范围的扩大,家族成员逐渐退出,建立在自由契约基础上的工商贸易,是职业经理人存在的物质条件。如果没有商业和贸易活动,职业经理人就没有必要存在。贸易和商业一定会催生通用的贸易规则,也就是自由和公平的贸易,尤其在罗马法的基础上形成了现在商业基本规则,如恩格斯概括的那样"罗马法是商品社会的第一部世界性法律"。

公司治理的核心是契约精神,契约合同的核心就是股东与职业经理人的契约,尤其在商业贸易的范围和规模越来越大的时候,职业经理人对于商业效率的提升作用就凸显出来。无论名称是总经理还是CEO,现代职业经理人虽然头衔变来变去,所从事的产业和过去也不太一样,但基本的契约精神一脉相承。以公司法为母法的契约体系是现代职业经理人诞生的最基础条件。1992年邓小平"南方谈话"之后,我国确立了市场经济体制,市场经济首先是法治经济,在1994年颁布的《公司法》和修订的《合同法》,为我国贸易活动确立了基本的规则。

法治越完备的地方,职业经理人的体系就发展得越完备,无论是美国、日本或者是德国,任何一个发达的现代经济体系,职业经理人诞生的先决条件都是法治。

(二)建立在信息不对称前提下职业经理人"用脚投票"的阶段

在一个远距离、长链条的贸易环境下,信息不对称问题比较突出,提升商业与贸易的效率是职业经理人的价值所在,但由于出资人与具体职业经理人在利益上的不一致性或者是信息传递的不完备性,导致需要一个相对完善的资本市场,对职业经理人从外部进行适当的约束和激励。

随着二十世纪九十年代开启的全球化进程和信息时代,国际范围商业贸易时间和空间不断拓展、国际竞争不断有新的形势。仅仅依靠在商学院的静态训练,或者是基于过去数据数学模型,越来越难以在一个变动的环境下对交易或者是贸易做出准确、及时的判断和预测,职业经理人作用越来越重要。

当代的职业经理人,不仅需要经验的积累、对于某个行业的深入理解,而且越来越需要综合市场判断能力。并且具有与现代资本市场沟通与创新能力,不断在扩张中进行多层次资本组合,建立复杂的公司金融架构。在近三十年全球化竞争中,越是关键行业、基础行业、越是全球化程度高的公司,越需要优秀的职业经理人,尤其需要懂得资本市场的职业经理人。"千金易得,良将难求",面临着后全球化时代瞬息万变的贸易环境和全球资本市场的百年巨变,今天职业经理人越来越成为未来企业发展最稀缺的资源。同时,公司日趋复杂的金融架构要求职业经理人不断减少对股东信息不对称。在此基础上建立了公司职业经理人重要的基础制度——"用脚投票"的制度。

用脚投票的制度是指通过资本市场对职业经理人评价和定价的制度。有效的资本市场是对公司信息极度敏感的外部环境,在资本市场中对其职业经理人经营绩效进行公允评价并进行定价。

在参与全球竞争的大公司里,由于职业经理人控制的资源越多,随着贸易链条的不断扩展、各种公司金融工具的综合运用,公司的信息对于股东不对称就越来越明显。股东用手投票的机制所起的作用就越有限,相对而言,用脚投票的机制就越发显示出

来它的重要性,这也就是为什么在全世界范围内来看,职业经理人发展程度越高的地方,往往是资本市场发展程度也比较高的地方。

(三)建立在全面集成创新为基础的全球化发展阶段,是二十一世纪职业经理人发展的广阔空间

公司对外发展到国际贸易和对内生产制造进入全球产业链的条件下,随着贸易融资和供应链金融的发展,产业资本的作用就显得捉襟见肘,越来越需要职业经理人不断利用多层次资本组合提升金融效率、不断开拓国际市场提升商贸效率、不断推动制造模式改进提升内部管理效率。创新越来越成为推动企业的全球化扩张的动力。

不断创新的商业模式、新的产品、新的组织架构,以适应全球贸易和全球产业链的发展,二战以后全世界跨国公司发展的基本模式离不开职业经理人的推动。创新能力也成为全球竞争中职业经理人最重要的职业素质。创新的条件基础越好,职业经理人在创新过程中的引领作用就更加突出,甚至越强烈。今天职业经理人的创新并不是简单的技术创新或者产品创新,而是利用现有的技术储备、组织架构和市场环境等有利条件进行的集成创新,这也是当今世界范围内职业经理人发展的最新趋势。

二、当今世界范围内职业经理人发展趋势

进入21世纪,股权激励制度的建立使职业经理与企业所有者的界限越来越模糊,大数据技术及其相关产业的崛起使企业内外信息不对称的问题似乎发生了革命性变化,世界范围内的职业经理人发展进入了一个集成创新的阶段。

(一)股票期权制度完善了职业经理人"用手投票"的制度

在职业经理人制度建设中,最重要的是通过契约建立企业内部对于职业经理人的激励和约束机制,也就是用手投票的机制。今天约束和激励职业经理人用手投票的机制,在工具和组织架构方面已经发生了明显的变化。二战以后职业经理人的激励约束机制,逐渐发展成从对职业经理人直接的管理到对资本的管理、从短期利润的考核到长期战略目标的转变、从定量的考核到定性的考核的转变。

从企业架构而言,传统的公司逐渐演变成了企业集团,面临全球竞争的大的企业集团;在组织架构方面,逐步完成从集权到分权的转变,事业部制,大区制的建立,为职业经理人奠定了广阔的职业发展空间。与此相适应的是,对于职业经理人的管理,从简单的职位和人事管理变为对于资本的管理,更重要的是考核职业经理人是否对企业集团的未来发展进行了价值投资,获得了价值的回报,避免由于过去过度着重于利润和市场占有率的考核,而导致职业经理人在日常的经营活动中,过于关注短期的收益而忽视公司或者是集团的长期发展,对于职业经理人的考核也逐渐从简单的定量考核演进成为定性为主定量为辅的考核体制,在这样的环境下,职业经理人的薪酬体系也从简单的绩效薪酬向期权薪酬发展。

(二)全球资本市场发展完善职业经理人的"用脚投票"制度

用手投票和用脚投票,是对职业经理人进行约束的最基本的条件,当职业经理人的作用在公司内部越来越大,在一个公司组织内部的信息越来越不对称的条件下,用

手投票机制设计越来越复杂,尤其是随着全球资本市场的一体化、复杂化,资本市场与职业经理人有可能形成一种共谋关系,导致职业经理人道德风险,一些职业经理人可能为了资本市场的利益要求而罔顾股东和消费者的权益,如我们国家在21世纪初风靡一时的一家乳制品生产企业,为了融资的需要和摩根士丹利签订了对赌协议,为了完成对赌协议所设置的利润率和市场占有率的考核指标,而采用了营销创新的方式,一度曾经在中国出现了牛奶比水还便宜的情况,但这种重视营销创新,忽视产品质量安全的倾向,也最终导致了2008年三聚氰胺事件的爆发,在一夜之间,这位在乳制品行业建立起卓越声誉的职业经理人,名声扫地,最终出局,无论是消费者、股东还是他本人都是受害者。

因此,用脚投票的机制,需要更多地在机制设计上完善起来,成为培育和约束职业经理人的有效机制。尤其要提防资本与职业经理人的串谋,大力发展第三方的监督与约束,包括媒体外部相关利益人、律师等。

对于职业经理人外部用脚投票机制设计与运行,比较成功的是英美法系的国家,如果我们观察英国和美国的资本市场与职业经理人发展的关系,为什么美国职业经理人制度发展比较完善,根本的原因并不在于是英美各国资本市场中资金有多充裕,资本有多发达,衍生金融工具之多让人眼花缭乱,根本原因是由于美国的资本市场监管比较完善,制度规则体系相对完备。资本市场监管越完善的地方,职业经理人的制度就越完善。尤其是防范职业经理人在资本市场上产生道德风险的三个最基本的制度,有罪推定原则,集体诉讼原则,先民事后刑事原则。在这样的制度安排体系下,才能保障资本市场的用手投票机制对职业经理人的约束和激励。

(三)集成跨界创新时代的到来对职业经理人提出更高要求

当今,职业经理人面临全球的竞争和日益加速的科技进步,职业经理人的首要价值是创新能力,这种创新活动包括商业模式的创新和企业内部组织形态的创新。如果提及21世纪职业经理人创新的楷模,那么一定非苹果公司的创始人乔布斯莫属,乔布斯不是科学家,也称不上技术专家,而是一个出色的营销专家,具有天才的市场敏锐度,从研发投入上来看,苹果公司对于研发的投入远远低于微软公司,甚至低于这个行业里面投入较少的戴尔公司。然而,乔布斯利用集成创新,充分利用资本市场中复杂的金融产品收购了大量的专利储备,改变了手机的商业模式和行业标准:从简单的销售手机获利,创新为产品加服务,以数码经济作为手机产业的主要利润来源,彻底改变了手机行业的行业标准,从整个产业价值链的视角进行系统性创新,构筑一个以消费者需求为中心的产业生态链,创造和传递客户价值、公司价值,在其创新系统中,不仅有技术、设计、流程创新,还有"终端+应用"的商业模式创新、服务创新等。苹果已不单单是硬件、软件提供商,也是内容和服务提供商。如通过"iPod+iTunes",苹果聚合包括世界五大唱片公司在内的上下游资源要素,把欣赏音乐的整个流程整合起来,创造了一个全新的音乐消费产业链,成为音乐播放器产业和音乐唱片产业的颠覆者。为了让用户拥有上佳消费体验,苹果还进行了服务创新,设计了与传统电脑行业的体验截然不同的零售店。自从苹果手机推出以后,手机也从简单的一个通信工具成为一个智能终端,取得了绝对的市场地位。

三、改革开放后我国职业经理人发展的轨迹

没有市场经济就没有职业经理人制度,就改革开放后我国职业经理人发展历程而言,由于发展历程较短,发展阶段的划分还未形成定论,有三阶段说(酝酿、产生和成长)和四阶段说(三阶段说已在本书第三章第二节做了介绍),这里主要介绍四阶段说的四个阶段:萌芽阶段、转型阶段、发展阶段和国际化阶段。

(一)萌芽阶段(1992—1997年):社会主义市场经济催生了职业经理人制度

1992年我国确立市场经济体制以来,随着市场经济所必备的基本的法律框架的确立,职业经理人赖以存在的制度基础和经济环境逐步具备,从而催生了职业经理人群体的产生。与别的国家不同,我国职业经理人的诞生首先是从服务业开始,而不是从制造业开始,从服务业开始产生了一大批能人经济和点子公司,这一批职业经理人所拥有的是本身市场的敏锐度,如当年曾经创造过用四川省大量的轻工业品,去俄罗斯换来几架飞机的牟其中,就是那个时代职业经理人的典型代表。

就职业经理人的存量上而言,国营企业改名为国有企业,不仅是名称的变化,也标志着国有企业内管理人员身份的变化。随着国有企业改革的深入,国有企业管理人员的身份,尤其是高管的身份,也逐渐由党政干部向职业经理人转换,甚至包括称谓总经理和董事长也逐渐与职业经理人制度相衔接,建立了基本的聘用制度,还有薪酬体系的建设等。

(二)转型阶段(1997—2001年):建立现代企业制度,推动了职业经理人的建设

1997年党的十五大提出建立现代企业制度,推动了我国职业经理人建设进入了转型阶段。公司治理首先被引入我国的企业管理实务界,对内强化出资人的监管能力,也就是用手投票的制度,与公司法相衔接,建立独立董事制度和监事会制度,提出了对于企业管理不仅要实现两权分离,更重要的是建立完善的激励与约束机制,建立起"产权清晰、权责明确、政企分开、管理科学"的现代企业制度。

以现代企业制度为基本目标确立后,市场竞争从国内竞争走向国际竞争,并对于原有的国有企业和民营企业的管理人员提出了转型升级的要求,更需要雇佣新的职业管理人员以满足建立现代企业制度的时代呼唤。无论是大型的民营企业还是大型的国有企业都开始了职业经理人的选聘、雇用的试点工作。建立完善的公司治理和优秀的职业经理人团队慢慢成为业界的共识。

(三)发展阶段(2001—2008年):融入全球化阶段,推动我国职业经理人群体快速发展

2001年11月,随着我国加入WTO成为世界贸易组织的正式成员,我国企业正式进入全球化竞争的发展阶段,在国际竞争的汪洋大海中和激烈竞争程度下,不仅要充分利用外国的资本与资本市场,还要面向全球贸易市场。职业经理人不仅要懂得销售,更要懂得与资本市场的对接。

在这样的发展环境下,充分利用发达国家经济体中的职业经理人,也就是国际人才成为很多我国大型企业集团职业经理人队伍建设的重要选项。还要充分利用发达经济体中的职业经理人市场。一个企业参与国际化竞争程度越高,它越需要国际化职

业经理人团队。

参与国际化竞争,组建国际职业经理人团队,最典型的案例就是我国的联想集团,2005年联想集团在并购了IBM的PC事业部以后,"交易完成之后新联想的组织结构及主要管理层,在13名高管中,联想与IBM各占7人和6人。值得注意的是,联想将中国业务和国际业务进行了分区管理,并首次设立了首席市场官和首席采购官"。从联想的国际化团队组件可以看出,参与全球竞争,离不开熟悉当地市场环境和规则的职业经理人团队,国际化的职业经理人团队的建立为联想集团完成从一个本土化竞争的企业集团到国际化的企业集团的转变,奠定了坚实的基础。

另外一个成功的例子就是吉利集团并购了沃尔沃以后组建的国际化的经营团队:2010年7月,福特向吉利交割资产,标志着吉利收购沃尔沃完成了所有法定程序。沃尔沃的管理团队李书福出任董事长,沃尔沃轿车前总裁兼首席执行官汉斯担任副董事长。据悉,汉斯先生在吉利收购沃尔沃中扮演过重要角色。汉斯是瑞典人,在沃尔沃工作过三十多年,几乎所有岗位都待过,并曾任福特汽车公司全球首席营销官,对沃尔沃的各个层面了如指掌。

新任沃尔沃轿车总裁和首席执行官斯蒂芬·雅克布也进入董事会。之前,他曾担任大众汽车北美区首席执行官。董事汉肯·塞缪尔森,曾任全球领先的商用车集团MANAG的董事长兼首席执行官,是汽车工程技术专家并拥有广泛的全球管理经验。董事赫伯特·德梅尔博士,曾任德国奥迪集团董事长,长期从事汽车工程技术方面的工作。董事约恩·方斯·施罗德女士,是资深财务专家,曾任华伦威尔森航运公司总裁兼董事总经理,并任全球多家跨国公司独立董事。董事霍建华女士,曾任殷拓集团亚洲有限公司首席执行官和资深合伙人,拥有深厚的财务工作背景。董事沈晖,原任菲亚特中国集团副总裁、菲亚特动力科技中国区首席执行官。吉利集团国际化职业经理人团队的组建,不仅对于并购过程之中和并购之后企业集团的国际化发展起到关键作用,也是迄今为止我国企业海外并购最成功的范例。

(四)国际化阶段(2008年至今):一批与国际资本圈子有紧密联系的人才出现,推动了我国新型职业经理人团队的诞生

2008年国际金融危机之后,一直到2020年之间。随着国际资本市场的变化,以及互联网大数据产业的崛起,对于职业经理人团队方向产生了深远的影响。这种影响体现在三个环环相扣的、层层递进的方面:国际资本更加青睐我国的广阔市场,国际资本与我国本土职业经理人的结合更为紧密,国际资本与我国本土职业经理人团队,催生了我国许多新产业和新业态。

这方面成功的案例,最典型的是随着以互联网产业崛起为标志,我国新型职业经理人团队的兴起,资本市场用脚投票的力量,对于我国职业经理人团队的转型发展和壮大起到了前所未有的作用。

在此阶段,受益于全球金融资本的青睐,我国新兴产业的职业经理人团队,推动一些产业前所未有地跨越式发展,但是在其中也蕴含着一定程度的风险,与国际逐利资本的无缝对接,导致这些职业经理人团队会更加着重于销售模式的创新,金融工具的使用,更加重视融资,重视资本投入,而对于可持续的商业模式关注不够,对于市场的

运作的精耕细作以及商业模式的深度开发创新不够,职业经理人团队面临着很大的市场质疑,究竟是模仿还是创新?究竟是一种可持续的商业模式,还是一种杀鸡取卵的销售模式?

总体而言,我国职业经理人团队的发展,与发达国家相比仍旧有很大的差距,这方面的差距当前最突出的表现在以下两个方面:

用手投票机制的规则体系明晰不足,导致职业经理人制度赖以存在的契约精神仍旧有待完善,尤其是在出现争议以后,在股东和职业经理人之间出现争夺,引发了对于职业经理人的信任危机,这方面最典型的案例是国美雇佣职业经理人陈晓而导致的一场法律诉讼,从而引发了对于本土职业经理人的信任危机,陈晓离职风波引起公众关注,原因在于中国企业家原先多数是创业者,不像西方成熟市场经济条件下,出资人往往将企业交给职业经理人打理,诞生了诸如韦尔奇等知名企业家。为更好处理投资者和职业经理人的关系,投资人把协议定清楚,用人用得放心,有利于职业经理人生存。而跳出事件看,职业经理人一定要有自己的道德规范。

"用脚投票制度"与发达国家相比仍有很大差距。现代职业经理人制度最重要的外部约束制度之一就是资本市场的用脚投票制度,而我国的资本市场发育得不完善,尤其是规则体系方面的一些缺失,导致职业经理人的市场定价机制出现了缺失,本土职业经理人的培养发展体系不足,无论是商学院的培养还是实战经验的培养,与企业发展的国际化要求而言有很大差距。其中最典型的影响是,由于职业经理人的价值评估体系等方面的不足,导致很多民营企业后继领导人的选择难以实现"从家族成员到职业经理人的转型"。民营企业的发展依赖职业化管理还是家族式运营?多数民营企业创始人更相信后者。然而,新一代家族管理者却有着与父辈完全不同的成长经历,虽说年富力强(目前平均年龄38岁),也大都受过良好的教育,但要真正担负起新经济环境下财富承接和事业开拓的重任,多数家族管理者的意志、能力和经验还略显不足。导致这种企业领导人"后继无人"的困局,很大部分原因是由于我国优秀职业经理人发展不足造成的。

四、未来我国职业经理人发展的趋势

前文所述世界范围内职业经理人的发展已经经历了三个阶段:用手投票阶段、用脚投票阶段和创新发展阶段,这三个阶段是层层递进的。实际上,企业的规模越大,参与的国际竞争程度越深,越需要成熟的职业经理人团队。结合改革开放后我国职业经理人发展的轨迹,不难看出,我国职业经理人的主要发展趋势是在于两个方面。一是补齐短板,特别是"用手投票"和"用脚投票"的制度短板,解决老问题;二是创新引领,加快职业经理国际化进程,实现新发展。

(一)完善制度基础,解决困扰我国职业经理人发展的老问题

解决困扰我国职业经理人发展的老问题的方法是完善内部用手投票的机制和完善外部用脚投票的机制。

就完善企业内部用手投票的机制而言,需要从国家宏观的层次上进一步与国际规则相接轨,通过完善立法,确立社会范围内的契约精神,通过对于商学院教育的改造,

不仅在商学院要学具体的营销技术与人力管理,更多的是对于契约精神的培养,塑造全社会范围内职业经理人的契约精神,从而推动企业职业经理人团队的规范化与法制化发展。

就完善我国企业外部用脚投票机制而言,进一步发挥多层次资本市场对于职业经理人的定价与价值评估作用,利用资本市场的选择机制,推动职业经理人群体更加注重自己的职业道德和职业声誉,避免在职业经理人团队的市场选择中出现劣币驱逐良币的现象,就类似于我国某集团海外投资,浮亏扩大至186.35亿元左右,而公司职业经理人却心安理得地拿着6 616.1万元的天价年薪。还有最近几年,很多企业集团在海外扩张出现的风险问题,我国从制度层面上,对于职业经理人的内部与外部的激励与约束机制并没有发挥作用。这也是其中必须要吸取的教训,尤其是当企业的规模日益增大,海外业务日益复杂的条件下,建立多层次的监管严格的资本市场,在未来三四十年之内,成为我们国家职业经理人市场建立的必要条件。

(二)紧跟21世纪创新引领企业发展的新趋势,推动我国职业经理人建设,实现跨越式发展

随着信息时代的到来,信息技术对于各个产业的渗透和应用,催生了人工智能,随着产业的大规模发展,传统的管理技能面临着被人工智能替代的风险,对于职业经理人的发展提出了新的要求和新的发展空间。在大数据的条件下,企业的商业模式再也不能仅靠一两个能人的拍脑袋而出的点子,也不能简单的在于某个人对于成本的管控和压缩,而更多的在于依靠职业经理人团队的集成性创新。

以汽车工业来说,传统意义上的汽车行业的职业经理人是要求具有技术天才和营销天才,但是在现代的环境下,更多的是偏重于未来商业模式的重新开发与重组,这对于作为全世界最庞大的汽车市场的我国而言,需要大量的新的职业经理人的涌现,而不简单的是只会造汽车和卖汽车。

着重于集成创新能力的职业经理人将成为21世纪产业竞争的稀缺资源,如我国体育产业,需大批懂产业、懂金融、懂得创新的职业经理人。大批面向21世纪的职业经理人有助于推动我国的体育事业向体育产业的转变,催生比肩NBA和欧洲四大甲级联赛那样的大型赛事。

从当今世界范围来看,公司间竞争最稀缺的资源是职业经理团队的创新能力,尤其是引领世界产业变革的职业经理人的创新能力,希望有一天我国会涌现更多新一代的职业经理人,而不仅仅是从家族继承巨额财富的继承人。完备企业的契约,完善资本市场以发挥更多职业经理人的创新潜力,推动更多的新产品、新服务和新业态,形成以效率提升为标志的良性的发展模式,推动企业从利润创造型到价值创造型的转变。

思考案例

你不"言传",他不"意会"

作为"总裁教练",这些年我的服务对象除了民营企业的老板外,还有欧美企业的职业经理。这些跨国公司的中国区或大中华区总经理虽然身处中国,但工作环境与民企老板不可同日而语。他们的上级是清一色的"国际人士",而同级和下级基本上是中国人。也就是说,在公司里与他们天天打交道的99%左右的是中国人,但决定其职业命运、升迁和提薪的,却是那些对中国和中国人了解甚少、只占公司员工总数1%左右的老外。这些老外领导人往往不是远在纽约、伦敦,便是近在新加坡、香港,一年到中国大陆来不了一两趟。如何与自己的洋上级打交道,是我的服务对象的一个共同难题。

玛丽是一位与外国老板"博弈"了好一阵子的欧洲某跨国公司中国区总经理。尽管公司上下人人称她为玛丽,她可是100%的中国血统。她典型的抱怨是:"欧洲总部发出的指令很多不符合中国这边的实际情况,简直就是乱弹琴、瞎指挥。一天到晚要我们报数据,填表格,还老用欧洲的那套东西来教训、贬低我们。唉,在外企公司做总经理,难哪!"有趣的是,尽管在欧洲读过几年书并在中国的几家欧美公司干了好些年,玛丽的应对方式还是很有"中国特色"。她的第一步是:强忍。忍气吞声,理解、赞同的执行,不理解、不赞同的也执行。欧洲上级看到中国下级不折不扣地执行了他们的指示,自然继续其"欧洲特色",甚至变本加厉。于是,玛丽实施其第二步:说服。但是,由于她说得极其间接,过于委婉,洋老板们根本意识不到问题的严重程度或玛丽的生气程度。因此,一切照旧。这样,玛丽不得不实施其第三步:抗拒。当然,"聪明的"中国人的抗拒方式也是委婉、间接的,有"太极拳"的特点。时间一长,老外上司醒悟了,也对玛丽不满了。他们开始质疑玛丽的工作能力,甚至怀疑她的道德水准。在他们看来,有话不说,或故意说得含糊不清,甚至变着法子让上级"碰钉子""吃苦头"等,都是重大的原则问题。再接下来,便出现了我这个总裁教练受欧洲总部之聘,去"修理"其中国区总经理玛丽。

三个月观察下来,我发现问题的源头不是玛丽的工作能力或道德水准,而是东西方文化差异,或者更确切地说,是"高语境(high context)文化"与"低语境(low context)文化"的沟通风格差异。根据美国人类学家爱德华·霍尔(Edward T. Hall)的理论,玛丽的行为方式代表了东方的高语境文化,其典型特征是:说话比较含蓄,内隐成分或曰暗码信息较多,旁敲侧击,点到即止,有时还显得秘而不宣,藏头露尾。作为对照,大多数西方国家属于低语境文化。西方人一般直来直去,习惯于把信息表达完整,把话说透,不像我们中国人往往只说前半句,后半句让人家去猜。在西方低语境文化里,人们往往对一些非语言的交际行为视而不见,而在以中国为代表的高语境文化里,交际者的面部表情、难以言说的情绪、微妙的手势及其他周围环境细节等,都是不可忽略的信息符号,其内涵或意义甚至超过直接说出来的话语。如此,在中国,"悟性"极为重要,因为很多东西不能说得太明,要不然就表示你没水平,也缺涵养。人们必须通过察言观色,才能悟出语言背后的含义。善于"意会"的人,才是沟通、交往的高手。而低语境则正好相反,能够准确而又生动"言传"的人,才是沟通"达人"。西方背景的人的逻辑很简单:你若不"言传",叫我怎么能"意会"?

看完了我推荐的相关阅读材料,"意会"了两种文化的区别之后,玛丽面临选择:要么给外国老板上课,向他普及中国文化,要求老板用中国式的沟通模式来与我们中国人沟通;要么把自己放到低语境背景下,像老外一样直来直去,即改变自己与老外打交道的模式。智商和情商都颇高的玛丽自然选择了后者。

三个月后,玛丽的上级告诉我,他们已经注意到了玛丽的变化,并希望她能做得更好。当被问及玛丽需要进一步改进的确切方向时,老外说,作为地区总经理,玛丽不仅需要向矩阵式架构中的不同上级提出要求,据理力争,更要敢于事先提醒上级,直言批评上级,不要等到事情过后"让事实去教育上级"。我把这意思向玛丽传达了,她的当即反馈是:"这样的话我听到过好几次了,但我总不能不给上级面子吧?"

呵呵,好一个"面子"!真是我们的国粹!现身说法,我给玛丽讲了一个我亲身经历的有关面子的故事。20年前,我在美国芝加哥附近攻读硕士,在一门课程的开卷考试中,我把当时我们用的那本权威教科书给批了一通,并用我在中国的亲身经历论证书中阐述的一些原则并非放之四海而皆准,而是有严重的"美国男性白人中心主义倾向"。我的指导老师认为我的观点很有价值,建议把这篇"批判文章"发给教科书的作者。这位作者可是这个领域的"世界级权威"呀!我一个普通研究生怎么能去直接挑战他呢?后来,因为实在拗不过导师,同时也觉得不能不给他面子,我勉强把文章发出去了。没有料到的是,三天后作者居然亲自给我打来电话,他不但对我的批评精神和批评能力大加赞赏,还要求我更广泛深入地批评他的这本被誉为"经典"的教科书。我当时受宠若惊,差点晕过去。后来,这本经典教科书每一章的末尾都附有一篇我的批评性文章,告诫读者要"如何多长个心眼",从不同角度去诠释同一现象。那家美国出版社告诉我,我当时以为有损作者面子的文章给教科书大长面子,销量因此大增。

去年发生的一件事也同样有意思。一家西方管理咨询公司被中国这几年的繁荣所吸引,跃跃欲试,准备到中国来一显身手,赚一把快钱。他们咨询了不少人,听到的都是"机不可失、时不再来"之类的论调。当咨询到我这儿时,我唱了一通反调,并明确告诉他们:只有公司高层对中国有所了解,才能做出明智的决定。而其前提,就是公司一、二、三把手亲自到中国来实地考察一个星期。他们接受了我的意见,实地考察了中国的管理咨询市场之后,才切身感受到在中国从事这一行业的艰难。当这些老外领导再次征求我的意见时,我直言不讳:凭你们现在的品牌知名度和有限的资源,进入中国十年之后也未必能盈利。我丝毫不给面子的话赢得了尊重。他们当场决定暂时不进入中国,但给我这位中国咨询顾问的"咨询费"却因此翻番。

玛丽两眼泛光:"张教练,道理我现在全明白了,可是要真正做到,恐怕还需要接受训练、养成习惯才行。""嘿,你这话说得够专业水准。"

结束本文之前,我还是想提一提那件"新鲜事儿"。几天前,我应邀参加一个国际性的管理论坛,两天的大会上共有10多位发言者。尽管每人讲的内容不一样,但有一点是相同的:他们都会留出10分钟的时间接受提问。有意思的是,参会者95%左右为中国人,老外约占5%,但提问和挑战发言者95%以上都是老外,中国人不足5%。我坐在那儿,感叹不已。虽说这是个国际会议,可这是在我们中国自己的国土上,是讨论我们自己事务的国际会议呀!我们如此不愿或不敢"言传",怎么才能让老外真正"意会"呢?也许,现在是中国人改改我们的"集体个性"或曰"集体无意识"的时候了。要是想成为现代国际家庭中的一名重要成员,与其老让别人费心思猜测,不如自己坦率表白!

资料来源:改编自张伟俊《你不"言传",他不"意会"》,
载于《财富杂志》,2011-04-29

【讨论题】

1. 案例中玛丽的经历对你有何启示?
2. 根据经济全球化的总趋势,你的知识、能力、素质结构面向未来应该做怎样的调整?

本章思考题

1. 德国跨国公司治理结构与美、日跨国公司的治理结构有何异同?
2. 简述职业经理本土化的重要性。
3. 跨国公司职业经理本土化的路径主要有哪些?
4. 举例说明全球化视野对于职业经理的重要性。
5. 职业经理应怎样提高自己的跨文化沟通和管理能力?
6. 简述未来我国职业经理的发展趋势。

═══ 本章情景模拟实训 ═══

跨国企业职业经理的角色

上海,外滩,迈克·格里夫的办公室。紫红色的天鹅绒窗幔在晨风中曳动着,从高大的落地窗望出去,浦江两岸的景色尽收眼底。但是此刻,迈克却没有心思欣赏这样的景致,他在屋子里来回踱着,手里攥着中方合作伙伴递来的收购提案,脑子里一遍又一遍地回放着一大早和美国总部打电话的情景。

早上一进办公室,迈克就给远在美国俄亥俄州(Ohio)的公司总部挂了个电话。今天中午合资公司要举行成立10周年庆典,迈克作为外方代表要发言。他希望能从总部老板比尔·温德勒那儿听到几句祝贺的话。但通话还不到5分钟,比尔就接过他的话说:"事情没你想像得那么好,你别高兴得太早了。"

比尔提醒迈克,他希望哈特兰纺织公司在中国的投资今年能有更多的赢利。"4%的投资回报率也太可怜了吧",比尔的期望值是20%,他认为只要提高自动化程度,增加生产效率,达到这个目标不成问题。在比尔看来,和合资公司目前取得的效益相比,公司着实显得有些人员过剩,他认为至少可以裁去 1 200 人。

迈克了解他老板的脾气——不容别人说"不",但他也知道中方伙伴绝对不会同意裁员,他无法说服他们接受比尔这个大刀阔斧的建议。看样子,他在中国的 5 年总经理生涯就要黯然地画上一个句号了。俄亥俄传来的声音在迈克的脑海里盘旋着,挥之不去。他忐忑不安地揣测着:"比尔该不是在警告我 6 个月之后不再与我续签聘用合同了吧?"

迈克正竭力想从上午的电话阴霾中摆脱出来,更烦心的事儿来了。合资公司中方一号人物、常务副总经理李勤林派人送来了最新的收购提案。李勤林是公司元老,说话很有份量。像讨论前几次收购时一样,迈克再度感受到了一股无法抗拒的压力。这一次,中方还是给了他明确的信号——双方能否继续愉快合作全要看迈克是否支持企业扩张和增加就业岗位的计划。这个提案来得太不是时候了,迈克心里埋怨着,比尔最不赞成的就是为增长而牺牲利润了。他是应该向比尔力荐这桩收购呢,还是提议拒绝这笔生意并就此可能结束双方长达 10 年的合作? 突然,他的脑子里涌出一个念头:哈特兰公司何不将合资公司中方的股份全部买过来? 但他马上便苦笑着摇摇头,中方怎么可能同意呢? 他们还想创出自己的国内品牌,怎么会愿意将股份拱手相让呢? 直到司机将奥迪车悄无声息地泊在迈克的家门口,他还是没理出个头绪,迈克知道,今晚伴随他的又将是一个不眠之夜。

请问:如果你是迈克,你如何界定你遇到的问题(可分中长期和短期),你该扮演何种角色来解决问题?

参考文献

[1] 梦然. 职业经理人理论及其评析[J]. 江海学刊,2002(5):201-203.

[2] 马克斯·韦伯. 新教伦理与资本主义精神[M]. 康乐,等译. 桂林:广西师范大学出版社,2007.

[3] 小艾尔弗雷德·D. 钱德勒. 看得见的手——美国企业的管理革命[M]. 重武,译. 北京:商务印书馆,1987.

[4] Dyer W G. Cultural Change in Family Firms:Anticipating and Managing Business and Family Transitions[M]. San Francisco:Jossey Bass,1986.

[5] 萨缪尔森. 经济学(上册)[M]. 高鸿业,译. 北京:商务印书馆,1979.

[6] Drucker Peter F. Management:Tasks, Responsibilities, Practices[M]. London:Heinemann,1954.

[7] John P. Kotter. Leading Change[M]. Boston:Harvard business school Press. January 16. 1996.

[8] 于保平. 家族企业主的信任及职业经理人行为反应:基于江浙沪家族企业样本的实证研究[D]. 上海:复旦大学管理学院,2010.

[9] 宋克勤. 职业经理人[M]. 北京:中国劳动社会保障出版社,2003.

[10] 焦斌龙. 中国的经理革命[M]. 北京:经济科学出版社,2003.

[11] 曹韵. 关于建立职业经理市场的探讨[J]. 江南论坛,2003(6):36-37.

[12] 毛蕴诗. 企业家与职业经理特征识别模型:经济转型期中国企业家与职业经理的识别例证[J]. 学术研究,2003(4):5-11.

[13] 朱火弟,蒲勇健. 企业经营者绩效评估体系研究[J]. 管理世界,2003(11):148-149.

[14] 李元勋. 我国中级职业经理人的选聘研究:基于胜任素质模型的角度[D]. 厦门:厦门大学管理学院,2009.

[15] 徐斌. 职业经理胜任能力结构探析[D]. 北京:首都经济贸易大学劳动经济学院,2005.

[16] 钟乃雄. 经理人行为理论的整合[J]. 江苏商论,2008(4):123-125.

[17] 张志波. 中国上市公司经理人行为研究:基于代理理论和管家理论融合的视角[D]. 济南:山东大学管理学院,2009.

[18] 胡剑平. 国有商业银行公司治理:不良贷款形成中的经理人行为视角[D]. 上海:复旦大学国际金融系,2006.

[19] 张鹤寿. 职业经理学[M]. 北京:清华大学出版社,2010.

[20] Ross S A. The Economic Theory of Agency:the Principal's Problem[J].

American Economic Review,1973,63(2):134-139.

[21] Jenson, Meckling. Theory of the Firm: Managerial Behavior, Agency Costs and Ownership Structure[J]. Journal of Financial Economics,1976,3(4):305-360.

[22] 张红波.职业经理人的引入及其与企业的融合的研究[D].长沙:中南大学商学院,2008.

[23] 张治辉.职业经理人力资本产权与民营家族企业所有权安排[D].青岛:青岛大学经济学院,2008.

[24] Levinsion H. Organizational Diagnosis[M]. Boston: Harvard University. Press,1962.

[25] 徐媛.企业人本管理的理论及其应用研究[D].延安:延安大学经济管理学院,2009.

[26] 李原.企业员工的心理契约——概念、理论及实证研究[M].上海:复旦大学出版社,2006.

[27] 魏峰.组织—管理者心理契约违背研究[D].上海:复旦大学研究生院,2004.

[28] 胡榕.西方经理人的起源和特点[J].知识经济(中国直销),2010(10):69-71.

[29] 陈文慧.明清晋徽商业务制度安排之比较[D].太原:山西大学经济与工商管理学院,2008.

[30] 赖荣.转型期国企经营者职业化制度安排与人文支撑环境研究[D].成都:西南交通大学经济管理学院,2005.

[31] 黄昱方,赵曙明.经理人职能与职业化发展研究[J].南开管理评论,2006,9(3):34-37,60.

[32] 魏杰.职业经理人制度建设中的一个重要问题[J].财贸经济,2001(6):11-14.

[33] 黄世芳.我国职业经理人职业道德问题探析[D].武汉:华中师范大学管理学院,2008.

[34] 王艳艳,赵曙明.国外管理者道德问题研究综述[J].外国经济与管理,2007(3):25-32.

[35] 易珉.企业管理中的道德风险及其规避[D].长沙:中南大学政治学与行政管理学院,2008.

[36] 刘小红.浅析职业经理人道德风险及规避对策[J].时代经贸,2007(5):65-66.

[37] 梁敏,张婷婷.基于博弈论的职业经理人道德风险规避分析[J].价值工程,2006(11):116-118.

[38] 加布里埃尔·哈瓦维尼,克劳德·维埃里.经理人财务管理[M].北京:中国人民大学出版社,2008.

[39] 甘华鸣.生产管理速成[M].北京:企业管理出版社,2002.

[40] 孙成志,刘明霞.企业生产管理[M].大连:东北财经大学出版社,2009.

[41] 北京大学职业经理人通用能力课程系列教材编委会. 职业经理人管理技术[M]. 北京:中央广播电视大学出版社,2010.

[42] 秦志华. CMD——市场营销总监[M]. 北京:中国人民大学出版社,2005.

[43] Yukl. Leadership: Theory and Practice[M]. New Jersey: Prentice Hall, 1998.

[44] Guglieliemino P J. Developing the Top-level Executive for the 1980's and Beyond[M]. Training and Development, 1979(4).

[45] 世界500强企业管理标准研究中心. 职业经理任职资格与工作规范[M]. 北京:东方出版社,2004.

[46] 拉里·博西迪,拉姆·查兰. 执行:如何完成任务的学问[M]. 刘祥亚,译. 北京:机械工业出版社,2003.

[47] 柳士顺. 企业管理者的执行力研究[D]. 广州:暨南大学管理学院,2007.

[48] 麦格雷. 伯恩斯. 怎样提高领导力[M]. 雷池,译. 北京:中国致公出版社,2003.

[49] 苑广增. 中国古代管理思想荟萃[M]. 北京:科学技术文献出版社,1992.

[50] 严文华. 跨文化沟通心理学[M]. 上海:上海社会科学院出版社,2008.

[51] 黄国群. 企业战略思维内涵与提升策略研究[J]. 现代管理科学,2011(2):34-37.

[52] 张国良,陈宏民. 关于组织创新性与创新能力的定义、度量及概念框架[J]. 研究与发展管理,2007,19(1):42-50.

[53] 师建霞. 员工内部创业风险控制研究[D]. 郑州:郑州大学商学院,2011.

[54] 韩婵媛. 国有企业人力资源职业经理素质及开发研究[D]. 上海:华东师范大学职业教育与成人教育研究所,2005.

[55] 许莹. 跨国公司管理者基于胜任素质的培训体系研究[D]. 南京:南京航空航天大学经济与管理学院,2006.

[56] 孟阳. 论我国企业职业经理人资格认证制度建设[D]. 沈阳:东北大学文法学院,2006.

[57] 龙西安. 信用的约束机制与失信惩罚[J]. 南方金融,2003(7):17-18.

[58] Todd T. Milbourn. CEO Reputation and Stock based Compensation Forthcoming[J]. The Journal of Financial Economics, 2002(10).

[59] 尹丽萍. 构建职业经理人业绩评价的指标体系[J]. 技术经济与管理研究,2002(3):68-69.

[60] 郑晓明. 人力资源管理导论[M]. 北京:机械工业出版社,2005.

[61] 白玉,陈建华. 职业经理人价值评价模式探讨[J]. 武汉理工大学学报,2002(11):103-106.

[62] 叶泽芳. 论经理价格[J]. 长沙电力学院学报,1998(3):53-58.

[63] 张正清. 国有企业产权制度改革研究(1978—2005)[D]. 福州:福建师范大学社会历史学院,2006.

[64] 刘延龄. 我国国有企业公司治理研究[D]. 北京:中共中央党校研究生院,2005.

[65] 田光兴. 中国非营利组织引入职业经理人制度研究[D]. 成都:电子科技大学政治与公共管理学院,2006.

[66] 王丽娜. 中国国有企业经营者选择改革方向的研究[D]. 上海:复旦大学经济学院,2007.

[67] 陈思涵. 国有企业职业经理人监管机制初探[J]. 廉政瞭望,2010(1):45.

[68] 徐大立. 国有企业公司治理模式设计与绩效评价研究[D]. 天津:天津大学管理学院,2007.

[69] 刘银国. 国有企业公司治理问题研究[D]. 合肥:合肥工业大学管理学院,2006.

[70] 廖小菲. 基于股权激励的国有企业经营者激励约束机制研究[D]. 南京:南京理工大学经济管理学院,2006.

[71] 叶银华. 家族控股集团、核心企业与报酬互动之研究:台湾与香港证券市场之比较[J]. 台湾:管理评论,1999(2).

[72] 储小平. 家族企业研究:一个具有现代意义的话题[J]. 中国社会科学,2000(5):51-58.

[73] 潘必胜. 乡镇企业中的家族经营问题[J]. 中国农村观察,1998(1):14-20.

[74] 周婕辉. 中国家族企业治理结构与成长研究:基于可口可乐并购汇源果汁的案例[D]. 厦门:厦门大学管理学院,2009.

[75] 陈育琴. 中国家族企业制度变迁研究[D]. 北京:中共中央党校研究生院,2004.

[76] 周新军. 跨国公司产权制度、委托代理与公司治理[J]. 经济界,2006(3):67-72.

[77] 王勇. 跨国公司的治理结构比较[J]. 科技与企业,2011(11):51.

[78] 于新涛,赵华. 东道国与跨国公司关系的博弈理论分析[J]. 知识经济,2010(2):5.

[79] 段建强. 浅谈生产外协模式下的 TPM 推进方法[J]. 机电信息,2020(8):112-113.

[80] 胡国良,李斯捷. 改革开放 40 年国有企业治理理论的发展与实践创新[J]. 现代经济探讨,2019(12):21-24.

[81] 陈赟. 论国有企业监管制度[J]. 上海市经济管理干部学院学报,2020(5):21-28.

[82] 柏立团. 起底华为式轮值[J]. 董事会,2019(3):32-34.

[83] 蔡珺花. 国有企业项目经理职业化研究[J]. 集成电路应用,2017(4):83-85.

[84] 沈永东. 项目经理职业化的管理实践[J]. 经济管理文摘,2020(3).

[85] 时杰. 职业经理人发展趋势研究[J]. 现代国企研究,2020(6):26-33.